CÉLÉBRER LE POUVOIR

D1211810

Chemins de l'ethnologie

Collection dirigée par Gérard Toffin

Conseil éditorial : Cécile Barraud, Elisabeth Copet-Rougier, Altan Gokalp, Gérard Lenclud, Pierre Lemonnier, Charles Macdonald.

Les ethnologues ont profondément renouvelé leur champ d'études au cours des dernières décennies. Ils ont construit de nouveaux concepts, ils se sont ouverts à de nouveaux terrains et rapprochés d'autres disciplines. Ils ne se proposent plus seulement d'analyser les diversités culturelles et ethniques, mais aussi de promouvoir une connaissance générale de l'homme, c'est-à-dire une anthropologie. Aujourd'hui, l'ethnologie est devenue un métier, renouvelé par des points de vue multiples. Elle se découvre une histoire alors que ses frontières apparaissent plus mouvantes.

La collection *Chemins de l'ethnologie*, entreprise commune de CNRS Editions et des Editions de la Maison des sciences de l'homme, sera le témoin de ces transformations. Attentive à la diversité des problématiques qui font progressser les savoirs, elle a pour objectif d'appréhender l'homme dans sa totalité vivante. Son programme de publication incluera des monographies, des synthèses thématiques, des essais théoriques ou critiques.

Dans la période de mutations qui est la nôtre, le regard de l'ethnologue, à la fois particulier et général, sensible et raisonné, reste plus pertinent que jamais. A l'intérieur du champ des sciences humaines comme à l'égard des grands problèmes de notre temps.

Déjà parus :

PASCALE BONNEMÈRE. *Le pandanus rouge. Corps, différence des sexes et parenté chez les Ankave-Anga.*

BERNARD JUILLERAT. *L'avènement du père. Rite, représentation, fantasme dans un culte mélanésien.*

MIREILLE HELFFER. *Mchod-rol. Les instruments de la musique tibétaine.*

CHRISTINE HENRY. *Les îles où dansent les enfants défunts. Âge, sexe et pouvoir chez les Bijogo de Guinée-Buissau.*

MICHAEL HOUSEMAN, CARLO SEVERI. *Naven ou le donner à voir. Essai d'interprétation de l'action rituelle.*

Gisèle Krauskopff
Marie Lecomte-Tilouine

CÉLÉBRER LE POUVOIR

Dasaĩ, une fête royale au Népal

CNRS Éditions
Éditions de la Maison des Sciences de l'Homme de Paris

Couverture :
Conception : CNRS Éditions
Illustration : Danse guerrière de Dasaï à Isma (Gulmi).
© *Cliché :* C. Jest.

© CNRS Éditions, Paris, 1996
ISBN : 2-271-05321-8
et
Fondation de la maison des Sciences de l'Homme, Paris, 1996
ISBN : 2-7351-0701-9
ISSN : 1257-9947

SOMMAIRE

DEUXIÈME PARTIE

CONFLITS ET MARGES

NOTE SUR LA TRANSLITTÉRATION ET LA PRONONCIATION DES TERMES VERNACULAIRES

Les termes népali, hormis les noms de lieux et les noms de population, sont translittérés selon les conventions adoptées par R.L. Turner (1931), *A Comparative and Etymological Dictionnary of the Nepali Language*, Londres, Routledge & Kegan Paul. Cependant, quelques termes sont transcrits selon les conventions des indianistes : ex. yogī pour jogī. Pour les autres langues locales – à l'exception du néwari où les conventions sont celles de T.L. Manandhar (1986) *Newari english dictionnary*, Delhi Agam Kala Prakashan –, chaque auteur a conservé ses propres conventions.

Le trait horizontal au-dessus de la voyelle indique qu'elle est longue; le signe ~ marque la nasalisation.

u se prononce ou,
e se prononce é,
ṛ se prononce ri,
au et ai sont des diphtongues,
c se prononce ts,
ch se prononce tch,
j se prononce dj,
h indique une aspiration,
le v se prononce w,
le ś et le ṣ se prononcent ch,
un point sous la consonne indique une rétroflexe.

Tous les termes vernaculaires sont en italique, sauf les noms propres.

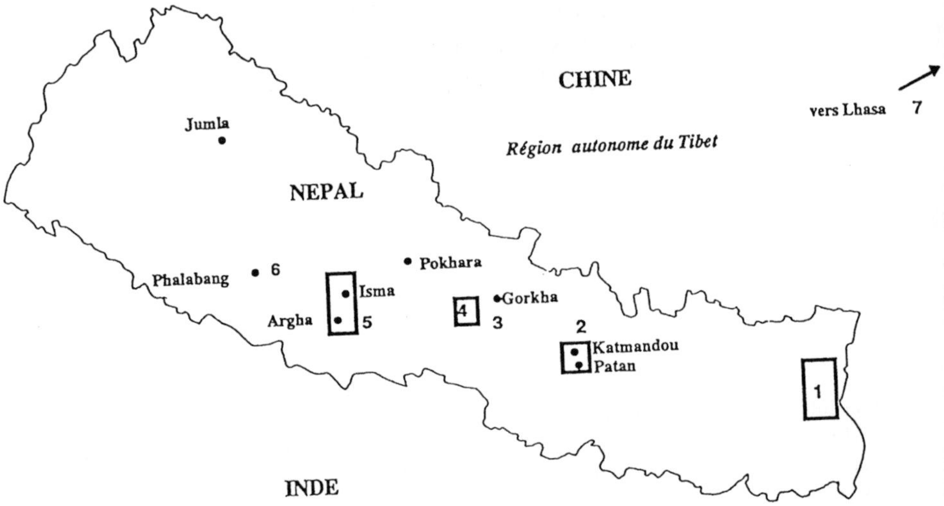

CARTE DE SITUATION DES DIFFÉRENTS TERRAINS D'ÉTUDE.

Légende :

1. Pays des Limbu Yakthumba (P. Sagant)
2. Ville de Patan (G. Toffin). Ville de Katmandou, vallée de Katmandou (V. Bouillier, M. Lecomte-Tilouine et B. K. Shrestha).
3. Ancienne capitale *causibi*, Gorkha (G. Unbescheid).
4. District de Tanahun (M. Gaborieau).
5. Anciennes capitales *causibi*, Argha et Isma (P. Ramirez et M. Lecomte-Tilouine).
6. Ancienne capitale *baisi*, Phalabang (G. Krauskopff).
7. Lhasa, capitale du Tibet (C. Jest et K. Shrestha).

INTRODUCTION

UN RITUEL DANS TOUS SES ÉTATS

Gisèle KRAUSKOPFF et Marie LECOMTE-TILOUINE

« Quand des centaines de buffles, parfois plus d'un millier, ont été décapités, que le sol de la caserne royale est un lac rouge sang, le Premier ministre et Commandant en chef s'approche de chaque étendard militaire, suivi d'un prêtre portant une coupe de sang frais. Plongeant ses deux mains dans le récipient, il les applique sur les plis de soie, laissant de part et d'autre ses empreintes. La fanfare militaire entonne alors le chant national, les fusils claquent, les gongs résonnent, les grands tambours grondent comme le tonnerre et les voix des prêtres s'élèvent en un chant aigu et barbare... » E. Alexander Powell, 1938, p. 437.

Les rares voyageurs qui visitèrent le Népal avant son ouverture au monde extérieur furent frappés par les fastes sanglants de la fête de Dasaĩ. Cette débauche de sacrifices met encore en scène aujourd'hui, et de façon saisissante, le fondement guerrier de l'État népalais. Sous le nom de Dasaĩ, les dix jours de la célébration de la déesse Durgā sont en effet la fête nationale du Népal. Élevée à ce rang par les dirigeants dont elle est le rite spécifique, elle réunit tous les groupes de populations à des pôles de pouvoir locaux, eux-mêmes rituellement reliés au centre suprême qu'est le palais royal situé au cœur de la capitale, Katmandou.

Dasaĩ est une grande fête populaire : chants, jeux, danses, festins, réjouissances et beuveries célèbrent ce temps fort de l'année, une effervescence contrastant avec l'austère quinzaine consacrée aux âmes des morts qui la précède. C'est aussi un moment de forte cohésion où se réaffirment toutes les relations de pouvoir, de clientélisme, de filiation, d'alliance... Un culte aussi riche ouvre de multiples voies d'approche car, à l'instar de la Déesse qu'elle célèbre, la fête pan-hindoue de Durgā est à la fois une et multiple, témoignant du foisonnement culturel himalayen[1]. Toutefois, c'est dans ses dimensions

1. On trouvera mention des festivités villageoises et familiales dans presque toutes les monographies consacrées aux différentes populations népalaises. Nous citerons pour référence celles y

politiques que se déploie toute la portée de cette vaste construction rituelle qui instaure un lien entre la personne du roi, ses sujets de langues et de coutumes variées, le pays et les divinités du pouvoir qui en symbolisent l'unité politique. Bien qu'ébranlée par la révolution et le retour du multipartisme démocratique en 1990, la figure du roi reste centrale : ainsi, dans la nouvelle constitution issue de ce mouvement, le souverain a gardé ses fonctions de chef suprême de l'armée et même les communistes modérés élus à la tête du gouvernement en 1994 n'ont pas contesté la monarchie et les rites qui la fondent.
Loin de vouloir en présenter un panorama général ou une exégèse à valeur universelle[2], nous avons choisi de mettre en évidence le rôle politique d'unification et de cohésion de ce rituel d'État. La mise en parallèle des descriptions ethnographiques réunies ici montre de plus comment l'étude contextuelle et comparée des variantes d'un rite est seule à même d'en dévoiler la portée générale. La confrontation des formes locales de ce grand rituel d'État a opéré comme un prisme, dénouant certains thèmes structuraux auxquels cette introduction est consacrée.

Il va de soi qu'une première trame pan-hindoue, codifiée par des manuels de rites, se dégage de notre travail comparatif. La fête pourrait d'ailleurs être étudiée de ce point de vue, car les procédés formels et normatifs en sont une composante essentielle. On songe ici aux travaux de Fritz Staal (1983; 1990) sur le rite solennel du feu chez les Indiens védiques. Dans plusieurs textes décapants qui, d'une certaine façon, prolongent les propos de Claude Lévi-Strauss, cet auteur a critiqué les approches interprétatives des anthropologues, insistant sur l'absence de signification du rituel, et sur l'autonomie de ses procédés de construction. Aussi monumentale soit-elle, la cérémonie védique du feu ne concerne qu'un tout petit nombre d'individus et

consacrant une description détaillée : chez les hautes castes hindoues (Bāhun-Chetri), L. Bennett (1983, pp. 136-141; 150-162; 263-274), V. Bouillier (1979, pp. 64-67), V. Kondos (1986); chez les Gurung, D.A. Messerschmidt (1976, pp. 66-76) et B. Pignède (1966, pp. 304); les Limbu, L. Caplan (1970, pp. 132-134); les Magar, J. Kawakita (1974, pp. 436-446) et M. Lecomte-Tilouine (1993, pp. 108-122); les Tamang, A. Höfer (1981, p. 164); les Tharu, G. Krauskopff (1989, pp. 141-146)... En ce qui concerne les rituels effectués dans les anciens centres administratifs de canton, *thum*, voir J. Hitchcock (1966, pp. 100-101) et M. Gaborieau (1978). Pour les rites royaux en milieu néwar, on peut consulter M. Anderson (1971, pp. 142-155), G.Toffin (1981), R.I. Levy (1990, pp. 525-576); en milieu indo-népalais, G. Unbescheid (1986), Ph. Ramirez (1993a et 1993b, pp. 309-335), M. Lecomte-Tilouine (à paraître) et l'excellent ouvrage de C.Tingey (1994) qui traite des rituels sous l'angle de la musicologie.

2. Les travaux sur la Durgā Pūjā en Inde sont très nombreux. On notera particulièrement ceux de M. Biardeau sur Vijayā Daśamī et la *śamīpūjā* (1981b et 1989, pp. 67-79; 305-317). Parmi les descriptions anciennes des cultes royaux, on consultera principalement : pour Mysore et Vijayanagar, H. C. Rao (1936), R. Sewell (1924, pp. 253-258); pour le Rajasthan, J.Todd (1829, vol.1, p. 464 *sq.*); pour le Maharasthra, J. Malcolm (1823) et M. Sinclair Stevenson (1982, pp. 298-302). Pour les festivités au Bengale, voir P. Ghosha (1871). Voir également W. Crooke (1915), B. A. Gupte (1916, p. 175 *sq.*), F. Scialpi (1986), A.Vergati (1994). Pour des exemples significatifs de festivités en milieu tribal, on peut consulter : C. von Fürer-Haimendorf à propos des Gond (1979, pp. 469-472), V. Elwin sur les Bondo (1950, p. 145). Pour une présentation textuelle, voir P. V. Kane (1975, vol. V, part I, p. 154 *sq.*)

s'effectue théoriquement sans spectateurs[3]. Tout autre est le rituel de Dasaĩ qui implique la société dans son ensemble et l'on peut se demander, à la suite d' Alexander W. Macdonald (1987a), si tout rituel, hors de son contexte, n'est pas dépourvu de signification.

Plus encore qu'une trame formelle normative, la réunion des ethnographies d'un même rite fait apparaître des récurrences non codifiées, à la façon des mythèmes de Lévi-Strauss. Ces récurrences sont bien souvent des relations – par exemple celles entre déesse des confins et déesse tutélaire, entre le roi et son chapelain, entre le roi et sa Déesse –, intrumentalisées en chaque localité à des fins politiques. Car Dasaĩ est plus qu'une mise en scène légitimant le pouvoir : les acteurs du rite en sont aussi les créateurs, jouant dans une certaine mesure le rôle qu'ils entendent y jouer. L'enjeu de la représentation est tel que celle-ci a un impact direct sur les rapports de force réels.

Le Dasaĩ fonde les rapports du centre politique à sa périphérie. Aussi, le premier corps de contributions consacré aux pôles royaux, redessine-t-il le parcours de l'unification du Népal. Il s'ouvre avec le texte de Gérard Toffin sur le royaume néwar de Patan, situé dans le Népal des origines conquis par l'armée de Gorkha à la fin du XVIIIe siècle. Suit une étude des festivités dans la forteresse de Gorkha, lieu fondateur et ancienne capitale de la famille royale des Śāh (Günter Unbescheid). Puis, Marie Lecomte-Tilouine et Bihari Kumar Shrestha nous offrent un bref panorama des cultes royaux actuels à Katmandou, en s'appuyant sur des informations tirées de la presse, car ils sont difficilement observables. Les chapitres suivants portent sur trois anciennes principautés ṭhakurī de l'ouest du Népal aujourd'hui disparues mais dont la fête maintient vivant le souvenir : Salyan, membre de la confédération des «Vingt-deux» royaumes de l'extrême ouest (Gisèle Krauskopff), Argha et Isma, membres de celle des «Vingt-quatre» au Népal central (Philippe Ramirez et Marie Lecomte-Tilouine).

Venant en contrepoint, un deuxième corps d'articles est consacré aux minorités et aux conflits, éclairant le Dasaĩ d'autres façons : on y verra des chefs tribaux limbu yakthumba de l'extrême est du pays, ayant fort bien compris sa portée politique, se battre pour obtenir le privilège de le célébrer, tandis que d'autres tentent de sauvegarder leurs anciennes prérogatives (Philippe Sagant); des renonçants shivaïtes qui ne renoncent pas à réaffirmer leurs droits sur leurs terres, acceptant leur soumission au pouvoir central (Véronique Bouillier); des communautés bouddhistes suivre ou non cette fête hindoue (Corneille Jest et Kesar Lall Shrestha); des Musulmans enfin, refuser la marque frontale que le chef hindou remet à tous ses sujets et qui signe leur assujettissement (Marc Gaborieau).

3. En 1991, le rituel a cependant donné lieu à une récupération médiatique, cf. C. Malamoud (1994).

Chacune de ces monographies forme un tout, apportant une contribution notable à l'étude historique et sociale du Népal. On peut y lire les rapports que les différents groupes de populations entretiennent avec leur ancien centre politique et ceux de ce dernier avec le pouvoir gorkha. L'ensemble est pyramidal, tous les anciens royaumes se trouvant actuellement subordonné au roi de Katmandou, le «roi des rois».

DASAĨ ET LA FONDATION DU GRAND NEPAL

La fête de la Déesse entérine ces rapports de pouvoir dans leur profondeur temporelle. Chaque capitale royale, chaque chefferie y joue le présent à la lumière de son passé : le rite se charge de significations non textuelles et les rapports de force entre le centre et la périphérie s'y inscrivent. Or, toutes ces histoires locales convergent vers la fondation de l'État-Nation népalais, territoire que le Dasaĩ sacralise et auquel il a paru justifié de se limiter.

Dans «Les Conseils Divins» qu'il dicta à la veille de sa mort en 1774, Pṛthvī Nārāyaṇ Śāh, le fondateur du Népal moderne, définit les territoires qu'il venait de conquérir comme «la véritable terre des hindous» (*asal hindusthān*), avec «ses quatre classes et ses trente-six castes». En cette période clé de l'histoire du sous-continent indien, il affirmait ainsi son dessein de démarquer le Népal du Muglan, l'Inde soumise aux Moghols musulmans et tombée sous la coupe des «Firanghis», les commerçants chrétiens. Malgré les bouleversements politiques récents et la contestation du modèle royal hindou par les partis communistes ou certaines minorités bouddhistes, l'État demeure un royaume hindou[4].

Ce modèle politique a coiffé un ensemble de traditions diverses, nées de la rencontre de deux grandes influences (sino-tibétaine et indienne) sur des populations d'origines variées : ethnies de langues tibéto-birmanes aussi différentes que les Kirant du Népal oriental venus des confins de la Birmanie et longtemps restés en marge des centres étatiques; les Sherpa bouddhistes descendus du plateau tibétain; les Gurung et les Tamang au carrefour complexe de ces influences, ou les Magar associés de longue date aux principautés hindouisées du Népal occidental; ethnies des plaines frontalières du sud, comme les Tharu, dont l'origine plonge dans le substrat autochtone du nord-est de l'Inde.

Dès le début de notre ère, la civilisation indienne avait déjà imprimé sa marque dans la vallée de Katmandou, le seul Népal d'alors. Dans cet univers «isolé comme un domaine indécis entre l'Hindoustan et le Tibet» (Lévi 1905, p. 7), les Néwar ont fondé une civilisation urbaine royale sur un fonds tibéto-birman très ancien. Fait notable, tout en patronnant des institutions

4. La constitution de 1991 définit le Népal comme un État monarchique et constitutionnel hindou.

bouddhistes, les souverains néwar furent hindous. La vallée du Népal, cet «immense jardin égayé de constructions pittoresques» (*Ibid.*, p. 51), était aussi un riche entrepôt commercial, convoité très tôt par la dynastie des Śāh de Gorkha. Installés depuis le XVIe siècle à Gorkha, petit fortin du Népal central situé à trois jours de marche de Katmandou, les Śāh n'avaient ni revenus d'importance, ni richesses foncières dans les plaines. En revanche, ils surent se forger une armée hors pair. Après plusieurs décennies de tentatives avortées, Pṛthvī Nārāyaṇ Śāh s'empara finalement de Katmandou en 1768. Ce chef militaire charismatique réalisait enfin les ambitions de son père, en les ancrant dans un dessein visionnaire appuyé sur la compréhension des enjeux politiques qui nouaient alors le destin de l'Inde.

Le roi de Gorkha avait simultanément préparé l'annexion des royaumes de l'ouest himalayen par des alliances matrimoniales et politiques habiles. L'ouest du Népal était alors morcelé en de multiples principautés dirigées par des rois se targuant d'une origine rajput, à l'instar des Śāh de Gorkha. Dans l'extrême ouest du Népal actuel, l'empire de Jumla, qui connut son apogée au XIVe siècle, avait éclaté en une confédération connue sous le nom de Baisi «les Vingt-deux royaumes». Des populations de langue maternelle népali, autrefois appelée Khas, y sont encore aujourd'hui majoritaires. Gonflées de migrants fuyant la tutelle musulmane en Inde, elles ont constitué le berceau du vaste mouvement de colonisation de l'Himalaya central, qu'accéléra l'entreprise conquérante des rois de Gorkha. Au centre du Népal, se trouvait une autre confédération de «Vingt-quatre royaumes», les Caubisi, gouvernés par des rois ṭhakurī. Ces régions abritent encore des forteresses *koṭ* qui en étaient les centres militaires et politiques.

La formation de ces principautés, par conquête ou par transformation de chefferies tribales (généralement magar ou gurung), reste une interrogation. La plupart des chroniques dynastiques fondent leur origine sur le sac musulman de Chitor au Rajasthan. Celle des Śāh de Gorkha décrit ainsi une pénétration dans le centre ouest du Népal, suivie de leur installation à Lamjung où ils durent affronter les montagnards Sekhant, «mangeurs de vaches[5] ». Le second fils du roi de Lamjung, Drabya Śāh, conquit Gorkha en 1559, aidé par des porteurs du cordon sacré – Brahmanes, Kṣatriya – ainsi que par des Magar. Malgré leur résistance, Pṛthvī Nārāyaṇ Śāh soumit de son vivant les chefs kirant de l'Est comme les Limbu, et leur délégua ses insignes royaux, leur promettant le respect de leurs droits antérieurs. Plus tard, ses héritiers inféodèrent définitivement les rois de l'ouest et portèrent le drapeau de Gorkha jusqu'au Sikkim, au Kumaon et au Punjab, avant que l'intervention

5. Sekhant ou Sheshi (Wright 1877, p. 277), «ceux des sommets», sont des termes encore utilisés pour désigner les populations montagnardes du Népal.

britannique de 1814 ne réduise leurs ambitions aux frontières actuelles[6]. Tandis que l'Europe des marchands s'emparait de l'Inde, le petit État du Népal se retirait du monde, ses basses terres forestières au sud et ses montagnes au nord, permettant aux Śāh, puis aux Premiers ministres Rāṇā qui prirent le pouvoir en 1846, de renforcer l'isolement et la sacralité de ce nouveau territoire.

Anciens chefs tribaux devenus rois – comme le cas des Magar et des Ghāle le suggère –, roitelets inféodés à un souverain plus puissant, mais aussi chefs locaux (*subbā* ou *mukhiyā*) délégués du roi, tous se sont retrouvés partie prenante dans ce processus d'unification politique fondateur du Népal moderne. Le rituel de Dasaĩ est indissolublement lié à ce mouvement d'intégration.

LA FIN DE LA MOUSSON, LE DÉBUT DE L'AUTOMNE

Le «grand Dasaĩ» (*baḍā dasaĩ*) tombe à la quinzaine claire du mois *d'āśvin* ou *āsoj* (septembre-octobre) et dure théoriquement dix jours à partir de la nouvelle lune. Il s'oppose au «petit Dasaĩ», célébré avec beaucoup moins de faste six mois plus tard, en *cait* (mars-avril)[7]. Ces deux périodes correspondent *grosso modo* aux équinoxes de printemps et d'automne.

Il est traditionnel de distinguer les neuf premiers jours de la fête (Navarātra, «les neuf nuits»), du dixième (généralement appelé Vijayā Daśamī, «le dixième jour de la victoire», ou Dashera). Kane (1974, pp. 154-195) y voit deux fêtes différentes : les Navarātra seraient dévolues au culte à la Déesse, immédiatement suivies par Dashara (Dasaĩ en Népali) qui célébrerait la victoire de Rām sur le démon Rāvaṇa. L'ethnographie népalaise, quant à elle, ne fait pas apparaître de distinction entre les deux fêtes et l'appellation Dasaĩ est conçue par la grande majorité des Népalais comme signifiant «les dix jours» et non «le dixième jour». Probablement d'origine populaire, la confusion entre Navarātra et Dasaĩ influence jusqu'aux lettrés de ce pays, comme l'illustre le manuel de rituels de Pokharel (2021 V.S., p. 104) qui, dans son chapitre «Dasaĩ Navarātra», écrit : «Le Dasaĩ est la fête la plus importante pour nous les Hindous. Pourquoi appelle-t-on cette fête Dasaĩ ? Parce que, plus encore qu'*aṣṭamī* («le huitième») et *navamī* («le neuvième»), le jour le plus important de Navarātra est *daśamī* («le dixième jour»). Le nom de Dasaĩ vient de daśamī.»

6. Moins les quatre districts actuels du Terai occidental (*nayā̃ muluk*) qui furent rendus en 1860, après l'intervention népalaise pendant la mutinerie de Lucknow.

7. Le Petit Dasaĩ donne lieu à une journée de festins (Bouillier 1979, p. 74) et au renouvellement des contrats entre patrons et artisans intouchables (Gaborieau dans ce recueil).

Daśamī est l'aboutissement direct des «neuf nuits»; jour le plus signifiant du point de vue politique et social, il revêt au Népal un caractère englobant. On peut même se demander si la distinction entre les neuf nuits et le dixième jour est fondée[8].

Au Népal, cette bipartition 9 + 1 se retrouve toutefois dans les divinités associées aux différents jours de la fête. À chacun des neuf jours correspond l'une des déesses formant le groupe des Navadurgā (les «neuf Durgā»), tandis que le dixième est placé sous les auspices de Mahiṣāsuramārdinī, épithète de Durgā qui la désigne comme tueuse du démon-buffle. Il s'agit d'une particularité népalaise : en Inde, les «neuf nuits» sont dévolues au culte de la Déesse tandis que le dixième jour est consacré à Rām et commémore sa victoire sur le démon Rāvaṇa. C'est grâce à sa dévotion envers la Déesse que celui-ci obtint le succès dans son entreprise guerrière. Même si les Népalais font souvent référence à la victoire de Rām à propos de Vijayā Daśamī, ce héros est tout à fait négligé dans les rituels[9]. Le dixième jour est cependant plus particulièrement centré sur la guerre et la personne du roi, offrant peut-être une transposition locale de la guerre exemplaire menée par Rām.

Quelle que soit la durée de la fête et son éventuelle bipartition, elle se situe à une époque du calendrier qui éclaire sa portée et dont elle détermine en retour certaines caractéristiques. La tradition hindoue insiste sur un découpage inégal du calendrier, lié à la mousson, et partiellement hérité d'un ancien partage de l'année en trois saisons. S'opposant au reste de l'année, les quatre mois de la saison des pluies, *caturmāsya*, se caractérisent par une forte concentration de rituels et l'absence de certaines divinités. Cette période se subdivise en deux des six saisons du calendrier actuel : *barṣa*, la mousson et *śarad*, l'automne[10]. Pour certains, c'est la fête elle-même[11] – très précisément la transition entre Navarātra et Daśamī – qui marquerait la jonction entre la mousson et l'automne. On retrouve là un principe exposé par Marc Gaborieau (1982), selon lequel les rituels rythment et déterminent le calendrier hindou. Les neufs nuits marquent la fin de la période néfaste de la mousson, et la victoire du Bien sur le Mal que représente Vijayā Daśamī initie le début d'une saison nouvelle, de bon augure, fortement liée à l'abondance des récoltes. On en trouve une illustration dans les messages que le roi adresse

8. Sur ce sujet, voir M. Biardeau (1981b). La légende veut que le grand Dasaĩ ait été institué par Rām, lorsqu'il pria la Déesse pour vaincre Rāvaṇa. Auparavant, seul le Petit Dasaĩ était célébré, comme le prétendent aussi certaines communautés népalaises (Jest et Shrestha, dans ce recueil).

9. Sauf chez les Néwar qui organisent des représentations théâtrales de la Rām lilā.

10. Les saisons commencent au premier jour du mois solaire et durent deux mois. *Śarad* couvre *āśvin* (sept.-oct.) et *kārtik* (oct.-nov.).

11. Ainsi l'exprime Pokharel (2021 V.S., p. 122) : «Ce jour [*daśamī*, le dixième jour de Dasaĩ], premier jour de la saison *śarad*».

chaque année à la population ce jour-là, où il est souvent fait mention des désastres causés par la mousson et de l'époque clémente qui s'annonce[12].

La geste de la Déesse

«En automne, il faudra célébrer chaque année une grande puja, où l'on récitera la Geste[13].»

Comme en réponse à cette requête de la Déesse, la phase préparatoire des rituels royaux de Dasaĩ est centrée sur la lecture de «l'Éloge de la Déesse», *Devī Māhātmya* qui, pour ses lecteurs et ses auditeurs, possède une vertu rédemptrice.

Le texte présente cinq mythes. Le contexte introductif est celui d'un roi dépouillé de son royaume qui rencontre un roturier dans la forêt où il se sont tous deux refugiés. Un sage leur fait entendre quatre exploits de la Déesse. Le premier raconte comment elle éveilla Viṣṇu de son sommeil afin qu'il affronte deux démons. Le deuxième, de loin le mieux connu et le plus important[14], met en scène les dieux plongés dans le désarroi face à un démon-buffle qu'ils ne parviennent pas à vaincre. S'unissant, ils créent par la splendeur de leur colère une forme divine féminine radieuse que chacun dote d'une arme. Condensant ainsi à elle seule toute la puissance des dieux, la Déesse va tuer leur ennemi. Dans le troisième exploit, un arrogant chef de démons, séduit par la beauté de Pārvatī, veut en faire son épouse. Celle-ci affiche d'emblée son caractère guerrier et déclare qu'elle n'épousera que son vainqueur. Après avoir envoyé ses généraux, le chef des démons est contraint de venir se battre en personne et se fait anéantir. Le dernier exploit enfin, raconte le combat de la Déesse contre Raktābija, qui a la vertu de se multiplier, renaissant de chaque goutte de son sang tombée à terre. Lors de ces deux derniers exploits, une forme terrible naît de la colère de Durgā et l'aide à soumettre les puissances démoniaques. En conclusion, le mythe introductif est repris : par la grâce de la Déesse, le roi destitué recouvre son royaume, tandis que le roturier abandonne le monde pour se consacrer à l'ascèse.

12. Cf. par exemple, le message du *Rising Nepal* daté du 6.10.73 : «Citoyens bien aimés, après l'été et la saison des pluies, voici de nouveau la douce saison de la paix et de la tranquilité avec la fête nationale de Vijaya Dasami [...]» ou celui du 17.10.72 : «Le ciel qui est plein d'épais nuages noirs pendant la saison des pluies devient clair et bleu en automne. Nous espérons que la fête de bon augure de Vijaya apportera la paix, le bonheur et la prospérité à nos citoyens bien aimés en effaçant les nuages sombres de la mésentente et des différends [...]»

13. Célébration de la Grande Déesse *Devī Māhātmya*, chant 12,12. Traduction de Jean Varenne, ainsi que toutes les citations ultérieures de ce texte.

14. Ce mythe figure également dans le *Devī Bhāgavata Purāṇa* et le *Svasthānī Vrat kaṭhā*, deux textes très répandus au Népal.

Le réveil de la Déesse

L'automne est une saison transcendante où règne une communication privilégiée avec le divin (Gaborieau 1982). Succédant à la quinzaine sombre consacrée au culte des ancêtres, Dasaĩ est un réveil des divinités. La Déesse est «évoquée», «appelée», «installée» ou «réveillée». Les différents rituels consistent de fait en une série d'invocations de la Déesse dans divers supports : dans le pot le premier jour, dans l'arbre *bel* (*Aegle marmelos*) le sixième, dans le *phūlpāti* le septième, dans les armes le huitième et le neuvième, etc. La venue de la Déesse se concrétise par des processions et des déplacements de ses représentations. Ainsi, dans le royaume de Gorkha, il s'agit d'une véritable «descente» de la divinité : de la pièce située sous le toit du palais, «la pièce du mont Kailash» (*kailāś koṭhā*), Kālikā est transportée en son temple. Elle descend donc symboliquement sur terre, quittant le mont reculé où elle demeure le restant de l'année, en un mouvement qui rappelle les différentes «descentes» (*avatār*) de Viṣṇu. Au Népal, à l'instar de ce dernier, l'expression «prendre avatar» s'applique aussi à la Déesse[15] et dans le texte du *Devī Māhātmya* résumé plus haut, elle prend forme pour sauver le monde contre les démons, annonçant les occasions où elle interviendra (chant XI) :

> «Ainsi, à chaque fois qu'apparaîtra quelque détresse, Je descendrai M'incarner ici-bas pour anéantir l'Ennemi!»

Sur le modèle classique du sommeil de Viṣṇu, la tradition populaire népalaise voit en la mousson le retrait de la Déesse, dont Dasaĩ est le retour grandiose. Ainsi les Tharu de la vallée de Dang «réveillent» une déité qui vient du mont Kailash s'incarner dans le corps des possédés (Krauskopff 1989, p. 139). De même, la nuit de *kālrātrī*, les Magar de la région de Gulmi invoquent Sarasvatī et toute une série de dieux qui prennent possession de chanteurs (Lecomte-Tilouine 1993, pp. 134-135). De façon plus frappante encore, les masques des danseurs néwar incarnants les Navadurgā à Bhaktapur «naissent» le neuvième jour de Dasaĩ et «meurent» juste avant la mousson au mois d'*asāḍh*, où ils sont brûlés. Ce cycle de la Déesse correspond étroitement au calendrier agricole : la mort des Navadurgā se produit le jour des semailles de riz tandis que la récolte intervient après sa naissance, une fois Dasaĩ terminé (Gutschow et Basukala 1987).

15. Ainsi Pokharel (2021 V.S., p. 110) note à propos du huitième jour de Dasaĩ : «Parce que ce jour Bhagvatī est descendue (*avatār linu*), on l'appelle "le grand *aṣṭamī* "» et le dictionnaire, *Nepālī bṛhat śabdakoś* (2040 V.S., p. 233), à propos de Kālikā : «Célèbre déesse ayant pris avatar pour anéantir des démons».

De la fertilité à la guerre

D'un culte de la fertilité, la fête se transforme en une célébration guerrière. La Déesse est d'emblée vénérée sous sa forme de Déesse-Terre garante de la fertilité du sol : le premier jour, elle est symbolisée par une cruche en terre, remplie d'eau et recouverte de bouse de vache semée de graines d'orge, qui fait clairement référence à Pṛthvī, la Terre, femme de Viṣṇu. Le pot doit être en terre parce que «la terre est une partie de la Terre, femme de Viṣṇu» (Pokharel 2021 V. S., p. 106). La germination de l'orge sur le corps même de la Déesse rappelle la déclaration de Durgā dans le *Devī Māhātmya* (chant XI. 49) :

> «Ainsi soutiendrai-Je le monde, donnant à manger des légumes nés spontanément de Mon corps afin de maintenir la vie jusqu'à ce que vienne la pluie et Mes dévots m'appelleront la Potagère[16].»

La mousson ayant cessé, c'est sur la fertilité intrinsèque de la Terre que les hommes vont désormais compter. Dasaĩ se présente d'ailleurs comme un culte aux moyens de subsistance : si tous honorent d'abord la Terre, les jours qui suivent, on peut voir les lettrés vénérer leurs livres symbolisant Sarasvatī, les agriculteurs leurs outils, les musiciens leurs instruments, les tailleurs leur machine à coudre, les soldats leurs armes, les conducteurs leurs véhicules, etc. Initialement adorée sous la forme d'un vase, la Déesse est invoquée le sixième jour dans l'arbre *bel* aux confins du territoire. Cette invocation (*vilvābhimantraṇ*) s'adresse à une forme sauvage de la Déesse, «celle du mont Kailash», Pārvatī, ou encore Bhadrakālī (Subedi 2045 V.S., p. 52). Dès le lendemain, la procession qui accompagne la gerbe (*phūlpāti*) comporte des aspects militaires : à cette occasion une grande parade a lieu à Katmandou, une procession des bannières à Gorkha, des combats singuliers à Isma, etc.

Les sacrifices sanglants qui se tiennent les huitième et neuvième jours se rattachent à la guerre de plusieurs façons. Ils sont précédés d'un culte aux armes, semblable à celui qui annonce une bataille, renforçant l'analogie entre guerre et sacrifice. Les fidèles se rassemblent au *koṭ*, portant des bannières, comme pour les prémices d'une bataille. Des sacrifices de buffles commémorent le combat de la Déesse contre le démon Mahiṣa, transpercé par le trident de Durgā, puis décapité par son sabre (*Devī Māhātmya* III, 40-42). Dans la pratique népalaise, le buffle est généralement décapité d'un seul coup de sabre, comme les autres victimes sacrificielles. Cependant, à Gorkha, il est mis à mort d'une façon très douloureuse puisque sa tête ne doit tomber qu'au

16. L'expression sanscrite que J. Varenne (*Célébration de la Grande Déesse*, p. 90) traduit par « la Potagère » est Śākambharī, littéralement : «celle qui soutient ou qui nourrit les légumes verts».

bout du troisième coup de sabre (Unbescheid*), et dans l'ancien palais royal de Katmandou, la nuit de *kāl rātrī*, on assiste à un véritable carnage : certains buffles sont taillés en pièce, d'autres sont transpercés, ou égorgés (Anderson 1971, p. 148). Enfin, la fête culmine par la célébration d'une victoire guerrière avec des combats mimés et des danses (Lecomte-Tilouine, Ramirez, Sagant).

Vacances, purification, régénération

Ce renouveau, ce réveil, s'inscrit dans une rupture temporelle majeure qui, par bien des aspects, évoque une fête de nouvel an (F. Scialpi 1986, Gaborieau). De fait, pour les Népalais, ce sont les seules vacances de l'année : les écoles et les administrations sont fermées, les soldats en permission et les villageois eux-mêmes cessent leurs activités agricoles pendant quelques jours. Cette rupture s'accompagne de travaux de régénération, de purification : les maisons sont repeintes à l'intérieur comme à l'extérieur; chacun se fait faire de nouveaux vêtements, les armes des arsenaux sont nettoyées et aiguisées; les journaux cessent de paraître et autrefois, même les prisons de Katmandou étaient vidées de leurs détenus afin de purifier la ville (Oldfield 1880, p. 343). C'est à cette période de renouveau que les fonctionnaires se voyaient reconduits dans leurs fonctions et que le pouvoir même des chefs se trouvait réaffirmé, à la fois par les sujets tenus de leur porter hommage, et par les dieux qui leur accordaient leurs «grâces» (*prasād*).

Ainsi le temps fort de Dasaĩ est un moment «hors du temps», marqué par la suspension de toutes les activités. Ces «vacances», occasions de jeux et de réjouissances, purifient le monde et amorcent la régénération de l'année, des dieux et des chefs.

LES TEMPS DE LA FÊTE

La phase préparatoire, secrète

L'établissement du pot de la Déesse et les semailles de graines à l'abri de la lumière sont pratiqués partout le premier jour, dans les centres politiques, les temples et les maisons. Il en va de même de l'adoration de la cruche de la Déesse, de l'arrosage des pousses et, dans une moindre mesure, des lectures du *Caṇḍīpāṭh* et du *Devī Bhāgavata Purāṇa* les jours suivants. En fait, toute la première partie de la fête, du premier au septième jour, est à peu de choses

* Lorsque les références aux auteurs sont sans date, elles renvoient aux contributions de cet ouvrage.

près identique à l'échelle domestique, villageoise ou royale : les rituels des six premiers jours sont conduits dans un sanctuaire fermé, «la maison de Dasaĩ» (*dasaĩ ghar*) ou «la pièce de Dasaĩ» (*dasaĩ koṭhā*) dont l'accès est généralement réservé aux seuls officiants et interdit aux femmes. À l'échelle royale, ce sanctuaire se situe bien souvent dans le palais, soulignant l'analogie entre maître de maison et roi. Au niveau villageois, au contraire, c'est au temple de la Déesse que l'autel est établi, en un lieu sans relation directe avec la personne du chef, mais avec l'administration en charge de l'exercice du pouvoir[17].

Sauf chez certaines communautés tribales, les six premiers jours ont un cachet brahmanique prononcé. Bien qu'ils soient souvent secondés par des aides désignés appartenant à d'autres castes pures (comme des Chetri ou des Magar), ce sont des prêtres brahmanes qui exécutent le plus clair des tâches rituelles selon les prescriptions des manuels normatifs. Cette période est qualifiée de «préparation à la guerre» (Ramirez), de «phase secrète» (Krauskopff). Les officiants y restent cloîtrés, pratiquant un jeûne. Tous ces traits font indubitablement penser à la *dīkṣā*, cette consécration préalable du sacrifiant qui le replonge dans un état embryonnaire. La fin de cette période est marquée par un temps de séparation, lors duquel quelques hommes désignés quittent le centre de la localité pour les confins du territoire, en quête d'un arbre *bel*.

La déesse des confins du territoire

Le septième jour est une étape décisive des rituels : c'est en quelque sorte la période charnière des festivités, la phase liminaire durant laquelle on passe du domaine privé, secret, au collectif et publique. Ce jour se caractérise par une convergence de principes : une forme sauvage de la Déesse, souvent en union avec des armes, est introduite au cœur même de la capitale, reliant ainsi village et forêt.

Dans le milieu montagnard du Népal, la plupart des capitales royales se situent en des points stratégiques, sur des sommets. Le centre de la capitale est occupé par un bâtiment qui est à la fois un arsenal et un temple, *koṭ*, ou encore par un palais, *darbār*. La quête des fruits de l'arbre *bel*, qui ne pousse qu'à basse altitude, conduit invariablement les hommes à un lieu-dit situé au bord d'une rivière, de fait aux confins du royaume. Devant l'arbre choisi, un brahmane fait une adoration puis sélectionne une branche portant deux fruits, représentant généralement Śiva et Pārvatī. Ces fruits, les feuilles de l'arbre

17. Ce phénomène est toutefois récent. Jusqu'aux années 60, la maison du chef *mukhiyā* jouait un rôle central dans les célébrations de la fête (Lecomte-Tilouine 1993, pp. 108-122). C'est seulement depuis la réforme des Panchayats et l'élection au suffrage universel des chefs de villages, que les rituels se trouvent rattachés à une administration et non plus à un chef.

et d'autres végétaux sont rapportés le lendemain à la capitale, en palanquin, et sont dès lors désignés par le terme *phūlpāti*, «fleurs et feuilles», dont l'importance est capitale dans les rituels népalais (Pl. I, Phot. 1). Le *phūlpāti* est une gerbe théoriquement composée de neuf végétaux (les *navapatrikā*) représentant chacun une forme des Navadurgā : leur liste figure dans différents manuels de rituels et correspond à celle que donne Unbescheid pour Gorkha[18].

Le *phūlpāti* des autels domestiques n'est qu'une représentation supplémentaire de la Déesse, tandis qu'à l'échelle collective, villageoise ou royale, il matérialise une délégation de pouvoir, dans les deux sens possibles : du bas de la hiérarchie vers le haut ou *vice versa*. Tantôt désignée d'un terme sanscrit, tantôt de son nom népali, la gerbe laisse entrevoir sa double nature : à la fois ensemble de plantes de bon augure, forme végétale de la Déesse liée à l'abondance que l'on doit rapprocher des *navapatrikā* vénérés au Bengale (Ghosha 1871, pp. 41-42), et représentation forestière de la Déesse des limites de la localité, liée à la guerre et à la famille royale. Sous cet aspect, *phūlpāti* offre de fortes ressemblances avec l'arbre *śamī* (*Acacia suma* ou *Prosopis spicigera*) qui, en Inde, est vénéré à la limite de la localité (Biardeau 1981b). Mais contrairement à la *śamī*, le *bel* est mobile : il est transporté et introduit au cœur de la capitale et sa nature se laisse mieux percevoir à la lumière de ses déplacements. Il correspond parfois à un tribut versé par les dépendants à leur chef, signalant leur vassalité. C'est ainsi qu'un bouquet de feuillages est apporté par les tenanciers des terres du monastère chez les renonçants Sannyāsī de la vallée de Katmandou (Bouillier). Au village de Darling (district de Gulmi), le *phūlpāti*-tribut est constitué par l'ensemble des offrandes que les dévots apportent au temple de la déesse Man Kāmanā et qui étaient autrefois offertes au chef de village, *mukhiyā*. De façon significative, il était emporté à l'issue des cérémonies par les preneurs de femmes du chef, ses inférieurs hiérarchiques (Lecomte-Tilouine 1993, pp. 119-120). À Gorkha (Unbescheid), le *phūlpāti* ne peut arriver avant que les tributs de certains groupes dépendants du royaume n'aient été apportés. De fait, la gerbe concrétise l'unité foncière du royaume[19]. Dans d'autres cas, elle est la

18. En fait, il manque bien souvent certains de ces neuf composants, les plus courants étant le *bel*, le bananier et la canne à sucre. L'étymologie de *phūlpāti* est *phūl*, «fleur» + *pāti*, «feuilles». Turner (1931, p. 409) orthographie l'ensemble avec un i court, comme s'il s'agissait d'une forme neutre ou masculine, mais dans le manuel de rituel de Subedi (2045 V.S.), dans celui de Pokharel (2021 V.S.) et dans le dictionnaire *Nepali bṛhat śabdakoś* (2040 V.S.), il est écrit avec un i long, indiquant le féminin.

19. À Musikot, ancien royaume caubisi, *phūlpāti* est composée de plantes qu'un officiant peut cueillir où bon lui semble, signalant par là l'unité foncière du royaume (M. Lecomte-Tilouine, à paraître). À Birganj, la gerbe est conduite du bureau des impôts fonciers (*mālpot*) jusqu'au temple de la Déesse : «On the occasion a procession of phulpati participated in by the heads of various offices, distinguished persons and the music bands of Royal Nepalese Army and Police marched from the local land revenue office to the local Maisthan temple with the "phulpati". Prayers and sacrifices

source même de la légitimité. C'est ainsi que le *phūlpāti* des rituels royaux de Katmandou provient de Gorkha, terres ancestrales de l'actuelle lignée royale[20], suggérant que le véritable centre de l'autorité divine et politique du roi s'y trouve : le Dasaĩ de Katmandou ne serait finalement qu'un culte délégué d'un centre premier. À l'inverse du *phūlpāti*-tribut, celui qui part du centre pour se rendre vers la périphérie est vu comme un garant de légitimité.

Lorsqu'il est ainsi insigne de légitimité, la conception du *phūlpāti* comme divinité lignagère (*kul devatā*) du roi prime sur la représentation d'une forme sauvage de la Déesse. Comme à Katmandou, à Phalabang (Salyan), *phūlpāti* est considéré comme le *kul devatā* des rois locaux, Bhadrakālī, dont le temple est resté sur le site d'une capitale antérieure (Krauskopff).

Plusieurs auteurs (Krauskopff, Lecomte-Tilouine) comparent le transport du *phūlpāti* à l'arrivée d'une jeune mariée. En fait, le culte à l'arbre *bel* précédant l'arrivée de la gerbe est parfois décrit comme un mariage entre Śiva et Pārvatī (Östör 1980, p. 47). Ce thème est largement repris dans les *Śrīsvasthānī Vrat kaṭhā*, récit népalais de type puranique : Pārvatī, qui est partie résider sur le mont Kailash en compagnie de son nouvel époux, Śiva, souhaite retourner chez ses parents, Himālaya et Menakā (Iltis 1985, pp. 357-388). Elle y arrive précisément le septième jour de Dasaĩ, comme le *phūlpāti*, et sous sa forme guerrière de Durgā, de sorte que sa mère ne la reconnaît pas. Trois jours durant, les époux sont honorés par Himālaya et sa femme, exactement sous les mêmes modalités que la Déesse lors de Dasaĩ. Puis ils sont invités à entrer dans la maison paternelle de Pārvatī. Cette première introduction du couple, capitale, est une reconnaissance de l'alliance. De façon frappante, on dit du *phūlpāti* qu'il est «introduit» (*bhitryāune*), comme le sont de nouveaux époux[21].

L'accueil du *phūlpāti* dans la localité se fait avec pompe et cérémonie (Pl. I, Phot. 2). Peu avant son arrivée, une procession se forme autour de

were offered at Maisthan temple and later the phulpati was taken back to the local land revenue office» (*The Rising Nepal*, 27.9.90). La gerbe peut aussi définir un territoire fort : à Katmandou, on cueille des fleurs à tous les endroits d'où l'on peut entendre les coups de feux de la parade militaire.

20. La courte notation d'Anderson : la gerbe est conçue à son arrivée à Katmandou, comme Taleju, «la déesse familiale originelle, dont l'idole se trouve aussi à Gorkha, demeure ancestrale de l'actuelle famille règnante» (1971, p. 147), peut sembler à première vue une erreur. En effet, Taleju n'est pas la déesse tutélaire des Śāh et ne possède pas de statue à Gorkha, où la déesse majeure est Kālikā, divinité tutélaire des Śāh (Unbescheid). Mais il n'est pas impossible que des informateurs de la vallée de Katmandou, et en particulier des Néwar, continuent de voir en ce *phūlpāti*, Taleju, qui fut le *kuldevatā* des rois Malla, souverains de Katmandou à l'arrivée de Pṛthvī Nārāyaṇ Śāh.

21. Ce renvoi au texte permet peut-être d'avancer une hypothèse expliquant l'étrange tenue que doit revêtir le prêtre qui accueille *phūlpāti* à Gorkha. G. Unbescheid précise qu'il doit porter une tenue de ville, contrairement à l'habit cérémoniel qu'il porte tout le reste du temps à Dasaĩ. Peut-être se substitue-t-il au père, au roi, recevant sa fille pour la première fois après son mariage. Le manuel de rituel de Subedi (2045 V.S., p. 17) précise : «Une fois que les citoyens de Katmandou ont pratiqué le *vaḍhānī* (rite de bienvenue, particulièrement celui qui est fait au fiancé) du *phūlpāti*, celui-ci est introduit». Notons que Kawakita (1974, p. 445) avait déjà remarqué les analogies entre la procession de la gerbe et un mariage.

la gerbe, qui se trouve ainsi escortée par des bannières, un vase *kalaś*, une charge de bon augure (*bhār*) et, à Gorkha, par des attributs royaux comme des sceptres, un parasol, des chasse-mouches et des éventails (Unbescheid). Une autre procession venue du temple, composée le plus souvent des prêtres de Dasaĩ et de porteurs d'armes, va à sa rencontre. Le lieu de rencontre correspond à une limite de la localité – bien souvent à un col, lieu liminaire, placé sous les auspices d'une déesse sauvage, Deorālī[22]. À son arrivée, la gerbe est adorée par les prêtres et des manifestations militaires ont lieu : à Katmandou, une gigantesque parade et la revue des troupes par le roi, à Isma, des combats singuliers. Le *phūlpāti* est ensuite introduit dans la pièce de Dasaĩ et une partie ou la totalité des végétaux sont distribués à la foule (Krauskopff, Lecomte-Tilouine). Bhadrakālī, les Navadurgā et les sabres reçoivent alors un culte (Unbescheid, Krauskopff, Lecomte-Tilouine) et l'on peut se demander si ce n'est pas Bhadrakālī – dont le culte apparaît avec la venue de *phūlpāti* – qui est symbolisée dans la gerbe, d'autant que cette association est formulée à Salyan (Krauskopff)[23].

On sait qu'en Inde, les fêtes royales de Vijayā Daśamī incluaient un culte à l'arbre *śamī* : le dixième jour, le roi se rendait à la limite extérieure de sa capitale pour y vénérer cet arbre – dans lequel les Paṇḍava avaient caché leurs armes avant la reconquête de leur royaume. Dans les travaux qu'elle a consacrés aux cultes des déesses, Madeleine Biardeau (1989, p. 300) montre que ce «culte royal inséré dans la Vijayā Daśamī [...] pourrait remplacer le culte de la déesse des limites [...] aspect complémentaire de la déesse protectrice de la lignée royale qui réside habituellement dans le palais», dégageant une structure limite-centre. Il est troublant que ce culte royal soit absent des pratiques népalaises[24], mais sa fonction semble, dans une certaine mesure, être reprise par le *phūlpāti* qui, comme la *śamī*, unit le dehors et le dedans, la limite et le centre, la déesse des limites et la déesse lignagère du roi; cette déesse des limites étant parfois même la déesse fondatrice de la lignée conquérante dans son ancienne capitale, comme les cas de Gorkha et de Salyan l'illustrent. Semblable à la bouteille de Klein, l'introduction de la limite dans le centre abolit les frontières du royaume. Cette entrée en fanfare d'une déesse des confins n'est pas non plus sans évoquer une conquête par un pouvoir venu de l'extérieur, motif courant des récits de fondation en Himalaya.

22. Cf. Lecomte-Tilouine, à paraître. Dans les *koṭ* de Rupakot et de Dhurkot (Gulmi), un sacrifice est offert à Deorālī lors du passage de *phūlpāti*.

23. Une exception toutefois : à Argha (Ramirez), il n'y a pas d'introduction cérémonielle du *phūlpāti*, mais on observe le septième jour, un déplacement de la déesse communale Bhagvatī qui est portée de son temple à la pièce de Dasaĩ à l'intérieur du palais. Les habitants d'Argha disent que ce jour-là «la Déesse part en guerre».

24. Dans les manuels de rituels népalais, il est toutefois fait mention d'un culte à la *śamī* le dixième jour et cet arbre, notons-le, pousse au Népal.

La nuit noire et les grands sacrifices

Les grands sacrifices de Dasaĩ sont certainement le moment fort du rituel. L'émotion et la tension y atteignent leur paroxysme. Le huitième jour est consacré à «l'installation de Durgā» (*Durgā thāpne, Durgā sthāpana*) dans un pot à eau. Partout au Népal, un culte domestique lui est adressé et des sacrifices de chevreaux lui sont offerts dans les maisonnées et dans des temples où l'on vient lui demander des grâces particulières. Gorkha se distingue par une complexe cérémonie des bannières et par une grande série de sacrifices publiques : le premier buffle sacrifié est associé au roi et le dernier au prêtre principal. Théoriquement censé prendre part à cette série de sacrifices, le roi se fait représenter par un fonctionnaire venu de Katmandou pour décapiter le sixième buffle. Des sacrifices aux dieux du lieu peuvent aussi être organisés : à Gorkha, pour Kālī, Thiṅga Bhairav, Gorakhnāth et Caṇḍī, à Salyan, pour les Bhairav et Kālikā. Dans les deux cas, ce sont des formes de Bhairav, ce féroce gardien du territoire, et des formes terribles de la Déesse.

La nuit du huitième jour, appelée *kāl rātrī*, de nouveaux sacrifices publics ont lieu en l'honneur de Kālī. Cette «nuit noire» où l'on vénère la forme la plus terrible de la Déesse – on parle de sacrifices humains et de fin des temps –, est mise en parallèle avec le mythe apocalyptique de la destruction du sacrifice de Dakṣa (Pokharel 2021 V.S., p. 115)[25]. L'aspect sauvage et destructeur de la Déesse y est tout particulièrement souligné dans l'ancien royaume de Kaski, où un buffle est attaché en forêt cette nuit-là, pour qu'Elle vienne elle-même dévorer sa victime, sous forme de félin (Subedi 2045 V.S.).

Les sacrifices du neuvième jour marquent «la sortie du chaos, la création du monde» (Sagant); les gens se rendent massivement dans les *koṭ* et les temples pour assister à la décapitation du buffle. Dans les capitales royales, celle-ci est précédée d'une vénération des jeunes filles vierges (*kumārī pūjā*) et d'un culte aux armes et aux drapeaux (Bouillier, Krauskopff, Unbescheid). Le sacrifice du buffle est bien souvent exécuté avec un sabre royal et par le roi lui-même (Ramirez), car le sang versé restaure la force guerrière du souverain hindou comme celle des chefs tribaux (Sagant).

Cependant, le prêtre principal (*mūl purohit*) est aussi étroitement associé à ce meurtre rituel : à Salyan, c'est lui qui pose son arme sur le cou de la victime avant qu'elle ne soit sacrifiée (Krauskopff). Ce lien inhabituel

25. Dakṣa, père de Satī et de toutes les épouses des dieux, décide un jour (le huitième du mois d'*āśvin*, dit-on) d'offrir un grand sacrifice auquel il convie toutes ses filles et ses gendres. Seuls Satī et son époux Śiva qui venait de lui affliger un affront ne sont pas invités. Offusquée, Satī se rend tout de même au sacrifice de son père et se jette dans le feu sacrificiel. Dans leur furie, Śiva et sa horde détruisent le sacrifice de Dakṣa et lui tranchent la tête. Celui-ci sera ressuscité à la prière de sa femme, mais pourvu d'une tête de chèvre. De fait, les rituels de *kāl rātrī* comportent un sacrifice au feu, *hom*, dont l'importance est cruciale (Krauskopff).

du brahmane avec le sang du sacrifice est encore souligné par l'obligation – consignée dans les manuels de rituels – qu'il a de se marquer le front de sang après la mise à mort. C'est que le sacrifice du buffle est un acte cosmogonique; aussi peut-on voir des brahmanes y prendre part et des Chetri en consommer la viande, ce qui leur est normalement interdit (Unbescheid).

La restauration de l'ordre social

De loin le plus important dans les familles, le dixième jour de la fête marque la fin des rituels (*visarjana*). C'est en quelque sorte la phase agrégative du rite : toute la société est présente pour la distribution des marques frontales de bon augure, *ṭikā*, qui peut s'étaler jusqu'à la pleine lune (Pl. III, Phot. 6). Tôt le matin, les prêtres donnent congé aux divinités de la chapelle et, après leur avoir remis une *ṭikā*, sortent en offrir à la foule. Les contributions qui insistent sur le détail de cette cérémonie montrent clairement qu'un ordre hiérarchique précis y préside. Les «grâces de Durgā» viennent avant tout consacrer un ordre socio-politique établi par les hommes.

Suit une fête où règne la liesse populaire. À Gorkha, la musique est celle de Holi, la fête de printemps (Tingey 1994, p. 222) et on se jette de la poudre colorée (Unbescheid); ailleurs des danses guerrières et des mimes de combats ont lieu (Ramirez, Lecomte-Tilouine). Ce mélange de gaieté, de musique et de combat lie la guerre à la fête, rappelant la formule du *Devī Māhātmya* (II, 55) : «La bataille devenait une fête». Enfin, il est d'usage de festoyer et d'aller rendre visite à ses alliés matrimoniaux et à ses proches. Au cœur des réjouissances, *phūlpāti* est emporté en procession jusqu'à un point d'eau où il est immergé. Venu des confins du territoire, il y est reconduit, sortant à nouveau des limites de la localité. Ce franchissement est un acte rituel codifié[26] : dans certains cas, il est effectué par le roi lui-même (Ramirez). De façon peut-être fortuite, le roi du Népal part bien souvent en voyage à l'étranger ce dixième jour[27].

Ainsi, quand débute Dasaĩ, le monde est vide, le temps est arrêté. Une simple cruche d'eau et un semis de graines annoncent le réveil de la Déesse, la renaissance du monde et du sacrifiant royal. Pendant la première phase domestique et secrète, les rites sont centrés sur un espace clos, séparé et comme intériorisé. Puis l'arrivée d'une gerbe, image d'une déesse sauvage, brouille les limites entre le dehors et le dedans. Cette intrusion des confins, source de chaos, précède la refondation et la mise en scène d'une victoire guerrière. Dès lors, et cela est manifeste le dixième jour, toute la société est reconstituée, agrégée autour du dieu, de son chapelain et du roi. La vie peut

26. Cf. Pokharel (2021 V.S., p. 122) : «Ce jour, franchissons la frontière!»

27. Il est ainsi parti le dixième jour pour l'Allemagne en 1986 et pour le Danemark en 1989 (*The Rising Nepal*, 16.10.86 et 13.10.89).

alors reprendre, la fête battre son plein. Dans nombre de villages, on festoie, on danse et on joue de l'argent jusqu'à la fête des lumières (Tihār), pour célébrer le retour des dieux et le renouveau du monde.

LA RÉGÉNÉRATION DU ROI

Fête populaire évoquant par bien des traits une célébration du nouvel an, Dasaï est aussi la fête royale par excellence. La tradition classique l'associe plus spécifiquement aux Kṣatriya, la classe des guerriers et souverains (Gonda 1965, p. 267). De fait, c'est une cérémonie centrée sur la personne du roi et de ses délégués, car le renouvellement des forces vives de la société et du cosmos bénéficie aux chefs.

Comme tous les maîtres de maison, le roi établit une chapelle domestique consacrée à la Déesse, mais le lieu choisi, généralement l'ancien palais royal au centre de la capitale, en fait un autel exemplaire. Le souverain est le sacrifiant principal, officiant au profit de la communauté toute entière. Une illustration de la configuration complexe des fonctions rituelles royales est le cas de la petite principauté d'Argha décrite par Philippe Ramirez. La fête y est l'occasion de réinstaller «un roi de circonstance», pure figure rituelle dont le rôle est bien défini : il est l'officiant principal de la chapelle royale installée dans l'ancien palais qui reprend soudainement vie. Il est le sacrifiant et reçoit l'initiation, *dīkṣā*, qui en fait un dévot exemplaire de la divinité protégeant et incarnant le royaume. Le neuvième jour, il sacrifie le buffle, symbolisant la victoire sur les démons. Enfin le dixième, il effectue le rite de «tir» et de franchissement des limites qui signalent à la fois sa victoire sur les ennemis et un départ symbolique à la guerre. La figure du roi sacrifiant – représentant l'ensemble de ses sujets, intermédiaire privilégié de la Déesse et des bénédictions qu'elle octroie à tous – se double de celle du roi guerrier. La fonction de protection des terres productrices de richesses et celle de conquérant de nouveaux territoires s'interpénètrent dans un culte centré sur le roi et sa déesse tutélaire.

La fête s'appuie sur une conception cyclique du pouvoir du souverain qui, comme la fertilité de la terre, doit régulièrement être régénéré. Marc Gaborieau en souligne un aspect particulier, en parlant du caractère contractuel du mandat sacré du roi, comparable aux relations entre patrons et clients, renouées au Petit ou au Grand Dasaï.

Il existe des parallèles entre cette fête royale et les rites de consécration du roi dans l'Inde védique[28]. Les travaux d'Heesterman ont montré que le rituel védique *rājasūya* s'inscrivait dans un vaste cycle annuel de mort

28. À Mysore, «the festival was a major political occasion, an annual ceremony of reintegration much like the *rājasūya* sacrifice in ancient time» (Gupta et Gombrich 1986, p. 123).

et de renaissance des forces vives du monde : «L'univers doit être recréé chaque année, ainsi que le roi» (1957, p. 10). L'onction du roi, séquence essentielle du rite, était comparable à une naissance : le souverain, comme l'initié *dīkṣita*, était réduit à l'état d'embryon. Fait notable, le roi du Népal – comme de nombreux maîtres de maison – reçoit le dixième jour de Dasaĩ une onction, *abhiṣeka*, qui rappelle celle de son couronnement et celle du rituel de consécration védique[29]. Comme cette dernière, elle a la propriété de faire passer d'une saison à l'autre, matérialisant le passage entre *navamī* et *daśamī* (Lecomte-Tilouine et Shrestha). Dasaĩ s'inscrit ainsi dans l'ensemble des rites royaux de régénération du pouvoir. Au-delà de l'aspersion, un parallèle structurel avec les rites de consécration védiques peut d'ailleurs être dégagé. Pour Heesterman (1985, p. 110), les séquences clé du *rājasūya* – onction, guerre ou raid mimé par une course de char et le tir d'une flèche sur un autre prince, montée sur le trône – constituent un cycle reliant le village (*grāma*) à la forêt (*araṇya*). Or une polarité identique – qui, selon les termes d'Heesterman, instaure le pouvoir en forêt – est superbement mise en scène pendant le Dasaĩ népalais, quand la gerbe *phūlpāti* entre en grande pompe dans chaque forteresse, au son de fanfares et de coups de fusils. Rompant six jours de cultes secrets dans la «maison de Dasaĩ», cette intrusion forestière marque le début des festivités centrées sur la force guerrière du roi. Dasaĩ garde ainsi trace des conceptions védiques de la souveraineté et des rites réguliers de régénération du roi.

En revanche, et bien qu'ils comportent tous deux une onction, la fête se distingue et dans une certaine mesure s'oppose au rite d'intronisation moderne du roi du Népal (*rājyābhiṣeka*). Celui-ci, de façon qui nous est plus familière, consacre le roi une fois pour toutes. Il comporte deux onctions : un bain des différentes parties du corps du roi avec de la terre venant de lieux variés du Népal, *mṛttikāsnāna*, et une lustration (*abhiṣeka*) effectuée par quatre castes. Suivent la montée sur le trône et le couronnement, puis une brève circumambulation de la ville à dos d'éléphant (Witzel 1987)[30]. Les séquences de ce rituel, particulièrement le bain de terre, identifient le roi à

29. À propos de la *pattabhiṣeka* à Dasara dans un royaume du sud de l'Inde, cf. R. Inden (1978) et N. Dirks (1987, pp. 40-42). Dans le manuel consacré aux rites de consécration du roi Drabya Śāh, on lit : «and always, at the yearly unction (*abhiṣeka*), he (the king) should ritually act with the yantra, for the destruction of enemies in battle [...] The unction should take place every year together with (that of) the king's wife» (Witzel 1987, pp. 419-420).

30. Du temps du premier roi de Gorkha, Drabya Śāh (XVIe siècle), cette circumambulation avait un caractère guerrier : «Having taken the sword in his hand and, full of joy, mounted the elephant, he should, joined by the eight purohita, the army, makes a circumambulation in various ways, with the "roaring" of the Vedas [...] with dances and dancers, and should enter his palace» (Witzel 1987, p. 422). Selon certaines sources anciennes, le roi devait partir en guerre l'année suivant son intronisation (Baral 1964, p. 144), mais, dans les cérémonies récentes, les confins guerriers du territoire sont comme abolis. Aujourd'hui, la circumambulation se réduit à une brève sortie vers le champs de manœuvre de Tundikhel, les descriptions du dernier couronnement ne mentionnant d'ailleurs pas de sabre royal (Witzel 1987, p. 465).

Viṣṇu (*Ibid.*, pp. 441-448) et l'intronisation met en avant deux insignes du pouvoir, le trône et la couronne, faisant du roi définitivement consacré, le protecteur et le maître du territoire, à l'instar du dieu auquel il est identifié.

Plus fidèle aux schémas du rituel de consécration védique, la fête royale de Dasaĩ plonge, quant à elle, dans une conception cyclique du pouvoir. Centrée sur la force conquérante du souverain et de ses déesses, *śakti*, elle met en relief la dimension de la guerre et de la conquête autour d'un culte des sabres. Dasaĩ dessine ainsi une configuration de représentations du pouvoir royal opposée à celles mises en scène lors du couronnement moderne, dualité qui n'est pas sans évoquer celle qu'a dressée Hocart entre roi législateur et roi guerrier (1978, p. 230).

RITUEL ET HISTOIRE POLITIQUE

Conquête et fondation

Fondation et conquête-refondation sont au cœur de la mise en scène rituelle de Dasaĩ : entre les deux, un motif commun, la guerre, argument fondamental de la fête de Durgā. La naissance d'un royaume est indissolublement lié à l'installation d'un sanctuaire de la divinité protectrice de la dynastie ou à l'adoption par les conquérants des divinités du site. Dasaĩ organise en quelque sorte une ré-installation de la divinité tutélaire : le premier ou plus généralement le septième jour – celui qui ouvre les festivités royales publiques – , la divinité lignagère du roi, une incarnation de Durgā, est sortie de son sanctuaire secret permanent, descendue ou installée au cœur du palais royal.

Le Dasaĩ institue aussi une géographie sacrée en réunissant les déesses tutélaires (Kālikā, Bhairavī et Taleju) des trois villes liées à la conquête et à la fondation du Grand Népal : Gorkha, Nuwakot et Katmandou. Pṛthvī Nārāyaṇ Śāh s'empara de la forteresse de Nuwakot en 1744 et y installa alors sa capitale d'été, d'où il entreprit la difficile conquête des royaumes néwar. Celle-ci achevée, en 1768, il choisit Katmandou comme capitale et fit installer une nouvelle salle du trône dans l'ancien palais des rois Malla, Basantapur. Malgré la construction d'un palais en dehors des murs de la ville néwar à la fin du XIXe siècle, c'est toujours à Basantapur qu'on installe la chapelle royale de Dasaĩ et que se trouve le trône de couronnement (*bhadrāsana*).

Le roi du Népal est au centre des rituels de Katmandou tandis que ses représentants officient à Gorkha et à Nuwakot (Unbescheid). Des chanteuses *maṅgalinī* circulent en outre entre ces trois pôles (Tingey 1990, p. 199). Enfin, la gerbe *phūlpāti* part de Gorkha et est accompagnée en grande pompe jusqu'à Katmandou, répétant en quelque sorte le parcours conquérant de Pṛthvī Nārāyaṇ et réunissant Kālikā et Taleju[31].

Nous ne disposons pas d'une étude exhaustive des festivités royales des Śāh à Katmandou, car il est difficile d'observer les pratiques liées aux dynasties régnantes, particulièrement dans leur dimension privée. La coupure entre le roi et la population est d'ailleurs une caractéristique des festivités modernes. Ainsi, lors de l'arrivée de la gerbe *phūlpāti*, la police ferme l'accès de la place royale. Seuls les médias – journaux, radio et télévision – retransmettent chaque jour les principaux actes rituels royaux. Marie Lecomte-Tilouine et Bihari Shrestha se sont appuyés sur des articles de journaux pour en dégager les grandes lignes afin de compléter les données éparses publiées et ouvrir la voie à une enquête plus approfondie. Outre la récupération par les Śāh des rites néwar, par exemple l'échange du sabre du roi avec un danseur néwar[32], un trait frappant du Dasaĩ royal de Katmandou est la coexistence, en des lieux proches mais séparés (différentes parties du palais royal), des deux traditions dynastiques néwar et Śāh qui se sont succédé.

Les « scénarios » mythiques d'installation d'une divinité royale diffèrent. En certains sites, la divinité tutélaire est fondatrice, dans d'autres, elle ne fait que supplanter des divinités déjà là. La chronique de Gorkha raconte comment Drabya Śāh transféra sa divinité tutélaire de Lamjung à Gorkha (Unbescheid). De même, les récits de la fondation d'Argha décrivent l'arrivée du roi, de ses précepteurs et de leur divinité, Śrī Mahākālī. Effrayés, les Gurung de la localité s'enfuirent et la déesse fut installée au cœur du palais (Ramirez). Le site conquis apparaît dans ces deux cas quasiment vierge de toute présence divine remarquable et les festivités s'articulent autour d'une déesse unique et souveraine : Kālikā à Gorkha, Mahākālī à Argha. Ailleurs, une divinité était déjà là et la refondation s'appuie sur un mode particulier d'adoption de cette puissance. Les rituels s'organisent alors autour des différentes divinités, notablement liées dans l'esprit des gens, à des vestiges d'une période antérieure. Dans la très ancienne ville néwar de Patan, Māneśvarī, la divinité tutélaire des anciens rois Licchavi, est toujours vénérée, « révélant une strate ancienne de l'histoire » (Toffin), mais c'est Taleju qui tient la première place. Arrivée dans la vallée au XIVe siècle, en même temps que des réfugiés politiques, elle devint la divinité lignagère de la dynastie néwar des Malla et fut adoptée par les conquérants Śāh comme divinité d'élection (Vergati-Stahl 1978). Dans la principauté de Phalabang (Dang-Salyan), le fondateur du royaume, Ratannāth, prince chasseur initié par le Yogī Gorakhnāth, est le dieu premier du palais. Divinité lignagère

31. À Nuwakot on vénère Taleju, Kālikā et la déesse locale Bhairavī; à Gorkha Kālikā; à Katmandou Taleju. Pour Dasaĩ, des prêtres sont spécialement envoyés de Katmandou dans les sites sacrés associés à Gorkha.

32. Pour une étude de cet échange, cf. G.Toffin (1993) et les travaux de E. Chalier-Visuvalingam (1991).

de la dynastie de Dang qui contrôla cette forteresse jusqu'à sa conquête (1786), elle fut adoptée comme divinité tutélaire par les rois de Salyan, alliés des Śāh, qui les supplantèrent. Dasaĩ organise une rencontre signifiante et hiérarchisée entre le dieu nāth des origines et les déesses lignagères de Salyan (Krauskopff). Enfin, dans le cas de chefferies tribales, comme les Yakthumba qui résistèrent longtemps au processus de centralisation hindoue, on voit perdurer «un double pouvoir des dieux» : celui des anciennes déesses guerrières, lié aux maîtres de maison, et celui de Durgā, attaché aux chefs devenus délégués du roi hindou (Sagant).

La virginité du site conquis, même là où une souveraineté absolue de la déesse est affirmée, n'est cependant jamais entière. Il est des forces, souvent des dieux du sol ou des puissances chtoniennes, englobées dans les formes multiples du sanguinaire Bhairav, qui continuent de hanter les lieux et ont une place, souvent ambigüe, dans les festivités. Qu'il soit perçu comme une divinité locale ou comme une incarnation terrifiante de Śiva-Mahādev, Bhairav est présent dans toutes les forteresses royales. Fait notable, les villageois l'associent souvent à des rois déchus, révélant par là une manière commune de reconstruire leur passé à partir d'une mise en relation hiérarchique et historique des divinités de leur localité[33]. À Musikot, à Phalabang, les figures des Bhairav sont ainsi attachées au souvenir de rois soumis. À Musikot, où les villageois s'accordent sur l'existence de l'ancien règne de rois magar notoirement incompétents, le Bhairav local est toujours desservi par un Magar et vénéré par les descendants des rois ṭhakuri à côté de leur divinité lignagère, la déesse Kālikā (Lecomte-Tilouine, à paraître). Les prêtres de Bhairav, dieu consommateur de cochon, sont soit des Magar – dont la présence est également notable dans de nombreux sanctuaires de la Déesse au Népal – , soit des Nāth Yogī (à Phalabang, Isma ou Gorkha), soit encore des non-brahmanes chez les Néwar[34]. La présence récurrente de ce dieu sur les lieux du pouvoir royal est peut-être une particularité de l'Himalaya népalais hindouisé.

Cosmodrame et histoire

Toute l'histoire que la communauté se donne est condensée dans l'espace rituel orienté du Dasaĩ, en un «cosmodrame[35] » où se sont les dieux qui disent l'histoire des hommes. En dépit de la disparition de leur roi depuis

33. Pour les Néwar, comme le montrent deux mythes publiés par M. Anderson (1971, p. 158), Bhairav n'est pas seulement associé à d'anciens rois, mais représente aussi leur face cachée, ces souverains ayant la propriété de se transformer en ce dieu terrifiant de leur vivant.

34. Par exemple, c'est un Magar qui dessert le grand sanctuaire de Mān Kāmanā, associé à Gorkha et à Katmandou. Il est supplanté par un prêtre néwar bouddhiste pour le Dasaĩ (Unbescheid 1985).

35. L'expression est de P. Mus (1977).

deux siècles, toutes les communautés maintenant la tradition d'un Dasaĩ royal y voient aussi une glorification du passé de la localité. L'espace rituel devient ainsi un «lieu de mémoire» (Krauskopff), prétexte à «l'évocation d'un âge d'or» (Toffin).

Dans sa contribution sur le culte adressé à la déesse Kālikā à Gorkha, G. Unbescheid met l'accent sur la «sphère d'interférence» entre mythe et histoire : il propose de distinguer le niveau scolastique et orthodoxe, fixé dans les guides rituels et renvoyant à un plan supra-régional, et celui des exégèses locales qui s'appuient sur la dramaturgie et les innovations rituelles. Cette dynamique s'inscrit dans le contexte historique et sociologique propre à chaque localité. Plusieurs contributeurs ont ainsi été conduits à interroger les traces confuses laissées par le passé. Cependant, seuls la vallée de Katmandou, et dans une moindre mesure l'empire de Jumla, ont laissé des témoignages écrits de leur passé. Dans les Baisi et les Caubisi, les archives sont rares, exceptionnellement antérieures au XVIIIe siècle, et les généalogies (*vaṁśāvalī*) offrent une relecture du passé, mêlant faits historiques et faits légendaires. En ancrant les archives et les chroniques dans les sites auxquels elles se rapportent, en décodant les conceptions qu'elles recèlent et en les confrontant aux traditions orales, ce peu de données ouvre cependant de nouvelles pistes. Dans son étude sur la forteresse d'Argha, Philippe Ramirez, en une démarche qu'il qualifie de «géologique», met en parallèle les étapes du rituel et l'évolution des structures politiques locales, depuis la fondation légendaire par un roi rajput jusqu'aux conflits politiques modernes entre lignages dominants. À Phalabang, ex-capitale du royaume Baisi de Dang puis de Salyan, la confrontation des particularités locales du rituel et de documents d'archives, permet à Gisèle Krauskopff d'éclairer une phase obscure de l'histoire du «royaume de Phalabang», allié originel de Pṛthvī Nārāyaṇ, progressivement désarmé par les Premiers ministres Rāṇā au XIXe siècle. À Isma, petite principauté Caubisi conquise, Marie Lecomte-Tilouine rapporte une particularité notable du rituel – l'absence de la nuit noire, *kālarātrī* – à la disparition brutale du roi et de la fonction royale. Dans un contexte sociologique bien différent, c'est par la comparaison de trois rituels Yakthumba renvoyant à des organisations politiques antérieures, que Philippe Sagant met à jour les contradictions entre les restes de l'ancien système de chefferie kirant et celui qu'instaura la délégation héréditaire du pouvoir royal aux chefs limbu *subbā*.

Rituel et centralisation politique : le cas du pajani

Élaborée sur une trame commune, la fête de Durgā a connu des développements différents suivant les contextes historiques de chaque région du sous-continent indien. Au Bengale, les festivités autour de la Déesse sont bien différentes de celles de l'ancienne principauté de Mysore, centrées sur le roi et son trône, ou de celles du Rajasthan, privilégiant le culte des sabres royaux[36].

On ne peut dater l'ancienneté du Dasaĩ au Népal. Le culte des déesses sur lequel il s'inscrit est, comme en Inde, attesté à date ancienne dans la vallée de Katmandou où l'on a découvert des statues de Mahisāṣuramārdinī datant du VIe siècle (Slusser 1982, II, p. 309). Le développement du culte royal à Taleju est beaucoup plus tardif (Toffin). Des mentions historiques signalent la pratique du Dasaĩ à Jumla au XIVe siècle et l'existence du culte de Kālikā à Gorkha au XVIIe siècle[37]. Il est possible que le développement royal du culte date de cette époque tardive[38]. Quoi qu'il en soit, l'existence de formes régionales liées aux contextes politiques, atteste du rôle des détenteurs du pouvoir et de leurs manipulations dans la promotion du rituel et ses transformations.

Le rituel innove dans un cadre relativement fixe, comme des broderies enrichissent une trame. Lorsqu'on peut retracer leur genèse, certaines nouveautés rituelles révèlent toute leur portée politique. La coutume du *pajani*, cette cérémonie de renouvellement annuel de tous les postes administratifs ou militaires qui faisait partie intégrante du Dasaĩ népalais à l'époque des Rāṇā, en est une illustration : «Le Dasaĩ, est de plus le commencement de l'année administrative et domestique; la répartition annuelle des emplois est définitivement arrêtée le premier jour de Dasaĩ. C'est aussi le jour de louée des serviteurs, et le jour de leurs étrennes. À la fin de la dizaine fériée, le roi donne une grande réception [darbar], et les fonctionnaires maintenus ou nouveaux vont présenter leurs hommages, avec leurs offrandes, à leurs chefs respectifs[39] ». Gimlette a insisté sur la portée politique de cette tradition : «Tous les soldats et les serviteurs de l'État sont engagés et inscrits pour une année seulement, et doivent être réengagés le premier jour de dassera [...]. En temps de trouble politique, on profite bien souvent de cette occasion pour se débarrasser d'hommes soupçonnés d'infidélité envers les autorités et un général inspiré s'assurera que le régiment qu'il commande est uniquement composé d'hommes qui lui sont dévoués. Les derniers jours du dassera sont consacrés au durbar» (Gimlette 1928, p. 47). Ces gestes d'allégeance étaient marqués par l'offrande de présents au Premier ministre et de cadeaux de

36. Cf. note 2.

37. Mention de Dasaĩ à Jumla en 1389 (Adhikary 1988 : appendix B-40). Une inscription de Punyamalla (1336) mentionne une donation foncière faite lors de Vijayā Daśamī (Naraharinath 1966, p. 601). À Gorkha, évidence d'un culte à Kālikā en 1636, puis du Dasaĩ en 1681 (voir C. Tingey 1990, p. 21).

38. Les récits des Portuguais témoignent du faste de ces cultes royaux à Vijayanagar au XVIe siècle (Sewell 1924).

39. S. Lévi (1905, II, p. 55), cf. également H.A. Oldfield (1880, pp. 343; 351).

moindre valeur au «généralissime» qui étaient payés de retour par «un signe symbolique rouge tracé sur le front» (Boeck 1907, p. 227), une *ṭikā*.

Le *pajani* du premier jour de Dasaĩ illustre le mouvement de centralisation autoritaire qui a caractérisé l'histoire du Népal à partir du XIXe siècle. Peu après la mort de Pṛthvī Nārāyaṇ Śāh, les problèmes de succession minèrent la royauté et dès 1803, Bhīmsen Thāpā, un brillant général, s'empara du pouvoir séculier, créant le poste de Premier ministre. En plus du statut de chef des armées, cette fonction politique clé assurait à son détenteur la maîtrise du gouvernement. La division des pouvoirs entre Premier ministre et roi connut un aboutissement particulier sous les Rāṇā qui s'emparèrent de la direction des affaires de l'État en 1846, au cours d'un événement sanglant célèbre, le massacre du koṭ, qui permit à Jaṅg Bahādūr Rāṇā de se débarrasser de tous ses rivaux. Jaṅg Bahādūr fit du poste de Premier ministre une fonction héréditaire et s'attribua le titre de Mahārāja, créant une configuration politique spécifique : les Rāṇā confinèrent les rois (*Mahārājadhirāj* «rois des rois») dans leur palais, s'attribuant tous les pouvoirs séculiers. Ils renforcèrent l'isolement et la sacralité du Népal, «seul État du Kālī Yuga à être gouverné par des Hindous» et établirent les bases d'une administration judiciaire, foncière et militaire très centralisée, dont l'apothéose fut la rédaction d'un code civil fondé sur le système des castes (Höfer 1979).

L'innovation ne réside pas dans le *pajani* proprement dit, qui existait auparavant, mais dans son intégration exclusive au cadre festif du Dasaĩ. Celle-ci n'est pas fortuite : le *pajani* s'inscrit ainsi dans ce vaste renouvellement des forces, enraciné sur une conception cyclique du temps, tout en confirmant la portée politique du rituel. Sans qu'on puisse exactement en fixer la date, cette mutation semble pouvoir être rattachée à l'époque où les Premiers ministres ont progressivement pris le pouvoir, dans le courant du XIXe siècle. Ces nominations, reconductions ou suspensions autoritaires des chefs militaires et administratifs, qui s'accompagnaient de donations foncières (*jāgir*), avaient auparavant lieu à n'importe quelle date faste, et parfois plusieurs fois dans l'année (Stiller 1976, p. 254). C'est d'elle que dépendait l'attribution du poste de Premier ministre et de ceux de gouverneurs régionaux [40]. Le *pajani*, «*the other side of the sword*», comme le qualifie très justement Stiller (*Ibid.*, p. 254), et le sceau royal (*lāl mohār*), furent de longue date les instruments du gouvernement des souverains Śāh (*Ibid.*, p. 291).

L'association du *pajani* à Dasaĩ peut aussi se lire comme une sacralisation du centralisme autoritaire du régime Rāṇā. De gré ou de force, chacun devait se soumettre à la cérémonie de remise des bénédictions qui confirmait les positions hiérarchiques nouvellement acquises. La rotation annuelle des postes (*pajani*) a disparu à la chute des Rāṇā en 1951 mais, comme lors des anciens *darbār*, le roi distribue toujours la marque frontale *ṭikā* aux représentants des

40. Cf. L. Stiller (1976), S. Kumar (1967, p. 82) et L. Caplan (1975, pp. 34-37).

corps constitués. Les photos de ces bénédictions sont ensuite affichées pour la vente sur les murs de plusieurs studios photographiques de la capitale. La plupart des contributions ici réunies révèlent l'importance encore cruciale de la hiérarchie entérinée par ces bénédictions[41]. Fait notable, c'est une des cérémonies les plus touchées en cas d'instabilité politique, comme les événements de 1990 et le retour à la démocratie le montrent (Krauskopff, Ramirez).

Le *pajani* népalais, en tant que redistribution des pouvoirs, est aussi à rapprocher de la tradition des assemblées, *darbār*, attestées dans toutes les cours indiennes lors de Dasara. Dans l'ancien Vijayanagar, la fête réunissait autour du roi et de sa déesse, tous les vassaux, qui venaient payer tribut. L'espace du rituel devenait en quelque sorte un vaste *maṇḍāla* centré autour du trône et incluant toutes les composantes du royaume. À Mysore, on assistait à la répétition quotidienne d'un prestigieux *darbār*, le roi y siègeant là aussi sur le Trône (Rao 1936, p. 179). À la fin du XVIIIe siècle, à Puna, les comptes de l'État étaient présentés, vénérés et signés durant les festivités, et, selon John Malcolm (1823) : «La vanité ou l'espoir d'inspirer confiance et ambition aux troupes, conduisaient beaucoup de Maratha conquis ou appauvris à y insérer une longue liste de provinces éloignées qu'ils avaient perdues depuis longtemps, ou dont la conquête était seulement désirée ou envisagée». Ces assemblées pouvaient aussi donner lieu à la présentation de revendications par les chefs tribaux. Au Népal, les dons de terre *jāgir*, accompagnant les nominations politiques, font écho sous une forme administrative autoritaire, aux *darbār* indiens qui institutionnalisaient les relations de vassalité[42]. On observe cependant la coexistence du *pajani* avec un *darbār* lors de la fête de Dasaĩ, du moins à l'époque rāṇā : le *pajani* était annoncé le premier jour et le *darbār* avait lieu le dernier jour (Gimlette 1928, p. 47).

Comme l'a montré Richard Burghart (1984), des conceptions autrefois plurielles de l'autorité royale sur le royaume – autorité rituelle sur un territoire sacré défini par des temples aux divinités tutélaires, et autorité foncière sur les terres où sont perçus des droits fonciers – qui ne recouvraient pas les mêmes espaces, ont fini par se juxtaposer à l'époque Rāṇā. La guerre anglo-népalaise de 1816 a joué un rôle déterminant, par la fixation définitive des frontières du Népal qui l'a suivie en 1860. Dès lors «le territoire au sein duquel la sacralité du royaume se trouvait perpétuée devint aussi le territoire des possessions» (Burghart 1984, p. 116). Le rituel de Dasaĩ a marqué la suprématie d'un centre unique, sacralisant le territoire de l'État népalais ainsi défini, unifié et hiérarchisé.

41. L'importance de la dimension hiérarchique dans la cérémonie de remise des *ṭikā* népalaise est peut-être une trace du *pajani*.

42. Sur la relation entre le pouvoir royal et le don de terre à Dasaĩ, cf. N.B. Dirks (1987).

Le trône et le sabre

Certains insignes de pouvoir des chefs et souverains – le sabre principalement, mais aussi le trône – sont utilisés, exhibés ou même revivifiés durant le Dasaĩ. Le trône joue un rôle capital dans la célébration de la Durgā Pūjā de certains royaumes indiens. C'est ainsi qu'à Mysore, il est régénéré chaque année quand on y accole deux lions, monture de la Déesse et symbole royal (Scialpi 1986); puis le roi y monte devant une foule de spectateurs (Puttaiya 1921). Au Népal, le dixième jour, la photo du roi et de la reine du Népal est posée sur un *gaddī*[43] dans le royaume de Salyan (Krauskopff) ou à Musikot (Lecomte-Tilouine, à paraître). Dasaĩ est aussi la seule occasion de l'année où les descendants de familles royales déchues s'asseoient encore sur leur trône : ainsi peut-on voir le Ṭhakuri d'Argha s'installer dans une salle appelée *gaddī* pour la durée de la fête (Ramirez) et à Musikot (Lecomte-Tilouine, à paraître), le Ṭhakuri se tient sur l'emplacement du *gaddī* pendant les neuf premiers jours de Dasaĩ, mais laisse toutefois symboliquement sa place au roi du Népal le dixième jour, où l'on dispose sa photo sur un coussin.

Le trône usuel du roi du Népal est dénommé *rājasiṁhāsana* («le siège aux lions royal»). Il se rapproche par son style des trônes indiens et se distingue très nettement de ceux rencontrés à l'ouest du Népal, soulignant le récent statut de «roi des rois» (*mahārājadhirāj*) du souverain. Pour un grand nombre de népalais interrogés, c'est sur le *rājasiṁhāsana* que celui-ci recevrait chaque année sa *ṭikā*; bien que probablement fausse, cette représentation populaire fait ressortir la fonction de revivification annuelle du pouvoir qui est attachée à la remise de la *ṭikā*. De même que nous avons noté la coexistence de deux conceptions du pouvoir – permanent ou contractuel, cette dualité se retrouve dans les trônes. Le souverain du Népal est couronné sur le *bhadrāsana*, «le bon siège» ou «siège prospère», trône particulièrement sacré, réservé à cette cérémonie (Witzel 1987); en revanche il siègera par la suite, lors d'un certain nombre d'occasions annuelles, sur différents trônes – le *rājasiṁhāsana* de son palais de Narayanhiti, celui du parlement Singh Darbar ou encore celui de Gaddi Baithak, dans l'ancien palais royal. Face au pouvoir immanent conféré par le «siège prospère», les différents «sièges aux lions» et les rites périodiques de revivification du pouvoir réassurent une autorité qui, par nature, ne peut être définitive.

À côté du pouvoir «assis» octroyé par le trône, le sabre rappelle que le pouvoir royal est d'abord fondé sur la conquête. Arme sacrificielle par excellence, celle-là même avec laquelle est tué le démon-buffle, le sabre

43. Le terme *gaddī* vient du hindi, où il signifie coussin ou selle de cheval, le mot sanscrit dont il dérive désignant aussi un siège de monture. À l'ouest du Népal ce sont de fait des coussins (Krauskopff, Lecomte-Tilouine à paraître). Sur le *gaddī* en Inde, voir également A.C. Mayer (1982). À Vijayanagar, la Durgā Pujā s'organisait autour du trône du roi, *simhāsana* (Rao 1936, p. 179).

est un symbole de la Déesse et du pouvoir, sous leurs aspects guerriers. Il reçoit un culte particulier la septième nuit ou le huitième jour de Dasaĩ. Tout comme les armes des Paṇḍāva sont sorties rouillées après leurs quatorze années d'exil et nettoyées en vue de la bataille (Biardeau 1981 b), les sabres entreposées dans les arsenaux sont préparés et aiguisés chaque année lors de Dasaĩ (Lecomte-Tilouine, Ramirez, Unbescheid). Ils sont ainsi régénérés, comme pour un départ en guerre, mais ne serviront plus qu'à abattre de malheureuses victimes sacrificielles.

Le sabre est associé au roi aussi bien qu'à la Déesse. De fait, les sabres et notamment le sabre royal, sont posés sur l'autel de Durgā lors de Dasaĩ. Cela rappelle peut-être que la Déesse ne possède à l'origine aucun attribut qui lui soit propre, mais reçoit ses armes de différentes divinités. Ainsi au Méwar (Fuller 1992, p. 119), le roi prête-t-il son sabre à Devī pour le temps de la fête. La Déesse se trouve alors armée et le roi pourvu d'une arme divine à l'issue de la cérémonie. Ce prêt du sabre peut aussi prendre la figure d'un échange : tous les douze ans pendant la neuvième nuit, le roi de Katmandou échange son sabre avec celui d'un danseur masqué possédé par Pacali Bhairav[44]. Il lui est ensuite cérémoniellement rendu, «portant les bénédictions» de la divinité (Lecomte-Tilouine et Shrestha). Ce patrimoine commun entre le roi et la Déesse s'exprime différemment à Gorkha : les bijoux de celle-ci sont progressivement sortis lors de la fête, du palais où ils sont conservés (Unbescheid). Même le trône appartient à la divinité le temps de Dasaĩ : Siṁha Bahinī y est installée à Argha (Ramirez), à l'instar de la Déesse à Mysore (Rao 1936, p. 179). L'étroite parenté du roi et de la divinité trouve au Népal une expression particulière. Comme l'a montré Unbescheid (1986), lorsque l'on progresse vers l'ouest du Népal, ce ne sont plus des rois mais des dieux que l'on trouve sur le trône.

Le roi est susceptible de confier son arme personnelle à ses soldats dans une entreprise difficile (Lecomte-Tilouine), mais plus généralement, il semble que le don d'un sabre par le roi soit une forme de délégation du pouvoir. Ainsi dans le district de Gulmi, nombre de chefs (*mukhiyā*) magar possèdent un sabre qu'ils disent avoir reçu autrefois de leur roi. Ils furent aussi enjoints de le vénérer comme divinité lignagère, et lors de Dasaĩ. Aujourd'hui, ces armes bien souvent conservés dans des temples de villages, garantissent l'assise d'une lignée au sein de la communauté qui les vénère. Cette idée d'une délégation de pouvoir au travers d'un sabre est différemment illustrée par le cas des Yakthumba (Sagant).

44. Et tous les douze ans, il l'échange avec un danseur possédé par Bhadrakālī, femme de Bhairav (Toffin 1993, pp. 67-72).

Conflits autour de Dasaĩ

La réunion de toute la société autour d'un centre exemplaire ne s'instaure pas sans remous. Philippe Sagant analyse une délégation particulièrement conflictuelle du pouvoir royal chez les Yakthumba Limbu. Organisés à date ancienne en chefferies, ils se retrouvèrent au XVIIIe siècle aux prises avec le pouvoir central des Śāh. Dès lors une sorte de «double pouvoir» s'instaura, illustré par le conflit latent entre Nahangma, la «force sauvage» liée à la montagne qui assure le pouvoir des anciens chefs, et Yuma-Durgā qui régénère périodiquement le pouvoir du *subbā*, délégué dorénavant héréditaire du roi hindou. De cette force reçue du roi du Népal dépend alors celle de chacun des autres chefs de maison dépendants. Pourtant, «le culte du Dasaĩ aurait pour une part échoué», puisqu'une forte concurrence s'ensuivit, provoquant un morcellement extrême des circonscriptions et des charges de *subbā*, «roi minuscule», «maître du cosmos sur un empire de vingt maisons». À date plus récente, d'autres groupes ont choisi une position encore plus radicale : celle du boycott de Dasaĩ. Chez certains groupuscules magar, ethnie pourtant fortement hindouisée, c'est en termes de non-soumission à la «culture dominante» (*maulik saṁskṛti*), «hindoue» et «aryenne», que le refus de Dasaĩ est actuellement envisagé. Pour eux, la fête célebre «la victoire des Aryens sur les Kirant» et la célébrer revient à «se réjouir de la mort de sa propre mère[45] ». Il ne faut pas oublier que pour une large part de la population, la fête était synonyme de corvées et de denrées à fournir pour les rituels (Gaborieau). Ces attitudes affichent une volonté de remise en question de la hiérarchie qui s'affirme à Dasaĩ et du pouvoir du chef – hindou et de haute caste, le plus souvent. Un cas très révélateur est celui des Musulmans : M. Gaborieau montre comment ces derniers, qui suivent volontiers l'ensemble du calendrier religieux hindou, refusent de recevoir la marque de bon augure que le chef remet à ses sujets lors de Dasaĩ. La célébration des rituels peut cependant être imposée par l'État : c'est ainsi qu'elle figure dans les consignes *lagāt* que doivent suivre les monastères *sannyāsī* de la vallée de Katmandou (Bouillier).

C'est peut-être dans ces rejets que la portée politique de ce rituel hindou se laisse le mieux percevoir, car Dasaĩ est la seule fête dont le boycott doit être organisé, pensé. Quel que soit le langage dans lequel il s'inscrit – refus d'un statut, de la coutume d'un groupe dominant, d'une religion d'État – , c'est bien un acte avant tout politique qu'il exprime, le rejet d'un pouvoir central, de ses représentants locaux et du rituel qui le consacre. Il est peut-être utile de citer en contre-point de ces positions négatives, le cas de ces exilés bouddhistes en pays bouddhiste (les Néwar au Tibet) qui n'en continuaient

45. Voir à ce sujet l'article de Prāya Magar, «Le boycott de Dasaĩ et la voix des opprimés» dans *Laafa*, août-oct. 1992, journal issu du mouvement de revivalisme magar.

pas moins de célébrer le Dasaĩ, sans doute garant de leur identité de citoyens népalais (Jest et Shrestha). Aux marges du pays, des groupes échappent d'autre part à ce réseau rituel contraignant. Les Sherpa, par exemple, qui pratiquent le bouddhisme tibétain, organisent une sorte de «contre-Dasaĩ» : ils récitent des prières visant à effacer la violence des sacrifices offerts (Jest et Shrestha). Dans un tout autre registre, les Koshila Tharu de l'est du Terai voient en Dasaĩ une période néfaste ou règnent les sorcières, durant laquelle chacun se protège en se liant de l'ail autour de la taille, en l'attente des bienfaits de la fête des lumières.

Les conflits autour de Dasaĩ n'opposent pas seulement un groupe dominant et solidaire, la société des gens de hautes castes, aux autres. Les rivalités sont partout. La dynamique de la société tout entière peut se lire lors de la fête. Le rituel met ainsi en scène le factionnalisme entre lignages dominants (Ramirez). Chaque modification politique y est enregistrée sans jamais toutefois effacer le passé : tous les chefs locaux (ou leurs descendants) qui se sont succédés dans la localité de Musikot – les rois magar, puis ṭhakuri, les *mukhiyā* et enfin, le *pradhān* – tiennent des rôles centraux et complémentaires lors de Dasaĩ. La contestation des structures d'autorité peut aussi se manifester comme un boycott du centre politico-religieux, certains groupes de populations créant de nouveaux lieux de célébration de la fête (Ramirez ou Lecomte-Tilouine à paraître).

La répartition des charges rituelles était source de privilèges fonciers accordés par le roi, sous forme de donations foncières, *guṭhi*. C'est entre autres parce qu'ils détiennent un *guṭhi*, que les renoncants des monastères participent au culte de la Déesse, figure pourtant subordonnée à Śiva dans leur univers religieux (Bouillier). Or, ces privilèges sont objet de conflits qui transparaissent lors de Dasaĩ. À Argha, deux lignages brahmanes, descendants du premier précépteur royal *rājguru*, sont entrés en lutte pour leur obtention (Ramirez). Ailleurs, ce sont des castes de prêtres de statut différent dont la rivalité est manifeste : à Patan, les Brahmanes *rājopadhyāya* néwar ont écarté les prêtres tantriques *karmacārya* de rang Kṣatriya (Toffin). À Phalabang, les Nāth Yogī ont été marginalisés par les brahmanes à l'époque des Rāṇā (Krauskopff). À Gorkha et Nuwakot, des prêtres envoyés de la capitale relèguent le desservant ordinaire à une fonction subalterne lors de Dasaĩ (Unbescheid). Les évolutions récentes sont toutefois sans rapport avec les privilèges fonciers que le roi a cessé de distribuer depuis l'instauration du système des Panchayats, dans les années soixante. Les donations royales sont aujourd'hui d'une autre nature, elles s'apparentent à des œuvres de charité (Burghart 1987, p. 270).

Enfin, de façon caractéristique, la fête laisse apparaître les aspects conflictuels du couple roi sacrifiant/chapelain vis-à-vis de la Déesse, qui médiatise leur rapport[46]. De fait, toutes les contributions traitant des Dasaĩ royaux s'interrogent sur les effets de la disparition des rois dans les rituels. Chez les Néwar, comme dans les anciens Baisi et Caubisi, on assiste à une main mise des prêtres desservant la déesse tutélaire sur les phases du rituel normalement dévolues au roi. Ainsi à Patan, comme à Bhaktapur (Levy, 1990, p. 351), c'est un brahmane *rājophādhya* – c'est-à-dire du groupe héréditairement attaché au culte de Taleju, la divinité lignagère des Malla – qui prend la place du roi. Ces brahmanes apparaissent comme des «figures quasi royales» (Toffin) : ce sont eux qui portent les sabres, symboles du pouvoir. Gérard Toffin voit dans le Dasaĩ une «fête où se joue le rapport contradictoire entre un pouvoir royal absent et les spécialistes du religieux». Avec la disparition de la tête du pouvoir, le palais est devenu un pur espace cultuel. Cette conquête de la part symbolique du pouvoir n'a pas seulement lieu en l'absence de roi. Dans le royaume d'Argha (Ramirez), les brahmanes Bhusāl qui furent les chapelains du roi et les chefs *mukhiyā* de la localité, vénèrent leur propre divinité lignagère à l'intérieur du palais. Tout en marquant rituellement leur autorité politique, ils affirment aussi la suprématie des valeurs brahmaniques fondées sur la disjonction hiérarchisée entre autorité spirituelle et pouvoir temporel : ce sont eux qui organisent la fête de Dasaĩ, mettant en scène le royaume des origines autour d'un roi, pantin rituel sans assise politique.

À Isma, l'absence de roi et de tout représentant unique du pouvoir est en quelque sorte poussée à son terme : le Dasaĩ se maintient autour du culte du sabre royal, aux mains du seul chapelain. Le roi a été remplacé «par la collection anarchique des hommes qu'il gouvernait» (Lecomte-Tilouine). Une telle sacralisation des sabres s'observe également dans le contexte très différent de Phalabang-Salyan où les ascètes nāth sont les gardiens des armes. À Dasaĩ, ils les remettent aux brahmanes qui les utilisent pour un simulacre de sacrifice, configuration qui n'est pas sans évoquer les traditions des Rajput du Méwar[47], à la différence qu'un brahmane a pris la place du roi (Krauskopff).

La destitution ou l'inféodation des rois et des chefs s'est inscrite dans le rituel, en transférant le pouvoir royal dans des symboles – le sabre – ou dans des personnages réduits à une simple fonction de représentation. Dans tous les cas, on note un envahissement par les prêtres du champs rituel fondateur du pouvoir politique. Les festivités de Dasaĩ se poursuivent cependant dans toutes les anciennes forteresses et, au-delà des conflits, toutes les composantes de la société – les chefs, les chapelains et le peuple – sont réunis autour de la déesse du pouvoir[48]. Cependant, avec l'introduction d'un système où

46. Sur la relation du roi à ses déesses, voir S. Gupta et R. Gombrich (1986) et G. Toffin (1981 et 1993).

47. Cf. J. Tod (1829, I, p. 683) et M. Biardeau (1989, p. 305).

48. À propos de Taleju comme «déesse politique», voir G. Mandhar (1971) et A. Vergati-Stahl (1978).

les chefs locaux sont élus par la population[49], l'efficacité politique du rituel, dans les formes traditionnelles que cet ouvrage dévoile, s'est trouvé diminuée. En effet, le roi ne délègue plus son autorité à des représentants locaux; il ne fait plus corps avec le territoire du Népal que le rituel de Dasaĩ consacre[50]. L'impact du multipartisme sur le déroulement des rituels d'État reste trop récent pour qu'on puisse en mesurer les conséquences. En tant que Fête nationale porteuse de l'image d'un État-Nation qui veut maintenir son autonomie, Dasaĩ n'est en rien menacé. Mais si la pompe des rites royaux est maintenue, ne renforcera-t-elle pas l'isolement et la sacralité du souverain?

BIBLIOGRAPHIE

ADHIKARY, S.M.,
1988, *The Khasa kingdom, a transhimalayan empire of the middle age*, New Delhi, Nirala Publications.

ANDERSON, M.,
1971, *The festivals of Nepal*, Londres, Allen and Unwin.

BARAL, L.S.,
1964, *Life and Writings of Pṛthvīnārāyaṇ Sāh*, PhD, University of London.

BENNETT, L.,
1983, *Dangerous Wives and Sacred Sisters. Social and Symbolic Roles of High-caste Women in Nepal*, New York, Columbia Univ. Press.

BIARDEAU, M.,
1981 a, *L'Hindouisme. Anthropologie d'une civilisation*, Paris, Flammarion.
1981 b, «L'arbre *śamī* et le buffle sacrificiel», in *Autour de la Déesse hindoue*, M. Biardeau éd., coll. «*Puruṣārtha*»5, Paris, Éd. de L'EHESS, pp. 215-224.
1989, *Histoires de poteaux. Variations védiques autour de la Déesse hindoue*, Paris, Publications de l'EFEO, vol. 154.

49. Après la chute des Rāṇā en 1951, les premières élections au suffrage universel n'ont eu lieu qu'en 1959, durant la brève période de multipartisme, interrompue par l'instauration du régime des Panchayats en 1961, qui interdit les partis politiques. Les événements violents de 1990 ont permis le retour du multipartisme et instauré une monarchie constitutionnelle pluraliste.

50. Voir à ce sujet R. Burghart (1987).

BOECK, K.,
1907, *Aux Indes et au Népal*, Paris, Hachette.

BOUILLIER, V.,
1979, *Naître renonçant. Une caste de Sannyāsī villageois dans un village du Népal central*, Nanterre, Société d'Ethnologie.

BURGHART, R.,
1984, «The formation of the concept of Nation-State in Nepal», *Journal of Asian Studies* XLIV (1), pp. 101-125.
1987, «Gifts to the gods : power, property and ceremonial in Nepal», in *Rituals of Royalty. Power and Ceremonial in Traditional Societies*, Cannadine D. and S. Price eds., Cambridge, Cambridge University Press, pp. 237-270.

CAPLAN, L.,
1970, *Land and Social Change in East Nepal,* London, Routledge and Kegan Paul.
1975, *Administration and Politics in a Nepalese Town*, London, Oxford University Press.

Célébration de la Grande Déesse. Devī Māhātmya, traduit par Jean Varenne, Paris, Les Belles Lettres, 1975.

CHALIER-VISUVALINGAM, E.,
1991, «Le roi et le jardinier : Pacali Bhairav de Kathmandu», manuscrit dactylographié non publié.

CROOKE, W.,
1915, «The Dasahra : an Autumn Festival of the Hindus», *Folklore* XXVI, pp. 28-59.

DIRKS, N.B.,
1987, *The Hollow Crown. Ethnohistory of an Indian Kingdom*, Cambridge, Cambridge University Press.

DUMONT, L.,
1966, *Homo hierarchicus*, Paris, Gallimard.

ELWIN, V.,
1950, *Bondo highlanders*, Bombay, Oxford University Press.

FULLER, C.,
1992, *The Camphor Flame. Popular Hinduism and Society in India*, Princeton, Princeton University Press.

FÜRER-HAIMENDORF, C. Von,
1979, *The Gonds of Andra Pradesh*, London, Vikas Publishing House.

GABORIEAU, M.,
1978, «Le partage du pouvoir entre les lignages dans une localité du Népal central», *L'Homme*, XVIII (1-2), pp. 37-67.
1982,«Les fêtes, le temps et l'espace : structure du calendrier hindou dans sa version indo-népalaise», *L'Homme*, XXII (3), pp. 11-29.

GIMLETTE, G.H.D.,
1928, *Nepal and the Nepalese*, London, Witherby.

GHOSHA, P.,
1871, *Durga Puja, with Notes and Illustrations*, Calcutta, Hindu Patriot Press.

GONDA, J.,
1965, *Les Religions de l'Inde*. II, *L'hindouisme récent*, Paris, Payot.

GUPTA, S. et GOMBRICH, R.,

1986, «Kings, Power and the Goddess», *South Asia Research* VI (2), pp. 123-138.

GUPTE, B.A.,

1916, *Hindu Holidays and Ceremonials*, Calcutta, Popular Press.

GUTSCHOW, N. et BASUKALA G. M.,

1987, «The Navadurgā of Bhaktapur. The effective meanings of a symbolic enactment», pp. 137-166, in *Heritage of the Kathmandu Valley*, N.Gutschow et A.Michaels eds., Sankt Augustin VGH Wissenschaftverlag, .

HEESTERMAN, J.C.,

1957, *The Rājasūya. The ancient Indian royal consecration*, La Haye, Mouton.

1985, *The Inner Conflict of Tradition*, Chicago, The University of Chicago Press.

HITCHCOCK, J.,

1966, *The Magars of Banyan Hill*, New York, Holt, Rinehart and Winston.

HOCART, A.M.,

1978, *Rois et Courtisans*, Paris, Seuil.

HÖFER, A.,

1979, *The caste Hierarchy and the State in Nepal. A Study of the Muluki Ain of 1854*, Innsbruck, Universitätverlag Wagner.

1981, *Tamang ritual texts I.*, Wiesbaden, Franz Steiner Verlag.

ILTIS, L.L.,

1985, *The Svasthānī Vrata*, Ph.D., University of Madison, Wisconsin.

INDEN, R.,

1978, «Ritual, Authority and Cyclic Time in Hindu Kingship», in *Kingship and Authority in South Asia*, J.F. Richards ed., Madison, University of Wisconsin Publication Series, pp. 28-73.

1982, «Hierarchies of Kings in Early Medieval India», *in Way of Life : King, Householder, renouncer*, Madan T.N. ed., New Delhi Vikas pub. House.

KANE, P.V.,

1974, *History of Dharmāśastra*. Poona, Bhandarkar Oriental Institute.

KAWAKITA, J.,

1974, *The hill Magars and their Neightours,* Tokyo, Tokai University Press.

KONDOS, V.,

1986, «Images of the fierce Goddess and portrayals of Hindu women», *Contributions to Indian Sociology*, XX (2), pp. 173-197.

KRAUSKOPFF, G.,

1989, *Maîtres et Possédés. Les rites et l'ordre social chez les Tharu (Népal)*, Paris, Éditions du CNRS.

KUMAR, S.,

1967, *Rana Polity in Nepal*. Londres, Asian Publishing House.

LAFAA, 1992, Août-Oct, Katmandou.

LECOMTE-TILOUINE, M.,

1993, *Les Dieux du pouvoir. Les Magar et l'Hindouisme au Népal central*, Paris, CNRS Éditions.

à paraître, «Rois et officiants dans le rituel de Dasain à Musikot», *Le Sage cornu*, C. Jest et P. Ramirez éds.

LÉVI, S.,

1905, *Le Népal. Étude historique d'un royaume hindou* (2 vol.), Paris, Leroux.

LEVY, R.,
1990, *Mesocosm, Hinduism and the Organization of a traditionnal Newar City in Nepal*, Berkeley, University of California Press.

MALAMOUD, C.,
1994, «La dénégation de la violence dans le sacrifice védique», *Gradhiva*, 15, pp. 35-42.

MALCOLM, Sir J.,
1823, «On the Institutions and ceremonies of the Hindoo Festival of Dusrah», *Transactions of the Literary Society of Bombay*, vol. 3, pp. 73-89.

MACDONALD, A.W.,
1987 a, «Avant-propos» de *Rituels himalayens, L'Ethnographie*, 101-102, pp. 1-13.
1987 b, «Remarks on the Manipulation of Power and Authority in the High Himalaya», *The Tibet Journal*, XII (1), pp. 3-16.

MANDHAR, G.,
1971, «Worship of Taleju», *The Nepalese Perspective*, VII(50), pp. 5-6.

MAYER, A.C.,
1982, «Perceptions of princely rules : perspectives from a biography», in *Ways of Life : King, Householder, Renouncer*, Madan T.N. ed., New Delhi, Vikas pub. House.

MESSERSCHMIDT, D.A.,
1976, *The Gurungs of Nepal. Conflict and Change in a Village Society*, Warminster, Aris and Phillips.

MUS, P.,
1977, «Cosmodrame et politique en Asie du Sud-Est», in *L'Angle de l'Asie*, Paris, Hermann, pp. 175-197.

NARAHARINATH, Yogi,
2022 V.S. (1965), *Itihās prakāśmā sandhipatra saṅgraha (traités et documents à la lumière de l'histoire)*. Bénarès, Kalpana Press

Nepālī bṛhat śabdakoś (*Le Grand Dictionnaire Nepali*), Kathmandu, Nepal Rajakiya Prajna Pratishthan, 2040 V.S.(1983).

OLDFIELD, H.A.,
1880, *Sketches from Nepal* (rééd. 1974), New Delhi, Cosmo Publications.

ÖSTÖR, À.,
1980, *The Play of the Gods. Locality, Ideology, Structure and Time in the Festivals of a Bengali Town*, Chicago, The University of Chicago Press.

PIGNÈDE, B.,
1966, *Les Gurungs. Une population himalayenne du Népal*, Paris La Haye, Mouton.

POKHAREL, C. Sharma,
2021 V.S. (1964), *Kartavya prakāś (cāḍ-parva mahimā)*, Kathmandu, Ratna Pustak Bhandar.

POWELL, A.,
1938 *Free Lance*, London, Georges Harrap and Co.

PRAYA MAGAR,
1992, «Dasaĩ bahiṣkār» in *Lafaa*. I (1), 1992, p. 5.

PUTTAIYA, B.,

1921, «A note on the Mysore throne», *The Quarterly Journal of the Mythic Society* X, (3), pp. 261-266.

RAMIREZ, P.,

1993 a, «A ritual king, some ethnographic datas on the Dasain festival in Argha Rajasthal», in *The Anthropology of Nepal*, G.Toffin ed., Kathmandu, Centre Culturel Français, pp.81-95.

1993 b, *Patrons et Clients. Etude des relations politiques sur le site d'un ancien royaume indo-népalais, Argha (Népal central)*, thèse présentée à l'Univ. de Paris X.

RAO, R.B.R.,

1921, «The Dasara celebrations in Mysore», *The Quarterly Journal of the Mythic Society* XI, (4), pp. 301-311.

RAO, H.C.,

1936, *The Dasara in Mysore, its origin and significance*, Bangalore, Printing and Pub. Cie.

SCIALPI, F.,

1986, «The feast of Dasara in the City of Mysore», *East and West*, 36, (1-3), pp. 105-136.

SEWELL, R.,

1924, *A forgotten Empire, Vijayanagar* (Rééd. 1962), Government of India, National Trust Book.

SLUSSER, M.,

1982, *Nepal Mandala : a cultural study of the Kathmandu valley*, Princeton, Princeton University Press.

STAAL, F.,

1983, *The Vedic Ritual of the Fire Altar*, Berkeley, Asian Humanities Press.

1990, *Jouer avec le Feu. Pratiques et théorie du rituel védique*, Paris, Collège de France.

STEVENSON SINCLAIR, M.,

1982, *Les Rites des Deux-fois-nés*. Trad. de N. Ménant, Paris, Le Soleil Noir.

STILLER, L.F.,

1968, *Prithwinarayan Shah in the light of Dibya Upadesh*, Ranchi, Catholic Press.

1976, *The Silent Cry. The people of Nepal, 1816-1839*, Kathmandu, Sahayogi Prakashan.

SUBEDI, M. Sharma,

2045 V.S. (1988), *Śāradīya durgā pūjāvidhi (durgākavaca ra kālīkavaca sahita)*. (*Science de la Durgā Pūjā d'automne (accompagné du Durgākavaca et du Kālīkavaca*)), Lalitpur, Hindu sadhacar pracarak samuha.

SUBEDI, R.,

2044 V.S. (1987),«Kāskī Kālīkā ra baḍādasai», *Nepālī saṁskṛtī*, année 2, vol. 4, pp. 28-32.

TINGEY, C.,

1990, *Heartbeat of Nepal : the Pañcai Bājā*, Kathmandu, Royal Nepal Academy.

1994, *Auspicious music in a changing society*, New Delhi Heritage publishers.

TOD, J.,
1829 (rééd. 1983), *Annals and Antiquities of Rajasthan*, Delhi, Oriental Reprint Book corporation.

TOFFIN, G.,
1979, «Les aspects religieux de la royauté néwar au Népal», *Archives de Sciences Sociales des Religions*, 48 (1), pp. 53-82.
1981,«Culte des déesses et fête de Dasaĩ chez les Néwars (Népal)», in *Autour de la Déesse hindoue*, M. Biardeau éd., coll. «*Puruṣārtha*» 5, Paris, Ed. de l'EHESS pp. 55-81.
1993, *Le Palais et le Temple. La fonction royale dans la vallée du Népal*, Paris, CNRS Éditions.

UNBESCHEID, G.,
1985, «Blood and Milk or the Manifestations of the goddess Manakāmanā», *Journal of the Nepal Research Center*, VII, pp. 95-135.
1986, «Göttliche Könige und königliche Götter. Entwurf zur Organisation von Kulten in Gorkha und Jumla», *in Formen kulturellen Wandels und andere Beiträge zur Erforschung des Himalaya*, B. Kölver et S.Lienhard eds., Sankt-Augustin, VGH-Wissenschaftsverlag, pp. 225-247.

VERGATI-STAHL, A.,
1978, «Taleju, sovereign deity of Bhaktapur», in *Asie du Sud, traditions et changements, colloques internationaux du CNRS*. pp.163-167, Paris, CNRS.

VERGATI, A.,
1994, «Le roi et les déesses : la fête de Navarātri et Dasahra au Rajasthan», *Journal asiatique*, CCLXXXII, 1, pp. 125-146.

WITZEL, M.,
1987, «The coronation rituals of Nepal - with special reference to the coronation of King Birendra (1975)», in *Heritage of the Kathmandu Valley*, N. Gutschow et A. Michaels eds., Sankt Augustin, VGH Wissenschaftsverlag, pp. 415-467.

WRIGHT, D. L, éd.,
1877, *History of Nepal*, (rééd. 1990), New Delhi, Asian Educational Service.

PREMIÈRE PARTIE

CENTRES ROYAUX

CHAPITRE PREMIER

HISTOIRE ET ANTHROPOLOGIE D'UN CULTE ROYAL NÉPALAIS

LE MVAḤNI (DURGĀ PŪJĀ) DANS L'ANCIEN PALAIS ROYAL DE PATAN

Gérard TOFFIN

Depuis plusieurs années, je m'intéresse aux relations symboliques entre le roi hindou et ses déesses tutélaires. Comme l'ont rappelé récemment Sanjukta Gupta et Richard Gombrich (1986), la tradition indienne fait dériver le pouvoir du souverain de divinités féminines : les déesses soutiennent le royaume, elles défont les ennemis, elles dispensent la pluie et garantissent la prospérité des habitants. Sans elles, le pouvoir royal resterait stérile et sans effet. De la Déesse, le roi tire en particulier la *śakti*, la force, la puissance – source première de souveraineté. Posséder la *śakti* de la Déesse, c'est aussi détenir l'autorité de la divinité et être habilité à agir en son nom. Un roi abandonné par ses puissances protectrices n'a plus aucun crédit auprès de ses sujets. Ces représentations, qui se nourrissent de conceptions tantriques, se sont développées en Inde dès le début de l'ère chrétienne et au Népal vers le V-VIe siècle. Elles se matérialisèrent dans les cultes royaux à partir du haut moyen âge[1].

L'étude ethnographique de ces cérémonies palatiales m'a conduit à me pencher sur un autre thème : celui de la présence du passé dans les rites. En effet, les villes néwar que j'étudie ne sont plus des capitales royales (excepté Katmandou, la capitale du Népal) depuis plus de deux siècles. L'unification du pays népalais par les Gurkha dans la seconde moitié du XVIIIe a mis fin à l'existence d'une mosaïque de petits royaumes hindous – une soixantaine –, parmi lesquels ceux de la vallée de Katmandou étaient les plus brillants. Le Népal a toujours un roi, mais le territoire du royaume s'est considérablement dilaté et la centralisation politique renforcée. Pourtant, les vieux rituels royaux de l'époque Malla (XIII-XVIIIe) continuent d'être célébrés sensiblement de la même manière que par le passé, mobilisant une population toujours régie par

1. Rappelons que certaines divinités masculines : les divinités nāth (Goraknāth, Ratannāth), les Bhairava, etc., soutiennent et légitiment également le pouvoir royal. Elles aussi mobilisent des conceptions tantriques; cf. G. Toffin (1993, chap. 3).

le système des castes. Tous les ans, à dates fixes, ils ressuscitent des structures politiques disparues il y a deux cents ans. Les palais abandonnés se repeuplent alors de prêtres, de sacrifiants (souvent vêtus de costumes d'époque Malla) et de fidèles réunis dans de mêmes célébrations. Pourquoi cette persistance?

La présente étude se situe à la confluence de ces deux axes de recherche. Elle est centrée sur le Mvaḥni[2], le Dasaĩ néwar, une fête majeure de cette large fraction de la population de la vallée de Katmandou qui parle le néwari comme langue maternelle. Le Mvaḥni, comporte, c'est vrai, un substantiel volet domestique. Mais les rituels familiaux se doublent, dans les anciennes capitales, de cérémonies collectives centrées sur le culte des déesses tutélaires des dynasties pré-Gorkha. Pour comprendre le sens de ces solennités, il faut remonter vers le passé. Conformément à une méthode mise au point ailleurs (Toffin 1993), je m'appuierai donc aussi bien sur des observations ethnographiques recueillies en 1989, 1991 et 1993 que sur des documents historiques. Il s'agira de retracer, autant que faire se peut, la genèse des cérémonies et de mieux cerner les avatars de la mémoire collective. Comme on le verra, la fête procède d'un temps long : elle enregistre la trace d'anciennes dynasties et héroïse des époques à jamais révolues.

D'un point de vue plus général, le travail qu'on va lire se présente comme un complément à mon étude sur la fonction royale chez les Néwar[3]. Il entend apporter une nouvelle pièce au dossier des fêtes palatiales de la vallée de Katmandou, un sujet très instructif sur la culture néwar, quoique d'une redoutable complexité, vu l'évolution des enjeux au cours des siècles et l'accrétion de rites au départ disjoints. Quant au choix de Patan, la deuxième ville de la Vallée (et du Népal) par sa population, il découle de mon intérêt récent pour cette agglomération et des enquêtes que j'y ai menées ces dernières années tant sur le culte de la déesse vivante Kumārī que sur les brahmanes Rājopādhyāya. Il vise également à combler un vide : le Mvaḥni a été décrit à Bhaktapur et à Katmandou, les deux autres capitales Malla de la vallée[4], mais nous ne savons encore rien de lui à Patan. C'est par des enquêtes monographiques de ce type que nous pouvons espérer atteindre quelques vérités profondes et mieux saisir les fondements historiques et anthropologiques de la civilisation néwar[5].

2. Selon Gautam Vajrācārya, le mot néwari Mvaḥni (ou Mvaḥnhi, ou Monhi) dérive du sanskrit Mahānavamī qui désigne le neuvième jour de la Durgā Pūjā (Levy 1990, p. 748). Mais deux autres mots néwari sont en contiguïté avec Mvaḥni : *mvaḥnī* d'abord, qui désigne la marque de suie que l'on se met sur le front lors des cérémonies religieuses, et *mohani* (du skt. : *mohini*) : « enchantement, magie d'amour ». Ces trois termes semblent liés.

3. G. Toffin (1993).

4. Pour Katmandou , cf. R. Pradhan (1986, chap. 8); pour Bhaktapur : R. Levy (1990, pp. 523-563).

5. Deux ouvrages récents ont beaucoup apporté à l'anthropologie sociale et culturelle des Néwar : R. Levy (1990) et D. Gellner (1992).

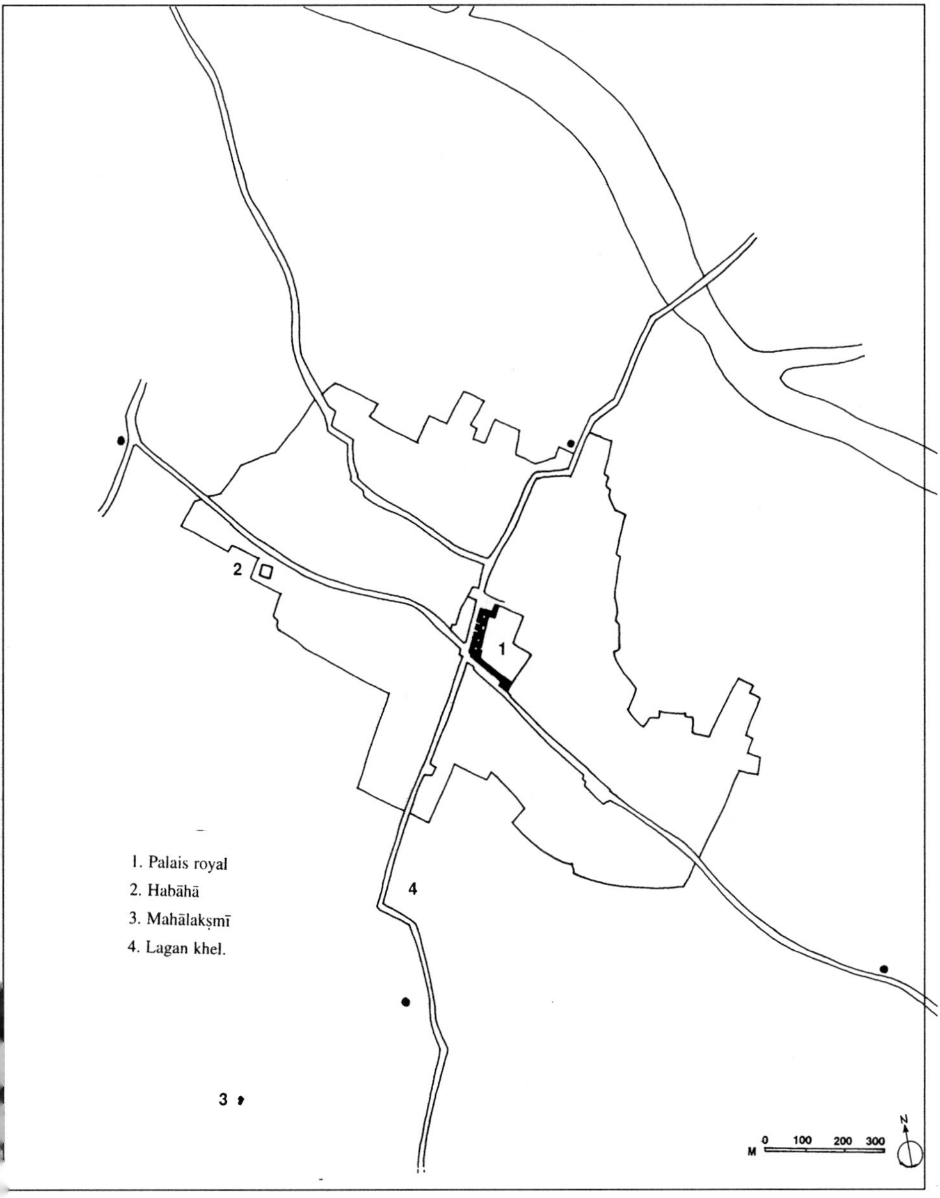

FIG. 1. PLAN SCHÉMATIQUE DE PATAN.

LE SITE ET LE CALENDRIER DES FÊTES

Situé sur une large terrasse surplombant la Bagmati, à 4 km de Katmandou, Patan (ou Lalitpur) est censé avoir été construit sur le modèle de la roue, *cakra*, du Bouddha ou de Viṣṇu (Fig. 1). C'est l'une des capitales royales les plus anciennes de la vallée de Katmandou. Selon la tradition, le nom néwari (Yela) de la ville dériverait du nom du roi Kirāta (Yalambara ou Yellung) qui aurait fondé la ville bien avant le début de l'ère chrétienne.

Jusqu'au XIVe siècle, Patan fut le centre culturel et politique le plus important de la Vallée. Après une période d'affaiblissement, il redevint une capitale autonome au XVe siècle et connut des heures de gloire au XIIe siècle durant la seconde période Malla. Conquise par Pṛthvī Nārāyaṇ Śāh en 1768, la ville souffrit beaucoup de l'unification du Népal et du régime Rāṇā. À la fin du siècle dernier, Sylvain Lévi (1905-1907, I, p. 60) la décrivait comme : «La capitale du passé, des splendeurs éteintes et des souvenirs mourants; c'est la ville des Néwar subjugués et du bouddhisme vaincu». Patan, aujourd'hui, a retrouvé sa vitalité : c'est une agglomération dynamique, en pleine mutation. Elle compte 80 000 habitants environ, des Néwar en grande majorité[6].

L'ancien palais des souverains Malla s'élève au centre de la ville, au croisement des deux grands axes, est-ouest et nord-sud, qui structurent la localité (Fig. 1)[7]. Ce site regroupe une série de temples, dont ceux de Degutale et le Taleju *mandir*, témoins encore vivants de l'imbrication du sacré et du pouvoir dans les représentations associées à la souveraineté des rois Malla. D'autres sanctuaires, tels ceux de Kṛṣṇa, le Visveśvara, le Bhīmasena, situés aux abords immédiats du palais, renforcent la sacralité du lieu. Par la richesse de ses sculptures sur pierre et sur bois, par l'organisation de ses volumes, disposés selon des proportions harmonieuses, cet ensemble constitue l'un des joyaux de l'architecture néwar classique. Les constructions datent en grande partie du XIIe siècle, âge d'or de la civilisation néwar, et furent édifiées par les deux rois les plus illustres de Patan : Siddhinarasiṃha (1619-1664) et son fils Śrīnivās (1664-1694). Contrairement au palais Hanumān Ḍhokā de Katmandou, elles ne firent pas l'objet de modifications notables aux XIXe et XXe siècles. Bien que souvent reconstruites en raison des tremblements de terre et des incendies, elles reflètent fidèlement ce qu'était le centre politique du royaume juste avant la conquête de la Vallée en 1768-1769 par les Gorkha.

6. Selon le recensement de 1990, la population de Patan compterait 250 000 personnes. Mais ce chiffre inclut de nombreuses zones périphériques qui ne participent pas au système urbain, social et symbolique de l'ancienne capitale.

7. Selon une tradition largement répandue, le palais Kirāta de Patan, antérieur à celui de la période Licchavi, aurait été construit au nord-ouest du palais actuel, à Paṭuko, sur un axe plus ancien (Gutschow 1982, p. 155). C'est également à cet endroit que les habitants de Patan localisent le stūpa central de leur ville.

1. Śiva
2. Cyāsing devalā (Kṛṣṇa) (1723)
3. Sundaricok (1647)
4. Bhaṇḍārkhāl (1647)
5. Mulcok de Taleju (1666)
6. Mahālakṣmī (1666)
7. cloches de Taleju (1666)
8. Bhāidevala (Viśvanāth) (1678)
9. Śaṅkara-Nārāyaṇa (1706)
10. site d'un āgã chẽ détruit (1679)
11. Taleju (1671)
12. Nāsalcok
13. Degutale (1661)
14. portrait sur pilier de Yoganarendra (1693)
15. Narasiṃha (1589)
16. Nārāyaṇa (1652)
17. Cāra Nārāyaṇa (1566)
18. Caukoṭ (Lū-jhyā) (1734)
19. Kṛṣṇa/Garuḍadhvaja (1637)
20. Visveśvara (1627)
21. Maṇimaṇḍapa (1701)
22. Maṇidhārā
23. Caṇḍikā
24. Gaṇeśa
25. Siṃhadhvaja (1707)
26. Bhīmasena (1680)

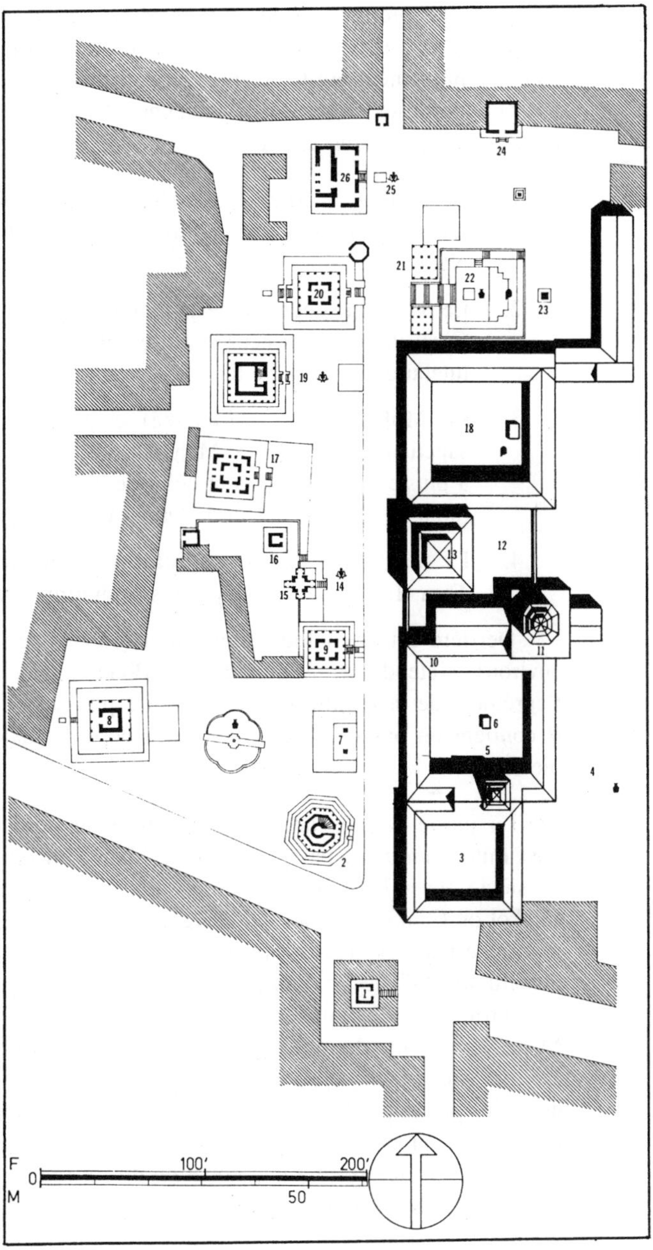

FIG. 2. PLAN DU PALAIS DE PATAN (TIRÉ DE M. SLUSSER 1982).
La date présumée de la construction du monument est indiquée entre parenthèses.

Le palais proprement dit, *darbār* en népali, *lāykū* en néwari, se compose de quatre cours (nép. : *cok*, néw. : *cuka*) de forme carrée disposées en longueur dans un alignement nord-sud (Fig. 2). Ces cours sont surmontées de temples à toits superposés et bordées d'anciennes demeures ou dépendances royales. Du nord au sud se succèdent :

1. – Le Caukoṭ ou Maṇi Kesab Nārāyaṇ cok, ou encore Lū-jhyā (lit. : fenêtre d'or), avec en son milieu un templion consacré à Maṇi Kesab Nārāyaṇ.
2. – Le Nāsalcok, cour dédiée au dieu néwar de la danse et de la musique. C'est de là qu'on accède au temple de Degutale, une des divinités tutélaires des rois Malla.
3. – Le Mūlcok (néw. : Mūcuka) comporte en son centre un petit sanctuaire consacré à Mahālakṣmī[8]. La cour commande l'accès à plusieurs temples, dont celui de Taleju, au nord-est, autre divinité tutélaire Malla, et celui de Durgā Bhavānī au sud (Fig. 3).
4. – Le Sundaricok (ou Tusa) enfin, bâti autour d'un bassin lustral, le Tusa Hiti, remarquable par ses sculptures tantriques.

Derrière cet ensemble architectural (150 m de long sur 35 m de large environ), s'étend un vaste jardin, le Bhaṇḍārkhāl, qui servait autrefois à l'agrément de la famille royale et à faire pousser des fleurs pour les dieux. Il contient un bassin, à présent vide, décoré de majestueuses sculptures en pierre.

La partie la plus ancienne est située au nord du complexe actuel, à proximité d'un autre bassin lustral, le Maṇi Hiti ou Maṇi Dhārā, datant du Vᵉ siècle après J.-C. À cet endroit s'élevait un vieux palais fortifié appelé Caukoṭ ou Caukvāṭha, mot qui désignait à haute époque l'ensemble du palais royal. Ce bâtiment recouvrait peut-être l'actuel Caukoṭ. Il a en tous les cas disparu au XIXᵉ siècle. À sa place a été construite une école, dont l'extrémité septentrionale, dénommée Mū chẽ (ou Maṇi chẽ), contient le temple de Mānеśvarī, vieille divinité royale des Licchavi (V-VIIᵉ).

Le Sundaricok constitue la partie la plus récente du palais. Il a été créé de toutes pièces par le roi Siddhinarasiṃha en 767 Nepāl Sambat (=1646-47), à la place d'un ancien monastère bouddhiste du nom d'Hātkobāhā. Fondé à la fin du XIIᵉ siècle, grâce à une donation du roi Lakṣmīkāmādeva, ce bâtiment monastique fut reconstruit 500 m plus loin, à l'ouest du palais, et porte

8. Pour certains, ce lieu sacré serait consacré à la déesse Yantāju (ou Yantāmoṇḍe), mystérieuse divinité associée à Taleju. Son nom viendrait de *yanta*, vieux mot néwari désignant le nord (Slusser 1982, p. 320).

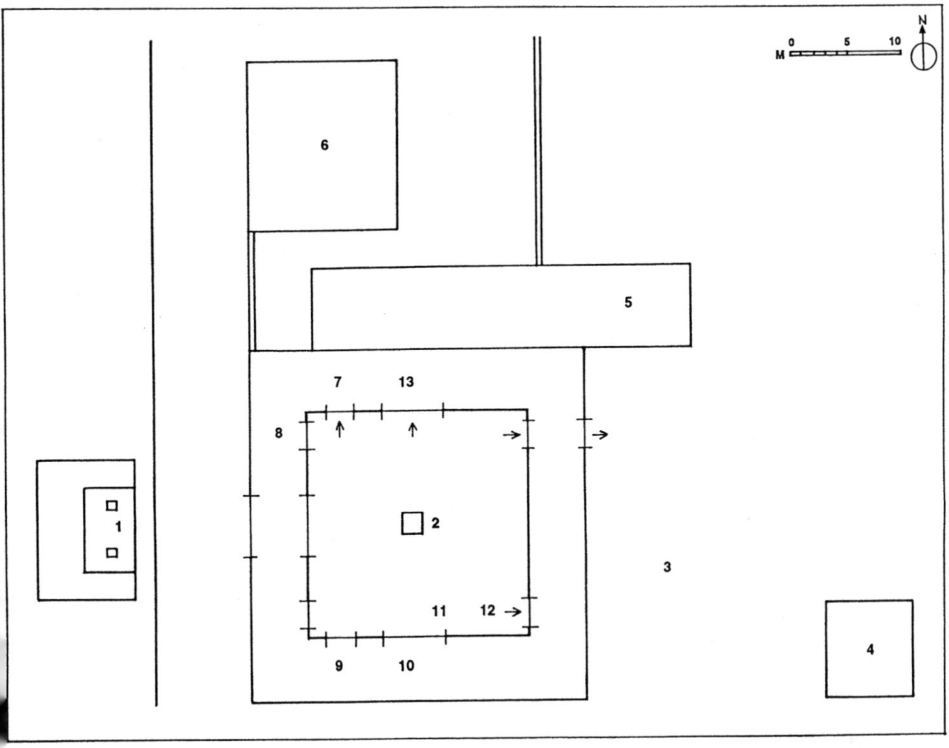

1. cloche de Taleju
2. autel de Mahālakṣmī
3. Bhaṇḍārkhāl (jardins)
4. bassin lustral
5. temple de Taleju
6. temple de Degutale
7. entrée du temple de Taleju
8. autel occasionnel de Māneśvarī
9. Dasaĩ ghar
10. autel de Durgā Bhavānī
11. Sun Ḍhokā (ou Lũ Ḍhokā)
12. entrée de l'autel provisoire de Taleju lors du Dasaĩ

FIG. 3. PLAN SCHÉMATIQUE DU MULCOK, COUR CENTRALE DU PALAIS ROYAL.

aujourd'hui le nom d'Habāhā (ou Hakhabāhā, ou Ratnakāra Mahāvihāra)[9]. D'après M. Slusser (1982, p. 200), le Hātkobāhā aurait été édifié sur une pierre de grande valeur sacrée. C'est peut-être la raison pour laquelle le Sundaricok était aussi appelé Lvāhacok, du mot néwari *lvahā* qui signifie «pierre».

Bien que les rois Malla aient été détrônés depuis déjà plus de deux siècles et que le palais soit aujourd'hui vide de tout pouvoir effectif, l'ancien complexe royal que nous venons de décrire représente toujours le centre symbolique de la ville. Il est aménagé à la frontière des deux moitiés constitutives de l'agglomération : le haut, *thaḥne*, et le bas, *kvaḥne*. Toute la structure socio-religieuse de Patan, la géographie locale des sanctuaires gravitent autour de lui. Certes, de nombreux espaces du *darbār* sont présentement inoccupés, d'autres ont été réaffectés à de nouveaux usages : police, bureaux du Département d'archéologie, école, musée et même, dans la partie nord, restaurant pour touristes. Mais le palais reste toujours le point de départ des grandes processions religieuses et le lieu obligé de rituels très élaborés[10].

Parmi ces rituels, le plus important est sans conteste le Mvaḥni, c'est-dire le Dasaĩ. Plus précisément le Baḍā Dasaĩ, le Dasaĩ d'automne qui s'oppose, en népali, à celui de printemps, Caitra Dasaĩ[11]. Les cérémonies collectives de cette fête – les seules qui nous intéressent ici – se déroulent à proximité ou à l'intérieur du palais. Toutes les divinités qui y participent sont attachées d'une manière ou d'une autre au *darbār*. Si elles n'y résident pas, elles doivent s'y déplacer. L'activité rituelle se concentre dans le Mulcok, la cour centrale de l'ensemble architectural, agrandie et redessinée par Śrīnivās Malla au XVIIe siècle. Le Mulcok servait autrefois à l'investiture des rois, à leur initiation, à leur mariage. C'était également là que les souverains Malla se réunissaient pour sceller un traité ou s'entendre sur un problème particulier. Comme à Katmandou et à Bhaktapur (dont les palais Malla comportent eux aussi un Mulcok), ce lieu, bordé des temples de Taleju et Degutale, représente le véritable centre rituel de la cité traditionnelle. Mais contrairement à ceux des deux autres anciennes capitales Malla, le Mulcok de Patan est ouvert au public et aux étrangers.

Les cérémonies du Mvaḥni, basées sur le *Devī-Māhātmya* (Toffin 1981), commémorent la victoire de la déesse suprême Devī/Durgā sur les démons Mahiṣāsura, Śumbha et Niśumbha, après plusieurs jours de luttes incertaines. À l'instar du Dasaĩ népalais et du Daśarā (ou Navarātrī) indien, le Mvaḥni néwar s'accompagne par ailleurs d'une intense activité sociale qui aboutit au renouvellement de toutes les formes d'autorité. Il loue les divinités tutélaires

9. Cf. Allen (1975, p. 22), Slusser (1982, p. 312) et Locke (1985, p. 152). Slusser (1982, p. 312) précise que ce monastère était aussi appelé lāykū *bāhā*, le monastère du palais.

10. À ce sujet, cf. Gutschow (1982, pp.154-177).

11. Le Caitra Dasaĩ est peu marqué chez les Néwar. Les rituels qui se déroulent à ce moment de l'année dans l'ancien palais royal de Patan concernent surtout les Parbatiyā. Le mot néwari Mvaḥni, spécifions-le, ne s'applique qu'au Dasaĩ d'automne.

de la famille royale, celles dont le roi détient son pouvoir et qui l'aident à gouverner.

Les rites se déroulent à peu près de la même manière et selon le même calendrier dans les trois anciennes capitales. La fête débute le premier jour du mois lunaire *d'āśvin* (septembre-octobre), quinzaine claire. Chaque famille établit ce jour-là un vase *kalaś* représentant la Déesse dans une pièce de la maison et sème devant cet autel quelques graines d'orge. C'est le *naḥlā svanegu* (néw.). Le septième jour, *saptamī*, se signale par l'arrivée dans la ville du *phūlpāti*, un bouquet de fleurs symbolisant Durgā. Le lendemain, *mahāṣṭamī*, connu en néwari sous le nom de *thyāpā̃* (ou *thāpā̃*), marque le début des grands sacrifices sanglants. Le sang est un élément essentiel du culte des déesses : source d'énergie, *tejas*, pour les dieux, il donne à ces derniers le pouvoir de détruire les démons. Les sacrifices commencent dans la nuit du huitième au neuvième jour, la «nuit du temps (ou de la mort)», dédiée à la déesse Kālrātrī. Ils se poursuivent toute la journée du lendemain (néw. : *syāku tyāku*). Plus on tue de bêtes, dit-on, plus on gagne (de pouvoir). Le dixième jour, *vijayādaśamī*, point d'orgue de la fête, célèbre la victoire de Durgā sur le démon-buffle Mahiṣāsura et le rétablissement de l'ordre socio-cosmique. Contrairement aux jours précédents, on n'immole pas en principe, d'animaux pour l'occasion. Cette journée, appelée *cālā̃* en néwari[12] se clôt par des processions de sabres, *khaḍga jātrā* (*pāyāḥ* en néwari, de *pālegu yātrā*, *pālegu* signifiant : «couper en deux avec un instrument tranchant»). Le Mvaḥni ne prend fin que cinq jours plus tard, à la pleine lune (néw. : *katīṃ punhī*). On prend alors congé des déesses, *visarjana pūjā* qui, quinze jours durant, ont vécu parmi les humains. Les événements saillants du calendrier festif, tels qu'ils se déroulent dans le palais de Patan, sont répertoriés dans le tableau 1.

Pour mieux mettre l'accent sur les divinités tutélaires des anciens souverains, autrement dit sur l'aspect royal de la fête, j'ai renoncé à présenter les faits observés selon un ordre purement chronologique. Sept déesses royales pré-Gorkha (=pré-Śāh), toutes des formes de Devī, jouent un rôle central dans les festivités : Māneśvarī, Taleju, Dvīṃmāju, Degutale, Kumārī, les Navadurgā et Mahālakṣmī. Ce sont ces divinités qui me serviront de guides.

12. *cālā̃* est traduit par Manandhar (1986, p. 59) : «The day of Vijayā Daśamī, rituals of worship on that day». D.R. Regmi (1966, p. 675) écrit : «The tenth day (of Mvaḥni) is known as *chālan̄*, meaning opening».

TABL. 1. CALENDRIER DU MVAḤNI À PATAN (ASPECTS ROYAUX).
Les cérémonies s'étendent sur quinze jours, quinzaine claire (Śukla pakṣa), du mois lunaire d'*āśvin* (septembre-octobre).

	Jour du mois lunaire	Nom des jours	Rites principaux	Danses
1er jour	*āśvin, śukla, parevā*	*naḥlā svanegu khunhu* (néw.)	Installation de l'autel de Durgā, *ghaṭasthāpanā* , semis d'orge.	
6e jour	*āśvin, śukla, khaṣṭi*		*bali pūjā* (Lagan Khel)	
7e jour	*āśvin, śukla, saptamī*	*phūlpāti*	descente de Taleju et de Māneśvarī, arrivée du *phūlpāti*	*Gā̃ pyākhā̃* (Aṣṭa Mātṛkā)
8e jour	*āśvin, śukla aṣṭamī*	*thyāpā̃* (néw.), *mahāṣṭamī, kālrātrī*	sacrifices de buffles à Mahālakṣmī (Lagan Khel), *kūchi bhvay.*	
9ejour	*āśvin, śukla, navamī*	*syāku tyāku* (néw.), *mahānavamī*	*thasimalaḥ pāyāḥ*, sacrifices au Mulcok (*chāy hāykegu*), *kumārīpūjā*, sortie des Gaṇa Kumārī.	
10ejour	*āśvin, śukla, daśamī*	*vijayādasamī ṭikā khunhu* ou *cālā̃* (néw.),	Remontée de Taleju, arrivée des Navadurgā, *khvāḥ lvākegu, kisi pāyāḥ lāykū pāyāḥ* (ou Taleju *pāyāḥ*).	*Gathu pyākhā̃* (Navadurgā)
14e jour	*āśvin, śukla, caturdaśī*		remontée de Māneśvarī, *visarjana pūjā.*	
15e jour	*āśvin, śukla, pūrṇimā*	*katīṃ punhī*	retour des Navadurgā et sacrifices.	*Kārtik pyākhā̃*

LES DIVINITÉS ROYALES

Māneśvarī, ou Maṇidvip Bhavānī, ou Rājeśvarī

Māneśvarī, déesse aux identités multiples, était l'une des divinités d'élection, *iṣṭadevatā*, des rois Licchavi[13]. Selon la chronique *Gopāla-Rājavaṃśāvalī* (folio 20-21), son culte fut établi par Mānadeva I (464-505), roi dont le nom présente une ressemblance avec celui de la déesse. Un des sites originels de la divinité pourrait être le sanctuaire de Mān-Māneśvarī édifié dans la vieille localité royale d'Hadigaon et toujours en activité aujourd'hui. Māneśvarī fut adoptée par les successeurs de Mānadeva I et devint rapidement une des plus hautes divinités protectrices du royaume. Jayasthiti (1382-1395) en fit une de ses déités personnelles et la plupart des rois Malla se placèrent par la suite sous sa protection.

Significativement, le culte de Māneśvarī a été préservé à Patan. La vieille déesse Licchavi possède une chambre rituelle, *āgã chẽ*, dans le bâtiment appelé Mū chẽ ou Maṇi chẽ qui s'étend au nord du palais. D'après une légende locale, ce site (un ancien temple?) fut construit par Mānadeva I (certains parlent de Guṇakāmadeva) après un rêve que fit le roi. Dans ce rêve, Mānadeva vit à cet endroit précis les bracelets que Kṛṣṇa est censé avoir laissé derrière lui lorsqu'il vint au Népal pour vider le lac qui occupait autrefois le fond de la Vallée[14]. A Patan, la déesse, considérée comme une forme de Durgā, est appelée aussi Maṇidvip Bhavānī et Rājeśvarī (ou Rājarājeśvarī)[15], une très ancienne divinité elle aussi dont le temple principal est situé à Deo Patan, près du complexe religieux de Paśupatināth. Il est difficile de savoir si ces trois divinités étaient déjà autrefois identifiées ou si elles se sont agglomérées, pour des raisons inconnues, au fil des siècles. Quoi qu'il en soit, elles sont aujourd'hui en contact très étroit.

Le prêtre actuel, *pūjārī*, de l'oratoire de Māneśvarī dans le Mū chẽ de Patan est un brahmane Rājopādhyāya, mais la déesse est placée sous la responsabilité d'un lignage Chathariya (haute caste néwar hindoue) appelée Kisi. Ce lignage considère Māneśvarī comme son *āgã*, sa divinité tutélaire. Pour ses membres, le temple de Mān-Māneśvarī de Hadigaon serait un *pīṭha* construit postérieurement au Maṇi chẽ de Patan. Les ancêtres des Kisi auraient vécu dans une cour appelée Kisi kvāṭha (un fortin), aujourd'hui disparue, qui se trouvait derrière le Maṇi Kesab. Ils auraient ensuite été déplacés à Ombāhā

---

13. M. Slusser (1982, p. 317). Selon Lienhard (1978, p. 264), Māneśvarī doit s'interpréter comme une variante de Caṇḍeśvarī.

14. On trouve mention de cet épisode dans la chronique *Padmagiri* (Hasrat 1970, p. 27), cf. aussi le *Paśupatipurāṇa* (Brinkhaus 1987, pp. 32-33).

15. Rājarājeśvarī était aussi la divinité tutélaire des rois Maravar du sud de l'Inde (Appadurai-Breckenridge 1977, pp. 78-79).

sous le règne de Śiva Dev[16] et continuent de vivre pour la plupart dans ce quartier du nord de Patan. Leur nom, Kisi («éléphant» en néwari), vient apparemment de ce qu'ils étaient autrefois en charge des éléphants royaux et qu'ils aidèrent par ce moyen Siddhinarasiṃha à défendre Patan contre son rival Pratāp Malla, roi de Katmandou. Ils ne manquent pas non plus de souligner que l'éléphant est la monture d'Indra et ils font du roi des dieux un de leurs ancêtres[17].

Les Kisi conservent la mémoire de l'ancien palais (Licchavi?) qui s'étendait au nord du *darbār* actuel. D'après eux, cette zone possédait neuf monuments dont les noms commençaient tous par *maṇi*, «joyau» en sanskrit. Huit d'entre eux ont pu m'être cités : le Maṇi-dhārā (ou hiti), déjà mentionné plus haut, le Maṇi-maṇḍapa, hall d'audience à usage royal construit au XIIe siècle par Siddhinarasiṃha, un Maṇi-caitya, occupé de nos jours par un temple dédié à la déesse Caṇḍika, Maṇi Kumār Gaṇeś, qui jouxte le bassin lustral, Maṇi-guphā (une grotte où la reine avait l'habitude, dit-on, de travailler à son métier à tisser), sur le côté sud du temple de Bhīmsen, Maṇi Kumār, Maṇi chẽ (= Mū chẽ), dédié à Māneśvarī, et le Maṇi Kesab, appelé aussi Sapva, «tuile en forme de vache» dans ce contexte[18].

Cette tradition orale rappelle le mythe de fondation de Patan que l'on trouve dans la chronique locale publiée par Wright (1966, pp. 90-91). Ce mythe attribue la création de la ville au roi Birdeva (VIIe siècle après J.-C). Birdeva aurait été guidé par un rêve jusqu'à un endroit (identifié aujourd'hui au site du temple de Kumbheśvar) où la divinité Sarveśvara était enterrée. Le dieu ordonna au roi de fonder sur ce lieu la ville de Lalitapattana (un des noms anciens de Patan). Le centre de la cité fut édifié sur un lac souterrain où Birdeva pouvait vénérer régulièrement les dieux-serpents Nāga[19]. De plus – et c'est le point qui nous intéresse ici –, le roi plaça neuf «pierres précieuses» *maṇi* représentées par différents bâtiments et sanctuaires, dans ou autour du palais. Comme il était un dévot de Maṇi Yogini, il nomma ces neuf monuments d'après le nom de cette déesse : Maṇitavala[20] Maṇi caitya, Maṇidhārā, Maṇiliṅga, Maṇigaṇeśa, Maṇikumāra, Maṇimahākālā, Maṇimaṇḍapa et Maṇigalbhaṭṭa[21].

L'importance du vocable *maṇi* dans l'histoire du palais ressort aussi clairement d'une autre légende de fondation de la ville de Patan qui m'a été

16. Époque difficile à dater, car il existe plusieurs Śiva Dev dans les chronologies royales.

17. Selon certains informateurs, les Kisi seraient originaires de Pharping, dans l'ouest de la vallée de Katmandou.

18. Ce mot (*Sapva*) ne figure pas dans le dictionnaire illustré d'architecture néwar publié par Gutschow, Kölver et Shresthacarya (1987).

19. Cf. aussi Gutschow (1982, p. 148).

20. Manitavāla était apparemment le nom du lac souterrain où le roi vénérait les Nāga.

21. Cf. Wright (1966, pp. 90-91). M. Slusser (1982, p. 111) traduit Maṅgalbhaṭṭa par «cour de justice».

racontée par un prêtre Rājopādhyāya. D'après cette légende, les brahmanes Rājopādhyāya auraient été parmi les premiers occupants de la ville. En voici un extrait : «En des temps très reculés, les ancêtres des Devbhāju (=Rājopādhyāya) vivaient au sommet de la colline Maṇicūr, au nord-est de la Vallée. Sur cette colline s'étendait un petit plan d'eau, Maṇi-daha, d'où coulait une rivière, le Manahora (ou Manimati) qui se jetait dans la Bagmati. Les Devbhāju descendirent un jour dans la Vallée avec un vase rituel (*kalaś*) contenant le dieu Maṇināga. Patan alors n'existait pas, une vaste forêt recouvrait son site. Arrivés sur les lieux de la ville actuelle, les brahmanes se reposèrent près d'une mare et fondèrent un village[22] : Maṇigal, nom qui donna par la suite Mangal (en néw : Mãgaḥ) Bazar. Le chef qui régnait sur cette localité se faisait appeler *maṇigalādhipati*. Dans son palais (Maṇimaṇḍapa), il établit un Viṣṇu (Maṇikesab), un Gaṇeś (Maṇigaṇeśa) et un Kumāra (Maṇikumāra). Dans le même temps, les Devbhāju fondèrent le temple d'Agni (Agnimaṭh ou Agniśālā)[23], au nord-ouest de la ville, et y déposèrent le vase rituel contenant le dieu Maṇināga[24]. L'endroit fut choisi en raison de la proximité d'un arbre, *varana bṛkṣa*, dont le bois sert pour les offrandes à Agni. Cet arbre existe toujours juste à côté du sanctuaire».

Tout ceci rattache le mot *maṇi* et ses dérivés à l'histoire la plus ancienne de la ville. Dans les inscriptions du haut Moyen Âge, on trouve du reste le mot Maṇigal (ou Mānigvala) pour désigner Patan et Mānigalrājya pour nommer le royaume correspondant. De plus, comme la légende le rappelle, les souverains de Patan étaient appelés *maṇigalādhipati* à partir du Xe siècle. Cette appellation a persisté jusqu'à nos jours, puisque la zone commerçante du palais royal est connue encore aujourd'hui sous le nom de Mangal Bazar (néw. : Mãgaḥ). De toute évidence, cettte zone correspond à l'un des sites les plus anciens de la ville. Or, comme l'a fait remarquer Mary Slusser (1982, p. 110), l'orthographe de Maṇi, Maṇigal n'est pas très fixe. Le mot, proche de Māneśvarī, peut s'écrire sans ou avec «a» long. Sans entrer de trop près dans les questions historiques, force est de conclure que la déesse Māneśvarī apparaît liée de manière consubstantielle au palais et constitue l'une des strates les plus anciennes de l'histoire religieuse du Patan royal.

Comment Māneśvarī est-elle fêtée lors du Mvaḥni? Comme pour les autres divinités royales du palais, les spécialistes religieux attachés à la déesse commencent par installer, le premier jour de la fête, un autel en son honneur et par semer des graines d'orge sur un banc de sable posé devant. Cet autel est dressé non pas au Mū chẽ, mais dans une pièce (*dasaĩ ghar*) située sur le

22. Selon une version légèrement différente, le premier prêtre *agnihotri* prit son bain au confluent de la Bagmati et de la Nakhu Khusi, à Cobar (Witzel 1992, p 791).

23. Agnimaṭh est prononcé localement Agĩmaṭh.

24. L'Agnimaṭh contient d'ailleurs un lieu de culte dédié à un Nāga connu sous le nom de Maṇi-nāga kuṇḍa (Witzel 1992, p. 777).

Mulcok, côté est (Fig. 3). Le septième jour au matin, une image de Māneśvarī, enveloppée de tissu rouge, est descendue (néw. : *kvā̃ bijyāgu*) du Mū chẽ et portée jusqu'à ce lieu de culte occasionnel[25]. L'image est accompagnée de trois sabres (identifiés par certains à Mahālakṣmī, Mahākālī et Mahāsarasvatī), de trois boucliers et de divers objets rituels. Ces symboles divins restent dans le Mulcok jusqu'au 14e jour de la quinzaine claire *d'āśvin*, puis sont remontés au Mū chẽ. Pendant ces sept jours, brahmanes Rājopādhyāya et Kisi rendent un culte quotidien à Māneśvarī. Des têtes de buffles sont déposées devant son autel. Nous verrons plus loin que la déesse reçoit la troupe des danseurs Navadurgā à côté du palais le jour du *vijayādaśamī* et qu'elle entre à plusieurs reprises en contact avec la déesse Mahālakṣmī durant le Mvaḥni. D'après des informations recueillies oralement, la coutume de vénérer Māneśvarī à cette période de l'année remonterait au roi Licchavi Gaṇadeva (VIe siècle), un descendant de Mānadeva I.

Taleju (ou Tulaja Bhavānī)

Cette déesse aux origines encore obscures fut introduite dans la vallée de Katmandou au XIVe siècle par des réfugiés du Mithila (= Tirhut). Elle devint très vite l'une des déités tutélaires principales des royaumes Malla. À l'instar de Māneśvarī, elle appartenait à la catégorie des *iṣṭadevatā*, divinités personnelles, d'élection, de la famille royale. On la désignait aussi par l'expression *āgamadevatā*, qui s'applique à des divinités secrètes, tantriques, et même parfois par le mot *kuldevatā*, «divinité lignagère». Les rois Malla construisirent un temple particulier à Taleju dans leur palais et arrêtèrent le détail de son culte avec leurs brahmanes attitrés. Les formules secrètes *mantra* qui servaient à l'invoquer étaient des instruments essentiels du pouvoir et un moyen de légitimation du Trône : elles passaient régulièrement du roi à son héritier avec les insignes du pouvoir.

Selon les chroniques récentes, le culte de Taleju fut fondé à Patan par Siddhinarasiṃha. Après avoir affranchi sa ville de la tutelle de Katmandou, ce roi établit, dit-on, une représentation de Tulaja Bhavānī dans son palais en 1620, sous les conseils de Viśvanāth Upādhyāya, brahmane de Bulimatvāḥ, dont il fit son *guru* (Wright 1966, p. 159). Les circonstances qui entourèrent cette fondation sont relatées dans la légende suivante que j'ai recueillie à Patan : «Sous le règne de Siddhinarasiṃha, le roi de Katmandou Lakṣmīnarasiṃha tomba gravement malade. Il voulut transmettre à son fils aîné Pratāp le *mantra* qui permettait de "rencontrer" ou de "convoquer" Taleju (*saḥtegu* ou *nāpalā mantra*). Mais les ministres, *pradhān*, qui cherchaient à

25. Dans le sud de l'Inde aussi, les anciennes divinités royales, telles Rājarājeśvarī, sont parfois déplacées lors de la Durgā Pūjā (Appadurai-Breckenridge 1977, p. 81).

renforcer leur pouvoir, ne l'entendirent pas de la sorte. Ils affirmèrent à Pratāp que le père était devenu fou et qu'il voulait le tuer. Effrayé, le fils héritier refusa de se rendre au chevet de son père. Seul sur son lit de mort, Lakṣmīnarasiṃha déposa en désespoir de cause le *mantra* de Taleju dans un vase rempli d'eau et fit porter le récipient à Teku [actuel confluent de la Bagmati et de la Vishnumati]. Là, la formule magique donna naissance à une flamme qui s'éleva très haut dans le ciel. Siddhinarasiṃha, le roi de Patan, descendit vers la Bagmati, à Kopundol, pour observer de plus près le prodige. On lui expliqua que le roi de Katmandou venait d'expirer et que les formules sacrées de Taleju étaient irrémédiablement perdues. Sa mère, Lalimati, le rassura : «Ne t'inquiète pas, c'est moi qui ait le *yantra* de la déesse». Elle s'en était emparé et l'avait transporté jusqu'à Patan, caché dans sa coiffure. Restait à consacrer le diagramme. Le roi fit appel à Viśvanāth qui entra en méditation et se livra à divers exercices tantriques. Le religieux ne put retrouver le *mantra*, mais réussit à donner vie au dessin sacré et força Taleju à y résider. Lors du rituel de consécration, *prāṇatiṣṭhā* qu'il accomplit dans le nouveau sanctuaire de la déesse, on vit un éclair de lumière zébrer le ciel au-dessus du palais[26].

Viśvanāth devint le premier prêtre de Taleju et joua un rôle capital dans la vie religieuse de Patan. C'était un *tāntrika* aux pouvoirs surhumains, capable, dit-on, de voler en quelques secondes de Patan à Varanasi. De nombreux brahmanes Rājopādhyāya de la ville se rattachent à lui de nos jours. Quelques années plus tard, Siddhinarasiṃha fit aménager un bassin et dédia un jardin rempli de fleurs – le Bhaṇḍārkhāl – à son *iṣṭadevatā* Taleju (Regmi 1966, p. 272)[27]. Quant au temple actuel, il fut construit en 1671, au nord-est du Mulcok, par Śrīnivās Malla et sa femme Mṛgāvatī (Regmi 1966, p. 284). L'emplacement du temple dans le palais n'est pas indifférent : tous les desservants de Taleju soulignent que le pouvoir du souverain réside au nord-est. À Katmandou aussi, le sanctuaire de Taleju se situe dans cette direction par rapport aux appartements du roi.

Les liens entre Taleju et la souveraineté ont survécu à la chute des royaumes néwar : ainsi les sabres des anciens monarques Malla sont-ils toujours conservés dans le sanctuaire de la déesse. Taleju, qu'on appelle aussi Tulja, Tuladevī ou Jagadaṁba, et qui est considérée comme une forme de Durgā-Bhagavatī, est aujourd'hui représentée dans son temple par un diagramme *yantra* (censé venir du ciel), un vase rituel et des statues.

26. Selon la *Padmagirivaṃśāvalī*, qui rapporte une histoire assez voisine, le rituel de consécration eut lieu en 740 Nepāl sambat (Hasrat 1970, pp. 66-67). Les brahmanes de Patan affirment que la *mantra* originale (*alekhini mantra*, « non écrite ») ne fut jamais retrouvée. C'est pourquoi, disent-ils, les rois Malla furent battus par les Śāh au XVIIIe siècle.

27. La chronique *Padmagiri* précise : « Siddhinarasiṃha planted a garden adjoining the Darbar and divided it into three parts, each of which he consecrated to the following deities : Matsyendra, Tulja and Digutolaḥ » (Hasrat 1970, p. 67).

Le prêtre principal, *mūl pūjārī*, Ramjvalananda Rājopādhyāya, est un brahmane du clan Balimha. Cette charge, en principe héréditaire, est extrêmement honorifique. Son titulaire joue d'office un rôle clef lors des danses *kārtik pyākhā* qui se déroulent chaque automne, juste après le Mvaḥni[28]. Il lui revient également de desservir les familles hindoues de « sept villages » des environs de Patan. Ce brahmane, expert en liturgie tantrique, est assisté par quatre autres prêtres Rājopādhyāya, un astrologue Jośī (Jvatis), qui fixe les heures et les jours des rituels, un agriculteur Jyāpu, appelé *mā nāyaḥ*, et trois femmes Jyāpu connues sous le nom de *lāykū mista*, « les femmes du palais », qui doivent apporter tous les matins des fleurs et de l'eau pour les cérémonies. Douze bouchers Nāy, requis pour les sacrifices de buffles, ainsi qu'un Doṃ, joueur du tambour *ḍholak*, sont également attachés au temple de Taleju. À tous ces spécialistes religieux néwar, le prêtre en chef délivre une initiation tantrique *dīkṣā* (néw. : *dekhā*) spéciale lors de leur entrée en fonction. Sans cette initiation, ils ne peuvent participer au culte. Précisons toutefois que seuls les Rājopādhyāya et les Jośī ont accès à la pièce secrète où est conservé le *yantra* de Taleju.

Le culte quotidien, *nitya pūjā*, est assumé à tour de rôle, matin et soir, par les brahmanes Rājopādhyāya et leurs assistants. Il consiste surtout en libations ainsi qu'en offrandes de riz, fleurs, vermillon. Le culte festif, *parba pūjā*, accordé au comput lunaire et célébré tous les ans à date fixe, est beaucoup plus complexe. Citons en particulier les *thā pūjā* (du skt. *sthāpanā* : « établir » ?)[29], instaurées par tel ou tel souverain Malla dans l'espoir de remporter une victoire militaire ou de résoudre un problème de politique intérieure. Certaines d'entre elles commémorent une donation royale spécifique à Taleju. Le cycle annuel en comporte cinq, nécessitant à chaque fois l'abattage de sept chevreaux, un buffle et cinq canards. Parmi les autres rituels de type *parba*, on peut mentionner : une *puchā pūjā* (de *pu* : fil, et de *chāygu* : « offrir ») en saison des pluies, une *dhagoṃcā pūjā* en mai-juin, un certain nombre de *cahray pūjā* chaque mois lunaire, quinzaine sombre, et les brèves cérémonies liées au Dasaĩ de printemps. À chacune de ces célébrations, de nombreux animaux sont abattus.

Mais la grande fête annuelle de Taleju a lieu au Mvaḥni. Durant les dix jours de fête, l'ancienne déesse tutélaire des rois Malla symbolise aux yeux des fidèles Mahiṣāsuramardinī, celle qui pourfend le démon-buffle de son glaive et rétablit l'ordre du monde. Son rôle est central, car, comme nous le verrons par la suite, c'est à travers cette figure divine que l'espace urbain se définit comme une unité territoriale et sociale.

28. Les danses du mois de *kārtik* (*kārtik pyākhā*) furent établies par les rois de Patan aux XVIe et XVIIe siècles. Elles conservent encore aujourd'hui un aspect royal.

29. Dans son dictionnaire, Manandhar (1986, p. 101) traduit *thā pūjā* par : « The worship of Hārītī Ajimā (Goddess of children's diseases in Svayambhu) ».

Le premier jour, le brahmane, prêtre en chef du temple, dresse un banc de sable devant l'autel sacré de Taleju, au deuxième étage du temple, et y sème quelques graines d'orge. Les pousses commencent à germer dès le lendemain et sont arrosées régulièrement pendant neuf jours. Le sable vient des rives de la Bagmati : il doit être apporté par le *mā nāyaḥ*, Jyāpu commis au sanctuaire.

Le septième jour, deux effigies de Taleju sont descendues de leur temple. Elles sont portées autour du Mulcok et introduites dans une pièce rituelle spéciale, le *dasaĩ ghar* (néw. : *mvaḥni chẽ*), – située au rez-de-chaussée, sur le côté sud de la cour principale, dans un bâtiment consacré à Durgā Bhavānī (Fig. 3). L'identité des statues est ambiguë. Les officiants s'accordent à y reconnaître Taleju, ou, à tout le moins, des divinités de «la famille de Taleju», mais un prêtre m'a également cité le nom de Pūṛnacaṇḍī (une forme de Mahālakṣmī) pour l'une d'entre elles. Il est difficile par ailleurs de savoir de quoi ces images sont faites car les tissus (néw. : *jāmā*) qui les recouvrent ne laissent dépasser que leur tête (phot. 1). Cette «descente» de Taleju (néw. : *dyaḥ kvã bijyāgu*)[30] est effectuée à une heure faste, *sāit*, fixée par l'astrologue de Taleju. Les deux statues sont portées par des Rājopādhyāya et précédées par d'autres brahmanes qui brandissent deux sabres appartenant aux anciens rois Malla. Un Jyāpu muni d'une cotte de mailles (néw. : *nakālã*) et d'un bouclier conduit le cortège. Ces personnes empruntent un itinéraire bien précis : elles font le tour du Mulcok dans le sens des aiguilles d'une montre en prenant soin de ne marcher que sur le rebord de la cour. Des «femmes du palais» sanctifient le chemin de procession avec de l'eau et jettent des fleurs ainsi que des grains de riz sur les deux déesses. Peu de temps après, un chevreau est sacrifié dans la pièce rituelle *mvaḥni chẽ*.

Le neuvième jour au soir, des Bouchers égorgent deux buffles dans la cour du Mulcok, juste devant la porte dorée, Lũ ḍhokā, qui mène à la pièce où sont gardées les statues processionnelles de Taleju. Les buffles, auxquels on a fait boire préalablement de la bière et de l'alcool de riz, sont excités avec des bâtons. Le premier à s'emballer reçoit le nom de *nhime* (ou *hime*) et sera sacrifié d'abord. Les Bouchers, vêtus de longues jupes blanches, *jāmā*, entravent alors le buffle, relèvent sa tête, entaillent sa gorge, dégagent la carotide et projettent le sang à l'intérieur du *mvaḥni chẽ*. Le flot de sang doit couler de manière continue jusqu'à la mort de l'animal. Pour éviter qu'il ne s'interrompe, ne serait-ce que quelques secondes, deux Jyāpu versent simultanément de l'eau pure, *nilaḥ*, dans une bassine où le sang du buffle est recueilli. Ces deux Jyāpu, vêtus simplement d'un cache-sexe, se tiennent à l'intérieur de la pièce rituelle. Ils appartiennent à un sous-groupe appelé Cyaḥ dont nous reparlerons. L'eau est ici, dit-on, un substitut du sang du buffle. Ce rituel, *chāy hāykegu*[31], présidé par le brahmane en chef de Taleju, est répété

30. Variante : *calã kvã bijyāgu*.

31. De *chāye* (néw.) : offrir quelque chose à un dieu, et de *hāyke* (néw.) : verser (un liquide).

pour le second buffle (néw. : *lime*) dont le sacrifice intervient immédiatement après. Le sang ainsi offert à la déesse est chargé d'une valeur religieuse supérieure : tout le monde dans l'assistance se précipite pour en recueillir un petit peu dans un bol.

Taleju, notons-le bien, ne reçoit pas le sang directement. C'est bien à elle que les buffles sont offerts, mais le sang des animaux n'est pas versé sur ses statues. On se contente de déposer les têtes de buffles qui viennent d'être égorgés devant les deux effigies[32].

Ce sacrifice symbolise la mort des deux démons Ahirāvaṇa et Mahārāvaṇa. Voici l'histoire qu'on raconte à ce sujet : «Au plus fort du combat, Ahirāvaṇa et Mahārāvaṇa s'emparèrent de Rāma et de Lakṣmaṇa. Ils se préparaient à sacrifier les deux princes sur l'autel de la déesse Taleju qu'ils possédaient dans les Enfers, *pātāla*. Mais, entre-temps, Sitā, inquiète de sort de son mari, avait dépêché Hanumān. Le dieu-singe mit hors de combat son propre fils qui, rangé aux côtés des démons, défendait les portes des mondes infernaux, et arriva à temps pour sauver les deux frères. À leur place, il sacrifia Ahirāvaṇa et Mahārāvaṇa. Rāma revint triomphalement à Ayodhya avec le *yantra* de Taleju. La déesse resta 1000 ans dans la capitale de Rāma. Elle migra ensuite à Simraongarh, puis dans le royaume du Népal». C'est la raison pour laquelle, est-il dit, deux buffles – et non pas un seul – doivent être offerts à la déesse[33].

Selon une autre tradition orale, l'origine de ce sacrifice remonte à une époque où des armées étrangères menaçaient la vallée de Katmandou. «Un roi néwar (au nom inconnu) demanda à Taleju son aide. La déesse promit d'intervenir, mais exigea en retour de recevoir quotidiennement un sacrifice animal. Le roi marchanda et ramena finalement la demande de Taleju à une paire de buffles par an. Grâce à Taleju, les armées néwar repoussèrent les envahisseurs.»

Le dixième jour du Mvaḥni, les statues de Taleju sont remontées (néw. : *tā̃ bijyāgu*)[34] dans le temple principal, à un moment auspicieux choisi par les astrologues. Mais c'est le soir que se déroule le rituel le plus important. À une heure avancée de la nuit, douze personnes attachées au culte de la déesse, des brahmanes et des Jośī, sortent de la pièce rituelle *mvaḥni chẽ* et font le tour du Mulcok tenant chacun un sabre dans la main droite. Ces armes

32. Selon Gellner (1992, p. 75) toutefois, Taleju accepte le sang des sacrifices directement. Il n'est pas impossible, en fait, que les prêtres offrent du sang à cette déesse directement dans certains cas (ou pour certaines de ses formes) et pas dans d'autres. Sur cette distinction, très importante dans le panthéon néwar, cf. Toffin (1992, p. 680) et Gellner (1992, p. 75). À propos de la Taleju de Katmandou, voir Pradhan (1986, p. 278).

33. Selon une tradition, on le sait, le Vijayādasamī rappelle à l'intention des fidèles le retour victorieux de Rāma à Ayodhya, avec Sitā et Lakṣmaṇa, après qu'il eut tué le démon Rāvaṇa (Toffin 1984, p. 536). Les éléments tirés du *Rāmāyaṇa* sont cependant moins présents dans les rituels néwar qu'en Inde.

34. Les Rājopādhyāya traduisent cette expression néwari par le sanskrit *sthīrāsana*.

représentent la déesse. Elles datent pour la plupart de l'époque Malla et sont conservées en temps normal dans le temple de Taleju. Certains porteurs de sabre sont en transe et doivent être soutenus par des assistants. La procession, appelée en néwari *khaḍga jātrā* ou *lāykū pāyāḥ*, sort ensuite du palais royal et fait le tour de Mangal Bazar. Le sens du circuit dépend de la direction vers laquelle penchent les pousses d'orge semées dix jours auparavant devant Taleju. Il peut donc changer chaque année. En queue du cortège marchent deux Jyāpu, portant chacun sur l'épaule les deux têtes de buffles tués la veille dans le Mulcok. Le tour achevé, ces têtes sont remises dans la pièce *mvaḥni chẽ*. Elles y resteront quatre jours et seront ensuite données aux Jyāpu. Notons également la présence des danseurs Navadurgā et Aṣṭamātṛkā (voir ci-après) qui viennent témoigner leur respect aux sabres sacrés.

Aux dires des officiants, ce *khaḍga jātrā* est une marche guerrière destinée à éliminer les ennemis du roi. Voilà pourquoi, explique-t-on, un Jyāpu revêtu d'une cotte de mailles guidait il y a quelques années encore la procession. Mais ne peut-on y voir aussi une manifestation de la souveraineté divine sur le royaume ? N'est-ce pas pour fêter sa victoire que la déesse Taleju parcourt symboliquement son territoire, étendant ainsi son autorité sur la population locale[35] ? Selon la tradition orale, ce rituel fut fondé par Siddhinarasiṃha Malla.

Dvīṃmāju

D'après la chronique *Padmagiri*, cette déesse – une forme, *rūpa*, de Taleju – aurait été introduite au Népal à la fin du XIIe siècle par Nānyadeva, prince originaire du Karnataka, dans le sud de l'Inde (Hasrat 1970, p. 50)[36]. Dvīṃmāju aida ce roi à conquérir le royaume de Bhaktapur. Elle était, nous dit-on, la divinité lignagère (*kuldevatā*) des Dvīṃmāju, une caste venue de l'Inde avec Nānyadeva. Un siècle plus tard, poursuit la *Padmagirivaṃśāvalī*, Harasiṃha, un roi appartenant à la même dynastie sud-indienne que Nānyadeva, s'empara à son tour de Bhaktapur grâce à Dvīṃmāju et lui établit un *devalipūjā* (culte lignager) (Hasrat 1970, p. 52)[37]. L'étymologie populaire fait dériver le nom de la déesse du mot Dvīṃ, qui désigne aujourd'hui une caste néwar de statut assez bas dont les membres descendent peut-être des Dvīṃmāju de Nānyadeva[38]. Ces Dvīṃ (ou

35. À la différence de ce qui se passait autrefois en Inde, le Mvaḥni néwar ne comporte pas de *śamīpūjā*. Au sujet de ce rituel, voir Kane (vol. 5, pt. 1, p. 194) et Biardeau (1989).

36. Cf. aussi Wright (1966, p. 121).

37. *Ibid.*

38. M. Slusser (1982, p. 318) fait dériver le mot Dvīṃmāju de Do (vieux nom néwari du royaume de Tirhut). Pour G. Vajrācārya, la déesse Dvīṃmāju serait une forme de Lakṣmī (cité par Slusser 1982, p. 318).

Putuvār) exerçaient traditionnellement les fonctions de porteurs de palanquin et de soldats. Leurs femmes et leurs filles ont toujours un rôle religieux non négligeable lors de certaines fêtes néwar [39].

Comment naquit le culte de Dvīṃmāju? «Un jour, les desservants du temple de Taleju étaient réunis dans le palais autour d'un repas cérémoniel consécutif à un *parba pūjā*. Une jeune femme qui ressemblait à une Dvīṃ, s'approcha et, touchant les convives, leur proposa de les servir. Les prêtres fulminèrent contre cette femme qui entrait ainsi dans la pièce où ils étaient assemblés et les touchait alors qu'ils étaient en train de manger. L'un d'eux cependant la reconnut comme déesse et réussit à la maintenir en son pouvoir grâce à quelques *mantra*. La jeune femme révéla alors publiquement son identité : elle était Taleju, la déesse. Le prêtre la relâcha mais l'assigna à résider pour toujours à cet endroit précis. Son sanctuaire fut établi sur les lieux mentionnés dans l'histoire». Le même rapprochement entre Dvīṃmāju et Dvīṃ est signalé à Bhaktapur (Levy 1990, p. 717), mais l'anecdote diffère.

Dvīṃmāju possède en fait deux sanctuaires dans le palais de Patan. L'un se trouve derrière le Sundaricok, dans une petite cour à laquelle on accède par le jardin Bhanḍārkhāl; il s'agit d'un autel à ciel ouvert coincé entre deux murs. L'autre est situé dans le temple de Taleju même, au premier étage, sous la *cella* secrète réservée à la déesse principale du lieu. Dans le premier sanctuaire, la pierre brute qui figure Dvīṃmāju fait face au sud. Elle est entourée par d'autres pierres aniconiques que les prêtres vénèrent comme Gaṇeś, Bhairava, etc. Dans le temple de Taleju, la pierre matérialisant Dvīṃmāju est fixée dans un oratoire aux côtés de deux autres symboles lithiques, identifiés l'un à Mān-Māneśvarī et l'autre à Kharamnayadyaḥ (orthographe incertaine), divinité mystérieuse qui comprendrait à elle seule dix formes, quatre démoniaques (*daitya*) et six divines. Ces trois pierres sont régulièrement arrosées de sang au cours de l'année. L'accès au temple de Taleju étant interdit aux non-initiés, je n'ai pu me rendre compte de la disposition des lieux. Ce que j'en dis vient de conversations avec des prêtres et de photos qu'ils ont prises sur place.

Le culte de Dvīṃmāju est étroitement lié à celui de Taleju : on ne fait pas d'offrandes à l'une sans en faire à l'autre[40]. Les deux aspects de la déesse se partagent du reste les offrandes animales : à Taleju reviennent les chevreaux et les canards, à Dvīṃmāju surtout les buffles[41]. À la première, les bêtes sont toujours sacrifiées par paire, à la seconde par un ou trois. Traditionnellement, des prêtres tantriques Karmācārya assuraient le culte de Dvīṃmāju et des

39. Cf. en particulier Toffin (1984). Dans un entretien qu'il m'a accordé il y a une dizaine d'années, le prêtre de la Taleju de Bhaktapur soulignait que les Dvīṃ avaient autrefois des fonctions envers Taleju lors du Mvaḥni. Il n'a pas su me préciser lesquelles.

40. Levy (1990, p. 243) rapporte qu'à Bhaktapur le sanctuaire de Dvīṃmāju est considéré comme le *pīṭha* de Taleju. Tout semble indiquer qu'il en est de même à Patan.

41. Selon une variante de la légende d'origine citée plus haut, une fois son sanctuaire établi sous celui de Taleju, Dvīṃmāju exigea que tous les buffles destinés à Taleju lui reviennent.

brahmanes Rājopādhyāya celui de Taleju. Les «femmes du palais», *lāykū mista*, jouent également un rôle important envers cette divinité subsidiaire.

Le huitième jour du Mvaḥni, Dvīṃmāju reçoit un buffle, un chevreau et un canard. Cependant, à la différence de Taleju, la grande fête (*jātrā*) de cette déesse n'a pas lieu durant la Durgā Pūjā, mais la veille du premier jour du mois solaire de *baiśākh, khai svãnhū* en néwari[42]. En cette occasion, une image de la divinité est portée en palanquin dans les rues de la ville jusqu'au temple de Bālkumārī, au sud de Patan. Cette fête, organisée principalement par les agriculteurs Cyaḥ, est combinée avec celle de Bhore (ou Bholā) Ganedyaḥ et de Mān-Māneśvarī[43]. Les palanquins des dieux sont joints (néw. : *khat lvākegu*), puis, une fois la procession terminée, les images divines sont apportées dans la maison du prêtre en chef de Taleju pour être purifiées. Elles y restent deux jours avant d'être réintroduites dans leurs temples respectifs. L'image de Dvīṃmāju (un petit masque?) est conservée en temps normal dans le temple de Taleju.

Degutale

Comme dans les deux autres anciennes capitales Malla, le palais de Patan comporte un temple spécifique dédié à la déesse Degutale. Selon les chroniques, le culte royal de Digutola (= Degutale) fut instauré simultanément à Katmandou et à Patan par Śivasiṃha Malla (1578-1619), roi qui régnait sur les deux villes (Hasrat 1970, p. 64). À Patan, Siddhinarasiṃha édifia un nouveau temple en l'honneur de cette déesse en 1647 (Wiesner 1978, p. 33). Ce monument fut reconstruit par Śrīnivās en 1663, l'année de son accession au trône, à la suite d'un incendie, et restauré plusieurs fois par la suite, notamment après le tremblement de terre de 1934. Signalons par ailleurs que Yoganarendra (1684-1705) érigea un pilier en face de Degutale et y plaça une statue dorée le représentant en position d'orant devant la déesse. À l'origine, rapportent les chroniques, Taleju et Degutale étaient vénérées dans le même temple. Ce n'est que sous Śrīnivās que les deux déesses furent séparées et que Taleju eut droit à un temple indépendant (Hasrat 1970, p. 69).

Les rapports entre les deux divinités sont d'une extrême complexité. Les prêtres eux-mêmes ne parviennent pas à en rendre compte clairement. Il est hors de doute que Degutale était considérée dès le XVIIe siècle comme une forme de Taleju. Dans une inscription de cette époque, les deux divinités sont identifiées et le nom de l'une employée pour l'autre (Slusser 1982, p. 319). Aujourd'hui encore, Degutale et Taleju, deux formes de Bhavānī,

42. À Bhaktapur, Dvīṃmāju est sortie en procession au moment du Bisket jātrā (Vergati 1986, pp. 110-112), c'est-à-dire à la même date qu'à Patan.

43. Au cours de cette fête, la statue du dieu Bhore Ganedyaḥ est introduite dans le temple de Taleju et déposée à côté de la pierre représentant Dvīṃmāju.

sont en rapport de proximité. Y a-t-il pour autant identité? Il est difficile de l'affirmer avec certitude. M. Slusser (1982, p. 319) fait dériver le nom de Degutale de *digu*, divinité lignagère, et de *tale*, abréviation de Taleju. Il faut cependant remarquer que *tale* (*talay*) désigne en néwari plusieurs types de temples tantriques qui n'ont rien à voir avec Taleju. Quant au mot *degu*, les desservants le mettent plutôt en relation avec l'expression *degu yāygu* (néw.), qui désigne le culte quotidien du matin rendu tant à Taleju qu'à Degutale (Toffin 1984, p. 473). Les prêtres actuels voient dans Degutale la divinité lignagère, *kuldevatā* ou *digudyaḥ* des rois Malla. Pour eux, le sanctuaire de Degutale était l'oratoire privé, *pūjā koṭhā*, où ces souverains accomplissaient leur culte matinal. Les brahmanes Rājopādhyāya ajoutent que la personne qui pénètre dans la cella de Taleju doit avoir subi un degré d'initiation plus élevé que celui lié à Degutale. Il faut également remarquer que les deux divinités sont bien séparées et les portes de leurs temples distinctes.

Le service religieux du temple est rendu par des brahmanes Rājopādhyāya, différents de ceux de Taleju. Un groupe de Chatharīya, les Raghuvaṃśī, appelés aussi Lāylava (de *lāykū*, «palais» et de *lava*, «demi-caste, bâtard»), jouent le rôle de sacrifiant, *yajamāna*. Ils descendraient d'une concubine d'un roi Malla. Curieusement, les Raghuvaṃśī ont pour divinité lignagère, *digudyaḥ*, Mān-Māneśvarī, déesse dont il a déjà été question à propos des Kisi et dont le sanctuaire s'élève à Hadigaon. Ce groupe Chatharīya de lignée solaire, *sūryavaṃśī*, serait du reste originaire de cette localité. Par la suite, ils se seraient installés à Jawalakhel, puis à Mangal bazar, à proximité du palais, et enfin à Saugaḥ, où la plupart d'entre eux sont concentrés aujourd'hui.

Le culte étant secret, il n'est guère possible de savoir comment Degutale est représentée. La liturgie, en tout cas, est nettement moins développée que pour Taleju : les *nityapūjā* sont moins longues et le cycle annuel ne compte qu'une seule *thā pūjā* (en *maṅsir*). Les Rājopādhyāya récitent les textes religieux, déposent des offrandes de *pañcamṛta* et versent du lait sur une pierre *śāligrāma* qui semble jouer un rôle cultuel important. Les Raghuvaṃśī, de leur côté, s'occupent des offrandes d'alcool et des sacrifices animaux (une dizaine dans l'année). Deux «femmes du palais» Jyāpu sont également attachées à la déesse.

Le premier jour du Mvaḥni, des graines d'orge sont semées devant l'autel de la divinité. Entre le huitième et le neuvième jour, Degutale reçoit deux buffles et deux canards. Contrairement à ce qui se passe pour Taleju, aucune effigie n'est sortie pendant les cérémonies. Les deux statues de Taleju qui sont déposées dans le *mvaḥni chẽ* doivent cependant rendre visite à Degutale dans son sanctuaire avant de descendre dans le Mulcok.

La déesse vivante Kumārī

Il est coutume dans la tradition indienne de vénérer une petite fille impubère âgée de douze ans pendant la Durgā Pūjā (Kane 1958, part. 1, p. 170 *sq*). L'enfant, appelée *kumārī*, «vierge», représente la déesse Durgā. On la place sur un siège sacré, *pīṭha*, le sixième jour de la fête et on lui fait des offrandes (*Kālikā purāṇa* 62, pp. 6-7). Ce culte, *kumārī pūjā*, dont l'origine est tantrique, a connu un développement exceptionnel dans la vallée de Katmandou. Dans chaque royaume Malla, une petite Kumārī fut identifiée à Taleju et appelée Rāj Kumārī. On lui reconnut le pouvoir de pronostiquer l'avenir et on l'associa à la royauté. Puissance souveraine engagée dans toutes les grandes fêtes de la capitale, elle devint un symbole permanent de la Déesse. Mais aujourd'hui comme par le passé, les *kumārī pūjā* néwar les plus significatives ont lieu durant le Mvaḥni et c'est de cette fête que les petites déesses vivantes tirent leur légitimité divine. C'est en effet à cette date que les enfants destinées à devenir Kumārī sont choisies et intronisées sur leur trône aux lions, *siṃhāsana*, selon des procédures décrites ailleurs (Toffin 1993).

Les données historiques sur le culte de la Kumārī à Patan sont minces. Si l'on en croit la chronique bouddhiste éditée par Daniel Wright (1966, p. 104), généralement bien informée sur l'histoire religieuse de cette ville, le culte existait déjà au XIe siècle. Dès cette époque, le roi Lakṣmīkāmādeva aurait vénéré à Patan une déesse vivante Kumārī (choisie parmi la caste des prêtres bouddhistes néwar) selon les rites en usage de nos jours. Le fait ne doit pas nous étonner car le tantrisme shaktique et le Vajrayāna étaient déjà bien établis dans la vallée du Népal au tournant du premier millénaire. La Kumārī en question vivait dans le monastère appelé Lakṣmī Kalyāna Varma Mahāvihāra (Habāhā) que Lakṣmīkāmādeva fit construire et auquel il donna son nom. Ce monastère, on l'a dit, déménagea de la zone du palais au XVII^e^siècle pour s'installer à son emplacement actuel. Si la chronique dit vrai, on aurait là la trace d'un lien très ancien entre le roi et la Kumārī, peut-être déjà la préfiguration du rite public, palatial, qui est célébré de nos jours. Quoi qu'il en soit, le dispositif cérémoniel fut profondément remanié au XVIIe siècle. D'après la tradition orale, c'est Siddhinarasiṃha Malla qui reconnut dans la Rāj Kumārī une incarnation de Taleju et établit un culte royal en son honneur (Allen 1975, p. 21; Toffin 1993). Les principaux arrangements rituels concernant la déesse vivante lors du Mvaḥni, toujours en vigueur plus de trois cents ans après, furent recomposés sous le règne de ce souverain et de son fils.

La petite déesse est choisie à l'âge de deux ans parmi les Dhusaḥ, sous-groupe Vajrācārya (prêtres bouddhistes néwar), orfèvres de profession, spécialisés dans l'affinage de l'or. Elle doit obligatoirement appartenir au monastère Habāhā. En général, elle reste en activité jusqu'à l'apparition de ses premières règles[44]. Appelée Lāykū Kumārī, Mūl Kumārī ou encore Rāj Kumārī, elle intervient à trois reprises durant les cérémonies du Mvaḥni.

Le septième jour de la fête, la Kumārī est sortie de la maison de ses parents[45] et installée sur son trône devant le monastère Habāhā. Elle est parée de tous ses bijoux, maquillée et vêtue de rouge. Ses pieds, passés au minium, sont posés sur un plat de laiton. Elle doit rester immobile et ne pas parler. Un serviteur l'évente dévotement tandis que les femmes du voisinage lui font des offrandes de riz et touchent ses pieds de leur tête. Cette sortie est destinée à accueillir le *phūlpāti*, ce bouquet de neuf types de fleurs ou de végétaux dont l'arrivée marque le début véritable du Mvaḥni. À Patan, le *phūlpāti* vient du district de Dhading. Enveloppé dans un tissu rouge, il est apporté par des brahmanes Parbatiyā (= Indo-Népalais). Trois danseurs masqués néwar de caste Śākya figurant Kaumārī, Bhairava et Mahālakṣmī, l'attendent à l'entrée de la ville et le mènent jusqu'au palais royal[46]. En chemin, la procession s'arrête un instant devant la déesse vivante. Les danseurs esquissent quelques pas de danse, virevoltent au rythme des tambours et s'inclinent devant la petite fille. Le *phūlpāti* est déposé ensuite dans le *mvaḥni chẽ* du palais, devant les statues de Taleju. Une fois le rite terminé, la Kumārī regagne furtivement sa maison.

La deuxième intervention de la Kumārī, la plus importante, a lieu le soir du neuvième jour. Ce soir-là, onze enfants, neuf filles et deux garçons, tous Vajrācārya (Dhusaḥ) et membres de Habāhā, s'assemblent vers huit heures dans la cour du monastère. Ils sont vêtus d'habits de brocard, ornés de bijoux divers et d'une parure en forme de diadème, *mukut*, sur la tête[47]. Les filles ont les yeux cernés de khôl et les pieds enduits de rouge. Tous ont un troisième œil dessiné au milieu du front. Ce sont les Gaṇa Kumārī, le «groupe» de la Kumārī : ils représentent les neuf Durgā, plus Bhairava et Gaṇeś. La couleur de leurs vêtements varie selon la divinité qu'ils incarnent : Brahmāyaṇī est en jaune, Kaumārī en rouge, Indrāyaṇī en vert, conformément aux prescriptions iconographiques habituelles des neuf formes de Durgā. Les enfants sont dans un premier temps introduits dans un petit temple, le Kumārī *dyaḥchẽ*, situé juste derrière le monastère, dans une cour latérale. Ce temple, réservé aux initiés tantriques, ne fait l'objet d'aucun culte le reste de l'année. Il contient seulement un trône aux lions, symbole de la puissance de la déesse vivante. À l'intérieur du bâtiment, le prêtre principal de Taleju touche le front de chaque enfant et leur offre des *prasād* (restes d'offrandes consacrées) qui viennent du temple de Taleju. Il les vénère ensuite chacun à tour de rôle. Le rite, appelé

44. Cette règle souffre quelques exceptions (Toffin 1993).

45. Contrairement à la Kumārī royale de Katmandou, la déesse vivante de Patan vit chez ses parents.

46. Ces trois danseurs font partie de la troupe du *kārtik pyākhã*.

47. Costumes et parures de tête sont conservés dans la maison de la Lāykū Kumārī.

chā bā jvala (orthographe incertaine), vise à empêcher les petites filles de pleurer plus tard dans la soirée. Un être divin, cela va de soi, ne pleure pas et l'on sait que cette absence de peur est un critère esssentiel dans le choix d'une Kumārī.

La cérémonie terminée, les Gaṇa Kumārī sont portés dans les bras des «femmes du palais» Jyāpu jusqu'au palais royal de Patan. Là, le prêtre de Taleju les introduit cérémoniellement dans le Mulcok. Il leur fait faire le tour de la cour, puis les conduit dans le *mvaḥni chẽ* de Durgā et de Taleju. Malgré les rituels du brahmane, beaucoup de petites filles éclatent en sanglots en se voyant séparés de leurs parents. Il est vrai que la nuit est déjà avancée et que de nombreuses têtes de buffles, décapitées, gisent dans la cour. Les enfants par ailleurs ne savent pas ce qui les attend véritablement : ils ne sont jamais entrés dans l'enceinte du temple de Taleju. Dieux d'un soir, ils ne seront pas choisis l'année suivante comme Gaṇa Kumārī[48].

Dans la chambre secrète, le prêtre de Taleju offre 84 sortes de nourriture (néw. : *tāy bhū*) aux enfants et présente à chaque petite fille une variété de haricots. Le petit Bhairava a droit à du soja, Gaṇeś à de l'orge. Selon Allen (1975, p. 28) : «En sortant du sanctuaire par la porte occidentale, les petites filles reçoivent chacune en cadeau un réchaud en argile, deux pots (un pour le riz, l'autre pour les phaséolées), un couvercle, une marmite *pvatāsi* pour la cuisson à la vapeur et quelques fruits. Tous ces objets, offerts par l'Etat, sont de la taille de jouets et serviront à cet usage». Après quoi, «les femmes du palais» raccompagnent les enfants-dieux chez eux à travers les ruelles silencieuses.

C'est vers minuit que la déesse vivante Kumārī sort de sa maison. Elle est portée dans les bras de quelqu'un de sa famille, son père généralement, car elle n'a pas le droit de mettre le pied sur le sol – impur – en dehors de chez elle. Un domestique Jyāpu la suit avec un parasol brodé. Le prêtre de Taleju la fait d'abord entrer dans le Kumārī *dyaḥchẽ* de Habāhā pour effectuer un certain nombre de cérémonies et la vénérer. Puis une procession se forme pour la conduire, elle et son trône portable, au palais. Un orchestre de musiciens, Vajrācārya et Śākya, l'accompagne en chantant des hymnes religieux bouddhistes à la lumière de lampes à pétrole. Comme pour les Gaṇa Kumārī, le prêtre de Taleju introduit cérémoniellement la déesse vivante dans le Mulcok et la conduit dans le *mvaḥni chẽ*. Le culte, secret, dure environ une heure. Seuls le prêtre de Taleju, la Kumārī et deux ou trois autres initiés tantriques, dont les «femmes du palais», y participent. Les rituels ne semblent pas être très différents de ceux célébrés au moment de l'intronisation de la

48. Le choix des Gaṇa Kumārī incombe aux anciens d'Habāhā et au prêtre de Taleju. L'enfant doit avoir une belle apparence physique et ne porter aucune cicatrice sur le visage. En principe, il ne doit encore avoir perdu aucune dent. Il est intéressant de remarquer que les petites filles choisies comme Gaṇa Kumārī sont dispensées de célébrer le pseudo-mariage *ihi* au fruit de l'arbre *bel*.

petite fille par le brahmane en chef (Toffin 1993). La Kumārī rentre chez elle vers deux heures du matin. C'est déjà le jour du *vijayādaśamī*; aussi pose-t-elle la marque de vermillon *ṭikā* sur le front de son père, du prêtre de Taleju, de divers desservants ainsi que de tous les membres de sa famille.

La dernière sortie de la déesse vivante a lieu le quatorzième jour de la fête, veille de la pleine lune d'*āśvin*[49]. La petite fille est portée comme de coutume dans les bras de son père ou de son frère jusqu'au Mulcok du palais. Là, on l'installe sur son trône aux lions, à l'entrée de la cour. Le prêtre de Taleju lui offre du riz, des sucreries, du bétel. En retour, la Kumārī le bénit en oignant son front d'un peu de vermillon. Elle répète ce geste envers toute l'assistance et distribue à chacun des pousses d'orge (nép. : *jamarā*) prélevées dans la pièce sacrée *mvaḥni chẽ* du palais. Les fidèles s'inclinent devant la déesse vivante et placent les pousses consacrées dans leurs cheveux ou derrière l'oreille. C'est le *visarjana pūjā*, le rite d'adieu, de conclusion, qui marque la fin du cycle de la Kumārī durant le Mvaḥni. Sitôt la distribution terminée, la déesse vivante est raccompagnée chez elle en procession.

Les Navadurgā

Les Navadurgā, ces neuf formes prises par la Déesse pour combattre les anti-dieux *asura*, surviennent de manière spectaculaire dans les cérémonies le jour du *vijayādaśamī*. Elles font leur apparition dans la ville sous les traits de danseurs masqués venus pour l'occasion du village de Theco, à six kilomètres au sud de Patan. La troupe compte 34 personnes, toutes de caste Gathu (Jardiniers) et de sexe masculin. Ces hommes sont membres d'une association religieuse locale, le Navadurgā guṭhi. Au nombre de onze, les danseurs incarnent : Brahmāyaṇī, Kaumārī, Bhairava, Singhinī, Vyāgiṇī, Mahālakṣmī (= Mānmāiju), Viṣṇudevī, Vārāhī, Kālī, Gaṇeś et Mahādev (= Mahādyaḥ)[50]. Ils sont accompagnés de musiciens, de spécialistes du rituel et d'assistants. La troupe se déplace toujours avec une divinité appelée Mudyaḥ, «le dieu principal», ou Śivadyaḥ, et identifiée par certains à Bhagvatī. Il

49. M. Allen (1975, p. 29) indique que la Kumārī effectue une autre sortie le douzième jour de la fête. «Two days latter, on the twelfth day of Dasain, she (the Kumari) is taken out again on her portable throne to be worshipped by the members of two private endowments (*guthi*) and to give *prasad* to the pole on which Narendra Malla (king of Patan from 1964 to 1705) stands outside his palace. She first goes to Daubaha where just one family remains in a guthi which was established to worship her in the time of Siddhinarasingh. The *guthi* supplies all the puja items, but the ritual is performed by her own *pujari*. She is then taken to the home of two Sresthas families in Sota locality just north to the palace. Here the Sresthas themselves perform a brief and simple puja in which they offer Kumari sweets, fruits and flowers. Finally she is carried on her throne to the base of Narendra's pole where she places a betel nut and a coin». Cette sortie n'a pas eu lieu en 1989.

50. Bien qu'il existe des listes savantes des Navadurgā dans la littérature tantrique (Toffin 1993, pp. 100-101), pour la grande majorité des Néwar et pour les danseurs eux-mêmes, les neuf formes de Durgā sont synonymes des Aṣṭamātṛkā.

s'agit d'un vase surmonté d'une petite plaque de cuivre figurant une divinité terrible. Ce dieu très énigmatique, associé à des fleurs rouges appelées *kalga svāṃ* en néwari, une sorte de laurier, préside à toutes les représentations chorégraphiques (*gathu pyākhã*) des danseurs masqués; il boit le sang des animaux et est le premier à recevoir des offrandes lors des rituels (Phot. 2).

La troupe quitte Theco dans l'après-midi et doit marcher vers Patan, c'est-à-dire vers le nord, sans jamais changer de direction. Cette règle a contraint les Jardiniers à percer un trou dans un mur construit récemment autour d'un poste de police. Le ministère de l'Intérieur protesta, mais les impératifs religieux prévalurent : l'enceinte ne fut jamais réparée. Arrivés à Patan, les Gathu se regroupent à Lagankhel, un peu à l'extérieur de la ville, dans un sanctuaire dédié à Dulāmāju ou Dolāsimāi (ou encore Thogabhvarī), déesse considérée comme une des huit Mātṛkā ceinturant l'agglomération. Le sanctuaire, appelé Macasimā par les Gathu, est un simple autel en plein air entouré par un muret et surplombé par un ficus. La divinité est représentée par une série de pierres brutes fichées dans le sol. Les membres de la troupe vénèrent ces pierres sacrées et exécutent une série de rituels visant à animer les masques des dieux. Les danseurs revêtent ensuite leurs habits cérémoniels et fixent leurs grelots autour de la taille. Les aînés du groupe leur appliquent une marque de suie noire, *mvaḥni sinhaḥ* au milieu du front. Cette marque, symbole de Nāsaḥdyaḥ, le dieu néwar de la musique et de la danse, confère, dit-on, des pouvoirs exceptionnels. Puis, chacun met son masque. À compter de cet instant, les danseurs sont des dieux vivants, des manifestations en chair et en os des puissances divines.

La troupe s'ébranle alors dans Patan. En tête vient le dieu Mudyaḥ solidement maintenu dans les bras d'un Jardinier enturbanné de blanc. Il est encadré par deux porteurs de flambeaux et un hautboïste de caste Kusle. Les danseurs, vêtus de jupes et de blouses de femmes accordées aux couleurs de la divinité qu'ils incarnent, suivent en file indienne. Leurs avant-bras et leurs poignets sont ornés de bracelets et de petits mouchoirs. Ils ont les doigts chargés de bagues et la nuque couverte d'épaisses crinières en queues de yak. Certains tiennent des sabres à la main et ont de longues chaînes d'argent autour de la poitrine, assez semblables à celles portées par les femmes Jyāpu lors des fêtes. La plupart ont des grelots et de larges ceintures en métal autour de la taille. Tous vont pieds nus. Ces dieux vivants marchent d'un pas hésitant au son des cymbales et des tambours. Des femmes rassemblées sur les deux côtés de la rue leur jettent de pleines poignées de grains de riz et portent leur main au front en signe de respect. Les dieux vivants reçoivent également des pièces d'argent.

Juste avant d'atteindre le palais, la longue file des Navadurgā s'immobilise. Un membre de la troupe verse un peu d'alcool et de la balle de riz sur la chaussée pour chasser les démons, puis les dieux vivants s'assoient sur le bas-côté de la rue. Ils dépêchent un messager pour annoncer leur arrivée aux prêtres Rājopādhyāya et aux Kisi, réunis au même moment dans l'autel de Māneśvarī du palais. La vieille déesse Licchavi est en effet tenue d'accueillir les danseurs masqués de Theco et de recevoir leur hommage avant que ces derniers ne soient admis dans la cour du Mulcok. L'image de Māneśvarī (une statue? un sabre?) arrive bientôt enveloppée d'un tissu de couleur rouge et portée par deux brahmanes Rājopādhyāya (Phot. 3). Des Kisi (de caste Chatharīya on s'en souvient) suivent en brandissant les sabres – théoriquement au nombre de trois – associés à Māneśvarī. Le Jardinier tenant la «divinité principale» Mudyaḥ des Navadurgā fait trois fois le tour de la déesse Licchavi (appelée Khādyaḥ par les Gathu). Après quoi les brahmanes joignent les deux statues à trois reprises. Les prêtres expliquent que Mudyaḥ et Māneśvarī (appelée aussi Maṇidvip dans ce contexte) ont noué une amitié rituelle (néw : *tvāy*, nép : *mit*) il y a fort longtemps et qu'ils renouvellent ainsi tous les ans leur lien. Les danseurs Gathu incarnant Bhaivara, Kālī et Vārāhī présentent alors chacun une couronne de fleurs à Māneśvarī et font, eux aussi, trois fois le tour de la déesse. Pour conclure, un Kisi dépose un plat d'offrandes *baupā* à l'intention des démons près du temple voisin de Bhīmsen.

Ce rituel, appelé *khvāḥ lvākegu* en néwari, lit. : «face - joindre», se déroule au sud du palais, à un endroit connu sous le nom de Hone (népali : Saṅgam, du skt. *saṅgam*, embouchure d'une rivière). Situé au croisement de deux grandes voies de circulation de Patan, ce lieu marque, dit-on, un ancien confluent de rivières (aujourd'hui disparu ou déplacé). On parle de la Nakhu Khusi et surtout de la Hakha Khusi qui coulait autrefois à Mangal Bazar[51]. L'année où j'ai assisté à ce rituel, en 1993, l'atmosphère était électrique. Une bande de jeunes, massée dans le Mulcok, tambourinait à la porte de l'autel de Māneśvarī en pressant les officiants de sortir avec la déesse. Vers 19 h 30, les portes s'ouvrirent enfin et Māneśvarī fit son apparition, cachée sous son tissu écarlate. Elle était précédée par un veillard tout voûté portant un récipient d'offrandes *baupā* à l'intention des esprits malveillants et de deux hommes Kisi en transe tenant chacun un sabre dans la main droite. Ces deux hommes n'avançaient que guidés par des assistants. Des cris s'élevèrent dans la foule : *pāyāḥ vala! pāyāḥ vala!*, «La procession de sabres est arrivée! La procession de sabres est arrivée!». La petite troupe fit le tour de la cour intérieure du Mulcok à pas lents, puis se porta à la rencontre des Navadurgā à Mangal Bazar. Tout autour, des jeunes gens excitaient les deux Kisi, un quadragénaire et un adolescent, en leur criant des injures. De temps en temps, excédés, les Kisi se précipitaient dans la foule, le sabre tenu verticalement à

---

51. Le nom de cette rivière, aujourd'hui disparue, fait penser au nom du monastère Habāhā/ Hakhabāhā où la Kumārī royale de Patan est choisie. Signalons par ailleurs que la zone entourant Hone est appelée Hakha tvāḥ. Cf. aussi Locke (1985, p. 152).

la hauteur de la tête. Les spectateurs détalaient en tous sens comme des lapins pour échapper à cette charge apparemment divine (*kisi pāyāḥ* en néwari). Être touché par un de ces sabres à ce moment précis du rituel porte en effet malheur. J'eus beaucoup de mal à me porter à la hauteur du Mudyaḥ pour assister de près au rituel de jonction des deux déités. La cérémonie fut précédée par un incident significatif : au milieu des bousculades et d'une foule au comble de l'excitation, l'aîné des deux Kisi se jeta sur l'un des Gathu de Theco, l'empoigna par le bras et l'attira violemment vers lui d'un air menaçant. Grand émoi parmi les Jardiniers qui arrivèrent tous à la rescousse, repoussèrent le Kisi et s'éloignèrent quelque peu du lieu du rituel en jetant des regards offensés. Que s'était-il passé? Je ne l'appris que le lendemain : lorsque les Kisi furent avertis de l'arrivée des Neuf déesses, ils répondirent au messager Gathu qu'ils n'étaient pas encore prêts. «Nous en avons encore pour une heure», lui dirent-ils. Le Gathu leur rétorqua qu'à ce compte, les Navadurgā elles aussi auraient du retard, lorsque Māneśvarī arriverait à Hone. D'où ce geste aggressif de la part du Kisi juste avant la réunion des deux divinités. Il n'est pas impossible que cette violence fasse partie du rite, comme c'est le cas de beaucoup de célébrations néwar, et qu'une rivalité latente couve entre les deux groupes. Il ne faut pas oublier que les Kisi appartiennent à l'aristocratie néwar et que Māneśvarī siège dans une ancienne capitale Malla, alors que les Gathu sont une caste de bas statut et leurs Navadurgā des déesses villageoises. On comprend aisément que les premiers cherchent à tout prix à marquer leur supériorité sur les seconds. Les cérémonies ne mettent pas seulement en scène des dieux, mais aussi des desservants, placés à un échelon précis dans la hiérarchie sociale... L'incident au reste fut vite clos et le rite put se dérouler comme à l'accoutumée : les trois dieux les plus importants de la troupe de Theco s'inclinèrent respectivement devant la déesse du palais et lui offrirent des fleurs.

Les Navadurgā pénètrent alors dans le Mulcok à la suite de la procession de Māneśvarī. Au même moment, un autre groupe de danseurs, *gā̃ pyākhā̃*, incarnant les huit déesses Mātṛkā, sort du palais. Cette troupe, composée exclusivement de Śākya et de Vajrācārya, s'est produite en différents endroits de Patan au cours des neuf jours précédents. Son cycle de danse s'achève ce soir, il ne reprendra que l'année suivante. Après quoi, les deux hommes Kisi armés de sabre, la déesse Māneśvarī et toutes les Navadurgā de Theco font neuf fois le tour du petit autel de Mahālakṣmī édifié au centre du Mulcok. Une fois cette circumambulation terminée, le Bhairava de la troupe de Theco offre trois citrons (néw. : *taḥsi*) à Māneśvarī et s'incline à nouveau devant cette déesse. Puis, les Kisi et le brahmane Rājopādhyāya s'enferment dans l'autel de Māneśvarī avec l'image cachée de la divinité.

C'est la fin des festivités. La cour du palais se vide tandis que les danseurs de Navadurgā ôtent leurs masques et vont se reposer là où ils le peuvent à l'intérieur des bâtiments. Plus tard dans la nuit, vers 1h - 2h du matin, ils participeront à cette autre procession de sabre, le *taleju pāyāḥ*, décrite précédemment, autour de Mangal Bazar. À cette heure, les rues sont désertes. Les Navadurgā sacrifient ensuite un buffle et un chevreau, fournis par l'office des biens religieux Guṭhi Saṃsthān, et dansent dans le Mulcok jusqu'à l'aube.

Traditionnellement, les Navadurgā restaient dans le palais jusqu'à la pleine lune d'*āśvin*. De nos jours, elles rentrent à Theco le lendemain du *vijayādaśamī* et ne reviennent à Patan que le soir du quatorzième jour de la quinzaine claire. Pourquoi? Parce que le Département d'archéologie a accaparé les pièces du palais où la troupe avait l'habitude de s'installer et que les danseurs n'ont plus d'endroit où se tenir. Lorsqu'ils reviennent à Patan, la veille de la pleine lune, les Gathu de Theco procèdent exactement comme la première fois : même itinéraire, même danse rapide dans le Mulcok. Cependant, ce jour-là, les fidèles ne se contentent pas de s'incliner devant les dieux vivants en leur donnant quelques pièces d'argent. Certains leurs offrent également des poulets, que les Navadurgā (surtout Kaumārī et Bhairava) doivent tuer avec leurs dents. Les danseurs relèvent leurs masques, boivent quelques gorgées du sang de l'animal, et reprennent leur route en dodelinant de la tête.

De plus, le lendemain à l'aube, la troupe au grand complet se déploie dans la cour principale du palais pour une représentation beaucoup plus élaborée. Les dieux masqués dansent d'abord séparement, puis en groupe, devant leur Mudyaḥ posé par terre à la place d'honneur (Phot. 2). Les mains de ceux qui attendent leur tour avant de se produire tremblent en signe de transe. Le sacrifice se déroule en deux temps. Les Gathu tuent d'abord un bélier devant le Mudyaḥ : l'une après l'autre, les Navadurgā viennent boire le sang à même la gorge de l'animal. Puis un buffle est égorgé : à nouveau les danseurs masqués se penchent à tour de rôle sur la bête agonisante pour sucer son sang. Les sacrifices sont renouvelés l'après-midi devant une assistance venue nombreuse pour profiter du spectacle. Les Navadurgā rentrent à Theco à la tombée de la nuit.

Mahālakṣmī

Le nom de cette déesse a déjà été cité dans les pages précédentes. Nous avons vu que Mahālakṣmī, une des neuf Durgā et des huit Mātṛkā, dispose d'un sanctuaire à ciel ouvert au milieu du Mulcok. La déesse se montrait si dangereuse (*ugra*), rapporte la tradition, que Siddhinarasiṃha fit placer son image face à terre. C'est la raison pour laquelle le templion est aujourd'hui vide; la divinité n'y est même pas représentée par une pierre brute. Selon l'ouvrage collectif *Kathmandu Valley* (1975, vol. 1, p. 162), des incantations magiques seraient enterrées à cet endroit. Il n'est pas sans intérêt de rappeler à ce propos que les danseurs Navadurgā de Bhaktapur identifient leur «divinité principale» – ici appelée Siphadyaḥ, du nom des fleurs rouges qu'on lui offre – à Mahālakṣmī (Levy 1990, p. 232). Contrairement à Theco, cette déesse est jugée à Bhaktapur particulièrement redoutable : personne dans la troupe n'ose porter son masque de peur que la divinité ne tue quelqu'un dans l'assistance[52]. La figure de Mahālakṣmī est en vérité d'une telle richesse – et si peu connue – qu'il nous faut en dire deux mots avant d'en venir à son rôle durant le Mvaḥni.

Mahālakṣmī tout d'abord est considérée dans la tradition indienne comme la *śakti* du dieu de la mort Yama. Elle est associée au nord-est, direction des dieux, en rapport, on l'a vu, avec la puissance du roi[53]. Dans la liste des Mātṛkā, elle vient toujours en dernier, ce qui, en contexte indien, ne signifie pas son infériorité, mais bien au contraire, sa suprématie. Les prêtres néwar soutiennent qu'elle est supérieure à toutes les autres déesses, qu'elle est la mère de toutes les Mātṛkā et que Bhagvatī n'est qu'une de ses formes. Ce serait, en un mot, la divinité principale du royaume. Certains villages sont entièrement placés sous sa protection : Lubhu par exemple, dont la Mahālakṣmī aurait été établie par une princesse Licchavi[54], Khokana où la déesse est connue aussi sous le nom de Sikālidevī (ou Siddhikālī), Bode enfin où, une fois l'an, un villageois se perce la langue avec des aiguilles en son honneur. Ajoutons que son culte semble particulièrement ancien : Mahālakṣmī était apparemment l'une des déesses favorites Licchavi et c'est elle qui ordonna au roi Guṇakāmadeva de fonder une ville, Katmandou, au confluent de la Vishnumati et de la Bagmati. Selon une légende locale, elle établit également la danse d'Harasiddhi dans le village du même nom – l'une des *pyākhã* (danse) néwar les plus spectaculaires et les plus vieilles de la Vallée (Toffin 1984, p. 469).

Le huitième jour du Mvḥani est dédié à Mahālakṣmī. Ce jour-là, des bouchers Nāy et des agriculteurs Jyāpu sacrifient dans la soirée un chevreau et un buffle au temple de la déesse situé à Lagankhel, légèrement à l'extérieur de la ville[55]. Une fois les bêtes égorgées, le sang est aspergé sur les pierres qui matérialisent la divinité. Au préalable, un prêtre tantrique Karmācārya, desservant du temple, s'assure de la destination du sacrifice en effectuant

52. Slusser (1982, p. 346) précise qu'à Bhaktapur, Mahālakṣmī est la seule parmi les huit Mātṛka à avoir son *pīṭha* à l'intérieur de la ville.

53. À Patan, le nord-est est aussi – on l'a vu à propos de Māneśvarī– le lieu d'origine (Maṇicūr) des brahmanes fondateurs de la ville.

54. Tradition rapportée par Jvalananda Rājopādhyāya, prêtre de Taleju. Cette princesse aurait vendu un plat en or, *lū-bhu*, pour financer la construction de ce temple. Selon le *Kathmandu Valley* (vol. 1), le temple de Mahālakṣmī à Lubhu serait dû à une reine Malla, Gaṅgārānī, épouse de Śivasiṃha Malla (1578-1619).

55. Ce temple aurait été fondé par Mukunda Sena de Palpa au XIIIe siècle (*Kathmandu Valley*, vol. 1). Selon D. Gellner (1992, p. 79) : «Both Hindus and Buddhists visit the temple of Mahālakṣmī in Lagan every morning during the month leading up to Mohani».

un *saṃkalpa*. Ce prêtre est en principe le même que celui du temple de Mahālakṣmī à Lubhu et le sacrifice en question doit être précédé par une offrande équivalente dans ce village. La viande de buffle est ensuite partagée entre les participants. La moitié revient aux Bouchers. Les agriculteurs (Dãgol de Haugaḥ), les joueurs de la trompe *kāhāḥ* et les Karmācārya prennent le reste. Une part est donnée aux parents de la Kumārī royale de Patan – preuve supplémentaire, s'il en était besoin, que les déesses vénérées au moment du Mvaḥni sont toutes liées entre elles.

La tête de buffle, quant à elle, est conduite le lendemain en procession jusqu'au palais royal. C'est un Jyāpu, vêtu d'un simple cache-sexe et d'un turban blanc, qui la porte sur l'épaule. L'homme est accompagné de trois autres Agriculteurs qui brandissent des sabres, symboles de Mahālakṣmī, d'un air agressif. Ces Jyāpu manifestent tous les signes de la transe : ils ont les yeux fixes, les traits du visage tendus, ils marchent d'un pas saccadé. Par moments, ils foncent dans la foule massée à Mangal Bazar, créant des mouvements de panique parmi les spectateurs. Ce *khaḍga jātrā*, appelé en néwari *thasimalaḥ pāyāḥ*, ou *Mahālakṣmī pāyāḥ*, a pour but de chasser les ennemis, de les frapper comme la foudre (*malaḥ* en néwari). Significativement, les Jyāpu (Dãgol) de Haugaḥ en charge du rite sont censés descendre des soldats, *sipāi* (ou *senāpati* «général»), des rois de Patan. Le *thasimalaḥ pāyāḥ* aurait été fondé par la princesse qui établit le temple de Mahālakṣmī à Lubhu et serait nettement plus ancien que la procession de sabres organisée en l'honneur de Taleju, le jour du Vijayādaśamī.

Cette séquence rituelle participe étroitement au culte de la déesse Māneśvarī. Ainsi, la tête du buffle immolé à Mahālakṣmī est-elle déposée au Mulcok dans l'oratoire de cette divinité. Elle y reste cinq jours, à la suite de quoi elle est consommée par les Kisi. Relevons que le *thasimalaḥ pāyāḥ* est aussi souvent appelé *mūchẽ pāyāḥ*, mot qui se rapporte, on s'en souvient, au sanctuaire de Māneśvarī situé dans l'aile nord du palais[56].

COMMENTAIRE ET ÉLÉMENTS D'INTERPRÉTATION

Genèse et histoire du culte

D'après un document publié par l'historien népalais Dilli Raj Regmi (1966, part. 3, p. 77), les rituels du Mvaḥni tels qu'ils sont célébrés aujourd'hui

56. D'après les Kisi, le véritable *dyaḥchẽ* de Mahālakṣmī serait le temple Mūchẽ de Māneśvarī. Un lien est également établi entre Mahālakṣmī et la troupe des Navadurgā de Theco dans la mesure où, selon certains informateurs, la tête du buffle sacrifié à Mahālakṣmī symboliserait celle du Yogī maléfique décapité par le prince Dikpal dans le mythe de fondation des Navadurgā de Theco (cf. Toffin 1993).

dans l'ex-palais de Patan ont été fixés au milieu du XIIe siècle par Śrīnivās Malla, en même temps que la restauration du Mulcok et la construction du temple actuel de Taleju[57]. Ce document précise que Śrīnivās établit la coutume d'offrir des sacrifices sanglants aux déesses dans la cour centrale du palais. Auparavant, les bêtes étaient sacrifiées en dehors du Mulcok, près de la plate-forme connue sous le nom de Thamthyaka. Cependant, comme il a été dit, de nombreux éléments du culte sont antérieurs à cette époque.

Il convient de mentionner à ce sujet deux manuscrits «népalais». Le premier, du XIe siècle, concerne la *kumārīpūjā*, le second[58], daté de 1271, la *khaḍgapūjāvidhi* (Petech 1984, p. 95). Ces documents, qui touchent à deux rites primordiaux du Mvaḥni, ont été composés à Patan. Ils prouvent que les bases liturgiques du culte étaient présentes dans la vallée de Katmandou dès les XI-XIIIe siècles. C'est également de cette période que datent les plus anciennes sculptures népalaises de la déesse tueuse du démon-buffle Mahiṣāsurmadinī[59], thème central de la Durgā Pūjā. Faut-il rappeler que les premières images indiennes de la Durgā en question remontent, quant à elles, au début de la période Kushana (100 après J.-C.)[60] et que les versions textuelles du mythe qui sous-tendent ces représentations (*Devī Māhātmya*) ont été composées au VIIe siècle après J.-C., peut-être même avant (Rocher 1986, p. 103)? Tout semble indiquer que la Durgā Puṇā était déjà célébrée dans la péninsule indienne à partir des V-VIe siècles après J.-C. Bien que les témoignages fassent défaut, il est probable qu'il en a été de même dans la vallée de Katmandou.

Parmi les éléments pré-Malla encore observables à Patan, citons : le culte de la déesse Māneśvarī, dont nous savons qu'elle était une des divinités tutélaires des rois Licchavi, peut-être également celui de la déesse vivante Kumārī, laquelle, à lire les chroniques récentes, était déjà vénérée par les rois de Patan au XIIe siècle. Certains détails du culte de Mahālakṣmī (allusion à une princesse Licchavi, par exemple) donnent à penser que les liens entre le pouvoir royal et cette déesse viennent eux aussi de très loin.

L'introduction de Taleju aux XIV-XVe siècles dans le bassin de Katmandou bouleversa la configuration des divinités royales. La déesse originaire du Tirhut éclipsa Māneśvarī, sans toutefois la recouvrir entièrement. Plusieurs religieux m'ont indiqué que pour agrandir et embellir le temple de Taleju, les rois Malla du XVIIe siècle avaient saisi des terres religieuses *guṭhi* appartenant à Māneśvarī. D'où la place relativement marginale qu'occupe cette déesse aujourd'hui dans le Mvaḥni et les cultes de palais. Dvīṃmāju et Degutale (qui tire peut-être son origine du culte des divinités lignagères *digudyaḥ* né-

57. Cf. aussi Slusser (1982, p. 202).

58. Conservé aujourd'hui à la Cambridge University Library.

59. Sur cette question, cf. Regmi (1965, p. 552) ainsi que Slusser (1982, vol. 1, p. 309-312 et vol. 2, fig 517 et 518).

60. Voir Kane (vol. 5, n° 2 : et vol. 2, pp. 738-739).

war)[61] ont été, elles aussi, partiellement identifiées à Taleju et incorporées à sa liturgie. Elles ne sont connues de nos jours que par un tout petit nombre de spécialistes religieux et sont placées à un niveau hiérarchique inférieur. Il est cependant remarquable que leurs sanctuaires n'aient pas entièrement disparu et qu'elles continuent d'être honorées[62]. Il faut y voir, je pense, une des propensions inclusives de l'hindouisme, lequel tend à admettre dans son panthéon toutes les formes du divin – quitte à introduire entre elles des rapports asymétriques –, plutôt qu'à faire table rase du passé. On reviendra plus loin sur cette mémoire longue qui conserve des éléments d'âges divers.

Les *thyāsaphu*, journaux écrits par les prêtres attachés aux rois Malla, livrent des renseignements intéressants sur la manière dont le Mvaḥni était célébré au XVIe siècle. *Grosso modo*, l'enchaînement des rituels semble avoir été le même qu'aujourd'hui. Ces documents font mention du *khaḍgasthāpanā* et du *ghaṭasthāpanā* (établissement du sabre et du vase) au début de la fête, du *syāku tyāku* le neuvième jour et du *cālā* le dixième jour (Regmi 1966, pp. 676-677). Comme aujourd'hui, les rites de la pleine lune *katīṃ punhī* et non ceux du *vijayādaśamī*, concluaient la fête. Dès cette époque également, les danses de Navadurgā et des Aṣṭamātṛkā jouaient un rôle important dans le culte royal. Les chroniques *Padmagiri* rapportent que le roi Śrīnivās : «Ravi des danses de Navadurgā, demanda conseil à son guru Marsudan, le fils de Viśvanāth Upādhyāya et ordonna qu'une troupe de danseurs Bandya» des trois monastères se produise chaque année (au moment de la fête) (Hasrat 1970, p. 69)[63].

Les *thyāsaphu* nous apprennent par ailleurs que les rituels n'étaient pas toujours accomplis à la même date dans les trois capitales Malla (Regmi 1966, pp. 676-677). De telles discordances survenaient notamment lorsque l'année en cours comportait deux *navamī* ou deux *dasamī* en *āśvin*, ou incluait un mois intercalaire pour accorder le comput lunaire au cycle solaire. Les astrologues attachés au palais pouvaient alors prendre des avis divergents quant au jour exact de telle ou telle cérémonie. Le fait mérite attention car il témoigne d'une certaine autonomie des Trois royaumes sur un sujet – le

61. Selon Wiesner (1978, pp. 30-31), «The cult practiced by the Malla involved the adoption of more ancient deities [...]. Under Śivasiṃhamalla (1578-1620), this nature cult (*digudyaḥ*) was adopted by the royal Malla family. The king had a large temple built in his palace under the religious direction of Lambakarna Bhatta, a brahman from Maharasthra. When Śivasiṃha's son come to the throne in Patan, he took the goddess Degutale with him and erected a temple to her just like that of Kathmandu». Gellner (1992, p. 374) fait la même remarque : «It is claimed that the Malla kings took a form of their tutelary deity Taleju calling her Degutale, as their lineage deity, so as to conform to the practice of their subjets in this respect». La thèse inverse n'a jamais été proposée.

62. À Bhaktapur également, le temple de Taleju comprend une pierre considérée comme Māneśvarī (Levy 1990, p. 386).

63. Cf. aussi Wright (1966, p. 167).

temps religieux – essentiel à la vie de la cité[64]. En revanche, nous ne savons pas si les rois Malla se rendaient visite le dixième jour du Mvaḥni, comme c'est l'usage entre cousins, et s'ils s'appliquaient sur le front la marque de vermillon *ṭikā*.

La conquête de la vallée de Katmandou à la fin du XVIIIe siècle et l'unification du «Grand Népal» sous l'égide de la dynastie Śāh apportèrent aussi des changements significatifs. Patan cessa d'être une capitale royale et ses rois furent chassés. Les Śāh, de plus, confisquèrent un certain nombre de terres à vocation religieuse, notamment celles allouées à Māneśvarī, pour financer leurs campagnes militaires. Ils ne supprimèrent pas pour autant les anciennes fêtes royales de la ville. Au contraire, les nouveaux maîtres du Népal reconfirmèrent la plupart des fondations néwar destinées au Mvaḥni de Patan[65] et veillèrent à ce que les rites soient célébrés comme par le passé. Ils se préoccupèrent surtout de rattacher ces cérémonies au nouveau pouvoir politique de Katmandou. Ce processus sera étudié plus loin, mais on peut d'ores et déjà noter que le *mvaḥni chẽ* situé au rez-de-chaussée du Mulcok, derrière la Porte d'or (Lũ-Ḍhokā), fut réaménagé à cette occasion et qu'une chambre rituelle fut consacrée à Bhagvatī (ou Durgā Bhavānī), déesse tutélaire de la dynastie Śāh. Les Parbatiyā appointèrent également un certain nombre de brahmanes de langue maternelle népalie, étrangers à la culture néwar, pour célébrer ce culte pendant les fêtes, et ils déléguèrent des Ṭhakuri (caste guerrière Parbatiyā) pour immoler des chevreaux et des buffles (par décollation) au poteau sacrificiel *maulo* fiché au milieu de la cour centrale du palais. Ce nouveau personnel religieux, encore présent dans le cycle cérémoniel aux côtés des spécialistes sacerdotaux néwar, est placé sous l'autorité du brahmane en chef, *baḍā guruju*, de l'actuel palais de Nārāyaṇ Hiti à Katmandou .

Les cérémonies du Mvaḥni de Patan apparaissent en définitive comme un précipité de l'histoire de la ville. Elles rassemblent des éléments religieux datant des différentes dynasties qui se sont succédé dans la Vallée. Moyennant quelques réajustements, ces éléments ont perduré au fil des siècles. De ce point de vue, les rois Śāh ne se sont pas comportés vis-à-vis des rituels antérieurs autrement que les rois Malla à l'endroit des divinités Ṭhakurī ou Licchavi. Ils ont maintenu l'essentiel du culte, l'infléchissant seulement pour l'accorder au nouveau paysage politique. Tous les rois en vérité, qu'ils fussent Malla, Śāh ou Ṭhakuri, ont recherché la protection et la faveur des déesses. La raison en est qu'au-delà des péripéties de l'histoire, les conceptions religieuses sur

64. Regmi (1966, p. 677) rapporte que les calendriers rituels de Gorkha, de Tirhut et des royaumes de la Vallée pouvaient différer. Il est intéressant par ailleurs de noter que certaines fêtes religieuses néwar (le Bandya jātrā par exemple) sont célébrées encore aujourd'hui à des dates différentes dans les trois anciennes capitales.

65. Sur ce point, cf. par exemple S. Manandhar (1988, pp. 6-9).

lesquelles s'appuie le Mvaḥni sont restées identiques : elles tournent, pour l'essentiel, autour de l'idée de souveraineté.

Une fête royale sans roi

Les liens tissés par la tradition indienne entre la Durgā Pūjā et la fonction royale sont bien connus[66]. Rappelons que cette cérémonie est considérée comme la fête des Kṣatriya et qu'elle comporte des aspects militaires particulièrement saillants. Le jour du *vijayādaśamī* (le mot signifie «victoire»), le roi devait sortir de son palais (avec son *purohit*) et marcher vers le nord-est. Après avoir vénéré sa divinité lignagère, *kuldevī*, il tirait une flèche sur l'effigie de son ennemi. Culte des armes, processions militaires, défilés d'éléphants, tout était mis en œuvre pour exprimer la victoire du roi sur les armées étrangères et rehausser la place du monarque dans le royaume. À cela s'ajoutaient des actes de subordination : au Karnataka par exemple, tous les princes et les chefs dépendants du souverain devaient être présents le dixième jour de la fête pour renouveler leur allégeance au roi (Biardeau 1989, p. 308). L'arrière-plan mythologique, particulièrement riche, met aussi en valeur le rôle éminent des Kṣatriya dans le cycle festif. Selon une tradition assez largement répandue (mais absente de la version classique du *Mahābhārata*), c'est le jour du *vijayādaśamī* que les cinq frères Pāṇḍava retirèrent leurs armes du creux d'un arbre *śamī* durant leur exil dans la forêt et partirent en guerre contre leurs cousins Kaurava. De la même manière, un peu partout en Inde, la Durgā Pūjā évoque la victoire de Rāma – ce roi idéal – sur le démon Rāvaṇa et son retour triomphant à Ayodhya. Rappelons enfin que la Durgā Pūjā se compare parfois aux rituels royaux de l'époque védique. Il est dit de cette fête qu'elle est l'*aśvamedha* (sacrifice du cheval) du Kali yuga[67] et qu'elle a des traits communs avec le rituel royal de consécration *rājasūya* (Gupta et Gombrich 1986, p. 133).

Tous ces éléments, rituels et mythologiques, sont présents dans le Mvaḥni néwar. Les cérémonies les plus marquantes se déroulent dans l'ancien palais et soulignent le rôle central qu'occupait le roi dans la cité et le royaume. De fait, à époque historique, les souverains Malla intervenaient activement dans la fête. Pour autant que l'on sache, ils allaient en personne chercher les Gaṇa Kumārī le soir du neuvième jour pour les accompagner au palais. Ils participaient au *pāyāḥ* de Taleju le dixième jour au soir et assistaient à presque toutes les représentations de danses masquées, dont la tradition précise qu'elles furent fondées par des rois – en partie pour leur agrément. Les liens entre Mvaḥni et royauté étaient si forts que, d'après les chroniques

66. Cf. Kane (vol. 5, part. 1, pp. 154-157), Appadurai-Breckenridge (1977, p. 78 *sq*), Stein (1980, pp. 384-392), Fuller (1984) et Biardeau (1989).

67. Chakravarti (1963, p. 96) et Stein (1980, p. 387).

(Wright 1966, p. 162), la fête fut annulée sous le règne de Siddhinarasiṃha en raison du décès de la reine. Tout fortifie l'idée selon laquelle la Durgā Pūjā néwar était une manifestation du pouvoir royal et un important rituel de légitimation pour les souverains.

Peut-on pour autant voir dans ces cérémonies une conception sacrale de la royauté comme a tenté de le faire Burton Stein (1980) pour le sud de l'Inde? Rien n'est moins sûr car, à y regarder de près, ce n'est pas le roi qui tient le premier rôle dans le Mvaḥni, mais la Déesse ou plus exactement les divinités tutélaires/lignagères de la famille royale. Le mythe central du *Devī Māhātmya* insiste bien sur le fait que c'est la déesse Durgā (Mahiṣāsuramardinī) qui détruisit les démons sous la forme de buffles. Et dans l'épisode du *Rāmāyaṇa* cité plus haut, Rāma ne peut sortir victorieux de son combat contre l'armée des *asura* que grâce à l'intervention de l'énergie divine, *śakti*, représentée par Durgā. Quant aux rituels, ils ne consacrent pas véritablement le roi comme un être divin, ils font plutôt ressortir sa subordination aux déesses du palais. C'est la déesse en réalité qui apparaît souveraine. Souveraine et guerrière, comme l'attestent ces défilés martiaux de Taleju précédée de boucliers, de sabres et d'hommes vêtus de cottes de mailles. Le souverain ne règne que par sa faveur et puise dans le culte de Taleju la force qui lui permet de vaincre ses ennemis.

Si le roi tire, malgré tout, une certaine aura sacrée de ces cérémonies, c'est en vertu de conceptions indiennes qui font de lui l'époux de la Déesse. L'Inde classique, qui assimile cette dernière à la Terre, support du royaume, voit souvent dans le souverain le maître et l'époux du sol. De cette hiérogamie vient l'habilité dont on crédite la figure royale de rendre son territoire fertile, d'aider symboliquement à la croissance des plantes et d'intervenir dans les phénomènes météorologiques, notamment les chutes de pluie. La dimension sexuelle apparaît très nettement dans les chroniques népalaises : Taleju n'est pas seulement présentée comme la conseillère, l'inspiratrice, le bras armé du roi, mais aussi, à certains titres, comme sa maîtresse. Ainsi compris, le Mvaḥni rescelle l'union du souverain et de la Déesse. Ces représentations furent retravaillées et dans une certaine mesure amplifiées par le tantrisme, dont on sait qu'il confère à la Déesse une position dominante et qu'il autorise des contacts plus directs entre le roi et la divinité (Toffin 1993).

Qu'en est-il de la situation actuelle? Première remarque : les rois néwar, à tout jamais détrônés, sont absents des cérémonies et les groupes Kṣatriya associés aux divinités pré-Śāh n'interviennent dans le Mvaḥni que de manière somme toute très discrète. Kisi et Raghuvaṃśī sont les officiants très subsidiaires de Māneśvarī et de Degutale; ils ne se comportent à aucun moment comme les véritables patrons, *yajamāna*, du rite. Quant à Taleju, aucun véritable Chatharīya (l'équivalent des Kṣatriya chez les Néwar) ne participe à son culte aujourd'hui. Dans un cas comme dans l'autre, ce sont des spécialistes religieux qui occupent le devant de la scène.

Si les rois Malla ont disparu, ils restent cependant présents, ne serait-ce que symboliquement, par les lieux dans lesquels la fête se déroule et la mémoire du vieux royaume de Patan que les cérémonies maintiennent depuis deux siècles. Le Mvaḥni, c'est indéniable, redonne vie à un passé glorieux. Il restitue un âge d'or au cours duquel la civilisation de la vallée de Katmandou atteignit un degré de raffinement extrême, jamais connu auparavant. Il rappelle aux Néwar que le palais et ses temples furent érigés par des rois qui promurent leur culture et défendirent leurs valeurs. Aujourd'hui encore, la société néwar tire sa substance et son inspiration de ces temps héroïques. Tous les officiants affirment par exemple que ce sont les rois Malla qui décidèrent de la distribution des tâches pour le service des divinités et qui fixèrent l'organisation de la fête. Les anciens rois de Patan sont également présents à travers leurs sabres, portés en procession solennelle à certains moments du rite[68].

Quant à l'actuelle dynastie Śāh, détentrice du pouvoir politique jusqu'en 1990, elle s'affirme dans les festivités par l'intermédiaire du Guṭhi Saṃsthān. Cet Office des biens religieux, créé en 1964 lors de la Réforme agraire, est un organisme d'Etat. Il contrôle les revenus de tous les *guṭhi* « royaux » et détient des listes très précises des dépenses nécessaires pour célébrer les grandes fêtes. À Patan, la gestion est supervisée par la branche locale de l'Office, installée dans le *bāhā* de Rāto Matsyendranāth (Tabāhā). C'est ce bureau qui finance le Mvaḥni et rétribue les officiants. D'une certaine façon, le Guṭhi Saṃsthān perpétue l'ancienne fonction royale. Il témoigne cependant d'une réelle ambiguïté car depuis l'instauration d'un régime parlementaire en 1990, il est largement dissocié de la Couronne. De quoi s'agit-il ici sinon des rapports toujours plus complexes qui se font jour entre Etat et religion ? S'ils continuent d'assurer le patronage des fondations religieuses, les pouvoirs publics ne peuvent plus et, à la limite, ne veulent plus jouer un rôle de sacrifiant hérité de l'époque védique. Leurs représentants reçoivent parfois les honneurs et endossent des prérogatives cérémonielles, mais les finalités diffèrent. Nombre de partis politiques népalais, dont celui du Congrès, militent aujourd'hui en faveur d'un Etat plus laïque, aux structures résolument démocratiques. Ils ne tiennent plus à interférer dans l'administration des institutions religieuses, sinon pour introduire une rationalisation économique aux antipodes des relations statutaires dont les palais royaux étaient traditionnellement le lieu. Cette contradiction, vivement ressentie, entre régime démocratique et régime patrimonial, laisse présager une réforme prochaine des biens religieux.

68. Ces sabres sont cependant des symboles ambigus puisqu'ils représentent également la Déesse et l'arme avec laquelle cette dernière pourfend les démons-buffles.

Prêtres et officiants

Autant le pouvoir royal se manifeste aujourd'hui de manière plus symbolique que réelle, autant la présence des prêtres est particulièrement voyante. Ce sont eux qui dirigent les rituels, eux qui portent les objets sacrés, eux qui coordonnent les cérémonies et veillent à ce que chacun accomplisse ses obligations. Ces prêtres sont avant tout des Rājopādhyāya, brahmanes néwar autrefois attachés au palais Malla (Toffin 1993). Il y a là une différence sensible par rapport à Katmandou où les anciennes divinités des rois Malla sont desservies par des prêtres tantriques Karmācārya, de statut Kṣatriya (Toffin 1993). À Patan, les Karmācārya n'ont qu'un rôle secondaire, limité au culte de la déesse Dvīṃmāju, et restent sous l'autorité des brahmanes Rājopādhyāya.

Il n'en a pas toujours été ainsi. Choisis héréditairement au sein de trois lignages, localisés respectivement à Jaugal, Saugaḥ et Jatha, les Karmācārya de Patan assuraient il y a encore peu l'essentiel du culte quotidien de Taleju et de Degutale. Leur marginalisation et leur remplacement par des Rājopādhyāya sont dus à des querelles intestines[69]. Un grave conflit les opposa notamment dans les années 40 à Rāmananda Rājopādhyāya, le prêtre en chef du temple de Degutale de l'époque. Un Karmācārya alla jusqu'à menacer le brahmane avec un sabre. L'affaire fut portée en justice et Rāmanada démissionna de ses fonctions. Quelques années plus tard, en 1971, les Karmācārya se démirent à leur tour de leurs charges, car ils n'obtenaient pas, dit-on, du Guṭhi Saṃsthān la quantité de *gokul* (néw. : *gugu*)[70] requis pour fabriquer l'encens cérémoniel. Un autre couple brahmane-prêtre tantrique fut alors appointé. Mais les rapports s'envenimèrent à nouveau et le brahmane se retrouva seul. Des conflits éclatèrent aussi entre les Raghuvaṃśī et les Karmācārya. Les premiers reprochèrent aux seconds de détourner à leur profit une partie des fonds alloués par le Guṭhi Saṃsthān pour le culte de Degutale et de ne plus utiliser, comme la coutume l'imposait, de musc et de pâte de santal dans les offrandes. Prévarications? Vengeances personnelles? Difficile de le dire. En tout cas, les Karmācārya, rendus furieux par ces accusations, boycottèrent le palais. Les relations sont à ce point tendues que les deux groupes, pourtant de même statut, ne s'invitent plus lors des banquets cérémoniels.

L'élimination des Karmācārya conféra aux Rājopādhyāya un rôle extrêmement actif dans les cérémonies. Ces brahmanes ne se contentent pas de lire les textes sacrés, ils dirigent les rituels et sont, de ce fait, associés de près aux sacrifices sanglants. Dans certains cas, au Mvaḥni par exemple ou durant les *thā pūjā* annuelles, ils égorgent eux-mêmes les animaux (chevreaux) et reçoivent des parts de viande des animaux abattus. Cette participation aux

69. Voir aussi Allen (1975, p. 64, note 10).

70. *Gokul-dhup* : « A partic. kind of plant, *Ailanthus grandis* », Turner (1931, p. 147).

aspects les plus sanglants du culte de la Déesse n'est pas revendiquée ouvertement par les intéressés car elle pourrait ternir leur réputation. Il a fallu beaucoup de temps à l'enquêteur pour établir les fonctions dévolues à chaque officiant lors des sacrifices qui se tiennent dans les sanctuaires secrets à l'abri des regards indiscrets.

Des faits semblables se retrouvent à Bhaktapur. Robert Levy (1990, p. 532) nous apprend que dans cette ville, c'est un Rājopādhyāya qui doit immoler le premier chevreau destiné à Taleju lors de la «descente» de la déesse le jour du *saptamī*. Les brahmanes en vérité apparaissent durant les cérémonies comme des figures quasi royales. Ce sont eux, et eux seuls, qui portent le sabre du roi lors du Mvaḥni (Vergati 1986, p. 112). Toujours selon R. Levy, le prêtre principal de Taleju à Bhaktapur cumule les fonctions de chapelain *purohit* et de souverain. Ainsi, le jour du *vijayādaśamī*, ce prêtre joue-t-il le rôle du roi Harisiṃhadeva (qui, selon la tradition, établit le culte de Taleju dans la ville) dans un dialogue ritualisé qu'il engage avec un Jyāpu, dont on dit qu'il vient de Simraongarh (Tirhut) pour faire ses dévotions au roi et à Taleju (Levy 1990, pp. 552-553). À la fin de ce tête-à-tête, le Jyāpu présente un citron au prêtre et à la déesse tutélaire. Signalons par ailleurs que dans cette même ville, le Rājopādhyāya en chef donne une *dakṣiṇā* en or à Taleju comme s'il était lui-même le patron du sacrifice (Levy 1990, p. 553).

Ce cumul des rôles s'explique de toute évidence par la disparition physique des rois Malla du paysage politique actuel. Le phénomène a également été observé en Inde. Jean-Claude Galey (1989, pp. 132 et 146) rapporte qu'au Garhwal les chefs de temple des grands dieux tutélaires de la royauté se sont accaparés les responsabilités dévolues autrefois aux rois sans abandonner leurs anciennes tâches. De la même manière, dans le sud de l'Inde, à Madurai, les deux groupes de prêtres ayant un droit sur le temple sont désignés d'après des noms de roi (Fuller 1984, pp. 32-33)[71]. Et les desservants d'Ekamparanatar de Kanchipuram se réfèrent à un Nayakkar de l'Empire de Vijayanagar (Fuller 1984, p. 33).

Le palais est donc un lieu particulièrement complexe où se nouent des relations contradictoires entre le pouvoir royal (absent) et les spécialistes religieux. Compte tenu de la situation politique actuelle, il se définit davantage comme un espace cultuel que comme un lieu de pouvoir. Sans la présence royale qui habite ses murs, que serait d'ailleurs ce monument, sinon une série de temples gérés (comme tous les édifices religieux de quelque importance) par le Guṭhi Saṃsthān et desservis par des prêtres?

L'unification du pays sous l'égide des Parbatiyā entraîna, on l'a vu, un certain nombre d'innovations dans les rituels. Mais les nouveaux maîtres du «Grand Népal» voulurent aller plus loin. Ils procédèrent à la nomination de

71. Reiniche (1989, p. 80) remarque elle aussi que les prêtres Gurukkal du temple de Tiruvannamalai, dans le sud de l'Inde, ont des titres royaux.

brahmanes Parbatiyā, originaires des collines, et donc étrangers à l'univers culturel néwar, pour assurer le culte de certaines divinités tantriques Malla. Sushila Manandhar (1988) a publié sur ce sujet un document révélateur qui concerne justement Patan. Ce document, un *lālmohar* daté de 1840, signale que le roi Girvan Yuddha Bikram Śāh accorda des terres *guṭhi* à un pandit du nom de Padmanava Bhattarai dans le but de célébrer le culte annuel des deux déesses Degutale et Taleju. Ces fondations religieuses furent confirmées par le roi suivant, Rajendra Bikram Śāh, et confiées à un autre prêtre Parbatiyā du nom de Mitra Sharma. On peut raisonnablement penser que le pouvoir politique entendait par ce moyen reprendre en main les cultes Malla.

Tentative avortée car, apparemment, ces deux prêtres non néwar n'ont jamais officié à l'intérieur de l'ex-palais Malla. Auraient-ils pu le faire? C'est douteux. Contrairement à leurs homologues néwar, les brahmanes Parbatiyā ne célèbrent pas, ou très rarement, les initiations *dīkṣā* indispensables au culte des divinités tantriques. Les Rājopādhyāya ne les auraient jamais laissé entrer dans les sanctuaires dévolus aux divinités les plus secrètes. Il s'ensuit que le tantrisme, pivot de la religion ancienne de la vallée de Katmandou, entretient des rapports privilégiés avec l'identité ethnique néwar. En excluant les brahmanes Parbatiyā des lieux stratégiques du palais royal, ce courant religieux alimente la volonté des Néwar de se démarquer de la culture népalaise officielle et garantit leur existence en tant que groupe. D'où ce paradoxe : patronnées au nom de la nation tout entière par un État volontiers centralisateur[72], les cérémonies royales de type Mvaḥni renforcent un sentiment ethnique particulier. On aura compris que la topographie du *lāykū* n'est pas seulement religieuse, mais aussi culturelle et, à la limite, politique. Toute une mémoire collective, chargée de références identitaires et de solidarités diffuses, s'accroche à ces lieux, hautement sensibles aux yeux des habitants autochtones de la vallée de Katmandou.

La pénétration du tantrisme dans l'univers religieux Rājopādhyāya n'empêche pas ces prêtres d'incarner l'état de pureté absolue dont le brahmane est le paradigme naturel dans la pensée hindoue. Bien qu'ils soient amenés à manipuler de l'alcool et du sang dans les cérémonies, les Rājopādhyāya sont toujours appelés pour purifier les statues divines en cas de souillure. C'est dans leur maison que les effigies furent apportées lorsque le temple de Degutale s'effondra à la suite du grand tremblement de terre de 1934. Et c'est à eux que revint la tâche de consacrer l'autel (*sthāpanā pūjā*) une fois la reconstruction achevée. Les Rājopādhyāya en définitive concentrent en leur personne le pouvoir tantrique lié à la possession de certains *mantra* et l'autorité rituelle reconnue au brahmane de par sa pureté exceptionnelle et sa connaissance des textes sacrés traditionnels. Cette combinaison de fonctions,

72. Depuis 1990 cependant, les autorités ont adopté une politique plus attentive aux droits des minorités ethniques.

souvent dissociées au Népal, leur donnait et leur donne toujours un rôle clef dans l'espace urbain.

L'espace du rituel : liens territoriaux et unités politiques

Dans toutes les sociétés, les rituels mettent en jeu une certaine logique de l'espace. Le Mvaḥni ne fait pas exception à la règle. Nous avons déjà vu comment les trois royaumes Malla affichaient leurs différences en matière de calendrier religieux durant les cérémonies. Mais la fête donne à voir d'autres territoires organisés entre eux par des relations de dépendance. Ce sont ces découpages spatiaux, les uns anciens, les autres modernes, qu'il nous faut à présent considérer.

Premier constat : l'espace du palais occupe le centre de la ville. Cette disposition, qui se retrouve à Katmandou, est d'une grande portée cosmologique. Si la ville, en contexte néwar, reproduit symboliquement le cosmos (Toffin 1993), le palais, lui, est conçu comme le centre du monde, le trait d'union entre le ciel et la terre. Il est vu comme la réplique de la montagne cosmique Méru, pilier axial de l'univers. De plus, le palais condense en lui l'espace du royaume. À Katmandou, les quatre tours qui entourent l'ancienne demeure palatiale sont appelées du nom des quatre villes majeures de la Vallée : Basantapur (= Katmandou) au sud-ouest, Lalitpur au sud-est, Bhaktapur au nord-est et Kirtipur au nord-ouest. On a là une représentation en miniature du royaume à l'échelle du palais royal[73]. Ce dernier est mis au diapason d'un ordre socio-cosmique présupposé. Remarquons par ailleurs que Taleju, déesse du centre et divinité protectrice de la famille royale, ne renvoie pas seulement à l'ancestralité. C'est aussi une divinité territoriale qui étend son pouvoir sur une ville qu'elle a pour charge de défendre : son temple symbolise l'agglomération tout entière.

Au moment du Mvaḥni, ce point focal entre en relation avec la périphérie. Les huit premiers jours de la fête, les citadins vénèrent les huit temples de Mātṛkā situés aux lisières de Patan et associés chacun à une direction particulière de l'espace. Les deux jours suivants, une fois les frontières de la ville redélimitées, les rituels se concentrent sur le *lāykū* et les fidèles viennent vénérer (à Katmandou) les divinités du palais. Or, ces huit déesses sont conçues comme des émanations de la déesse centrale, Taleju, qui les subsume toutes. La relation asymétrique est très apparente puisque, si le centre de la ville est associé à la royauté et aux brahmanes (les deux groupes supérieurs de la société urbaine), les temples des déesses périphériques, eux, sont gardés

73. Il faut toutefois remarquer que ces quatre tours furent construites à la fin du XVIIIe siècle, c'est-à-dire après la conquête de la Vallée par les Parbatiyā; cf. *An introduction to Hanumān Ḍhokā*, 1975, p. 29.

par des Pêcheurs-Balayeurs, la caste la plus basse de l'édifice social néwar, relégués au-delà des limites de la cité.

Les danses masquées des Mātṛkā et des Navadurgā traduisent, elles aussi, ce lien de sujétion. Elles se déroulent dans et autour du palais, comme si les divinités des limites (et, pour certaines de leurs manifestations, de l'intérieur de la ville) rendaient hommage à la divinité centrale à laquelle elles sont subordonnées. L'incidence hiérarchique est particulièrement nette à Bhaktapur, où la troupe des Navadurgā vient s'incliner devant Taleju le neuvième jour des festivités (Levy 1990, p. 320). Les Navadurgā ne reviennent véritablement à la vie et ne retrouvent la totalité de leurs pouvoirs qu'après avoir renouvelé cette marque de suzeraineté.

À Patan, la périphérie intervient également par le biais du temple de Mahālakṣmī, situé à Lagan Khel, en dehors des murs de la ville (néw. : *ḍhokā pine*). C'est de là, on s'en souvient, que vient la tête de buffle qui sera déposée dans le temple de Māneśvarī, au cœur du palais, le huitième jour de la fête. Cette conjonction, qui prend la forme d'une procession, rattache aussi fermement la limite au centre. Elle reconstitue l'unité symbolique et la solidarité territoriale de l'agglomération.

Le Mvaḥni mobilise également l'arrière-pays agricole de Patan. Deux localités, Theco et Lubhu, toutes deux parties intégrantes de l'ancien royaume de Lalitpur (= Patan), prennent part aux cérémonies palatiales. La première envoie sa troupe de danseurs masqués, la seconde entre en contact avec la capitale par un échange d'offrandes. Le Mvaḥni fait donc participer les villages avoisinants aux cérémonies royales et les inclut de manière solennelle dans un territoire inscrit dans des limites bien circonscrites quoique mouvantes. Comme le prouve le *khvāḥ lvākegu*, rite au cours duquel les Navadurgā de Theco s'inclinent devant Māneśvarī et lui offrent un citron, ce rattachement de la périphérie au centre prend, ici aussi, un tour hiérarchique.

Les éléments post-Malla n'en sont pas moins intéressants. Leur logique peut se définir ainsi : le pouvoir Śāh a maintenu les rituels mais il les a intégrés au nouvel ordre politique. Cette insertion dans un espace élargi transparaît de plusieurs manières.

1) – Le bouquet de fleurs *phūlpāti* qui est déposé le septième jour à l'intérieur du palais viendrait de Jivanpur (district de Dhading), en dehors de la Vallée, selon le prêtre de Taleju[74]. Pourquoi ? Parce que, dit-on, « Pṛthivī Nārāyaṇ Śāh avait une concubine magar dans ce village ».

74. Il existe cependant des incertitudes sur le lieu de provenance du *phūlpāti* de Patan. Le *Rising Nepal* parle de Gajuri et de Dhunibesi (1.10.76 et 6.10.81), deux localités dans le district de Dhading. Selon le même quotidien népalais, c'est le *phūlpāti* destiné à l'ancien palais royal de Katmandou qui passerait par Jivanpur (en provenance de Gorkha) (*Rising Nepal* 1.10.76).

2) – Le neuvième jour, les Parbatiyā sacrifient les animaux au poteau central *maulo* de la cour Mulcok du palais avant que les Néwar n'égorgent les buffles à Taleju.

3) – De même, les sacrifices de buffles à Taleju ne peuvent débuter qu'après ceux de Katmandou.

4) – Les testicules de chevreaux sacrifiés à la Taleju de Patan sont envoyés en *prasād* au temple de Taleju de Katmandou le neuvième jour.

5) – À Bhaktapur, des fonctionnaires du nouveau palais royal de Katmandou (Nārāyaṇ Hiti) sont présents lorsque l'ancienne divinité tutélaire des rois Malla descend dans le Mulcok et ce sont des astrologues royaux de ce même palais qui fixent les heures auspicieuses, *sāit*, des moments importants du culte de Taleju (*naḥlā svanegu*, descente et montée de la déesse) (Levy 1990, p. 321).

Pour les Śāh, on le voit bien, les Dasaĩ régionaux ne pouvaient subsister que soumis symboliquement à la tutelle du nouveau pouvoir politique. Les festivités devaient marquer l'unité du royaume et affirmer la suprématie du centre (Katmandou) sur la périphérie. Ce processus de centralisation passe en grande partie – là est le point intéressant – par la Taleju de la capitale, Katmandou. Bien qu'exclus du culte de cette déesse, les Śāh n'en considèrent pas moins Taleju comme une divinité protectrice du royaume népalais tout entier. Ils la voient même comme une forme de leur déesse lignagère, Bhagvatī, originaire de Gorkha (Levy 1990, p. 553). Le territoire, en somme, s'institue toujours rituellement. De même que les traités d'architecture classique de l'Inde ancienne font de la construction d'un temple l'acte inaugural pour la fondation et l'organisation d'une ville, de même, c'est en termes cultuels que sont pensés et mis en œuvre, chez les Parbatiyā et les Néwar, les modes d'intégration à l'espace royal [75].

Une fête hindoue dans une ville bouddhiste

Une première conclusion s'impose : le Mvaḥni n'est pas seulement une mise en scène de l'ordre social, il dévoile aussi les nombreux conflits qui traversent la culture et la société néwar. Il y a conflit entre l'image d'un roi, souvent conçu comme un être divin, et celle de ses déesses tutélaires, divinités toutes-puissantes qui n'hésitent pas à se débarrasser du souverain

75. D'après plusieurs témoignages, la Mānesvarī/Taleju de Patan recevait les honneurs du roi du Népal dans les premières décennies qui ont suivi la conquête de la Vallée. Les souverains Śāh venaient vénérer cette déesse à Patan et recevaient la marque rouge *ṭikā* des mains du prêtre Rājopādhyāya en chef. En retour, ils distribuaient des *ṭikā* à toutes les personnes présentes. Encore aujourd'hui, les *prasād* de Mānesvarī sont envoyées au palais du roi à Katmandou pendant la fête.

en cas de mésentente. Il y a conflit entre la conception transcendantale du brahmane, représentant des valeurs ultimes sur terre, intermédiaire privilégié entre les hommes et les dieux, et le tantrisme qui permet au roi de dialoguer directement avec les puissances divines. Il y a conflit enfin entre l'ordre social ancien, centré sur des cités royales autonomes, et le paysage politique moderne dans lequel les Néwar n'ont qu'une place subsidiaire.

À ces trois tensions internes, s'en ajoute une autre, entre bouddhisme et hindouisme. S'il est bien une chose qui frappe dans ces rituels royaux, c'est qu'ils sont et qu'ils étaient célébrés dans un milieu social et culturel presque exclusivement bouddhiste. Des trois anciennes capitales Malla, Patan est en effet celle qui comporte le plus de bouddhistes néwar (80 % de la ville environ) et où le Vajrayāna propre à cette population peut s'enorgueillir du passé le plus riche. Les formes syncrétiques sont certes usuelles dans la vallée de Katmandou, mais nous sommes, avec le Mvaḥni de Patan, en présence d'un cas limite qui mérite une attention particulière.

De nombreux bouddhistes (*buddhamārgi*) interviennent dans le culte palatial et y sont chargés de fonctions importantes. C'est le cas évidemment de la Kumārī royale de Patan, dont on sait qu'elle vient d'un sous-groupe (les Dhusaḥ) de Vajrācārya et qu'elle est attachée à un monastère particulier. C'est le cas également des neuf autres enfants Vajrācārya qui forment la troupe, *gaṇa*, de la déesse vivante. Le choix d'enfants bouddhistes pour représenter Taleju, longuement traité dans un autre travail (Toffin 1993), témoigne du niveau d'intégration des deux univers religieux considérés et de la force de cette synthèse hindou-bouddhiste si spécifique à la vallée de Katmandou.

La troupe de danseurs masqués *gā̃ pyākhā̃* incarnant les Aṣṭamātṛkā se compose elle aussi de *buddhamārgi*. Ses membres sont des Śākya (orfèvres) et des Vajrācārya de Nāgbāhā ainsi que d'autres monastères voisins. La troupe comprend onze membres, dont un Bhairava. Elle danse tous les soirs, du premier jour de la fête jusqu'au *vijayādaśamī*, entre 21 et 23 heures. Les danseurs partent de Nāgbāhā, traversent Kvābāhā, Paṭuko, puis terminent leurs représentations dans le palais. Le *gā̃ pyākhā̃* est financé par une association religieuse (*guṭhi*) bouddhiste.

Importance extrême enfin des Jyāpu, la caste d'agriculteurs néwar, traditionnellement *buddhamārgi*. Les Jyāpu interviennent à un double titre durant le Mvaḥni. Côté féminin, les «femmes du palais», *lāykū mista*, sont de toutes les processions et collaborent étroitement au culte de Taleju, Dvīṃmāju et Degutale. Leur participation doit être mise en rapport avec le rôle dévolu aux femmes, dépositaires de la *śakti* dans les cultes tantriques. Elle a aussi sûrement à voir avec le caractère faste et la fécondité que la pensée hindoue reconnaît à la femme. Comme les danseuses *devadāsī* des temples indiens, ces *lāykū mista* concourent à l'efficacité des rites et à la prospérité générale du royaume. À la différence des *devadāsī* toutefois, «les femmes du palais» ne dansent pas et ne se prostituent pas. Parallèlement à leurs charges religieuses, elles mènent une vie familiale soumise aux mêmes règles que les autres Jyāpunī. Mieux, elles doivent être issues du groupe Dãgol, sous-caste Jyāpu de statut relativement élevé, et se tenir à l'écart de toutes formes d'impureté. Elles ne peuvent en aucun cas se marier avec un Tepay ou un Ghaḥku (deux groupes Jyāpu de statut inférieur) si elles veulent conserver leur charge. En dépit de ces réglementations, «les femmes du palais» ne sont point admises dans les parties les plus secrètes des temples de Degutale et de Taleju. Leur poste, héréditaire, est rémunéré par le Guṭhi Saṃsthān (1600 roupies par an, plus quelques gratifications en nature).

Côté masculin, les Jyāpu attachés au palais tombent dans deux catégories : les *mā nāyaḥ*, commis, comme «les femmes du palais», au culte des divinités royales Malla, et les Cyaḥ (lit. «domestiques»), plus particulièrement chargés des sacrifices de buffles à Durgā Bhavānī et à Taleju lors de la neuvième nuit. Les premiers servent d'intermédiaire entre le Guṭhi Saṃsthān et les différents intervenants attitrés (*rakami*) lors de la fête. Ils jouent également un rôle non négligeable dans le culte de Taleju (fourniture d'offrandes en particulier) et celui de la déesse vivante Kumārī dont ils sont les gardes. À l'instar des «femmes du palais», ils sont rémunérés à la fois en argent (150 roupies par mois) et en nature. Les seconds, des Dãgol (Dagū) de Valakhu Tvaḥ, ont la réputation d'être d'anciens soldats. Eux non plus ne doivent pas se marier avec des Jyāpu de bas statut s'ils veulent maintenir leurs prérogatives rituelles. Outre les rites décrits plus haut (*chā hãykegu*), liés au sacrifice de Taleju, les Cyaḥ doivent abattre un buffle (payé par le Guṭhi Saṃsthān) à Lagan Khel, la sixième nuit de la fête. Ce sacrifice (néw. : *bali bihigu*) vise à apaiser les démons et les mauvais esprits avant l'arrivée du bouquet de fleurs *phūlpāti* à Patan. Le sang du buffle est versé directement dans le récipient *baupā* réservé aux esprits malfaisants. Douze bouchers Nāy sont également présents pour la circonstance.

Ces spécialistes religieux Jyāpu prennent part, notons-le en passant, à d'autres cérémonies collectives de Patan. Les *mā nāyaḥ* par exemple sont engagés dans les festivités de Bũgadyaḥ, de Śivarātri, du Yeṃnyāḥ punhī et dans les danses *kārtik pyākhã*. Ils portent les parasols des divinités, assurent l'ordre public pendant les rituels et sont chargés d'aller déposer des plats d'offrandes (*prasād*) aux temples de certains dieux des environs, dont Harasiddhi, le Bāgh Bhairav de Kirtipur et le Karuṇāmaya de Cobar. Quant aux Cyaḥ, ils interviennent dans la fête combinée de Bhore Ganedyaḥ, Dvīṃmāju et de Bhailadyaḥ du Khai svañhū. Ils organisent aussi les cérémonies du Ghoḍā jātrā (fête du cheval) en mars-avril, au sud de Patan. À cette occasion, l'un d'eux monte à cru un cheval des écuries royales et fait trois fois le tour du temple de Bāl Kumārī. Autrefois, les rois Malla de Patan assistaient en personne à cette fête équestre. Et aujourd'hui encore, le roi du Népal se fait représenter par son sabre et quelques officiels.

Ces menus détails ethnographiques montrent bien à quel point les cérémonies collectives de Patan – qui touchent toutes, de près ou de loin, à l'ancien palais royal de la ville – sont liées entre elles et ont fait l'objet d'une certaine centralisation. Or, dans ce dispositif religieux, le Mvaḥni (et Taleju) occupe une place déterminante[76] : les desservants (Bouchers et divers musiciens compris) insistent sur le fait que les charges rituelles auxquelles ils sont tenus lors des fêtes locales et des cérémonies domestiques néwar sont surbordonnées à celles qu'ils accomplisent lors du Mvaḥni. S'ils n'assumaient pas leurs fonctions sacerdotales au palais, ils se verraient disqualifiés pour le reste. Les divinités tutélaires des rois Malla commandent donc l'organisation religieuse de la ville. Leur culte induit une différenciation des fonctions qui sert de base à la division de la société en castes. On retrouve ici un principe mis en évidence ailleurs (Toffin 1984) : les fondements de la société néwar sont sacrificiels et dérivent «en dernière instance» du culte des divinités royales. Le palais et les temples de déesses se définissent bien comme le point de gravitation et le centre ordonnateur de la société traditionnelle.

Venons-en à la manière dont les *buddhamārgi* voient le Mvaḥni et aux rituels qu'ils effectuent chez eux durant cette période. David Gellner (1992, p. 220) donne sur ce point de précieuses indications : «Les bouddhistes modernes affirment : en tant que bouddhistes, nous ne célèbrons pas le Mvaḥni. Mais, dans le même temps, cette fête commémore à leurs yeux la victoire du roi Aśoka sur les Kalingans et le repentir consécutif de ce roi devant tant de violence – repentir qui entraîna sa conversion au bouddhisme». De fait, les rites accomplis par les bouddhistes diffèrent peu de ceux des castes hindoues. Les Śākya et les Vajrācārya établissent par exemple chez eux un autel sacré à Durgā, ils font germer des graines d'orge, ils vénèrent leurs outils et distribuent des *ṭikā* aux membres de la famille le jour du *vijayādaśamī*. Comme les hindous, ils se baignent chaque jour de la fête dans un *tīrtha* différent : 1er jour : Śaṅkhamul, 2e jour = Bhacā Kushi, 3e jour = Gokarṇa, 4e jour = Kālamocana, 5e jour = Pacali, 6e jour = Tokha, 7e jour = Targhya Ghat, 8^{e}jour = Teki, 9e jour = Doka Daha, 10e jour = Guhyeśvarī[77]. La seule différence notable concerne les sacrifices sanglants, moins fréquents chez les bouddhistes, voire totalement absents. Certaines familles se bornent à offrir des œufs de cane à Ajimā et à Ganedyaḥ. De nos jours les bouddhistes

76. Aussi importante que Rāto Matsyendranāth (Bũgadyaḥ) dont on connaît le rôle central dans la ville de Patan.

77. En fait, seuls les bouddhistes néwar de Katmandou se baignent dans ces *tīrtha* durant la fête (Gellner 1992, p. 220).

tendent par ailleurs à fêter le Mvaḥni avec moins de faste que par le passé et à faire l'économie de certains banquets familiaux (*kūchi bhvay*) coutumiers[78].

Ces éléments illustrent à quel point les *buddhamārgi* étaient incorporés dans la cité, en dépit de leur spécificité religieuse et de leur tradition monastique. Ils témoignent aussi des multiples emprunts faits par les *buddhamārgi* néwar à l'hindouisme. Il ne faut cependant pas imaginer qu'entre les deux confessions les relations aient toujours été à sens unique. En veut-on un exemple lié directement à notre sujet? Les textes *thyāsaphu* nous apprennent qu'au XVIIe siècle, le roi hindou Bhūpālendra Malla de Katmandou se rendait à Svayambhu, haut lieu du bouddhisme néwar, le dernier jour du Mvaḥni (*katīṃ punhī*) pour vénérer le *stūpa* couronnant la colline sacrée (Regmi 1966, p. 679). De toute évidence, trop de Néwar fréquentaient Svayambhu pour que les souverains Malla ne l'incluent pas eux aussi dans leur espace religieux.

Mémoire collective et rituel

Tel qu'il est célébré aujourd'hui à Patan, le Mvaḥni replonge la société néwar contemporaine plus de deux siècles en arrière. Il fait revivre des paysages urbains datant de l'époque Malla et tout un réseau de lieux saints chargés de légendes. De plus, comme on l'a dit, cette fête remet en scène la vieille organisation sociale Malla, avec son système des castes et son jeu réglé d'obligations vis-à-vis de souverains locaux, aujourd'hui absents. Le palais est un lieu privilégié de cette mémoire longue qui abolit les siècles. C'est un lieu commémoratif hautement symbolique où le passé féconde le présent et le présent réveille le passé. Chez les Néwar, en d'autres termes, la mémoire est rituelle et l'idéologie de la royauté y joue un rôle capital : c'est le meilleur conservatoire du patrimoine religieux et de la tradition culturelle ancienne.

Ce passé ressuscité agit comme une négation de la coupure traumatique qu'a représentée pour les Néwar la conquête de la Vallée par les Parbatiyā à la fin du XVIIIe siècle. Comme toutes les vieilles fêtes royales néwar, le Mvaḥni trace un trait, qu'il veut définitif, sur la période post-Malla. Tourné vers la célébration des temps glorieux de l'époque antérieure, il refuse l'histoire, faisant comme si rien ne s'était passé au cours des deux cents dernières années. Voilà sans doute une des raisons pour lesquelles ces liturgies de palais ont subsisté jusqu'à nous, malgré les dépenses qu'elles représentent. Les Néwar y expriment leur identité, leur spécificité, ils y refondent leur société autour de valeurs acceptées et partagées par le plus grand nombre. Ces cérémonies urbaines ne sont donc pas seulement des fossiles, des coquilles

78. Chez les Śākya et les Vajrācārya, le Mvaḥni est couplé avec le culte de la divinité tantrique principale du monastère, *bāhā*; cf. Gellner (1992, p. 285).

vides, célébrées machinalement. Tous les intervenants n'ont certes pas une connaissance approfondie des textes religieux qui sous-tendent la liturgie, mais tous (au-delà de la division en castes) y manifestent le même attachement à une culture commune[79].

Cette convocation du passé s'accompagne, cela va sans dire, d'un conservatisme social extrême. Le Mvaḥni réaffirme chaque année la double centralité du roi et des brahmanes au sein de la cité. Il pérennise un système de division hiérarchique et rituel qui, en dépit d'une érosion indiscutable, reste toujours vivant et continue de dicter les relations sociales. Les fêtes palatiales constituent à cet égard un enjeu de taille. Car, il faut y insister, le système des castes néwar semble avoir été autant (sinon plus) construit autour du palais et des déesses tutélaires souveraines que sur les règles brahmaniques du pur et de l'impur. Il renvoie à un système urbain dont la figure du souverain est le pivot et qui tire ses fondements des grandes célébrations royales d'antan.

Quel avenir pour cette tradition particulièrement bousculée par l'histoire ? L'ampleur des mutations récentes invite à se poser la question. Les progrès de l'éducation, l'accès aux nouveaux modes de consommation, la confrontation avec les valeurs occidentales, la monétarisation presque généralisée de l'économie tendent en effet à accroître les tensions entre l'ancien et le moderne. Les jeunes trouvent de plus en plus pesantes les règles communautaires et la hiérarchie coutumière qui place les aînés, *thakāli*, au sommet de la pyramide des pouvoirs. Si les brahmanes et les religieux voient le présent comme une décadence, la modernité comme un affaiblissement des croyances et de l'efficacité des rites, une part croissante de la population tire de substantiels bénéfices du développement du pays et rejette, avec quelques nuances, l'ordre social ancien. Il n'est pas jusqu'au succès foudroyant remporté depuis quelques décennies par le bouddhisme du Petit Véhicule qui, de par le discours réformiste, universaliste, volontiers anti-Vajrayāna de ses propagandistes, sape les bases de la société traditionnelle.

L'émergence d'un régime politique de type parlementaire aggrave encore cette crise des valeurs. À Patan même, la très grande majorité de la population néwar est acquise aux idéologies progressistes qui entendent dissocier la politique du sacré et cantonner le roi dans son palais. Quant à l'Office des biens religieux *guṭhi*, sans lequel bien peu de fêtes néwar pourraient être observées, des critiques toujours plus violentes s'élèvent contre lui. Il n'empêche. Les cérémonies palatiales comme le Mvaḥni continuent d'être célébrées aujourd'hui avec une grande ferveur et ne semblent pas menacées de disparition, au moins dans l'immédiat. Il suffit de voir le nombre considérable de jeunes qui y participent, en spectateurs ou en officiants, pour s'en convaincre. Ces fêtes se chargeront à coup sûr de nouvelles valeurs,

79. L'étude des rituels domestiques du Mvaḥni aboutirait aux mêmes conclusions. Bien que cette fête soit pan-népalaise, les Néwar y marquent leur différence par rapport aux Parbatiyā.

elles subiront de plus en plus l'influence du tourisme. Elles n'en tiennent pas moins encore trop à l'ordre socio-religieux coutumier et à l'identité néwar pour s'éteindre. N'ont-elles pas déjà survécu à deux cents ans de dynastie Śāh et à de longues périodes d'affaiblissement du pouvoir royal central ?

BIBLIOGRAPHIE

ALLEN, M.,
1975, *The Cult of Kumari*, Kathmandu, Institute of Nepalese and Asian Studies (INAS), Tribhuvan University Press.

APPADURAI - BRECKENRIDGE, C.,
1977, « From Protector to Litigant, Changing Relations between Hindu Temples and the Raja of Ramvad », *The Indian Economic and Social History Review*, vol. XIV, n° 1, pp. 75-106.

BIARDEAU, M.,
1989, *Histoires de poteaux. Variations védiques autour de la Déesse hindoue*, Paris, Publications de l'Ecole française d'Extrême-Orient, Adrien-Maisonneuve.

BRINKHAUS, H.,
1987, *The Pradyumna-Prabhavati Legend in Nepal*, Stuttgart, Franz Steiner Verlag.

CHAKRAVARTI, C.,
1963, *Tantras. Studies on their Religion and Literature*, Calcutta, Punthi Pustak.

FULLER, C.,
1984, *Servants of the Goddess. The Priests of a South Asian Temple*, Cambridge, Cambridge University Press.

GALEY, J.-C.,
1989, « Reconsidering Kingship in India. An Ethnological Perspective », *History and Anthropology*, 4, pp. 123-187.

GELLNER, D. N.,
1992, *Monk, Householder, and Tantric priest. Newar Buddhism and its Hierarchy of Ritual*, Cambridge, Cambridge University Press.

GUPTA, S. et GOMBRICH, R.,
1986, « Kings, Power and the Goddess », *South Asia Research*, 2 (2), pp.123-138.

GUTSCHOW, N.,
1982, *Stadtraum und Ritual der newarischen Städte im Kathmandu-Tal. Eine Architekturanthropologische untersunchung*, Stuttgart-Berlin-Köln-Mainz, Verlag Kohlhammer, Sankt Augustin, VGH Wissenschaftsverlag.

GUTSCHOW, N., KÖLVER, B. et SHRESTHACARYA,I.,
1987, *Newar Towns and Buildings – An Illustrated Dictionary Newari-English*, Sankt Augustin, VGH Wissenschaftsverlag.

HASRAT, B. J.,
1970, *History of Nepal, as Told by its Own and Contemporary Chroniclers* Hoshiarpur, V. V. Research Institute Book Agency.

Introduction to Hanumān Ḍhokā (an), Kathmandu, INAS, Tribhuvan University Press, 1975.

KANE, P. V.,
1930-1962, *History of Dharmaśāstra*, Poona, Bhandarkar Oriental Research Institute, 5 vol.

Kathmandu Valley. The Preservation of Physical Environnement and Cultural Heritage. Prospective Inventory, Vienna, Anton Schroll and Co, 1975, 2 vol.

LÉVI, S.,
1905-1907, *Le Népal, étude historique d'un royaume hindou*, Paris, E. Leroux, 3 vol (rééd. : 1985, Paris, éd. Errance/ Le Toit du Monde).

LEVY, R. L.,
1990, *Mesocosm. Hinduism and the Organization of a Traditional Newar City in Nepal,* Berkeley-Los Angeles, University of California Press (with the collaboration of Kedar Rāj Rājopādhyāya).

LIENHARD, S.,
1978, «Problèmes du syncrétisme religieux au Népal», *Bulletin de l'Ecole Française d'Extrême-Orient*, XV (1), pp. 239-270.

LOCKE, J. K.,
1985, *Buddhist Monasteries of Nepal. A Survey of Bahas and Bahis of the Katmandu Valley*, Kathmandu, Sahayogi Press.

MANANDHAR, T. L.,
1986, *Newari - English Dictionary. Modern Language of Kathmandu Valley*, Delhi, Agam Kala Prakashan (ed. by A. Vergati).

MANANDHAR, S.,
1988, «The Royal Devotion to Deity Taleju», *Ancient Nepal* n° 107, pp. 6-9.

PETECH, L.,
1958, *Medieval History of Nepal*, Rome, Instituto Italiano per il Medio e Estremo Oriente (2e édition corrigée : 1984).

PRADHAN, R.,
1986, *Cosmic Rituals among the Hindu Newars of Kathmandu*, Ph. D., Delhi.

REGMI, D. R.,
1965, *Medieval Nepal*, I, Calcutta, Firma K.L. Mukhopadhyay.
1966, *Medieval Nepal*, II, Calcutta, Firma K. L. Mukhopadhyay.

REINICHE, M.-L.,
1989, *Tiruvannamalai, un lieu saint sivaïte du sud de l'Inde, IV : La configuration sociologique du temple hindou*, Paris, Publication de l'Ecole française d'Extrême-Orient.

SLUSSER, M. S.,
1982, *Nepal Mandala. A Cultural Study of the Kathmandu Valley,* Princeton, Princeton University Press, 2 vol.

STEIN, B.,

1980, *Peasant State and Society in Medieval South India*, Delhi, Oxford University Press.

TOFFIN, G.,

1981, «Culte des déesses et fête du Dasaĩ chez les Néwar (Népal)», *Autour de la Déesse hindoue*, Etudes réunies par M. Biardeau, coll. «Puruṣārtha» 5, Paris, Éd. de l'EHESS, pp. 55 - 81.

1984, *Société et Religion chez les Néwar du Népal*, Paris, Editions du CNRS. («Cahiers népalais»).

1992, «The Logic and Conflicts of a Nepalese Pantheon», in *Ritual, State and History in South Asia : Essays in honour of J. C. Heesterman*, A.W. van den Hoek, D.H.A. Kolf et M.S. Oort eds., Leiden, E.J. Brill (Memoirs of the Kern Institute, 5), pp. 677-694.

1993, *Le Palais et le Temple. La fonction royale dans la vallée du Népal*, Paris, CNRS Editions.

TURNER, R.L.,

1931, *A Comparative and Etymological Dictionary of the Nepali Language,* London, Kegan Paul.

VAN KOOIJ, K.R.,

Ed., 1972, *Worship of the Goddess according to the Kalikapurana*, Leiden, E.J. Brill.

VERGATI, A.,

1986, «Les associations religieuses (guthi) des temples de la vallée de Kathmandu», in L'*Espace du temple II. Les sanctuaires dans le royaume.* Etudes réunies par J.-C. Galey, coll. «Puruṣārtha» 10, Paris, Éd. de L'EHESS, pp. 97-123.

WIESNER, V.,

1978, *Nepalese Temple Architecture*, Leiden, E.J. Brill.

WITZEL, M.,

1992, «Meaningful ritual. Vedic, medieval, and contemporary concepts in the Nepalese Agnihotra ritual», in *Ritual, State and History in South Asia : Essays in honour of J. C. Heesterman*, A.W. van den Hoek, D.H.A. Kolf et M.S. Oort, eds., Leiden, E.J. Brill, pp. 774 - 825.

WRIGHT, D.,

1966, *History of Nepal*, Calcutta, Ranjan Gupta (1re éd. : 1877).

ZANEN, S.M.,

1986, «The Goddess Vajrayogini and the Kingdom of Sankhu (Nepal)» in *L'Espace du temple, II, Les sanctuaires dans le royaume*, J.C. Galey, ed., coll. «Puruṣārtha» 10, Paris, Éd. de l'EHESS, pp. 15-30.

PHOT. 1. SORTIE DES DEUX EFFIGIES DE TALEJU, LE SEPTIÈME JOUR DE LA FÊTE.

PHOT. 2. UNE FEMME NÉWAR VIENT VÉNÉRER LE MUDYAḤ, LA DIVINITÉ PRINCIPALE, DE LA TROUPE DES NAVADURGĀ DANS LE PALAIS DE PATAN.

PHOT. 3. SORTIE DE MĀNEŚVARĪ DANS LA NUIT DU DIXIÈME JOUR, POUR ALLER ACCUEILLIR LES NAVADURGĀ DE THECO.

CHAPITRE II

DÉPENDANCE MYTHOLOGIQUE ET LIBERTÉ RITUELLE :

LA CÉLÉBRATION DE LA FÊTE DE DASAĨ AU TEMPLE DE KĀLIKĀ À GORKHA[1]

Günter UNBESCHEID

Gorkha était l'un des plus importants des Vingt-Quatre États montagnards (*caubīsī rājya*). Sa capitale, un bastion abritant palais et édifices religieux, fut fondée par Drabya Śāh en 1559 de notre ère. Puissant symbole national, Gorkha a parfois été surnommé le «berceau du Népal». C'est là en effet que naquit Pṛthvī Nārāyaṇ Śāh et c'est à partir de là qu'il lança les campagnes militaires qui devaient aboutir à la prise de la vallée de Katmandou puis à l'édification du Népal moderne. Dans cet article, nous nous intéresserons aux cérémonies du Dasaĩ qui se tiennent deux fois par an dans l'enceinte et aux alentours du temple de Kālikā attaché à l'ancien palais.

Cette fête présente la déesse Kālī, ou Kālikā, comme une divinité lignagère (*kuldevatā*) étroitement associée à la dynastie royale locale, celle des Śāh. Par son association à l'État, Kālikā relève de l'espace domestiqué, *kṣetra*; mais elle garde des traces de son origine dans le monde sauvage, celui de la forêt, *van*; c'est là qu'elle est cueillie sous la forme de neuf végétaux et, qu'au terme de la fête, elle est abandonnée dans l'eau d'une source. Tous ces éléments ont survécu dans le déroulement des cérémonies : on s'en rendra compte dans la première partie de l'article qui fournit une description de la localité, des gens et des événements. Nous tenterons une analyse de la fête dans la seconde partie. Notre approche privilégiera un point de vue rituel : les schèmes qui sous-tendent l'exécution des rites nous préoccuperont ici davantage que leur origine et leur évolution. Nous verrons

1. Les matériaux de cette étude ont été collectés lors de deux séjours sur le terrain à Gorkhā aux automnes 1980 et 1981. Je voudrais exprimer mes remerciements au Conseil de la Recherche Allemande (Deutsche Forschungsgemeinschaft) qui m'a permis de prendre part au « Nepal Research Program » (*Schwerpunkt Nepal*).
La translittération du sanskrit se conforme à celle en vigueur dans les études indiennes. Dans le cas des noms propres d'origine sanskrite, on a opté pour la forme népalie locale.
Je remercie Niels Gutschow pour les croquis et dessins et Eveline Meyer pour avoir vérifié le texte anglais [dont est tirée la présente version en français, traduite par Philippe Ramirez, NDT].

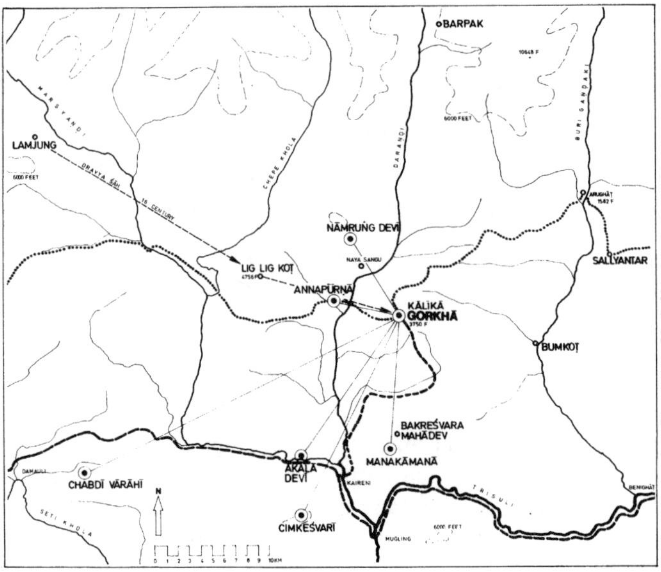

FIG. 1. GORKHA : LE ROYAUME SACRÉ DES SEPT SŒURS.

Les sanctuaires des six sœurs de Gorkhā-Kālikā sont tous situés à l'ouest et au sud du sanctuaire principal; le plus proche est Annapūrṇā, le plus éloigné Chabdī Vārāhī, près de Damauli; certains se dressent au sommet d'un relief, comme Cimkeśvarī, d'autres en fond de vallée, tel Akālā Devī au bord de la Marsyandi. Il est probable que l'emplacement des sanctuaires (*Pīṭh*) démarque la sphère d'influence des premiers Śāh, qui vinrent de Lamjung par Lig Lig Kot, atteignant Gorkha en 1559}.

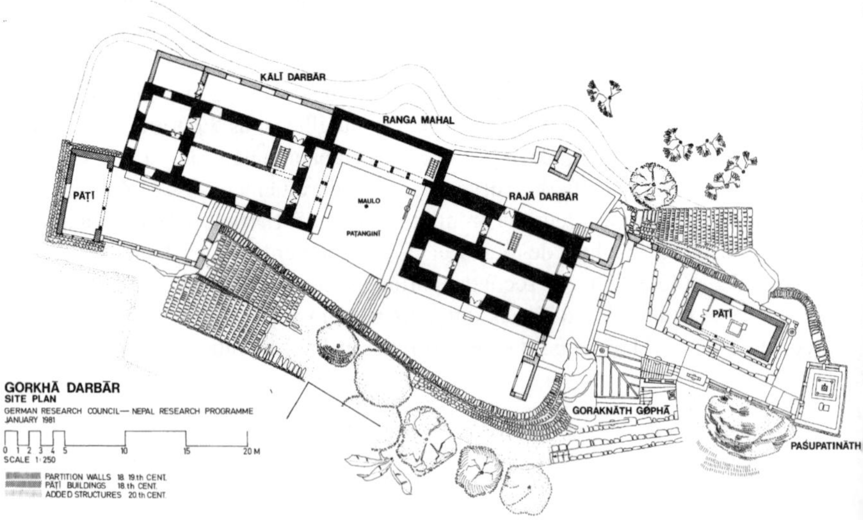

FIG. 2. GORKHĀ DARBĀR : PLAN.

CLOISONS (XVIII-XIXe SIÈCLE) BÂTIMENTS PĀṬĪ (XVIIIe SIÈCLE) PARTIES AJOUTÉES (XXe SIÈCLE).

(German Research Council, Nepal Research Programme, Janvier 1981). échelle 1 : 250.

dans un second temps que ces schèmes font du rituel un *système actif*, susceptible de transformations dans le temps et l'espace (d'une localité à l'autre). Ainsi, nous considérerons le rituel comme une voie d'accès aux différentes couches d'une tradition et à leur articulation dans un contexte culturel et historique particulier.

Le cadre est ici le district de Gorkha, situé au nord-ouest de Katmandou[2], et le palais des maîtres du lieu, les Śāh , perché à environ 400 mètres au-dessus de la localité de Gorkha proprement dite (Fig. 1 et Fig. 2).

Le palais fut abandonné par le célèbre Pṛthvī Nārāyaṇ Śāh après qu'il se fut suffisamment imposé dans la vallée de Katmandou pour pouvoir y transférer sa cour. L'époque la plus brillante de l'histoire locale se termine donc brusquement au milieu du XVIIIe siècle. Cette histoire locale émergea de plusieurs siècles ensevelis dans les mystères de la tradition orale, lorsqu'en 1559, Drabya Śāh arriva de l'ouest et conquit le minuscule royaume et le palais des Kaṅka Rājā. Par la suite, l'édifice du palais royal, le Gorkhā Darbār, fut progressivement agrandi et aménagé pour revêtir la forme qui est la sienne aujourd'hui, une structure formée de deux ailes, séparées par une plate-forme : à l'est le Rājā Darbār, «palais du roi», à l'ouest le Kālikā Darbār, «palais de Kālikā». Chaque aile est longée côté sud par des terrasses. L'édifice a été construit au sommet d'une crête au nord de la bourgade de Gorkha. Les pentes abruptes au nord et au sud en font un bastion idéal (Fig. 2 et Phot. 1, 2, 3).

Cependant, l'importance fondamentale du Gorkhā Darbār ne se cantonne pas à ses aspects historiques ou architecturaux, car le palais et ses temples de Kālikā et Gorakhnāth forment également le cœur religieux de Gorkha. Leur valeur centrale, particulièrement celle du temple de Kālikā, se manifeste lors des fêtes, comme le Dasaĩ. Cette portée de Dasaĩ peut s'expliquer par différents facteurs. D'une part, la fête est très populaire chez les gens de Gorkha et des districts voisin et cette déesse attire beaucoup de pèlerins. D'autre part, des spécialistes religieux se déplacent depuis la vallée de Katmandou pour guider les prêtres locaux dans l'exécution des rites. Cet attrait se double d'échanges avec les environs consistant en offrandes de fleurs, riz, fruits, friandises et chevreaux. Elles sont faites par le temple lui-même à des sanctuaires déterminés ou, à l'inverse, arrivent à destination de la déesse Kālikā du palais. Un système de relations rituelles est ainsi construit avec les temples voisins, plaçant le temple de Kālikā au centre. Sur le plan mythologique, ces relations renvoient à la tradition des Sept Sœurs qui établit la Kālikā du palais de Gorkhā en aînée du groupe.

2. Le district est situé au nord-ouest de Katmandou, entre 84°27' et 84°58' de latitude est et entre 27° 15' et 28°45' de longitude nord, c'est-à-dire entre la rivière Trisuli et l'Himalchuli d'une part, entre la Buri Gaṇḍaki et la Marsyā̃ndi d'autre part (*Mecīdekhi Mahākāli*, p. 57).

Par ce système d'échanges, l'environnement religieux du temple de Kālikā a tant prospéré qu'il est le cadre des rituels les plus complexes de toute cette région. Un réservoir de cultes locaux s'est ainsi constitué qui dévoile, lors du Dasaĩ, sa richesse et la fabuleuse variété de ses thèmes religieux et historiques.

Hormis le *darbār*, d'autres sites ont une importance dans le déroulement des cérémonies et doivent être brièvement présentés ici. Le premier se trouve à quelques centaines de mètres à l'est de Satipipal. Il s'agit d'une volée de marches sur la vieille voie principale liant Gorkha à Paslang, quelque peu en contrebas de l'ancien Kaṅka Darbār. C'est là qu'au septième jour de la fête, une délégation venue du palais rencontre un groupe d'assistants qui transportent le *phūlpāti*, la litière contenant un assortiment de feuilles et de fleurs consacrées à la Déesse (*navapatrikā*). Les personnes présentes à cette cérémonie ne savent pas précisément pourquoi ce site a été choisi. Néanmoins, la proximité de l'antique Kaṅka Darbār et le vieux sentier menant à Gorkhā Darbār lui confèrent une dimension historique. Selon les chroniques *vaṃśāvalī*, Drabya Śāh, le premier souverain Śāh de Gorkha, aurait emprunté ce chemin dans son expédition victorieuse contre les rois Kaṅka qui y régnaient alors.

Le second site est appelé Pipale. C'est une vaste terrasse ouverte, aménagée dans une pente douce à environ 400 mètres sous le Gorkhā Darbār. Au milieu de champs de millet se trouve un vieux figuier. Il y a quelques années, un orage a détruit l'arbre *bilva* qui poussait face à celui-ci. Depuis, une petite branche de *bilva* est plantée chaque année comme substitut afin de pouvoir effectuer la *bilva nimantraṇa pūjā*, c'est-à-dire l'invitation (de la Déesse) dans l'arbre *bilva*. L'éloignement du *darbār* et de l'ancien village de Caubis Kothi – l'actuel bazar ne datant que du XIXe siècle – laissent supposer que le site était encore couvert de forêt à la fin du XVIIIe siècle, époque pour laquelle le culte à Mahāmāyā/Kālikā est amplement attesté[3]. Ceci coïnciderait avec l'idée d'une déesse invoquée dans le monde sauvage ou appelée à quitter le monde sauvage. Deux sources jouent un rôle au terme de la fête, au moment où le *phūlpāti* est sorti du temple pour être «rafraîchi»[4] : Dhale Kholsa et Manepani sur les pentes sud et nord sous le Gorkhā Darbār, au sud-ouest et nord-est du palais. La position de *śukra* (Vénus) détermine la direction que prendra la procession.

3. Plaque de cuivre de Gīrvāṇayuddhavikram Śāh , datée 1856V.S., à la porte du temple de Kālikā de Gorkha (Bajracarya et Srestha, 2037, p. 277).

4. *Phulpāti selāunu* : a) (tr.) to dispose of any sacred thing, b) (intr.) to cool, et *ṭhaṇḍā garnu* : to cool (Turner 1931, p. 409 et p. 249). Les deux termes sont employés dans ce contexte.

LES PARTICIPANTS

L'exécution des rituels, nombreux et complexes, revient à différents spécialistes. De plus, d'autres groupes de personnes sont requis pour la fourniture de certains objets, pour nettoyer le sol, ou pour leur simple présence. Les participants sont représentatifs de toutes les couches de la société, depuis les Damāi, Kasāi et Kāmi jusqu'aux Brahmanes, en passant par les Magar et les Chetri. Cependant, l'apparition de ces groupes et de leurs tâches dans les pages suivantes ne respectera pas la classique hiérarchie des castes, mais une «hiérarchie rituelle», telle qu'elle est entérinée localement. Cette hiérarchie est explicite dans les règles d'accès aux différents espaces. Elle s'échelonne des pièces intérieures du temple jusqu'aux plates-formes qui l'entourent. Ainsi, l'accès de chaque groupe à la Déesse est contenu dans une limite. L'axe imaginaire qui détermine ces limites dessine une ligne brisée allant des terrasses à la plate-forme, puis par la porte d'entrée à travers trois antichambres jusqu'à la *gupti koṭhā*, le *sanctum* du temple.

En conséquence, il est possible de distinguer un espace intérieur d'un espace extérieur, l'espace intérieur correspondant à l'ensemble des pièces situées au niveau inférieur du palais de Kālikā : la *gupti koṭhā* et les trois antichambres. Les terrasses et la plate-forme devant l'entrée du temple constituent l'espace extérieur. Comme on va le voir, chacun de ces espaces est à son tour divisé. Dans l'espace intérieur, six prêtres et quelques assistants (*susāre/paricāraka*) accomplissent les rites. Les tâches de chaque groupe sont clairement assignées : le prêtre en chef est appelé *mūl purohit*. Ce doit être un brahmane Bhaṭṭarāi et il vient de Katmandou tout spécialement pour la fête, afin de diriger les rites. Il se substitue à un brahmane Pāḍe qui officie comme prêtre principal des offices ordinaires (*nitya pūjā*), hormis cette fête particulière. Il est alors appelé *guṭhi ko pūjārī* et occupe le second rang dans la hiérarchie. Il assiste le Bhaṭṭarāi pour les rites à l'intérieur du *sanctum* ainsi qu'au poteau sacrificiel, mais dirige lui-même les *pūjā* à l'extérieur, par exemple la *bilva nimantraṇa* du sixième jour ou celle destinée à Kālī à Upallokot les huitième et neuvième jours. Ainsi, le prêtre *guṭhi* concède au Bhaṭṭarāi sa supériorité à l'intérieur du temple, mais la conserve à l'extérieur.

Les quatre autres prêtres sont dénommés Ācārya, Brāhma, Hotū et Gaṇeś. Ce sont respectivement des brahmanes Arjyāl, Khanāl, Arjyāl et Bhaṭṭarāi. Parce que ces quatre personnages n'interviennent que dans le seul sacrifice au feu, ils n'ont pas accès au *sanctum* et à deux des antichambres, mais seulement au vestibule.

De même, les *paricāraka* sont de plusieurs types. Ce sont des assistants brahmanes, en nombre variable, qui aident lors du sacrifice au feu. Leur fonction et leurs tâches sont nettement distinctes de celles de l'autre groupe d'assistants, les *susāre*. Les treize *susāre* sont divisés en deux catégories, l'une comprenant trois «aides d'intérieur» (*bhitriyā susāre*) et l'autre dix «aides d'extérieur» (*bāhiriyā susāre*). Leur désignation indique que les trois *bhitriyā susāre* sont davantage concernés par les rites de l'intérieur, tandis que les dix «*bāhiriyā susāre*» participent aux cérémonies de l'extérieur du temple. Le premier groupe est à son tour subdivisé : en première position vient un Bohorā Chetri, en tant qu'«aide en chef», *mūl susāre*. Il est aussi appelé *pahlo ḍhoke* («celui de la première porte»), parce qu'il est autorisé à passer la porte donnant sur l'intérieur même du *sanctum*. Il assiste le prêtre principal, *mūl purohit* et c'est le seul avec celui-ci et le *guṭhi* à pouvoir toucher l'effigie de la Déesse. Selon une légende, il obtint cette fonction parce que ses ancêtres portaient la Déesse sur leur dos lorsqu'ils vinrent de Lamjung avec les rois Śāh pour conquérir Gorkha. C'est aussi pourquoi, le premier jour de la fête, il lui revient de la descendre depuis la *kailāś koṭhā* du Gorkhā Darbār jusqu'à la *gupti koṭhā* du Kālikā Darbār. Et de même, il la reconduit le dixième jour.

Vient ensuite dans la hiérarchie le *dosro ḍhoke*, un Khan Khavās. C'est en quelque sorte une sentinelle du *sanctum*, car, comme son titre l'indique, il est autorisé à passer la «deuxième porte». Il en surveille l'entrée et transmet les consignes de l'intérieur vers l'extérieur et *vice-versa*. Il est le médiateur du *sanctum*, alors que le dernier des *bhitriyā susāre*, le *tesro ḍhoke*, un Sāru Magar, agit comme médiateur auprès des *bāhiriyā susāre*. Le *tesro ḍhoke* peut passer la «troisième» porte et transmettre les objets que les *susāre* déposent dans le vestibule.

Les dix aides extérieurs, *bāhiriyā susāre*, sont tous Thāpā Magar. Selon une tradition, leurs ancêtres servaient la Déesse comme prêtres avant qu'elle ne soit amenée de Lamjung à Gorkha. Venant tous du village de Bhirkot, ils furent appelés *bhirkoṭe susāre*. Cette appellation s'est conservée jusqu'à aujourd'hui, mais leur statut a changé. L'histoire raconte que le roi redoutait que les *bhirkoṭe susāre* ne rapportent la Déesse à Lamjung. C'est pourquoi il leur interdit d'y avoir directement accès. Quoi qu'il en soit, leurs tâches restent multiples. Ils doivent cueillir les feuilles du *phūlpāti* et escorter celui-ci jusqu'au temple. Ils aident aux sacrifices de buffles et de chevreaux ainsi qu'à tous les rites menés à l'extérieur du *sanctum*. Ils effectuent eux-mêmes les *pūjā* à Vajra Bhairava, Vindhyavāsinī et Caṇḍī et offrent un sacrifice de porcelet. Ils peuvent pénétrer dans le vestibule du temple.

Trois autres personnes y sont admises. Il s'agit de deux fillettes Magar et d'un boucher (Kasāi). Les deux fillettes Magar, appelées *bhaṇḍārne kanyā*[5], doivent être impubères. Elles sont chargées d'apporter de l'eau fraîche chaque matin et d'enduire de bouse de vache le sol du vestibule. Le Kasāi est responsable de la propreté de cette pièce, où les têtes des chevreaux sacrifiés sont entassées les huitième et neuvième jours. Mais d'autres tâches lui reviennent. Sa fonction principale est de s'occuper du buffle *satāhar*,

5. De *bhaṇḍārā* : «a feast given by jogi to others» (Turner 1931, p. 406).

représentation du démon-buffle Mahiṣāsura sacrifié sur la plate-forme le neuvième jour. Son travail commence dès *sāune aũsi*[6], lorsqu'il part à la recherche d'animaux appropriés. Ceux-ci doivent remplir les conditions suivantes :

1. leurs cornes doivent mesurer 24-25 doigts (*aṅgul*);
2. ils doivent avoir au moins sept coudées (*hāt*) de la tête à la queue;
3. leur collet doit mesurer 2 coudées de circonférence;
4. la bête doit sembler résistante, en bonne santé, être de race pure (*khunkoṭ nabhāeko*) et son poids doit être d'environ 60-70 *dhārni*[7].

On choisit quatre bêtes parmi lesquelles une seule sera retenue le cinquième jour de la fête. Le Kasāi lui rend un culte dans son étable d'origine puis l'amène dans sa propre étable ou une autre proche du temple. Les trois autres buffles sont gardés en réserve au cas où il arriverait quelque chose au premier. Le buffle reste deux jours dans l'étable, où il est honoré par le Kasāi. Le septième jour, c'est encore lui qui le mène jusqu'au temple, où il est sacrifié le neuvième jour. Lors de ce sacrifice, le Kasāi porte le troisième coup, c'est-à-dire le coup final, qui doit faire tomber la tête de l'animal. Parce que «le démon doit souffrir», un seul coup ne peut suffire. Le Kasāi ou l'un de ses représentants découpe ensuite le tronc du *satāhar* en morceaux.

En outre, le Kasāi est requis pour la procession de la Déesse le jour de *phūlpāti*, où il marche, une torche à la main, devant le vase d'eau sacrée, *kalaś*.

À ses côtés, trois femmes, la Kalsinī et les deux Maṅglinī, qui viennent chaque année de Katmandou pour la fête. Elles sont en relation avec la Déesse puisqu'elles prennent soin du *kalaś*. Avec elles, nous quittons l'espace intérieur défini plus haut et nous en arrivons à l'espace extérieur. Malgré leur importance dans les cérémonies, ces trois femmes n'ont pas accès au *sanctum* ni à ses antichambres. Leur domaine se limite au «palais du roi», à la plate-forme et aux terrasses. Elles viennent d'un service de l'administration du palais de Katmandou (*her cāhā aḍḍa*). Il existe plusieurs groupes, composés de trois femmes chacun, qui sont envoyés à tour de rôle aux Durgā Pūjā de Gorkha, de Nuvakot et de Katmandou. On dit qu'autrefois elles étaient recrutées parmi les concubines du roi (*bhitrinī*). L'une d'entre-elles, la Kalsinī, est la «porteuse» du *kalaś*, le vase à eau qui représente la Déesse. En réalité, le récipient est placé furtivement sur sa tête avant d'être transporté par un *susāre* sous un parasol cérémoniel. La Kalsinī marche en avant, une double écharpe blanche et rouge la liant par le cou au vase. À ses côtés, de part et d'autre, se tiennent les Maṅglinī. À l'instar de la Déesse, toutes les trois sont vêtues d'une longue jupe rouge et jaune (*jāmā*) et d'un corsage (*colo*) de

6. C'est-à-dire la nouvelle lune du mois de *śrāvaṇa* ; en 1981, le 31 juillet.

7. *Dhārni* = 2 1/2 seers.

même couleur. Chaque Maṅglinī tient un chasse-mouches à la main. Hormis leur participation aux processions, elles préparent les ustensiles nécessaires aux *pūjā* ou se joignent aux chanteurs de *mālsiri*[8] dans le «palais du roi». Durant leur séjour à Gorkha, elles résident dans la vieille maison d'hôte du palais (*caugharā*). C'est là aussi qu'elles organisent un fastueux banquet la veille de leur retour à Katmandou.

La Kalsinī, les Maṅglinī et les Baniyā Chetri, qui fournissent les mâts des étendards *ālam*[9] de la Déesse, sont les seuls représentants de l'espace extérieur à être admis sur la plate-forme sacrificielle située entre les palais de Kālikā et du roi. Les autres, tels les Damāi, Kāmi et Śākya, ne peuvent y accéder. Ils exécutent leurs tâches sur les parvis situés devant chaque bâtiment. C'est là aussi que le dixième jour ils reçoivent leur *prasād* et *ṭikā* par une fenêtre latérale du temple, tandis que les autres groupes les obtiennent devant l'entrée principale.

Les Damāi sont impliqués dans le rituel de plusieurs façons. Ils jouent de la musique, cousent l'étoffe des bannières et les vêtements de la Déesse. La veille de *ghaṭasthāpanā*, le jour de la nouvelle lune, ils commencent les préparatifs : un Sarki apprête une peau de tambour à partir de celle du buffle *satāhar* sacrifié l'année précédente. Elle est tendue sur le tambour du temple en ce jour, dans la maison du chef des Damāi, et l'on sacrifie un coq à cette occasion. À partir du *ghaṭasthāpanā*, les Damāi résident dans le pavillon appelé Sital Pāṭī. C'est de là qu'ils accompagnent les rituels. Par une fenêtre latérale, un *susāre* donne le signal de leurs interventions. Chaque sacrifice de buffle est également annoncé par une courte phrase de tambour et de trompes.

Les Kāmi et les Śākya n'interviennent que dans les préparatifs. Les premiers nettoient et aiguisent couteaux et sabres, les seconds astiquent récipients à eau, bijoux de la Déesse et autres accessoires, tels les mâts et pots destinés aux rites.

LA SUCCESSION DES ÉVÉNEMENTS

La présentation que nous faisons de la Durgāpūjā dans les pages qui suivent, insiste sciemment sur les événements, sur les actes non verbaux : les détails du rituel, la façon dont il est perçu, la séquence des actes et leur position dans l'espace, le rôle et l'intervention des personnes concernées.

Notre description vise à structurer les événements. Le domaine des actes verbaux symboliques, la façon dont ils sont engendrés lors des rites, par la récitation de *mantra* pendant les vénérations (*upacāra*), ne sont pas pris en compte ici. En effet, nous voudrions souligner les particularités locales

8. «The name of a particular tune, sung during the Durgā-pūjā festival» (Turner 1931, p. 506).

9. *ālam*, probablement du skt. *ālamba*, la colonne; mentionnons aussi l'hindi *ālam*, le monde.

du rituel. Or les *mantra* et *upacāra*, en tant que tradition commune, sont partagés par un grand nombre de localités, dont la vallée de Katmandou. Ceci apparaît clairement dans le cas qui nous intéresse : le *mūl purohit* arrive de Katmandou pour la fête avec une version imprimée du *pūjā paddhati* qui servira de guide pour le rituel. Nous constatons ainsi qu'une certaine uniformité dans le domaine du symbolisme verbal n'empêche pas une improvisation foisonnante dans la «mise en scène» des cérémonies, c'est-à-dire dans les actes non verbaux. Alors que le répertoire des actes symboliques verbaux s'impose à une échelle supra-régionale, la dramaturgie concède une liberté suffisante à l'expression des traditions locales. Ceci ne compromet pourtant pas l'interdépendance entre les actes symboliques verbaux et non verbaux. Au contraire, une marge est ainsi aménagée entre liberté rituelle et dépendance vis-à-vis du mythe, qui permet le déploiement des traditions locales. Les *navapatrikā*, par exemple, sont cueillies le septième jour de la même manière à Katmandou et dans les autres localités du royaume. Et pourtant nulle part ailleurs qu'à Gorkha ne sont-elles accompagnées jusqu'au temple par un potier de Sallyantar et accueillies par un prêtre vêtu d'un costume profane.

Le premier jour, ghaṭasthāpanā, āśvin śukla pratipadā[10]

Le premier jour de la fête, plusieurs représentations de la Déesse sont apportées à l'intérieur du *sanctum* et de la *pūjā koṭhā* du Kālikā Darbār. Ainsi le temple est-il dès le départ l'objet d'une transformation, dans le sens d'une concentration de substance religieuse. La déesse Kālikā, qui en temps normal n'est présente que sous la forme d'un diagramme *yantra*, est à présent représentée par une statue[11]. Par ailleurs, des graines d'orge sont mises à germer et la Déesse est également vénérée sous la forme d'une cruche (*ghaṭa*).

Bien avant l'aube, les familles des environs se mettent en marche vers le palais, où elles s'assemblent sur le parvis du *darbār*. Elles attendent la musique et les chants qui marquent le début de la fête. Certains ont marché des heures pour assister à l'événement. Dès que «les veines sont visibles sur le dos de la main», une effigie de la Déesse est sortie du *kailaś koṭhā*, à l'étage supérieur du Rājā Darbār, et portée à travers le Raṅga Mahal jusqu'au temple. Pour sa première sortie, la Déesse, entourée des prêtres et des assistants, est étroitement enveloppée dans une pièce de tissu blanc. La foule assemblée sur le parvis ne peut satisfaire sa curiosité que quelques secondes à travers une des fenêtres du Raṅga Mahal. Les autres fenêtres restent closes. La Déesse est

10. En 1981, le 29 septembre.

11. Etant donné que personne hormis les spécialistes religieux n'est admis à l'intérieur du temple et que les objets en question sont recouverts d'une étoffe, nous n'en avons pas de connaissance exacte; faute de mieux, nous considérerons qu'il s'agit de statues (*mūrti*).

installée et vénérée dans la *gupti koṭhā*. Tout est alors prêt pour le principal événement de la journée, l'installation de la cruche (*ghaṭasthāpanā*).

Avant que cette cérémonie ne débute dans le Kālikā Darbār, un panier contenant tous les objets nécessaires à ce rite est envoyé à chacune des deux «mères aînées» (*jeṭhī māī*) des environs. Ces deux déesses, appelées aussi Kālikā ou Kālī, sont vénérées sous la forme de pierres à l'intérieur des anciens forts, le «Fort du bas», Tallokot, et le «Fort du haut», Upallokot. L'expression de «mère aînée» peut s'expliquer par le fait que ces deux forts étaient détenus par les Kaṅka Raja et leurs dieux avant que les souverains Śāh ne s'y établissent.

Dans le palais de Kālikā, une cruche est alors apprêtée pour la cérémonie du *ghaṭasthāpanā*. Remplie d'eau, on y verse cinq catégories d'ingrédients :

1. *sarva ausadhi* – dix sortes de simples[12];
2. *pañca ratna* – cinq joyaux : or (*sun*), argent (*cā̃di*), cuivre (*tāmra*), corail (*mugā*), perle (*moti*);
3. *sapta dhānya* – sept sortes de grains : *dhān* (riz), *jāo* (orge), *til* (sésame), *kāgunu* (millet), *mugi* (genre de lentille), *mās* (lentille), *canā* (pois chiche);
4. *sapta mṛttikā* – sept sortes d'argile : *hatti ko pāu* (provenant de là où un éléphant a posé le pied), *ghora ko tabela* (d'une écurie), *rājā ko darbār* (du palais royal), *rath ko* (de l'emplacement d'un chariot), *dhamiro ko* (d'une termitière), *tirthā ko* (d'un lieu de pèlerinage), *tribeni ko* (du confluent de trois rivières);
5. *pañca pallava* – cinq sortes de feuilles : *ā̃p ko pāt* (de manguier), *pipāl ko pāt* (de figuier), *bar ko pāt* (de banian), *ḍumri ko pāt* (de *Ficus glomerata*), *pakhari* (de *Ficus infestoria*).

Après cela, la cruche est décorée. Autour du col, neuf monticules de bouse de vache sont disposés dans lesquels on a semé des graines d'orge[13]. L'ensemble est placé sur un support fait de *sapta dhānya* et l'ouverture de la cruche est couverte par une lampe éternelle (*akhaṇḍa dīp*). Dans la pièce voisine, *jamaro koṭhā*[14], on sème également des graines d'orge dans une coupelle de feuille. Elles resteront dans l'obscurité jusqu'au dixième jour.

Cette cérémonie du semis de *jamaro* se répète dans les maisons des environs, dès que les prêtres l'ont terminée dans le temple. Le signal est donné par des coups de feu tirés depuis le parvis par de vieux fusils à percussion.

12. La liste de ces herbes est mal déterminée..
13. *Jamaro* : a particular type of barley-like plant used in the Dasaĩ festival (Turner 1931, p. 2).
14. Nep. *koṭhā* (room) from skt. *koṣṭha* (granary) (Turner 1931, p. 106).

Durant toute cette période, les terrasses et la plate-forme restent noires de monde. Certains hommes entonnent des versets contant les exploits de la Déesse. Ils sont accompagnés par des tambours, des cymbales et des instruments à vent. L'air privilégié, qui est joué avant tout lors du Dasaĩ, est le *mālśri* ou *mālsiri*. Les femmes entament alors une circumambulation (*pradakṣiṇa*) du palais. Sur leur parcours, elles rendent hommage à tous les objets d'une valeur religieuse ou historique quelconque, tels les inscriptions, les cloches ou les canons. La circumambulation est répétée les deux jours suivants.

Dans la même matinée, des offrandes de fleurs, de riz et d'autres ingrédients pour les *pūjā* sont envoyés à différents sanctuaires : Biring Kālī, Ḍhuṅgā Gare Bhagavatī, Baidyanāth Pañcāyaṇa (Muralīdhar Nārāyaṇa) et Rādhā Ballabheśvar. Tous sont situés dans ou autour de la bourgade de Gorkha. Neuf brahmanes amorcent la récitation du *Devībhāgavata* dans le vestibule du Kālikā Darbār. Ils la poursuivront jusqu'au septième jour de la fête, *phūlpāti*.

Vers midi, on honore la Déesse à trois reprises au temple; quatre *susāre* lui apportent un repas depuis le Rājā Darbār. Dans le Sital Pāṭī, les Damāi marquent de leurs instruments la fin de chaque *pūjā*. L'après-midi, au premier étage du palais, une fillette brahmane est l'objet d'une vénération (*kanyā pūjā*) et un chevreau est sacrifié à cette occasion.

Le deuxième jour

Le deuxième jour ne comporte pas d'événements nouveaux. Les rites du premier jour sont répétés selon la même séquence. Les neuf brahmanes récitent le *Devībhāgavata* et une vénération des vierges (*kanyā pūjā*) se tient dans l'après-midi. Un chevreau est sacrifié. De nouveau, les Damāi jouent trois fois pour les *pūjā* de midi. Un Śākya vient du village en contrebas pour nettoyer les miroirs de la Déesse.

Le troisième jour

Le troisième jour voit la répétition des même rites. Cependant, les préparatifs complexes de la seconde partie de la fête commencent par un vaste regroupement de tous les objets rituels. Entre autres, on fait reluire les bijoux de la Déesse, de nouveaux vêtements lui sont confectionnés et l'on assemble ses bannières. Ces activités durent presque quatre jours; elles doivent s'achever l'après-midi de *ṣaṣṭhī*, le sixième jour, avant la cérémonie du *bilva nimantraṇa*.

Ce jour-là, un fonctionnaire sort les premiers objets rituels des réserves du Rājā Darbār et les dispose sur la plate-forme. En contrebas, le Śākya se met à les nettoyer, utilisant un mélange d'argile rouge, de sel et de citron, sous l'œil attentif du fonctionnaire.

Le quatrième jour

La récitation du *Caṇḍipāṭh*, la vénération des vierges et la préparation des objets rituels ont lieu comme à l'accoutumée. On entreprend un inventaire des bijoux de la Déesse en se reportant à des listes. Les bijoux sont sortis de la *gupti koṭhā* du palais de Kālikā et répartis sur trente-trois plateaux de feuille. Après vérification et nettoyage, tous sont rapportés dans le temple.

Le cinquième jour

Au cinquième jour, *pañcamī*, les préparatifs de la seconde partie de la fête sont quasiment achevés. Un fonctionnaire du palais remet de l'étoffe et du fil au chef des tailleurs (*damāi ko nāike*). Pour cela, il se tient au coin de la plate-forme alors que le tailleur, qui ne peut y accéder, reste assis sur une terrasse. La coupe se fait sous la surveillance du fonctionnaire, à qui les chutes sont rendues. Puis les tailleurs commencent immédiatement leur ouvrage sous le Sital Pātī. Ils cousent la tenue de la Déesse et des vingt-sept vierges (*kanyā*) vénérées le neuvième jour. Pour la Déesse, on prépare un corsage jaune (*colo*), une longue jupe (*jāmā*), une écharpe (*pachyauro*) et un petit sac tandis que les vingt-sept *kanyā* ne reçoivent qu'un corsage. On confectionne aussi des bannières de 22 coudées pour la Déesse. Le costume achevé lui est offert dans le temple le soir même, mais ne lui est mis que trois jours plus tard, lors d'*aṣṭamī*. Dans la matinée, les derniers objets à nettoyer sont transmis aux Śākya. Il s'agit d'un vase de cuivre *kalaś*, porté en procession le septième jour, d'une lampe et de deux aiguières à alcool (*madiro kalaś*) en bronze, qui servent durant les sacrifices de buffle d'*aṣṭamī* et *navamī* (Phot. 4, 5, 6, 7). On sort aussi deux chasse-mouches, deux éventails en plumes de paon et deux sceptres (*asa*) portés par des *susāre* de chaque côté du *phūlpāti* et enfin le mât (*ḍāḍi*) du *phūlpāti* lui-même.

Dans l'après-midi, les Kāmi entament le nettoyage et l'aiguisage des nombreux couteaux et sabres servant aux sacrifices. Des *susāre* tirent quatre boucs jusqu'à la plate-forme. Là, le prêtre principal les examine. Leur robe doit être d'un noir immaculé, les cornes atteindre quatre doigts de longueur, et l'animal paraître en bonne santé. Après ces vérifications, les bêtes sont brièvement honorées puis affectées à différents sacrifices : une d'entre-elles, appelée *bhadrakālī*, est destiné au sacrifice du septième jour. Les trois autres boucs, un *kālārātri* et deux *guṭhi*, sont réservés au huitième jour.

Le Kasāi chargé du choix et des soins du buffle *satāhar* se rend dans l'après-midi dans l'étable d'un des quatre animaux élus, lui rend hommage et le mène près du temple. Les trois buffles de réserve restent dans leur étable d'origine.

Comme la veille, on honore une fillette brahmane, un chevreau est sacrifié et les brahmanes récitent le *Devībhāgavata*.

Le sixième jour, ṣaṣṭhī : la Déesse et Śiva sont invoqués dans une branche de bel

La seconde partie de la fête débute le soir du sixième jour avec l'appel adressé à la Déesse dans l'arbre *bel* (*bilva nimantraṇa*). C'est lors de cette seconde partie que la victoire de la Déesse sur le démon Mahiṣāsura est célébrée dans une frénésie de sang et de couleurs.

Dans la matinée, les préparatifs sont achevés. On nettoie les fusils du palais, qui annoncent les sacrifices et les rites aux villages des alentours. Les Damāi reçoivent de nouveau du fil et de l'étoffe de la main d'un fonctionnaire. Ils sont destinés à l'habillage du tambour du temple le lendemain; en outre, un ruban blanc est attaché à sa partie supérieure, un rouge à sa partie inférieure (Phot. 8 et 9). La Kalsinī et les deux Maṅglinī passent l'après-midi à chanter des *mālsiri* dans la *kanyā koṭhā* du Rājā Darbār. On vénère deux fillettes brahmanes, *kanyā pūjā*, et la récitation du *Devimāhātmya* se poursuit.

L'événement principal de la journée ne débute vraiment qu'en fin d'après-midi. Un petit groupe, composé du prêtre *guṭhi*, de deux assistants et de porteurs, quitte le *darbār* et descend dans la vallée. Ils emportent dans un panier tous les ustensiles requis pour le culte *bilva nimantraṇa*, ainsi qu'un chevreau et un mouton (Phot. 10). Au crépuscule, ils arrivent en un lieu appelé Pipale. Entre-temps, on a planté en terre une branche de *bel* qui doit porter deux fruits. L'emplacement a été aplani et nettoyé. Trois pierres plates sont disposées en étoile devant la branche. Le prêtre débute la *pūjā* comme d'ordinaire : après avoir aspergé d'eau les pierres et la branche de *bel*, le site est rituellement remodelé; on retourne le sol aux quatre coins à la houe. Au pied de la branche, une étoile à six branches (*ṣaṭkoṇ*) est tracée à la farine de riz. De l'encens brûle, puis face au nord, le *pūjārī* convoque Śiva et Durgā dans les pierres et la branche de *bel*. Il jette du vermillon (*sĩdur*) et des grains de riz (*akṣatā*) dans leur direction et les pare de rubans blancs. La Déesse reçoit des oranges, des friandises et les *pañcāmṛt*, contenus dans des coupelles de feuille déposées sur les pierres. Commence alors le sacrifice du mouton et du chevreau. Les deux animaux sont aspergés d'eau. On place un couteau sur l'étoile en récitant un *mantra*. Le *susāre* décapite alors les animaux et dépose leur tête devant la branche de *bel*, puis les corps sont traînés à trois reprises autour du site. Enfin, le *pūjārī* distribue les offrandes consacrées (*prasād*) aux personnes présentes. Le même soir, un rameau de *bel* comportant deux fruits est emporté vers Katmandou [15]. Ce n'est qu'à son arrivée que les cérémonies du *phūlpāti* pourront débuter dans la capitale.

Le septième jour, phūlpāti : les «Neuf Feuilles» arrivent au temple et l'on rend un culte aux Navadurgā

En fin d'après-midi le jour de *phūlpāti*, la procession transportant les «neuf feuilles» (*navapatrikā*) atteint la plate-forme du temple (Phot. 11, 12, 13). C'est ainsi que les neuf formes de la déesse Durgā (*Navadurgā*) pénètrent dans le sanctuaire, inaugurant la seconde partie de la fête. Cette transition est aussi soulignée par le fait que le buffle *satāhar* est mené au temple ce jour-là et que dans le vestibule, les neuf brahmanes récitent le *Devīmāhātmya* pour la dernière fois. Par la suite, on utilisera cette pièce pour y déposer les têtes des victimes sacrificielles.

Tôt dans la matinée, les *bāhiriyā susāre*, qui doivent jeûner ce jour-là, sont envoyés cueillir les neuf végétaux composant le *phūlpāti*. Une plate-forme (*autāro*) à l'ouest du palais constitue leur point de départ et d'arrivée. Ils doivent ramasser les plantes suivantes :

1. *aśok ko pāt (Jonesia asoka),*
2. *anār* (skt. *dāḍima*),
3. *dhān* (riz sur pied),
4. *māne* (skt. *manaka : Arum indicum*),
5. *kālo haledo (Curcuma longa),*
6. *jayantī (Sesbania aegyptiaca),*
7. *kācur (Curcuma zedoaria),*
8. *kerā* (banane),
9. *bel (Aegle marmelos).*

Ces «neuf feuilles», *navapatrikā*, représentent les «neuf Durgā» (*Navadurgā*) [16].

Au même moment, le Kasāi mène le buffle au palais et l'attache au poteau sacrificiel situé à l'un des angles de la plate-forme. L'animal restera à regarder tous les sacrifices avant d'être lui-même décapité le neuvième jour (Phot. 14, 15, 16 et 17).

15. Nous n'avons pas réussi à savoir clairement si le transport du rameau vers Katmandou était réel ou symbolique.

16. Aux feuilles mentionnées ici correspondent respectivement les déesses suivantes : Brāhmaṇī, Raktadantikā, Lakṣmī, Durgā, Cāmuṇḍā, Kālikā, Śivā, Sokahārinī, Kārtikī.

Peu à peu, les gens se regroupent plus nombreux sur le parvis du temple. Les nouveaux venus trouvent difficilement une place où s'asseoir. Depuis le premier jour, le temple n'a pas connu une telle affluence. Dans la *kanyā koṭhā* du «palais du roi», deux fillettes brahmanes sont vénérées. La Kalsinī et les deux Maṅglinī chantent des *mālsiri*.

Vers midi les offrandes destinées à la Déesse affluent. Les *susāre* en vérifient le détail : cannes à sucre, bananes, yaourt, poissons, riz, pots de terre, apportés par les pêcheurs Mājhi ou les potiers Kumāl. Chaque article est exhibé sur la plate-forme à hauteur du poteau sacrificiel, puis apporté à l'intérieur du *darbār*. Les localités d'origine de ces produits sont, entre autres, Kundur[17], Borlanghat[18], Sallyantar[19]. Une liste (*tapasil*) datée de 1963 V.S.[20] énumère les contributions suivantes : du deuxième au septième jour, les Mājhi doivent apporter du poisson de la Daraundi. Les Mājhi de Borlang ainsi que ceux de Bhumkot ne fournissent du poisson que le septième jour. Le même jour, les Kumāl de Kundur apportent des jarres (*gāgro*), ceux de Sallyantar un pot et des bananes, etc. On accorde une signification particulière à l'hommage de Sallyantar. Cette coutume, dit-on, remonte au règne de Ram Śāh, lorsque après la victoire sur Sallyantar, des présents furent envoyés de cette localité : ils arrivèrent le jour de *phūlpāti*. Depuis, on les attend chaque année avant de donner le signal de départ de la procession. Dès que le Kumāl de Sallyān, portant la canne à sucre, les bananes et un pot empli de yaourt, atteint le sommet du vieux sentier menant au temple par Sati Pipal et Tallakot, un guetteur annonce son arrivée.

La Déesse cependant ne se contente pas de recevoir; elle distribue aussi des présents aux autres sanctuaires. Ainsi, des ingrédients rituels, parfois un chevreau, sont envoyés aux localités suivantes : Biring Kālī, Manakāmanā Bakreśvar, Ḍhunga Gore Bhagavatī, Bārāhī, Maidān Kālī, Padmākṣi Nārāyaṇa, Tallodarbār, Uppallokoṭ et Tallokoṭ.

Peu après l'arrivée des présents de Sallyan, les dix mâts de bannières sont apprêtés sur la place d'armes (*ṭũḍikhel*) située à l'ouest du palais. Les mâts de bambou sont habillés de tissu et surmontés d'un capuchon d'argent. On distingue neuf bannières «ordinaires» et une «militaire» (*jangi nisān*). Les porte-étendards se répartissent ainsi :

1-2. Basnet Chetri,
3. Bogati Chetri,
4. Grāmjā Thāpā Magar,

17. L'emplacement exact de Kundur est mal déterminé.

18. Borlanghat : dans la vallée de la Buri Gandaki, à 2 km au nord de son confluent avec l'Ankhu khola.

19. Sallyantar : dans la vallée de la Buri Gandaki, à environ 6 km au nord de Borlanghat.

20. *śrī sambat 1963 sāl miti asār(h) gate 17 roj 7 śubham* (1906 de notre ère). Le document a été relevé au Gorkhā Darbār et photocopié sur place. L'auteur est en possession des photocopies.

5. Bhusāl Rānā Magar,
6. Reśmi Rānā Magar,
7. Thāpā Chetri,
8. Baniyā Chetri,
9. Bohorā Chetri,
10. Rānā Magar (bannière militaire).

Dès les préparatifs achevés, la bannière militaire sort du Kālikā Darbār. Tous les porte-étendards, les bannières encore roulées, descendent jusqu'à la plate-forme proche de Sati Pipal. Le mât du *phūlpāti* (*ḍā̃ḍi*), décoré de têtes d'éléphant à chaque extrémité, est aussi sorti du temple et aspergé d'eau à trois reprises. Un *susāre* le transporte jusqu'à Sati Pipal. Là, les «Neuf feuilles» (*navapatrikā*) préalablement cueillies sont enveloppées dans un tissu rouge (*darvār*) qui est enfilé dans le mat. Le *phūlpāti* est prêt. Les dix porte-étendards déplient leurs bannières rouge et blanc ou rouge et jaune.

Un deuxième groupe forme simultanément un cortège. Les Maṅglinī et Kalsinī s'alignent devant le «palais du roi», en costumes traditionnels : longue jupe (*jāmā*) de tissu jaune imprimé de motifs rouges, corsage (*colo*) et petit sac. Les deux Maṅglinī portent une écharpe rouge (*pachyauro*), la Kalsinī un chasse-mouches à la main. Cette dernière se tient près d'un parasol cérémoniel, devant la porte du Rājā Darbār. Le vase *kalaś* est brièvement posé sur le sommet de sa tête. Après quoi, un *susāre* le reprend et le portera lors de la procession. Sur le chemin cependant, la Kalsinī reste reliée au vase par une écharpe rouge et blanc.

La petite troupe tente de se frayer un passage à travers la foule des spectateurs. En tête marchent trois fantassins équipés de vieux fusils. Suivent deux Gāine et une fanfare damāi comportant tambours, cymbales et trompes. Viennent ensuite le potier transportant l'hommage de Sallyan, deux porte-chandeliers et le Kasāi qui, le matin même, a conduit le buffle *satāhar* au palais, une torche à la main (Phot. 18 et 19). Ils précèdent les trois femmes et le porteur du vase *kalaś* sous le parasol. L'officiant principal (*mūl purohit*) et le prêtre *guṭhi* les accompagnent à la rencontre des «Neuf feuilles». Tous deux ont délaissé leur *dhoti* pour une tunique (*mayalpoś*), un pantalon (*suruval*) et un turban (*pagari*). Après un premier tronçon, la procession doit longer une crête. Les Damāi cessent leur musique et à l'avant on tire des coups de fusil : il faut effrayer les mauvais esprits qui, depuis la pente opposée, menacent de s'emparer de la troupe.

Cependant ces détonations sont aussi, pour le groupe qui attend à Sati Pipal avec le *phūlpāti* et les dix bannières, le signal du départ. Les deux parties doivent atteindre au même moment un point déterminé, sur une volée d'escalier en contrebas de Tallokot.

Là, un Śreṣṭhā a nettoyé le sol et l'a enduit de bouse de vache. À l'extrémité supérieure de l'escalier le premier groupe s'est aligné : les prêtres, les femmes et, sous le parasol, le vase *kalaś*. D'en bas, les dix porte-étendards montent à mi-parcours, puis s'écartent pour laisser le passage à la litière du *phūlpāti*, précédée par deux garçonnets portant chacun deux sceptres (*asa*). Cinq *susāre* munis de chasse-mouches et de plumes de paon se tiennent sur les côtés. Des centaines de spectateurs assistent à la cérémonie. On tourne trois fois autour de la litière du *phūlpāti* en l'honorant de grains de riz (*akṣata*) et de fleurs (*phūl*), à l'instar de la Déesse. Puis les deux cortèges n'en forment qu'un pour retourner au temple (Phot. 20). Le groupe de la Kalsinī et des Maṅglinī marche à l'avant, suivi des dix bannières et du *phūlpāti*.

Avant que les «Neuf feuilles» ne soient introduites dans le temple pour y être vénérées en tant que *Navadurgā*, la procession se range en ligne sur la plate-forme. Les trois femmes chantent et l'on tranche une courge (*kubhiṇḍo*). Le chevreau *bhadrakālī* est décapité à l'intérieur et son corps est traîné trois fois autour du *phūlpāti*. Ce n'est qu'alors que le *phūlpāti*, les dix bannières et l'hommage de Sallyan sont portés dans le temple. À l'intérieur du *sanctum*, on rend un culte aux *Navadurgā* et au sabre. À chaque type de feuille des *navapatrikā* correspond une des Neuf Durgā.

Le même soir a lieu le «transport de la lampe» (*dip sārnu*), dont on ignore quel rapport il entretient avec le rite précédent. Un objet oblong, enveloppé d'un tissu blanc[21], est sorti en fanfare du «palais du roi» par un *susāre*. Cet objet, formé d'une première partie longue et d'une seconde plus courte et plus large, est posé au sommet du poteau sacrificiel au centre de la plate-forme. Un chevreau noir, sacrifié à l'intérieur du temple, est traîné trois fois autour du poteau au son de la musique des *susāre*. Le secrétaire du palais (*hākim*) dépose une guirlande de fleurs sur l'objet. La plupart des femmes présentes le vénèrent de même avec des fleurs, du riz et des lampes. Puis on rapporte l'objet à l'intérieur du temple. Les armes de la Déesse, sabre, arc et flèches, sont apportées depuis le «palais du roi» jusque dans le temple.

Le huitième jour, aṣṭamī : buffles et chevreaux sont sacrifiés à la Déesse

Les *Navadurgā* une fois introduites dans le temple sous la forme des «Neuf feuilles», les huitième et neuvième jours vont être consacrés aux sacrifices sanglants. Le carnage que la Déesse provoqua parmi les démons est ainsi mis en scène, spectacle qui l'emplit de satisfaction. La plate-forme et les terrasses regorgent de pèlerins. La plupart ont apporté des chevreaux et des coqs destinés à Kālī ou à Thiṅgā Bhairava (Phot. 21, 22 et 23).

La journée débute cependant par une autre cérémonie : le renouvellement des bannières de la Déesse. Les deux bannières rouge et blanc sont remplacées

21. On ne sait précisément quel objet ce tissu recouvre.

et l'on y joint trois blanches (*ālam*). On accroche au mât de ces cinq bannières des baguettes de bois appelées *musure kaṭuj*[22], qui sont coupées et apportées par un Baniyā Chetri. Celui-ci choisit quatre aides dans son clan ou dans celui des Thāpā Chetri et, après avoir pris un bain dans la matinée, tous partent dans les environs à la recherche d'un arbre *kaṭuj* approprié. L'arbre repéré, le chef du groupe en coupe cinq rameaux après une brève offrande. Chacun en porte un jusqu'à une fontaine située sur le chemin remontant vers le temple où ils sont trempés puis enduits de couleur rouge (*abīr jātrā garnu*). Dès lors, les cinq hommes ne doivent plus parler à personne jusqu'à ce qu'ils aient déposé les baguettes au temple dans un plateau de feuilles.

Entre-temps, on a préparé quatre nouveaux mâts de bambou de 22 coudées de long. Durant la cérémonie suivante, cinq groupes de bannières sont érigés. Les bannières doubles rouge et blanc face à l'entrée du temple, trois bannières blanches aux angles nord-ouest, nord-est et sud-ouest de la plate-forme. Chacune des deux bannières doubles comporte quatre éléments : deux mâts de bambou montés d'étendards rouge et blanc – changés à chaque Dasaĩ –, un mât monté d'un fanion jaune – conservé, lui, plusieurs années –, et un *musure kaṭuj* – également renouvelé chaque année. Les trois bannières simples *ālam* consistent en un *musure kaṭuj* et un mât de bambou portant un étendard blanc. Le mât est réutilisé plusieurs années d'affilée. Les trois *ālam* ne sont érigées que du huitième au dixième jour, alors que les bannières doubles sont conservées jusqu'au Dasaĩ suivant. Quand les fonctionnaires et les cinq *bāhiriyā susāre* se rejoignent sur la plate- forme, cinq vieux mâts de bambou[23] sont descendus depuis l'étage du temple. Les *susāre* les nettoient, ainsi que les quatre nouveaux mâts, puis les vieux sont rapportés à l'intérieur. Trois *susāre* fixent aux nouveaux mâts les bannières rouge et blanc, décorées de fleurs et de feuilles. Au son de la musique des Damāi, les nouveaux mâts sont dressés. Les cinq autres mâts, rapportés et apprêtés dans le temple, sont érigés en des emplacements déterminés. Enfin, les baguettes de *musure kaṭuj* sont attachées aux cinq groupes de bannières. Les dix autres bannières, accompagnant la procession du *phūlpāti*, sont liées à l'ensemble des bannières doubles du nord.

Pendant ce temps, le costume de la Déesse est changé dans le *sanctum*. Un dais (*cāduvā*) est installé au-dessus du poteau sacrificiel. Les prêtres et les *susāre* peuvent dès lors commencer les sacrifices.

Le Kasāi, responsable du buffle *satāhar*, enduit de bouse la partie du sol entourant le poteau sacrificiel. Les *susāre* dessinent une étoile *ṣaṭkoṇ* au pied du poteau à l'aide de farine de riz et réunissent les articles requis : une courge (*kubhiṇḍo*) déposée sur une feuille d'*aśok*, un vase *kalaś* empli d'alcool de riz (*madiro kalaś*), deux grands bols de bronze emplis de riz, un tambour *ḍamaru*

22. *Castanopsis tribuloides*.

23. Trois mâts pour les bannières *ālam*, deux pour les jaunes.

et une clochette, une conque (*śaṅkha*), un brûle-parfum, ainsi que différentes lampes à huile et plateaux. Un Kāmi aiguise les couteaux sur le parvis. Les Damāi s'assemblent derrière lui : ils joueront un air après chaque sacrifice. Ce jour-là, trente-trois buffles provenant des étables des environs sont menés au palais. Un *tapasil* de 1963 V.S. énumère les trente-deux circonscriptions (*thum*) chargées de fournir l'ensemble des trente-trois buffles, ou l'équivalent, à raison de quatre roupies par animal :

1. Bumkot,	2. Phujelkot,
3. Lakya,	4. Kharpaju,
5. Agincok,	6. Deurali,
7. Lakang? / Tandrang?,	8. Cyanli,
9. Ghyancok,	10. Darbhung,
11. Khari,	12. Birkot,
13. Simjung,	14.???,
15. Laksmi / Paslang?,	16. Gyaji,
17. Maidhi,	18. Gairun,
19. Harmi(kot),	20. Sirancok,
21. Taklicok,	22. Dhading,
23. Taku,	24. Ajirgarh,
25. Taplya,	26. Nigalpani,
27. Liglig,	28. Taklung,
29. Lakan?,	30. Asrang,
31. Dhuvakot,	32. Caramge.

Le prêtre *guṭhi* reçoit le troupeau à l'entrée du palais. Après un bref culte, on conduit les victimes sur la plate-forme. Les *susāre* ont choisi un buffle «aîné» (*jeṭho*) et un «benjamin» (*kāncho*). Ils doivent être de constitution saine et leur langue ne doit pas comporter de taches. On leur pose une marque *ṭikā* et ils sont placés à l'écart des autres buffles, collectivement appelés «cadets», *māilo*. Le buffle aîné est sacrifié en premier, le benjamin en dernier. Les gens établissent un lien entre l'aîné et le roi d'une part, entre le benjamin et le prêtre principal d'autre part : tout événement impromptu survenant lors du sacrifice sera interprété comme de bon ou de mauvais augure pour le personnage concerné. Le choix de ces deux buffles répond également à un souci pratique : ils sont les seuls à être l'objet de rites préliminaires complets; pour les autres, on s'en tient à une forme raccourcie.

Les sacrifices débutent par celui du buffle aîné, qui est attaché au poteau sacrificiel. Une courge apportée du «palais de Kālikā» est honorée, tranchée, et on la dépose dans le bol de riz, celui de droite. Puis le prêtre honore le sabre et le buffle. Il pose un ruban rouge sur le dos de la victime et répand de la poudre *sĩdur* sur son front. Le prêtre lui «souffle» un *mantra* à l'oreille et lui verse de l'alcool *rakṣi* sur le dos. Le sabre est porté un instant dans le temple;

à son retour, l'animal est décapité. Au moment où sa tête tombe, tambours et cloches résonnent et les Damāi entonnent un air. Le sabre est rincé puis déposé sur le monticule de riz. Le premier sang qui gicle est recueilli dans un bol et offert à la Déesse. La tête de l'animal est portée dans le temple par la porte de droite, le corps étant traîné trois fois autour du poteau sacrificiel puis jeté en direction du parvis.

Lors du sacrifice, un ordre strict est respecté quant aux personnes chargées de la décapitation. Les sept premiers coups sont portés par les personnes suivantes :

1. Rānā,
2. Bohorā Chetri,
3. Khan Khavās,
4. Sāru Magar,
5. un des *bāhiriyā susāre*,
6. un fonctionnaire venu de Katmandou qui représente le roi. Autrefois, dit-on, le roi assumait lui-même cet acte.
7. le secrétaire (*hākim*) du palais ou l'un de ses remplaçants.

À la suite des sept premiers buffles, un mouton et trois chevreaux – l'un dénommé *kālarātri*, les deux autres *guṭhi* – sont offerts à la Déesse résidant dans le temple. Suit l'immolation des vingt-cinq buffles restant. Si les premiers sont décapités sans ordre déterminé, une hiérarchie est de nouveau respectée pour les six derniers – les «cinq» et le «benjamin» – :

1-2. un *bhitriyā susāre* quelconque,
3. un *bāhiriyā susāre*,
4. Rānā Magar,
5. Cautarīya,
6. Rānā Magar (*kāncho rāgo*).

Entre deux sacrifices, les femmes viennent prélever de la terre gorgée de sang au pied du poteau. Elle sera répandue dans les champs pour en accroître la fertilité. De même, certains hommes munis de coupelles de feuilles recueillent quelques gouttes de sang sur les carcasses, qu'ils feront boire à leur femme afin de remédier à une éventuelle stérilité. Dès que les trente-trois buffles ont été immolés, les hommes se ruent vers l'entrée du temple, tirant les chevreaux qu'ils viennent offrir. Bien entendu, le nombre d'animaux dépend des pèlerins, de leur souhait d'offrir un sacrifice cette année là, ou de vœux antérieurs. Les anciens se souviennent que lors de la Seconde Guerre mondiale, alors que de nombreux parents combattaient dans les régiments Gurkha, plusieurs milliers de chevreaux furent offerts (Phot. 24 et 25).

Les prêtres et leurs assistants ont également des obligations auprès de temples des environs. Des coqs et des cochons de lait sont sacrifiés sur un billot représentant Ṭhiṅgā Bhairava, au-dessus du sanctuaire de Goraknāth. Un culte est également rendu aux divinités d'Upallokot, ainsi qu'à la déesse Caṇḍī à Kaliban. Le prêtre *guṭhi* et certains *susāre* Magar quittent donc le palais en début d'après-midi. Le prêtre rend un culte à la Kālī d'Upallokot et y conduit les sacrifices de buffles. Les *susāre* Magar, eux, assurent le culte de Vindhyavāsinī, Bajra Bhairav et Caṇḍī, qui reçoivent chacun un cochonnet. Là où les prêtres et assistants attachés au temple de Kālikā ne peuvent se rendre, on fait parvenir les articles nécessaires à la réalisation des offrandes. C'est le cas par exemple de Tallo Darbār, Ḍhungā Gare Bhagavatī, Maidān Kālī Baidyanāth, Śrī Vidyā, Bārāhī et Biring Kālī.

Le neuvième jour, navamī : les sacrifices se poursuivent, Mahiṣa est abattu

Comme la veille, la plate-forme est le cadre de nombreux sacrifices, culminant dans la mise à mort du démon-buffle Mahiṣāsura, représenté par le *satāhar*, qui doit être accomplie au moment même du crépuscule.

Lors des préparatifs de l'après-midi, les mêmes règles que la veille sont observées : parmi les vingt et un buffles devant être immolés, on choisit un aîné et un benjamin et les sacrificateurs sont les mêmes. Le prêtre *guṭhi* et les *susāre* retournent dans les sanctuaires des alentours et les pèlerins apportent de nouveau des centaines de chevreaux, cochonnets et coqs à l'intention de Kālikā et Bhairava. C'est à la tombée de la nuit que les événements diffèrent quand le *satāhar* est préparé pour le sacrifice. L'animal est abattu là où il a passé les trois derniers jours, attaché à un poteau à l'angle de la plate-forme. Comme dans l'immolation des buffles aînés et benjamins, le premier coup vient du Rānā Magar. La tête de l'animal ne doit pas chuter avant trois coups[24], afin que le démon incarné dans le buffle «souffre». Les deuxième et troisième coups sont portés par le *susāre* Khan Khavās et par le Kasāi qui a pris soin du buffle. Une fois le premier sang recueilli pour la Déesse, la foule des spectateurs se rue à son tour sur le corps. Puis vingt-sept fillettes et deux garçonnets sont emmenés dans la *kanyā koṭhā* du «palais du roi». Les filles sont divisées en trois groupes de neuf, les *rāj kumāri* («princesses royales»), *māmuli kumāri* («princesses ordinaires») et *guṭhiko kumāri* («princesses du *guṭhi*»). Elles sont toutes issues de familles brahmanes Upādhyāya. Un petit garçon (*kumāro*) âgé de deux à cinq ans est associé à chacun des deux

24. Trois coups est le nombre idéal; plus le nombre de coups supplémentaires sera élevé moins les présages seront favorables. En 1982, neufs coups furent nécessaires.

premiers groupes. À l'issue de la vénération des vierges, quatre chevreaux sont immolés. Sur la plate-forme, on sacrifie les cinq buffles et le «benjamin».

Dans l'obscurité, quarante-neuf boucs sont menés sur la plate-forme. Les trente-deux premiers animaux sont sacrifiés après qu'une courge a été fendue, en présence de la Kalsinī et des Maṅglinī. Les corps restent dans le temple tandis que les têtes, rassemblées dans une hotte, sont apportées dans l'auberge où elles sont fumées et conservées pour le banquet de la pleine lune. Les boucs restants sont dédiés aux dix bannières ainsi qu'à un vieux canon, lors d'une cérémonie appelée *nisān pūjā*. Le corps du dernier animal est placé un instant dans le fût du canon. À présent, le Kasāi s'occupe des préparatifs de la *revanta pūjā*[25]. Il enduit de bouse le seuil du «palais du roi» puis apporte un grand plateau de feuilles contenant de «l'argile d'éléphant», provenant d'une ancien enclos à éléphant. Il est placé côté est, face à un étalon, avec des lampes et des récipients... La Kalsinī, toujours liée au vase *kalaś* par une écharpe, et les Maṅglinī se rangent au nord de l'animal devant le palais du roi, sous le parasol cérémoniel. Au sud, un *susāre* dispose une courge et un mouton. Les deux Maṅglinī effectuent trois circumambulations autour de l'étalon; la première verse continuellement de l'eau contenue dans un pot, la seconde porte un plateau avec sept lampes qui sont ensuite posées sous l'étalon. La courge est tranchée et le mouton décapité. Un coup de fusil marque le terme du rituel.

Le dixième jour, vijayā daśamī :
les Navadurgā quittent le temple

Après le sacrifice du démon-buffle Mahiṣāsura la veille au soir, le dixième jour est dédié à la victoire de la Déesse et voit la dissolution progressive de la fête. Le culte rendu aux *Navadurgā* dans le sanctuaire prend fin avec la sortie du *phūlpāti* et de la représentation de la Déesse (cf. *supra*) rapportée dans un palanquin rouge jusqu'au «palais du roi».

Le dénouement s'annonce tôt le matin dans le temple avec l'adieu à la Déesse (*visarjana*)[26]. Pendant ce temps, le Kasāi ou l'un de ses remplaçants dépèce le buffle *satāhar*. Il distribue la viande à différentes personnes dans des petits récipients de feuille :

1. la tête va au *bhirkoṭe bāhiriyā susāre*,
2. le cou au Śakya qui nettoie les bijoux et au Kāmi qui aiguise les couteaux,

25. Revanta est le fils de Surya et Samjñā qui prirent la forme de chevaux pour le concevoir. (*Viṣṇu Purāṇa*, 3, 2.)

26. *Mūhūrta* : 7 h 37 en 1981.

3. les poumons reviennent au roi; ils sont mis à sécher sur le mur extérieur du palais et seront utilisés en fumigation pour soigner certains maux du bétail,
4. le cœur et le foie vont au *bhirkoṭe bāhiriyā susāre*,
5. les côtes, au *koṭāle*,
6. les côtelettes, au chef des Damāi,
7. les cuisseaux, au Bohorā Chetri, au Sāru Magar, au Khan Khavās et au Rānā Magar,
8. la peau, au Sarki qui la tanne afin d'en équiper le tambour du temple,
9. la queue et les entrailles, à Gaṇeś Man Kasāi qui s'est occupé du *satāhar*.

La cérémonie des *ṭikā* débute à un moment précis[27], donné depuis l'intérieur du palais par un brahmane; le compte à rebours est transmis au long d'une chaîne d'assistants jusqu'aux prêtres du temple. Puis les prêtres déposent une marque faite de riz et de vermillon sur le front des fidèles venus à la porte du temple. Les pousses d'orge qui ont germé dans l'obscurité de la *jamaro koṭhā* sont distribuées et glissées derrière l'oreille. Ceux qui, comme les Kāmi et les Damāi, ne peuvent pénétrer sur la plate-forme, reçoivent *ṭikā* et pousses d'orge par une fenêtre latérale du temple.

Autour de midi, les fonctionnaires, les prêtres et les assistants employés par le palais se rassemblent pour effectuer une circumambulation autour de la plate-forme (*phāgu khelna*). Des assistants se tiennent à l'avant avec des instruments de musique. Pendant la circumambulation, des femmes versent depuis les fenêtres de l'eau colorée de rouge sur le cortège. D'autres femmes se joignent à la procession et barbouillent de vermillon les visages - y compris ceux des spectateurs. Les seules femmes, qui à cet égard sont traitées comme les autres membres de la procession, sont les Kalsinī et Maṅglinī. Tout de suite après, les bannières sont descendues et rapportées dans le temple, où elles resteront jusqu'à la prochaine fête.

La puissance rituelle continue à se dissoudre quand, en début d'après-midi, une représentation de la Déesse sort du temple dans un palanquin rouge (*mai ko savāri*)[28]. Un fonctionnaire guide les *susāre* – entièrement recouverts par le tissu – à travers la plate-forme et les terrasses jusqu'à l'entrée du Rājā Darbār. La Déesse est portée jusqu'à l'intérieur de la *kanyā koṭhā*. Suivent tous les insignes de son pouvoir divin : arc et flèches, tambours, éventails, fusils. Puis les corps des chevreaux sacrifiés la veille sont distribués.

La journée s'achève avec le *phūlpāti selāunu*[29], «l'abandon» de la litière contenant les «Neuf Feuilles». La direction que prend la procession ainsi que

27. *Muhūrta* : 8 h 57 en 1981.
28. Il s'agit de la représentation qui a quitté le palais lors de la cérémonie *dīp sārnu*.
29. Voir n. 4.

la source où la litière sera abandonnée dépend de la position de la planète Vénus (*śukra*). Si elle apparaît le matin à l'est, on partira vers Dhale Kholsa, à l'ouest[30]; si elle apparaît le soir à l'ouest, la destination sera Manepani[31], à l'est.

Le cortège quitte le temple en fin d'après-midi. Comme le jour de *phūlpāti*, la fanfare damāi ouvre la marche. Elle est suivie par le Kumāl de Sallyan portant l'hommage, les Kalsinī et Maṅglinī aux côtés du vase *kalaś* et du parasol, puis la litière contenant les «Neuf Feuilles». Celles-ci sont jetées dans l'eau d'une source à la tombée du jour (Phot. 26 et 27). Une détonation salue cet événement qui marque le démantèlement définitif des *Navadurgā*. Tout de suite après, les Damāi se mettent à danser. La Kalsinī dénoue l'écharpe rouge et blanc qui la liait au vase *kalaś*, puis va se mêler à la soirée de festivités qui s'annonce. À quelques centaines de mètres de la source, on a choisi un lieu de pique-nique[32] où les trois femmes servent de la viande, des flocons de riz (*cyurā*) et de l'alcool (*rakṣi*) aux Damāi et aux *susāre*. Plus tard, tous s'en retournent au temple. Ils s'arrêtent de temps en temps sur le chemin, devant les maisons où une lampe leur demande d'offrir un spectacle; la Kalsinī et les Maṅglinī se joignent parfois aux Damāi. Ils n'atteignent le palais qu'après plusieurs heures et les réjouissances s'y poursuivent tard dans la nuit.

Le quatorzième jour

Si le dixième jour marque incontestablement la dissolution de la puissance rituelle, la conclusion officielle de la fête n'intervient que le quatorzième jour. Dans l'après-midi, vingt-sept buffles sont de nouveau immolés sur la plate-forme, selon la même procédure que les huitième et neuvième jours (buffles aînés/cadets, etc.), à quelques exceptions près. Ainsi, on ne dessine pas de *yantra* au pied du poteau et les plateaux de bronze sont remplacés par des plateaux de feuilles. Ce jour-là prend fin le voyage de la représentation de Kālikā; elle est rapportée de la *kanyā koṭhā* à la *kailaś koṭhā*, d'où elle ne ressortira que six mois plus tard, lors de Caitra Dasaĩ.

Nous ne pensons pas que l'on puisse appliquer au Dasaĩ les caractères que Fritz Staal prêtait aux rites *śrauta* dans son article sur l'absence de sens dans le rituel[33] : on ne peut pas dire du Dasaĩ qu'il fonctionne en lui-même et pour lui-même, comme une «pure activité», dénuée de signification et d'objet. Dans les pages qui suivent, nous allons montrer que, dans le cas de

30. A l'ouest de Chipitol.

31. Au nord-est du Darbār, sur le chemin d'Arughat.

32. Il s'agit de la place d'armes (*Ṭuḍikhel*), lorsqu'on se rend à Dhale Kholsa, et d'une simple étape aménagée (*cautāro*), quand le but de la procession est Manepani.

33. Staal (1979, pp. 1-22) et tout particulièrement pp. 3-9.

la Durgā Pūjā, le domaine de la «pure activité» passe bien après celui de la dynamique du rituel, qui comporte trois facteurs : le mythe, l'histoire et leur «sphère d'interférence». Sous leur influence, le rituel se déploie en *variantes locales*, qui confirment son caractère dynamique. Contrairement à ce que prétend Staal au sujet des rites *śrauta*, un rituel tel que Dasaĩ, avec tous ses prolongements sociaux – réunions de famille, chants, danses –, acquiert une signification par le fait même de sa réitération et de l'engouement général qui marque sa célébration.

Dans des fêtes comme la Durgā Pūjā, les actes rituels ne se déploient pas au hasard : ils sont liés à la vive implication sociale, qui reste entière. Et c'est précisément en vertu de ce lien, que le rituel conserve son attrait, qu'il se dote d'un sens – quel que soit ce sens – dépassant la simple succession des actes, et renvoie au-delà à un fonds traditionnel communément accepté. La participation du corps social, que traduit le nombre imposant de spectateurs présents, est plus qu'un simple effet secondaire plaisant. Cette participation est ce qui donne au rituel sa vigueur, et c'est aussi un facteur déterminant dans son interprétation, un indicateur de la signification intrinsèque des rites. Le spectateur est capable d'associer des éléments historiques et mythiques à l'acte rituel. Même s'il ne comprend pas le sens symbolique de chacun des gestes sophistiqués du prêtre, pris un à un, il saisit sans aucun doute les éléments centraux du culte. Une grande partie de ce que nous présentons ci-dessous fait partie du savoir courant des gens de Gorkha. On verra clairement comment le sens caché des rites ne relève pas seulement d'une orthodoxie statique mais possède une vigueur interne, une dynamique propre ouverte sur la créativité. Le sens intrinsèque de telles cérémonies est ainsi déterminé par deux pôles coexistants : d'un côté le pôle scolastique, orthodoxe, qui en vertu de son support écrit (*pūjā paddhati*, etc.) produit du sens à une *échelle supra-régionale*; de l'autre, le pôle hétérodoxe et dynamique, capable d'influer sur la mise en scène à l'*échelle locale*. Il s'ensuit qu'une interprétation pertinente du rituel ne peut se suffire d'une bonne documentation textuelle, car celle-ci – étant destinée aux spécialistes – traite avant tout des techniques, en omettant ce qui, si bien connu de chacun, ne nécessite pas d'éclaircissements[34].

Autrement dit, les textes insistent sur l'enchaînement des actes, composés de gestes et de *mantra*, mais ne prennent pas en considération l'implication du rituel dans un contexte, qui relève, soit de l'évidence, soit de particularités trop précisément locales. Cela ne signifie pas que le contexte n'est pas essentiel dans le rituel. De même que le mythe ne saurait être interprété dans tous ses aspects en dehors du contexte ethnographique, comme le remarque

34. Ce problème est général dans les tentatives de compréhension des textes sanskrits. Voir par exemple Sontheimer (1976, p. 1).

très justement Lévi-Strauss[35], un rite ne peut être analysé dans un espace ethnographiquement mort.

Dans cette perspective, les rites de la Durgā Pūjā offrent un point de départ particulièrement riche. D'abord, par la part active qu'y prend la population, et qui donne son extraordinaire vivacité à la fête. Mais aussi parce qu'elle a été régulièrement exposée à différentes influences selon les époques, par sa relation particulière à la dynastie régnante et à ses intérêts politico-militaires. Le rituel doit donc sa morphologie autant à des éléments mythologiques qu'à des éléments sociologiques et historiques qui lui donnent sa dynamique. La place que nous réservons ici au mythe et à l'histoire se rapproche de l'idée de plans, sociologique et cosmologique, proposée par Eric Ten Raa (1971) pour l'analyse des mythes. Nous y ajouterons cependant une dimension, que nous appellerons la «sphère d'interférence». Le mythe et l'histoire peuvent être conçus comme les plans constituant le rituel; il reste à en trouver l'équivalent direct et symétrique dans le domaine de l'action.

Dans la sphère du mythe, les thèmes relevant de la «Grande Tradition» sont si connus qu'on s'en tiendra à quelques exemples. On peut lire dans le *Kālikāpurāṇa* :

> «Le premier jour de la quinzaine claire d'*aśvin*, elle (la Déesse) s'éveilla et se rendit dans la ville de Lanka[36].»

De la même façon, le premier jour de la fête, une représentation de la Déesse est descendue depuis la *kailaś koṭhā* du Rājā Darbār jusqu'à la *gupti koṭhā* du Kālikā Darbār où elle restera le temps de la fête.

Mahiṣāsura, dont l'anéantissement est le but de la guerre entreprise par la Déesse, est représenté par le buffle *satāhar*. À l'instar de son double mythologique, il est vénéré aux côtés de la Déesse avant d'être abattu le neuvième jour :

> «Cependant, puisque je t'ai moi-même tué au combat, ô démon Mahiṣa, tu ne quitteras plus mes pieds, sois en sûr. Partout où l'on me rendra un culte, tu seras honoré. Quant à ton corps, ô Danava, il sera vénéré et objet de méditation[37].»

Lorsque au septième jour, les *Navadurgā* entrent dans le temple avec la procession du *phūlpāti*, le *satāhar* est lui-aussi mené au temple et attaché «aux pieds» de la Déesse sur la plate-forme. Et les nombreux sacrifices de buffles et de chevreaux des huitième et neuvième jours qui sont offerts en sa présence lui sont également destinés. Comme son double mythique, il est le dernier à succomber dans la bataille, avant le *vijaya daśamī*. Le neuvième

35. Lévi-Strauss, «La Geste d'Asdiwal», traduction anglaise dans Leach (ed.), (1967).

36. KP 62, 25-26, in Van Kooij (1972, p. 109) Traduction française, P. Ramirez.

37. KP 62, 107-108 , in Van Kooij (*ibid.*, p. 115).

jour, la Déesse fut honorée par des offrandes et tua le démon Mahiṣa[38]. Toujours dans le *Kālikāpurāna* :

> «Le septième jour, dans la faste quinzaine claire du mois, la Déesse se constitua un corps grâce à l'énergie des dieux[39].»

La symétrie frappante entre les neuf Durgā et les neuf végétaux peut être comprise comme une évocation de la force triple : trois femmes accompagnent le vase *kalaś*, une Kalsinī et deux Maṅglinī. Trois catégories de buffles sont immolées (*jeṭho, mālo, kāncho*), trois fois neuf *kanyā* sont honorées dans la «vénération des vierges», neuf brahmanes récitent le *Devīmāhātmya*, neuf bannières plus une militaire sont portées en procession le neuvième jour et sont l'objet d'une offrande. Enfin, neuf petits monticules (*koṭhā*) sont fixés sur le col de la cruche lors du *ghaṭasthāpanā*. Le facteur trois sous-jacent opère conjointement une opposition et un lien : d'une part, les buffles «aînés» et «benjamins» et les deux femmes portant le *kalaś* (Maṅglinī), d'autre part, les buffles «intermédiaires» (*mālo*) et la femme qui ne porte pas mais accompagne le *kalaś* (Kalsinī). Cette configuration évoque la doctrine des trois *guṇa* : *sattva* (pureté, essence vraie) et *tamas* (obscurité, ignorance) sont en opposition comme la lumière et l'obscurité, alors que *rajas* (passion, affection) les relie.

Ceci nous amène au symbolisme des couleurs, omniprésent dans la fête. Ce qui nous intéressera ici sera la seule opposition entre les couleurs rouge et blanche. Elle représente respectivement la Déesse et son époux Śiva[40]. Cette opposition s'accentue au septième jour, *phūlpāti*, autrement dit à la suite du *bilva nimantraṇa*, et donc après que l'on est entré au cœur de la fête par l'assemblage des «Neuf feuilles».

Le réveil de la Déesse dans l'arbre *bel* (*bilva nimantraṇa*), au soir du sixième jour, est un prélude à la cueillette des «Neuf feuilles» et à la présentation des deux couleurs aux fidèles. Il est capital que pour cette *pūjā* Śiva soit convié dans l'arbre aux côtés de la déesse Durgā[41]. On prélève une branche comportant effectivement *deux* fruits, qui rejoindront les «Neuf feuilles» le lendemain. Il est significatif que le prêtre honore la branche avec du *sīdur* (rouge) et de l'*akṣatā* (blanc). Ainsi, non seulement les couleurs proprement dites mais aussi leur apparition temporelle prennent leur sens dans le mythe.

38. KP 62, 77-79, in Van Kooij (1972, p. 113). De même, dans une variante de cette histoire, Rāvaṇa est tué par Rāma, sous les injonctions de la déesse, le neuvième jour; KP 62, 28-29.

39. KP 62, 77, (*ibid.*).

40. Voir *Yoginī Hṛdaya Tantra*, 1,10, cité dans Hoens (1979).

41. «Après avoir éveillé Devī, il doit inviter l'arbre bilva par ces mots "ô arbre bilva! né au sommet du Śriśaila, toi, demeure de Lakṣmī, je dois t'emporter, viens, tu dois être honoré comme Durgā...", "ô bienheureux arbre bilva! tu as toujours été cher à Śankara..." » *Durgārcanapaddhati*, dans Kane (1974, pp. 160-161).

Le thème, une fois introduit dans le rite *bilva nimantraṇa*, réapparaît régulièrement les jours suivants. La Kalsinī est reliée au *kalaś* par une double écharpe rouge et blanc, les dix bannières de la procession du *phūlpāti* ainsi que le représentant de la Déesse devant le temple affichent ces couleurs. Le septième jour, les Damāi couvrent d'une étoffe rouge le tambour de la Déesse. L'étalon de la *revanta pūjā* est blanc; les Maṅglinī, habillées de rouge et jaune, en font le tour. La litière des «Neuf feuilles» est faite d'un drap rouge.

Enfin, on doit mentionner le nombre six en relation au roi. Lors du sacrifice des buffles des huitième et neuvième jours, l'immolation du sixième buffle revient au roi ou, de nos jours, à un représentant nommé par lui. Le symbole renvoie au mythe de Pṛthu[42] : le sixième roi de la dynastie fut tué par les brahmanes à cause de sa tyrannie et Pṛthu, en qui Viṣṇu s'incarna, sortit du bras droit du souverain, doté de nobles idéaux. On peut lire dans le *Mārkaṇḍeya Purāṇa*[43] que le sixième des revenus des sujets doit revenir au roi vertueux.

Ces aspects du rituel, liés à un cadre mythique, trouvent leur origine dans la «grande tradition». En outre, ils ont une dimension supra-régionale et, en tant que tels, on peut aisément les relier à leurs référents mythologiques. En revanche, les éléments historiques sont définis localement et leur portée est extrêmement limitée.

Le paysage politique du Népal médiéval, avec ses États Baisi et Caubisi qui n'étaient que de modestes principautés, forme un cadre morcelé, d'entités variées et d'échelle réduite. C'est pourquoi, au plan historique, nous sommes en présence d'éléments relevant de ce que l'on appelle la «petite tradition».

Deux aspects du rituel sont particulièrement déterminés par ces éléments. Le premier est l'attribution des échelons dans la hiérarchie rituelle, qui alloue différentes tâches à différents groupes de spécialistes. Le second concerne les systèmes de référence spatiale mis à jour par l'envoi de dons à la Déesse provenant de différentes régions et qui, inversement, la placent au centre d'un réseau de contre-dons, établi sur un fond de relations mythiques. Dans tous ces cas, il est possible de reconstituer un arrière-plan historique.

Pour bien comprendre la logique qui prévaut dans la répartition des fonctions de prêtrise, il nous faut évoquer brièvement le rapport intime existant entre la Déesse et la dynastie régnante de Gorkha. On reviendra plus loin sur la dimension mythologique de ce rapport. Je voudrais seulement indiquer ici que selon la tradition orale, Drabya Śāh transportait sa déesse lignagère (*kuldevatā*) avec lui lorsqu'il vint depuis Lamjung pour conquérir Gorka. Peu nous importe ici de savoir si un temple propre fut immédiatement consacré à cette déesse ou si, au contraire, elle reçut un culte à l'intérieur du

42. Voir les commentaires de Drekmeier (1962, pp. 137, 200).

43. MP 129, 28 *sq*; voir aussi Drekmeier (1962, chap. 13, n. 51).

palais avant qu'une aile du palais ne lui soit finalement réservée, le Kālikā Darbār. Ce qu'il faut relever c'est son intimité spatiale et religieuse avec les souverains. Elle dépendait des rois, patrons de l'institution *guṭhi*, et restait spatialement liée à la vie du palais. Il n'est donc pas surprenant qu'aujourd'hui encore de nombreux officiants rituels viennent du cercle des proches fidèles du roi. La chronique nous renseigne quelque peu sur ce point : dans la *vamśāvalī* publiée par Wright, on peut lire, au sujet de la conquête de Gorkha par Drabya Śāh :

> «...Drabya Sah, assisté de Bhagirath Pant, Ganesa Paṇḍe, Gangaram Rana, Bhusal Arjyal, Khanal Bohra et Murli Khawas de Gorkha, se cacha dans une cabane. Lorsque Ganesa Pande eut réuni tous les gens de Gorkha qui portaient le cordon brahmanique, comme les Thapa, Busal, Rana et Maski Rana de la tribu Magar, ils se mirent en marche...et attaquèrent le Darbar[44].»

On trouve un récit similaire dans la *Gorkhā vamśāvalī* traduite par Hasrat :

> «...Drabya Sah arriva à Gorkha accompagné de Ganes Pande, Buselnarayana Arjal, Bhagirath Panth, Gangaram Rana, Murli Khawas, Saresvar Khanal, Gajanand Bhat Rae et plusieurs autres[45].»

Une comparaison avec la description présentée dans les pages précédentes ainsi qu'avec le tableau n° 1 montre qu'à deux exceptions près, tous ces clans sont représentés dans le rituel. Quelque temps après, Ram Śāh se référait sans aucun doute à cet épisode lorsqu'il promulgua ses fameux édits. Le onzième édit contient le passage suivant :

> «...à vous les clans Pande, Panth, Arjyal, Khanal, Rana et Bohora, est conféré le titre des six clans (cha tharghar)[46]. »

Ces clans forment de fait les six groupes les plus élevés dans la hiérarchie sociale de Gorkha[47]. Ils étaient les chefs des expéditions militaires ordonnées par le roi[48]. On retrouve la plupart de ces familles dans le culte de la Déesse : les brahmanes Pāḍe comme *guṭhi ko pūjārī*, les Chetri Bohorā comme *mūl susāre*, les Khavas comme *dosro ḍhoke*, les brahmanes Arjyāl et Khanāl comme prêtres du *hom*, les Magar Rānā comme porteurs du *jaṅgi nisān* et sacrificateurs du premier buffle[49]. Nous avons des preuves directes de

44. Wright (1972, p. 278). Traduction française P. Ramirez.
45. Hasrat (1970, p. 103). Traduction française P. Ramirez.
46. Riccardi (1977, p. 49). Traduction française P. Ramirez.
47. Voir l'édit n°24, *ibid.*, p. 62.
48. Hasrat, (1970, pp. 112-113).
49. Voir tableau 1.

l'intervention du roi dans la nomination à certaines fonctions rituelles. En vertu du dix-neuvième édit de Rām Śāh :

> « Le roi a nommé quatre purohit : aux Arjyal il affecte la charge de *hotu* ansi que celle d'Acarya, qui revient spécifiquement aux Arjyal. Aux Bagalya Arjyal il affecte la charge de *hotu*, aux Bihare Arjyal celle d'Acarya, réservée aux Arjyal, aux Khanal revient le service de Brahma, aux Bhattarai celui de Ganesa. Telle est la répartition des quatre purohit[50]. »

On peut lire dans un autre édit :

> « Lorsque le roi est tout seul dans le Vaikuntha, nul ne peut s'y rendre sans en demander l'autorisation au Dwariah, dont la charge revient exclusivement aux Khanzadas[51]. »

Une note de bas de page précise que Khanzadas est un synonyme de Khavās. Un Khan Khavās est toujours deuxième *bhitriyā susāre* devant la *gupti koṭhā*. Dans ce cas cependant, il ne contrôle pas l'accès au roi mais à la Déesse. D'autres groupes sont mentionnés en tant que fonctionnaires du palais : les Magar Grāṁjā Thāpā, qui portent une bannière dans la procession du *phūlpāti*, étaient employés comme *dadā*[52], les Pāṇḍe et Arjyāl comme *khajaṁci*. Cette politique, consistant à attribuer les charges rituelles à des catégories spécifiques appartenant à l'entourage du roi, fut régulièrement réitérée par la suite. À la suite de la conquête de la vallée de Katmandou par Pṛthvī Nārāyaṇ Śāh et du transfert de sa capitale, la répartition des fonctions fut adaptée aux nouvelles conditions. Le prêtre en chef, un brahmane Bhaṭṭarāi, se déplaça désormais depuis Katmandou, de même que les trois femmes, la Kalsinī et les Maṅglinī. Pendant la durée de la Durgā Pūjā, le Bhaṭṭarāi occupe l'échelon le plus élevé, déclassant alors le *guṭhi ko pūjārī* qui en dehors de la fête est au sommet de la hiérarchie. On retrouve la même situation au temple de Manakāmanā où, pendant la fête, un prêtre supplémentaire vient de Katmandou. Là il s'agit d'un Gubhāju. Ce Gubhāju intervient également à Nuwakot, comme les Kalsinī et Maṅglinī qui parcourent le triangle Gorkha, Nuvakot, Katmandou pendant les fêtes. Ce parcours obéit à des modèles historiques récurrents. Le souverain affecte ses officiants rituels à son palais (Katmandou), à son lieu de naissance (Gorkha) et à ce qui fut son quartier général dans les années qui précédèrent son apogée, Nuwakot. On peut aussi rappeler à ce sujet qu'il est de tradition dans la célébration du *phūlpāti* de Katmandou qu'une branche de *bel* arrive de Gorkha.

50. Riccardi, p. 97.

51. Septième « règlement de la cour » promulgué par Ram Śāh, dans la *vaṁśāvalī* publiée par Hasrat (1970, p. 115).

52. Édit n°22, dans Riccardi, (1977, p. 60). *Dadāi* désigne habituellement celui qui s'occupe des enfants de la famille royale. Il peut aussi s'agir de celui qui prépare le *huke* ou *hūka* (pipe à eau) du roi (*ibid.*).

La politique expansionniste se reflète sur le plan du rituel. Ceci ressort tout particulièrement de l'envoi des présents à la Déesse. La proximité des localités d'où proviennent ces offrandes laisse supposer qu'il s'agissait de tributs destinés tout autant au roi qu'à la Déesse. Un passage de la *Gorkhā vamśāvalī* est relativement explicite sur ce point :

> «C'est à cette époque que l'on exigea des habitants de Rosi Bhote qu'ils envoient des chevreaux et pankhi en guise de tribut[53].»

Une pratique similaire est attestée lors de la conquête de Sallyan durant le règne de Rām Śāh :

> «les six Tharghar accompagnés de Durlabh Jaisi et de l'armée avancèrent jusqu'aux berges de la Gandaki. Là l'ennemi avait retiré tous les bateaux afin d'empêcher l'armée de traverser la rivière. Mais Durlabh Jaisi en enfonçant son poignard dans une pierre à un moment propice permit à l'armée de passer à gué, et ainsi de conquérir Sallyan. Après la mort du roi, les sujets rédigèrent une requête et choisirent un Kumal pour la remettre accompagnée d'un présent. Il arriva à Gorkha juste pour le jour du phulpati[54].»

Aujourd'hui encore, un Kumāl apporte un cadeau depuis Sallyantar et accompagne la litière du *phūlpāti*, non seulement jusqu'au temple mais aussi pour *le phūlpāti selāunu*, c'est-à-dire lors de la dispersion de la gerbe dans un ruisseau. La réciproque de cette pratique consiste dans la distribution d'ustensiles rituels, chevreaux, buffles, etc. que le palais envoie de son côté à différents sanctuaires des environs. On y compte Tallokot et Upallokot, qui au temps de Drabya Śāh faisaient déjà partie du domaine de la dynastie, mais aussi des localités comme Manakāmana et Bakreśvar, qui furent annexées ultérieurement.

Cependant, ce réseau d'échanges ne suit pas uniquement les traces de l'histoire, mais s'inscrit dans un cadre mythologique. Un système de relations mythologiques qui plaçait la déesse du Kālikā Darbār au centre d'une famille de sept sœurs, et qui ainsi établissait une justification rituelle des échanges décrits ci-dessus émergea au fil du temps. Nous sommes ici très clairement dans un cas d'interférence avancée entre des faits historiques et mythiques liés au rituel. Les réalités historiques et géographiques trouvent leurs équivalents directs dans la sphère du mythe. Il nous faut donner quelques exemples de cette interférence du mythe et de l'histoire dans la fête du Dasaī.

53. Hasrat, (1970, p. 120).

54. Naraharinath (2021 pp. 49-50); résumé par nos soins.

Il existe de nombreux textes dans la littérature sanskrite qui suggèrent un parallèle entre les fonctions d'un roi et celles d'un dieu[55]. Les points de vue vont d'une équivalence fonctionnelle à une identification du roi avec Viṣṇu. Ceci permit à Rām Śāh de promulguer la règle suivante :

> «Seule la reine est autorisée par le roi à porter des bijoux d'or aux pieds. La raison est la suivante : l'or participe de Narayana, la reine participe de Lakṣmi : elle portera donc de l'or aux pieds...les autres castes, les brahmanes, Khas, Magar, etc. sont autorisés à en porter aux mains seulement, si le roi le leur accorde[56].»

Le lien intime entre le dieu (Viṣṇu) et le roi en fait naturellement un intermédiaire idéal entre l'humain et le divin. C'est pourquoi il n'est pas surprenant que, dans de nombreux mythes, la cour royale soit le lieu privilégié où s'incarne une divinité. Cela apparaît tout particulièrement clair dans la légende de la déesse Manakāmana de Gorkha, dont on raconte qu'elle s'incarna dans le corps de la reine. Le fait fut révélé par la pénitence du roi, et ainsi les hommes entreprirent de rendre un culte à la Déesse. Le contexte de la Durgā Pūjā présente d'une autre façon l'intimité du roi et du dieu : architecturalement, la résidence royale et le temple constituent un seul ensemble. Au début de la fête, une représentation de la divinité est portée de la *kailaś koṭhā* du Rājā Darbār jusqu'au Kālikā Darbār. La condensation du sacré dans le sanctuaire est encore renforcée par le rite du *dīp sārnu*, dans lequel le mouvement est de même direction, soit du Rājā Darbār au Kālikā Darbār. À la fin de la fête, cette configuration se dissout de nouveau par une séquence inverse : un retour et une incorporation des représentations divines dans le Rājā Darbār.

L'impulsion décisive de cette condensation rituelle du sacré provient du pôle royal. Le Rājā Darbār médiatise les éléments indispensables à l'apogée de la fête, les représentations de la divinité elle-même, puis s'en voit confier la garde jusqu'à la nouvelle transformation, l'année suivante. Le roi et le palais sont donc identiques dans leur fonction.

La fonction du roi consiste en outre dans la protection du royaume et de ses sujets. Pour assurer cette protection il est indispensable qu'il recoure à la guerre, et la meilleur période se situe après la saison des pluies – pour des raisons pratiques – c'est-à-dire pendant ou après la Durgā Pūjā. Le rituel résonne donc d'échos militaires. Les porteurs des bannières sont sans exception chetri et magar. Certains d'entre-eux appartenaient aux six *tharghar* et prenaient donc la tête de la plupart des expéditions militaires[57] ; d'autres,

55. Voir MBh 59, 13 et suiv; Manu VII, cité par Drekmeier, (1962, pp. 137, 251). Voir aussi Kulke «Stellvertreter-Ideologie» in Kulke (1979, chap. 3, 1, p. 49 *sq.*).

56. 17e édit dans Riccardi (1977, p. 55).

57. Voir n. 48.

tels les Magar, servaient comme ministres à la cour de Narabhūpāl Śāh[58], et participaient à ce titre à la préparation des campagnes. Une des bannières est encore maintenant qualifiée de «militaire» ou appelée «bannière de Kālī». Le rite *phāgu khelna*, dans lequel les femmes aspergent les prêtres et leurs aides d'eau colorée en rouge sur la plate-forme, rappelle la «procession du vermillon» (*sīdur yātrā*) mentionnée dans la *vamśāvalī* et qui équivaut à un défilé de victoire[59]. Cela est confirmé par le fait que le *phāgu khelna* est organisé le dixième jour, à la suite de la victoire de la Déesse. Les mythes qui sous-tendent la fête, tels qu'ils sont présentés dans le *Devīmāhātmya* ou le *Kālikā Purāṇa* entre autres, n'échappent pas au thème de la guerre : menace d'une armée ennemie, départ en campagne, et dans ce cas, victoire. On trouve également mention d'éléments concomitants, comme la parade.

> «Indra de son côté effectua une lustration de l'armée des dieux, pour l'apaisement de l'armée des dieux et pour la prospérité du royaume des dieux[60].»

Dans la *revanta pūjā*, le soir du neuvième jour, apparaissent deux des équipements les plus nécessaires dans la guerre : le cheval et l'éléphant[61]. Le cheval prend la forme d'un étalon blanc, l'éléphant celle de «l'argile d'éléphant» : celui-ci provient d'un site proche du palais que l'on dit avoir été occupé par un enclos à éléphant. L'argile d'éléphant est déposée aux pieds du cheval. Fait révélateur, ce rite a lieu à la porte du Rājā Darbār, centre militaire, et non à celle du temple. Puis l'étalon reçoit un hommage qui respecte l'opposition sexuelle : la cérémonie se fait en présence de la Kalsinī, qui se substitue à la reine, et s'achève par une circumambulation des Maṅglinī autour de l'animal.

Ce qui confirme l'idée que la Kalsinī joue le rôle de la reine, c'est que les trois femmes, malgré leur rôle dans le rituel, ne sont pas admises dans le Kālikā Darbār; elles officient dans le Rājā Darbār, sur la plate-forme sacrificielle ou lors des processions. Elles viennent toutes de Katmandou, la capitale du roi, et se recrutaient autrefois parmi les concubines du souverain (*bhitrinī*). Elles sont les seules femmes de la procession du vermillon (*sīdur yātrā*) à être aspergées de rouge au même titre que les hommes. En outre, la représentation de la Déesse dont elles ont la charge, le *kalaś*, ne se rend

58. Durant le règne de Narbhūpāl Śāh , Rām Kishan Thāpā (Magar) fut remplacé par Maheśvar Panth (Hasrat, 1970, p. 126).

59. Hasrat, (1970, p. 126) mentionne une «Sandūryātrā».

60. KP 62, 31-32, in Van Kooij (1972, p. 109).

61. On pourrait rétorquer que l'éléphant n'est pas adapté au terrain montagneux de Gorkha. Mais on lui reconnaissait une valeur symbolique. Ainsi, le roi de «Tantroun» qui «était en permanence agressé par le Rajah de Lamjung, envoya un éléphant en cadeau au Rajah de Gorkha, qu'il considérait comme plus puissant que les autres» (Hasrat, 1970, p. 104). Sur le culte des chevaux et des éléphants durant la Durgā Pūjā, voir aussi Kane (1974, pp. 184, 187), et avant une expédition (*ibid.*, pp. 230, 910).

jamais au temple comme les deux autres représentations de la Déesse – les premier et septième jours. Ces femmes et l'objet de culte qui leur est affecté sont ainsi manifestement tenus à l'écart des rites effectués dans et aux abords du *sanctum*. Ces éléments ambivalents ne sont réunis que lors des processions du *phūlpāti*, les septième et dixième jours : la reine de substitution, la Kalsinī, et la déesse de substitution, le *kalaś*, y accompagnent alors jusqu'au temple la « vraie » déesse incarnée dans les Neuf Feuilles. La reconstitution de la Déesse ne fonctionne que par le moyen d'une inversion. En raison de leur costume, les trois femmes sont assimilées à la Déesse. Au même moment, le prêtre en chef est vêtu de pantalons (*suruval*) et d'une tunique (*mayalpoś*), une tenue qu'il n'exhibera lors d'aucune autre cérémonie. Ce qui signifie que les trois femmes, jusque-là considérées comme des substituts de reine, prennent à présent – par leur costume – l'apparence d'une déesse incarnée. Les prêtres et leurs assistants sont eux habillés comme des ministres, comme des « rois de substitution » qui forment une haie d'honneur pour recevoir leur reine, la Déesse. Le transfert de celle-ci au temple s'opère donc par une transformation du rôle de ses serviteurs. Le prêtre devenu ministre et la reine de substitution devenue déesse renforcent ainsi la transformation de la Déesse sortie de la forêt pour entrer au temple. Une transformation identique s'effectue à l'issue de la fête. Comme le roi, qui dans l'œuvre d'Hemādri doit se rendre à la limite du royaume pour effectuer un rite[62], la Déesse est renvoyée dans le monde sauvage le dixième jour. Elle laisse ses serviteurs retourner vers le palais, chantant et dansant tels des guerriers victorieux. La « bataille » – en l'occurrence celle dont la fête est le cadre – prend fin. Ainsi le *Kālikāpurāṇa* nous dit-il :

> « Le dernier quart du mois de Sravana, dans la dixième journée, le spécialiste doit entreprendre de congédier la Déesse. Les gens seront occupés aux jeux de l'amour avec des femmes, des jeunes filles, des courtisanes et des danseuses, au son des trompes, des tambours, des tambours-sablier, tandis que les drapeaux et toutes sortes de tissus seront recouverts d'une variété de graines séchées et de fleurs; il y aura des réjouissances fastes; on évoquera les organes de l'homme et de la femme, par des chants sur les organes de l'homme et de la femme, avec des mots sur les organes de l'homme et de la femme, jusqu'à en être rassasié[63]. »

Si nous tentons de faire émerger tous ces concepts fondamentaux de la Durgā Pūjā, ce n'est nullement dans l'intention de déceler une causalité qui expliquerait l'origine de la fête ou sa « vraie » signification. Au contraire, les rituels ne doivent pas seulement être considérés dans leur proximité à la

62. Selon Hemādri (cité par Kane, 1974, p. 191) le roi doit marcher vers l'est...il doit honorer l'arbre Śamī... Après avoir confectionné une effigie de son ennemi, il doit en percer le cœur d'une flèche... Il doit ensuite retourner à son palais.

63. KP 63, 18-22, Van Kooij (1972, p. 121).

tradition mais aussi dans leur dynamique propre. Ainsi, sont-ils extirpés de la sphère de « la pure activité dénuée de sens et de but » pour être replacés dans le domaine de l'action et de la réaction. C'est ce domaine qui les détermine et qui les dote de la vitalité d'un acte pertinent, c'est-à-dire un acte visant un but et qui établit les moyens adaptés à ce but[64]. C'est pourquoi le rituel joue avec les facteurs mythiques, historiques ou sociologiques, dont les combinaisons illimitées engendrent des variantes. Le mythe et l'histoire deviennent ainsi les éléments constituants d'un système de « logique rituelle ».

Ces deux éléments sont symétriquement transférés, soit isolément soit comme interactions. Mais en transférant ces éléments et leurs interactions dans le mythe, quelque chose est créé qui lui est spécifique. Autrement dit, le tout ne se limite plus à la somme de ses parties. L'élément symétrique nouveau représente, si l'on peut dire, les règles du jeu créatif appelé rituel. Il consiste en une inversion de la structure du temps dans le mythe et l'histoire, inversion qui est rendue possible par la réitération du rituel. Un événement historique donné, repris dans le rituel et mis en scène toujours et encore, en vient à perdre son caractère irréversible, historique, parce que le temps auquel il était attaché devient réversible et réitérable[65]. Son histoire devient une non-histoire. De la même façon, un événement mythique extrait de son contexte mythique pour être mis en scène à un moment particulier, en un lieu particulier, par des gens particuliers et selon une séquence d'actes particulière, perd son rapport à un temps réversible. Il devient irréversible, historique, pour la simple raison qu'il advient. Il se transforme en non-mythe. Le transfert qui suit ces règles aménage dans la sphère de l'interférence le plus grand espace possible à la dynamique du rituel. C'est ce qui autorise une latitude suffisante pour le *développement des variantes locales*. Ce phénomène aurait donc trait à la fameuse « petite tradition ».

Cette approche permet de considérer sous un angle nouveau les relations entre « grande » et « petite tradition » ainsi que les mécanismes et les règles de « l'hindouisation ». Ainsi, les termes de l'interaction, tout comme le mythe et l'histoire, peuvent être considérés comme l'axe vertical de cette relation. Au contraire de la relation horizontale, cet axe se présente comme un mélange *permanent* de traits religieux et culturels pris à différents niveaux plutôt que comme une évolution de l'un à l'autre. « L'origine » d'un culte ne se situe pas dans la transformation d'un autre. Est aussi niée l'idée d'un continuum comprenant un certain nombre d'étapes intermédiaires, parce que

64. Sur ce point, il semble également y avoir une différence avec les rites *śrauta* analysés par Staal (1979, pp. 9-10).

65. Sur les notions de temps « réversible » et « non réversible » utilisés par Evans-Pritchard et Feierman, voir les commentaires d'Eric Ten Raa (1971, pp. 314-315); voir aussi Claude Lévi-Strauss (1964, pp.23-24) : « Mais cette relation au temps est d'une nature assez particulière : tout se passe comme si la musique et la mythologie n'avaient besoin du temps que pour lui infliger un démenti. L'une et l'autre sont en effet des machines à supprimer le temps. »

cela impliquerait une évolution, même si l'on admet l'existence simultanée de différents degrés de développement[66]. Un tel axe est donc non historique. Ce qui signifie que l'existence d'aspects contrastés dans un même culte, en particulier ceux qui relèvent de différents niveaux d'une tradition, ne sont pas *globalement* le résultat d'un développement historique ni l'aboutissement d'une évolution. Des phénomènes interculturels sont intervenus dès le début. Ce qui reste de nature historique, c'est le mélange spécifique de ces aspects au sein d'un culte à un moment donné.

BIBLIOGRAPHIE

BAJRACARYA, D.B., SHRESTHA, T.B.,
2037, *Sāhkālkā abhilekh, pahilo bhāg*, Kathmandu : Nepal ra Esiyāli Anusandhān Kendra, Tribhuvan Visvavidyālaya.

BEIDELMAN, T.O. (éd.),
1971, *The Translation of Culture. Essays to Evans-Pritchard,* London, Tavistock Publications.

DREKMEIER, C.,
1962, *Kinship and Community in Early India*, Stanford.

ESCHMANN, A., KULKE, H., TRIPATHI, G.C., eds.,
1978, *The Cult of Jagannāth and the Regional Tradition of Orissa.* Delhi Manohar.

HASRAT, B.J. (ed.),
1970, *History of Nepal; as told by its own and contemporary chroniclers*, Hoshiarpur, V. V. Resarch. Institute Boock Agency.

HOENS, D.J., van
1979, «Transmission and Fundamental Constituents of the Practice», in S. Gupta, D.J. Hoens, T. Goudriaan, eds., *Hindu Tantrism. Handbuch der Orientalistik*, vol V, part 2, chap. 2. Leiden, Köln, E.J. Brill.

66. On trouve un bon exemple de l'interprétation horizontale de ces phénomènes dans les travaux de A. Eschmann et H. von Stietencron, qui cherchent «l'origine» de Jagannāth à travers les intermédiaires Narasiṁha et Ekapāda Bhairava en passant par un continuum d'étapes : Eschmann, Kulke, Tripathi (eds.) (1978, pp. 99-118 et 119-124). Sur le processus d'hindouisation (*ibid.* : 79 et *sq.*).

KANE, P.V.,
1973, *History of Dharmasastra* , Poona, Bhandarkar Oriental Research Institute, vol III.
1974, *History of Dharmasastra*, Poona, Bhandarkar Oriental Research Institute, vol V, part 1.

KOOIJ, K.R. van,
1972, *The Worship of the Goddess according to the Kalikapurana I*, Leiden, Brill.

KULKE, H.,
1979, *Jagannāth Kult und Gajapati-Königtum. Ein Beitrag zur Geschichte religiöser Legitimation hinduisticher Herrscher* Wiesbaden, Steiner Verlag.

LEACH, E., ed.,
1967, *The Structural Study of Myth and Totemism,* London, Tavistock Publications.

LÉVI-STRAUSS, C.,
1967, «The Story of Asdiwal» *in* E. Leach ed., *The Structural Study of Myth and Totemism,* London, Tavistock Publications.
1964, *Le Cru et le Cuit. Mythologiques I*, Paris, Plon.

Mecīdekhi Mahākālī, bhāg 3, 2031 V.S., Kathmandu, Śrī 5 ko sarkār samcār mantrālāya sucnā vibhāg.

NARAHARINATH ed.,
2021 V.S., *Gorkhā vamśāvalī*, Kasi.

RICCARDI, Th. Jr.,
1977, «The Royal Edicts of King Rama Shah of Gorkha», *Kailash* V, 1, pp. 29-66.

SONTHEIMER, G.D.,
1976, *Birobā, Mhaskobā und Khaṇḍobā. Ursprung, Geschichte und Unwelt von pastoralen Gottheiten in Mahārāṣṭra,* Wiesbaden, Franz Steiner Verlag.

STAAL, J.F.,
1979, «The Meaninglessness of Ritual» *in numen* 26/1, pp. 1-22.

TEN RAA, E.,
1971, «The Genealogical Method in the Analysis of Myth, and a Structural Model» *in* Beidelman, T.O. ed., 1971, pp. 313-347.

TURNER, R.L.,
1931, *A Comparative and Etymological Dictionary of the Nepali Language*, Routledge and Kegan Paul Ltd.

UNBESCHEID, G.,
1985, «Blood and Milk or the manifestation of the goddess Manakamana» *Journal of the Nepal Research Centre*, vol. VII.

WRIGHT, D. ed.,
1972, *History of Nepal*, Kathmandu, Nepal Antiquated Book Publishers.

TABL. 1. DASAĨ AU PALAIS DE GORKHA; PARTICIPANTS AU RITUEL.

Désignation (nbre)		appartenance	tâches	accès jusqu'à :	part du buffle obtenue
mul purohit (1)		brahmane Bhaṭṭarāi	dirige les rites à l'intérieur du temple et sur la plate-forme	*gupti koṭhā, kailāś koṭhā*	
guṭhi ko pūjārī		brahmane Pāḍe	aide dans les rites à l'intérieur du temple et dirige ceux de la périphérie	*gupti koṭhā, kailāś koṭhā*	
ācārya (1)	4 purohit	brahmane Arjyāl	officiant principal du *hom yajna*, récite des *mantra*	vestibule	
brahmā (1)		brahmane Khanāl	dans le *hom yajna*, chargé des offrandes *caru*	vestibule	
hotā (1)		brahmane Arjyāl	dans le *hom yajna*, chargé des offrandes de beurre	vestibule	
gaṇeś		brahmane Bhaṭṭarāi	dans le *hom yajna*, récite le *gasahasranāma*	vestibule	
paricāraka (/)		brahmanes	aident aux offrandes au feu (*hom*)	vestibule	
bhitriyā susāre/mul susāre/phalo ḍhoke (1)		Bohorā Chetri	aide dans la *gupti koṭhā*, porte la déesse et le *kalaś*, sacrifie le second buffle les 8e, 9e et 14e jours.	*gupti koṭhā*	1 cuisseau
bhitriyā susāre/dosro ḍhoke (1)		Khan Khavās	garde la porte de la *gupti koṭhā* et fait l'intermédiaire; choisit les deux *bhanḍārne kanyā*; abat le 3e buffle les 8e, 9e et 14e jours; donne le deuxième coup dans le sacrifice du *satāhar*	dernière pièce avant le sanctuaire	1 cuisseau

bhitriyā susāre/tesro ḍhoke (1)		Sāru Thāpā Magar	assure contact avec le *bāhiriyā susāre*; donne le signal aux Damāi; abat le 4e buffle les 8e, 9e et 14e jours.	avant dernière pièce	1 cuisseau
bāhiriyā susāre/birkoṭe susāre (10)		Birkoṭe Thāpā Magar	aident dans les rites sur la plate-forme et à l'extérieur du palais, préparent les cortèges et y prennent part; cueillent les *navapattrikā*; un d'entre-eux abat le 5e buffle les 8e, 9e et 14e jours; rendent leur propre hommage à Bajra Bhairab, Vindhyavāsinī et Canḍī à l'extérieur du Darbār.	vestibule	tête, coeur et foie
"""""""(1)		Kasāi	choisit et s'occupe du buffle *satāhar*; donne le 3e coup lors de son sacrifice et le découpe; nettoie la plate-forme; porte une torche dans le cortège du *phūlpāti* et ramasse la terre à éléphant destinée à la *revanta pūjā*.	vestibule	queue, intestins
bhanḍārne kanyā (2)			approvisionne en eau la *gupti koṭhā*; enduit de bouse le vestibule	vestibule	
kalsinī (1)		Bāhun ou Chetri	« porte » le *kalaś* de la déesse par l'intermédiaire d'une écharpe double; prend part aux processions; participe à la *revanta pūjā*; chante des *malsiri* et confectionne des colliers de fleurs	plate-forme et Rājā Darbār	
manglinī (2)		Bāhun ou Chetri	accompagnent la *Kalsinī*; participent à la *revanta pūjā*; chantent des *malsiri* et confectionnent des colliers de fleurs	plate-forme et Rājā Darbār	
ālam chetri (1)		Baniyā Chetri	procure le bois du mât des bannières et le *musure katuj*, et les apportent au temple	plate-forme	

”””””””*(1)*		Śākya	nettoie et lustre les bijoux de la déesse ainsi que les objets de culte	terrasses	cou
”””””””*(1)*		Kāmi	aiguise les couteaux et sabres	terrasses	cou
”””””””*(1)*		Damāi	forment l’orchestre *pañca bājā* qui accompagne les rites au temple et les sacrifices sur la plate-forme.	terrasses	côtelettes
”””””””*(1)*		Rānā Magar	abat le 1er et le dernier buffle; porte la « bannière militaire »; porte le premier coup au buffle *satāhar*	plate-forme	1 cuisseau
”””””””*(2)*		Kumāl	portent les présents à la déesse depuis Sallyan et Kundur; l’un d’entre-eux participe à la procession du *phūlpāti*	plate-forme	
”””””””*(3)*		Mājhi	offrent à la déesse des poissons provenant de Borlang, Bumkot et la rivière Daraudi.	plate-forme	
nisān (porte-bannière) *(9)*		Basnet Chetri (2), Ḃogati Chetri, Grāmjā Thāpā Magar, Bhusāl Rānā Magar, Resmi Rānā Magar, Thāpā Chetri, Baniyā Chetri, Bohārā Chetri	portent les 10 bannières dans le cortège du *phūlpāti*	terrasses	
jaṅgi nisān (porte-bannière) *(1)*		Rānā Magar	”	”	
”””””””*(9)*		Sarki	préparent la peau destinée au tambour du temple.	terrasses	peau

PHOT. 1 (en haut). LE GORKHĀ DARBĀR, COMPOSÉ DU KĀLIKĀ DARBĀR À GAUCHE, ET DU RĀJĀ DARBĀR (LE PALAIS ROYAL) À DROITE.
PHOT. 2 (au centre). *YANTRA* REPRÉSENTANT LA DÉESSE.
PHOT. 3 (en bas). LES FENÊTRES SURMONTANT L'ENTRÉE DU PALAIS.

PHOT. 4, 5, 6 et 7. LE CINQUIÈME JOUR DE LA FÊTE, ON NETTOIE LE *KALAŚ* ET DIFFÉRENTS ACCESSOIRES; LES BANNIÈRES DE LA DÉESSE SONT ÉGALEMENT APPRÊTÉES.

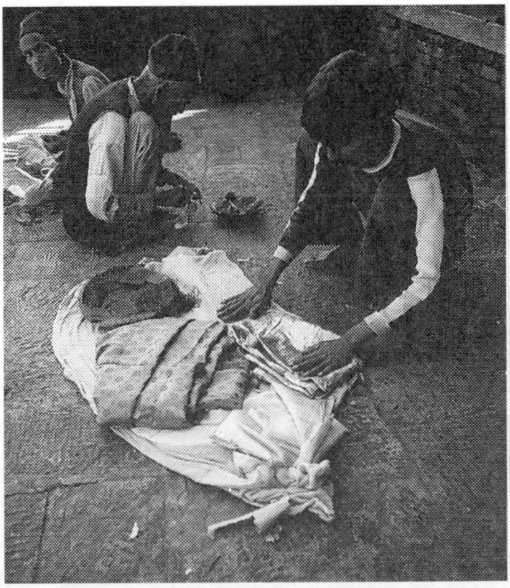

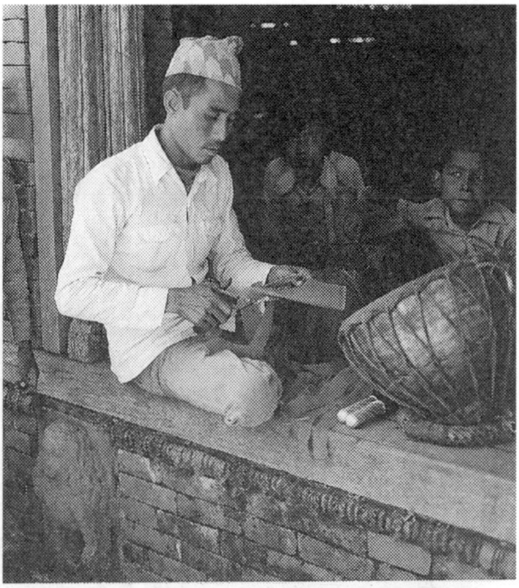

PHOT. 8, 9 et 10. LE SIXIÈME JOUR, LES TAMBOURS SONT « HABILLÉS »; EN FIN D'APRÈS-MIDI, UN PRÊTRE ET DES AIDES SE RENDENT SUR LE SITE DU *NIMANTRANA PŪJĀ*.

PHOT. 11, 12 ET 13. *PHŪLPĀTI*, LE SEPTIÈME JOUR : LES PRÉPARATIFS DE LA PROCESSION DE LA GERBE (*PHŪLPĀTI*).

PHOT. 14, 15, 16 ET 17. *PHŪLPĀTI* (16/10/1980). Le buffle *satāhar* est mené en procession depuis la maison du boucher Ganesh Mān (en haut à gauche) jusqu'au Darbār, par la porte principale (en bas à droite).

PHOT. 18 ET 19. *PHŪLPĀTI* : LE DÉPART DE LA PROCESSION DU *PHŪLPĀTI*, DEVANT LE PALAIS.
La Kalsini et les Maṅglini sont rejointes par un Kasāi portant une torche et l'émissaire venu de Sallyan avec les présents.

PHOT. 20. LE JOUR DE *PHŪLPĀTI*, LES DIX BANNIÈRES DEVANT LA LITIÈRE RENFERMANT NEUF SORTES DE VÉGÉTAUX.

PHOT. 21, 22 ET 23. LORS DES SACRIFICES DES HUITIÈME ET NEUVIÈME JOURS, LA PLUPART DES BUFFLES ET DES CHEVREAUX SONT IMMOLÉS DANS LA COUR SÉPARANT LE TEMPLE DU PALAIS.

PHOT. 24 ET 25. AU BEAU MILIEU DES CORPS, UNE JEUNE FEMME BOIT DU SANG DES ANIMAUX SACRIFIÉS.

PHOT. 26 ET 27. LE DIXIÈME JOUR, LA LITIÈRE CONTENANT LES NEUF FEUILLES (*NAVAPATRIKĀ*) EST PORTÉ EN PROCESSION JUSQU'À UNE SOURCE DES ENVIRONS OÙ ELLES EST JETÉE.

CHAPITRE III

LES RITUELS ROYAUX DE DASAĨ À KATMANDOU

NOTES PRÉLIMINAIRES

Marie LECOMTE-TILOUINE et Bihari K. SHRESTHA

Les rites royaux de Dasaĩ à Katmandou coiffent l'ensemble des festivités qui se tiennent au Népal. Le monarque en est le point focal. Durgā et les dieux tutélaires de la famille royale et du royaume y sont célébrés. Le caractère secret de certains rituels et la difficulté d'observation de la plupart des manifestations de la capitale font qu'il n'en existe pas de description complète aujourd'hui[1]. Pour combler partiellement ce manque, les articles du quotidien *The Rising Nepal* (1971 à 1992) disponibles au centre de documentation du CNRS à Meudon ont d'abord été compilés. Dans un deuxième temps, un certain nombre d'informations ont pu être recueillies auprès d'un prêtre royal attaché au palais de Katmandou et officiant au palais de Gorkha lors du rituel. L'ensemble demanderait de toute évidence à être confirmé par l'observation des rituels et se veut principalement informatif.

LES RITES DES PREMIERS JOURS

Les rituels des premiers jours de Dasaĩ sont peu décrits dans les journaux qui annoncent surtout les ouvertures de marchés spéciaux à prix réduits, les «Dasain bazar», organisés par les chefs de districts, et l'arrivée de centaines de miliers de chèvres et de moutons dans la vallée.

L'autel royal de Dasaĩ est installé dans l'enceinte de l'ancien palais, à Hanuman Dhoka, dans un templion particulier (*dasaĩ ghar*) situé dans une cour à l'est de l'ensemble (cf. plan dans Vajracarya, 2033 V.S.). La description de l'autel n'est pas fournie et l'on apprend seulement que des sacrifices sanglants accompagnent les semailles de pousses d'orge (TRN, 20.9.90), et d'un haricot «symbolisant la fertilité de la Kalash», mis à germer

1. M. Anderson (1977 pp. 142-155), offre la meilleure description.

dans du sable le temps de la fête (TRN, 23.10.74). Le *Gorkhāpatra* (1. 10. 1970) nous apprend qu'un culte est rendu à la Bhagavatī d'Automne (*śaradīya* Bhagavatī) et à l'«Énergie maternelle» (*mātṛśakti*).

Les habitants de Katmandou entament un cycle de neuf bains sacrés, qu'ils prennent au lever du jour à différents lieux saints de la vallée. Ce rituel est localement désigné par «les neuf nuits», *navarātrī*.

«Le jour de Ghatasthapana, les habitants de Lalitpur se baignent à Shankamul et vénèrent la déesse Chamunda» (TRN, 5. 10. 86).

Le cinquième jour de Dasaĩ, Pacali Bhairav est vénéré dans l'ancien palais de Katmandou. La divinité y est apportée depuis Panchanarigh, à Pachali, en ce jour. Arrivée à Hanuman Dhoka, les dévots lui offrent «des prières et des sacrifices» (TRN, 20.10.85)[2].

LE SEPTIÈME JOUR

En contraste avec le peu d'informations concernant les rituels des premiers jours, la première page du *Rising Nepal* correspondant au septième jour est largement consacrée à Dasaĩ. De façon récurrente – les articles étant bien souvent les mêmes d'une année sur l'autre – on y trouve trois articles qui traitent respectivement du «feu de joie», de la procession de *phūlpāti* et de la visite du roi et de la reine à Hanuman Dhoka pour vénérer *phūlpāti*.

Les célébrations militaires

Le septième jour est l'occasion d'une parade militaire[3], qui se tient sur le terrain d'exercice, à Tundikhel. Là, s'élève le «pavillon de l'armée royale» où se rendent le roi et la reine (TRN, 27.9.71). Trente et un coups de fusil saluent leur arrivée et une garde d'honneur leur est présentée (TRN 23.10.74 ou 27.9.71). Le roi arbore un uniforme militaire, ainsi que les princes (TRN, 27.9.71). De nombreux membres de la famille royale et du gouvernement, comme le Premier ministre (TRN, 12.10.75 ou 1.10.76) ou le Président de la Cour suprême (TRN, 1.10.76), prennent aussi place sous le pavillon. Des diplomates étrangers s'y trouvent également et souhaitent un «joyeux Vijaya» au roi, à la reine et à leur famille à cette occasion (TRN, 27.9.71).

Après des tirs en relais, le roi décore des officiers (TRN, 27.9.71). Ces décorations peuvent aussi être remises non pas sur le champ de parade, mais

2. Une bonne description du culte de Pacali Bhairav se trouve dans Anderson (1977) et l'on peut aussi consulter à ce sujet Pradhan (1986, pp. 304-307).

3. La parade du septième jour est appelée «feu de joie» en anglais et *baḍhai* en népali, terme qui signifie «honorer», «célébrer» et qui désigne plus particulièrement le fait de célébrer un événement par des coups de feu.

dans le palais : en 1972, la cérémonie de remise des décorations («orders, decorations and medals») décernées par le roi le jour du nouvel an, s'est tenue au palais royal le jour de *phūlpāti* (TRN, 6.10.72), et en 1971, ce sont des décorations attribuées le jour de l'anniversaire du roi qui ont été remises dans le hall de réception du palais (TRN, 27.9.71).

Pendant le *phūlpāti baḍhaĩ* proprement dit, qui consiste en cinq séries de tirs en relais et deux salves (TRN, 12.10.75), *phūlpāti* est apporté à Hanuman Dhoka (TRN, 23.10.74).

Suit la remise solennelle de la bannière du roi («the King's banner») au premier bataillon de tirailleurs, et de la matraque («truncheon») royale à une compagnie de police (TRN, 12.10.75). Le bataillon qui reçoit la bannière est le vainqueur d'une compétition interne à la Royal Army, «The King's banner contest» (TRN, 1.10.76 ou 9.10.78). Les règles du choix du bataillon ne sont pas clairement énoncées : certains éléments laissent croire qu'un même bataillon est choisi pour deux années. La bannière représenterait les «nouvelles couleurs gorkhā» («The Naya Gorkha colours», TRN, 29.9.79) ou la «bannière de l'année». D'autres informateurs veulent que la bannière soit la divinité d'élection du bataillon, son *iṣṭadevatā*, qu'il vénérerait dans le *koṭ*, caserne. Cette divinité serait invariablement la déesse Kālī ou l'une de ses manifestations. La remise de la bannière est un acte central qui est chaque année l'objet d'une photo en première page dans le journal. Elle se déroule sous un dais érigé devant le pavillon royal (TRN, 29.9.79). Le roi en personne la remet au commandant du bataillon élu, tandis qu'un homme brandit un sabre à ses côtés (cf. par exemple : photo du RN, 1.10.76). La remise de la matraque n'est mentionnée qu'en 1975, et n'y est ni décrite, ni photographiée. À la fin de la cérémonie de présentation des couleurs, les militaires acclament trois fois le roi (TRN, 29.9.79).

La parade militaire du septième jour est liée à la venue de la gerbe *phūlpāti*. Elle débute avant son arrivée à la capitale, puis la gerbe est conduite en procession depuis les portes de la ville jusqu'à l'ancien palais pendant que l'armée effectue des tirs en relais (TRN, 23.10.74). Enfin, «selon la tradition, neuf différentes sortes de fleurs sont cueillies dans les jardins de Katmandou et ses environs d'où le son du "feu-de-joie" se fait entendre, et sont emportées à la pièce de dasain» (TRN, 2.10.84). Les démonstrations militaires marquent le pouvoir du suzerain sur un territoire. C'est sur ce territoire fort qu'il est légitime de réunir les fleurs qui matérialisent la déesse guerrière. On dit que lors de la première célébration militaire après la conquête gorkha, les Néwar ont quitté leur maison et se sont réfugiés dans les collines environnantes en entendant les salves (Gimlette, 1928, p. 44).

Cette cérémonie de remise de la bannière royale est une introduction récente, postérieure à la période Rāṇā, d'après un informateur âgé, de la famille Rāṇā. Une brève description de la parade militaire au début du siècle est donnée par Northey (s.d., p. 165) et une plus complète par Gimlette (1928, p. 44). La présence du roi est mentionnée, ainsi que les salves et une gigantesque fanfare réunissant tous les musiciens de l'armée, mais il n'est pas question de remise de bannière ou de matraque.

La procession de phūlpāti

«L'observance du culte de Fulpati remonte à l'époque de Prithivi Narayan Shah qui, après avoir unifié le Népal, instaura la pratique de faire apporter Fulpati, le "prasad" de la déesse Gorakhkali, depuis Gorkha [...]» (TRN, 20.10.77).

Le *phūlpāti* de Katmandou proviendrait d'après les journaux de la «maison de Dasaĩ» du palais de Gorkha, palais ancestral de la lignée au pouvoir. En fait, il est bien constitué dans le royaume de Gorkha, d'après le prêtre qui y officie, mais ne vient pas du palais même. Le sixième jour du rituel, des assistants rituels (appelés «serviteurs», *susāre*) du palais de Gorkha, sont chargés de collecter neuf sortes de plantes en divers endroits du royaume de Gorkha. Les fleurs *jayantī* proviennent de Salyantar, l'*aśok* (*Saraca indica*) de Majhuwa Deorali, le *bel* (*Aegle marmelos*) de Pipale, le plant de riz (*ropo*) des champs de Chin Chin, etc. Une partie de cette collecte est apportée par les serviteurs jusqu'à une localité appelée Jivanpur, tandis que l'autre partie est portée au palais de Gorkha[4].

Les assistants rituels attachés à Gorkha sont des Magar (un Khawās Magar et un Bhusāl Magar, de haut rang rituel, ainsi qu'un Sāru, un Pulāmi, un Aslāmi, un Rānā, un Marsyang et un Garānjā Magar) accompagnés d'un Bohorā Chetri, décrit comme le «serviteur principal». Ils agissent sous les ordres d'un des prêtres royaux principaux, de clan Aryāl ou Bhaṭṭarāī.

La première des trois étapes du trajet du *phūlpāti* royal consiste donc en son transport par des assistants rituels magar[5], depuis le royaume de

4. Vajracarya (2033, p. 186) donne des informations très différentes concernant *phūlpāti*. Selon cet auteur, il est apporté depuis un endroit appelé Dhunebesi, à Nuwakot. Des personnes seraient envoyées du palais de Hanuman Dhoka quelques jours avant *saptamī* pour y quérir des feuilles de *bel*. Après avoir adoré l'arbre et lui avoir sacrifié un bouc, ces personnes seraient de retour à Katmandou le septième jour, où elles feraient halte au nord de Rani Pokhari, c'est-à-dire à peu près à Jamal. Là, un cortège venu du palais avec des fleurs, des feuilles de bananier et une *kalaś* décorée d'un tissu rouge viendrait chercher le *phūlpāti*, pendant les salves tirées par l'armée. La concordance des faits relatés par Vajracarya avec ceux que décrivent la presse dès lors que *phūlpāti* est parvenu à Jamal laisse penser qu'il existe peut-être deux sources de prélèvement du *phūlpāti*, l'une dans l'ancien royaume de Gorkha et l'autre à Nuwakot. Les *phūlpāti* marqueraient ainsi les deux étapes historiques capitales qui ont précédé la conquête de la vallée, puisque, partant de Gorkha, la prise de Nuwakot en a été la condition *sine qua non* et que les rois Śāh conservèrent un palais d'été à Nuwakot, où Pṛthvī Nārāyaṇ aimait à résider.

5. TRN (29.9. 79 ou 17.10.80) mentionnent six Magar de Gorkha.

Gorkha jusqu'à Jivanpur Chetrapati, localité du district de Dhading située à 25 kilomètres de la capitale.

À Jivanpur, le *phūlpāti* est confié « aux prêtres de Katmandou » (TRN, 20.10.77), des brahmanes et leurs assistants (TRN, 29.9.79), qui le conduisent jusqu'aux portes de Katmandou. Ces assistants sont des Basneṭ Chetri, des Āle Magar et des Rānā Magar dirigés par un prêtre royal Khanāl Bāhun, qui sont partis de Katmandou tôt le sixième jour, pour recevoir le *phūlpāti* ce même jour à Jivanpur. Ils l'emporteront alors immédiatement vers la capitale où il doit parvenir le matin du septième jour. La seconde étape du trajet de *phūlpāti* consiste donc en son transport depuis Jivanpur jusqu'à Jamal, quartier de Katmandou situé à l'extérieur de la vieille ville. En ce sens et comme dans d'autres endroits, *phūlpāti* fait une halte aux limites de la localité, où une nouvelle procession vient l'honorer et l'escorter jusqu'au cœur de la cité dans l'ancien palais.

La procession qui va chercher *phūlpāti* à l'extrémité du campus Trichandra à Jamal se forme à l'ancien palais royal. Elle doit être parfaitement synchronisée avec celle qui va accueillir le *phūlpāti* au palais de Gorkha. Toutes deux se mettent traditionnellement en branle lorsque la lumière du soleil permet de voir clairement les pores de la peau.

La procession qui part du palais royal de Hanuman Dhoka est menée par le *baḍā guruju*, maître spirituel du roi, et son armée particulière, *gurujuko palṭan*. Suivent des assistants rituels portant un palanquin pour *phūlpāti* qui contient du poisson et du turmeric, éléments rituels de bon augure appelés *sāit*. Le palanquin est accompagné par cinq femmes dont quatre sont appelées Maṅgalinī, du nom des chants auspicieux *maṅgal* qu'elles exécutent et une, Kalśinī, à cause du vase *kalaś* qu'elle porte. À cette occasion, ces femmes chantent des *mālaśrī*, hymnes dévotionnels spécifiques à Dasaĩ. Un certain nombre de membres du gouvernement et d'employés du palais royal sont tenus de participer à la procession. Avant 1977, tous les fonctionnaires du gouvernement, depuis les ministres jusqu'aux fonctionnaires de troisième grade figurant à la Gazette, étaient requis. Depuis, l'obligation ne s'étend plus qu'aux fonctionnaires de premier grade figurant à la Gazette (TRN, 18.10. 77)[6].

D'après TRN (20.10.77, 23.10.74 et 11.10.86), une fanfare de la police, « un cortège culturel », des femmes portant des cruches, des hommes portant des chasse-mouches (en queue de yak et au manche d'or), ainsi qu'un contingent de la royal Nepal Army et « l'armée du Guruju » prennent part à la procession.

6. « Provision has been made for the participation by members of the council of ministers, justices, heads and members of the constitutional bodies, Royal Palace members present on the occasion, first class Royal Palace, special and first class HMG officials, chairmen and general managers of the corporations, Kathmandu District Panchayat president, and Kathmandu Town Panchayat pradhan panch » (TRN, 18.10.77).

Arrivés à Jamal, les fonctionnaires du gouvernement et du palais royal rendent un culte à *phūlpāti* (TRN, 27.9.71). Puis la procession repart, *phūlpāti* en tête, parcourant, Jamal, Kamalakshi, Asan, Indracowk, Makhan, Hanuman Dhoka (TRN, 11.10.86). En même temps que les «fleurs de Fulpati, la cruche (Kalash) de la famille royale est introduite dans le Dasain ghar de Hanuman Dhoka». La *kalaś* royale est portée par des hommes du palais ancestral de Gorkha, *phūlpāti* par les prêtres brahmanes royaux (TRN, 14.10.88).

La procession qui escorte *phūlpāti* depuis Jamal jusqu'à Hanuman Dhoka doit être synchronisée avec la parade militaire, de sorte qu'à l'issue de celle-ci, le roi parvienne à l'ancien palais à temps pour honorer la gerbe et présider à son introduction dans la chapelle royale.

Arrivé dans Hanuman Dhoka, le palanquin de *phūlpāti* est porté à l'avant par l'assistant Basneṭ et à l'arrière par le plus âgé des autres assistants. Le roi rencontre la procession dans la cour appelée Nasal Chok à Hanuman Dhoka. Là, une chèvre est offerte en sacrifice et son corps est traîné autour du palanquin. Puis *phūlpāti* est conduit dans le *dasaĩ ghar*, suivi par le roi, la reine, le prince héritier et d'autres membres de la famille royale. Dans la chapelle, le roi offre de l'argent aux divinités et reçoit en retour une *ṭikā* en *prasād*. TRN (27.9.71) précise : le roi et la reine «vont porter hommage à Fulpati et à Durga Bhawani au Dasain Ghar». Les princes et les princesses, des membres de la famille royale, le Président de la Cour suprême et des ministres les accompagnent (TRN, 29.9.79). Lors de cet hommage, de la musique «de bon augure (Mangal dhun)» est jouée (TRN, 21.10.85).

LE HUITIÈME JOUR

Dévotions

Le jour d'*aṣṭamī*, le roi, la reine et leurs enfants, ainsi que la reine-mère, vont faire leurs dévotions à dix temples de la vallée de Katmandou dans l'ordre suivant :

«Naxal Bhagabati, Guhesvari, Maiti Devi, Kalika [aussi appelée Kalakasthan ou Kalikasthan selon TRN 6.10.73 ou 25.10.74 ou 3.10.76], Bhadrakali, Shankata, Mahankal, Naradevi[7], Sobhabhagabati, Indrayani». «Vijayaswori» est parfois rajoutée à la liste, cependant d'après TRN (25.10.74), la famille royale ne visite pas le temple de cette déesse, mais en reçoit seulement les «prasad». Selon TRN (21.10.77), beaucoup de dévots se rendent à ces sanctuaires en ce huitième jour, pour y sacrifier des animaux.

7. Dans la liste donnée par le RN (19.10.80), Naradevi est remplacée par Swetakali.

Hormis Mahānkāl, qui est un dieu masculin, tous les autres sites visités sont dévolus à une forme de la Déesse et constituent un groupe de neuf.

Kālarātrī

La nuit du huitième jour, *kālarātrī*, 54 buffles et 54 chevreaux sont sacrifiés selon des rites tantriques dans la cour de Hanuman Dhoka (TRN, 14.10.88). Une idole de Taleju, ancienne divinité tutélaire des rois Néwar Malla et actuelle déesse tutélaire du royaume du Népal (*rāṣṭriya devī*) est descendue de son temple dans la cour du palais, puis placée dans la chapelle de Dasaĩ du Mulcok : «L'idole principale de Taleju Bhawani a été placée dans la cour principale (mool chowk). À minuit, au moment où la lune disparaît, a lieu le rituel secret [«Gupta puja»] de Taleju, qui comprend des prières et des sacrifices de chèvres et de buffles. L'idole de Taleju est placée dans le dasain ghar du roi» (TRN, 19.10.80). Cette dernière précision semble être fausse : l'idole de Taleju serait entreposée dans un templion particulier situé dans la cour principale de Hanuman Dhoka et non dans le *dasaĩ ghar* royal. La confusion entre les deux s'explique par le fait que la chapelle du Mulcok où l'on entrepose les représentationss de Taleju est elle-même appelée *dasaĩ ghar* (Pradhan, 1986, p. 308). Il n'y a donc pas réunion des *Śakti Śāh* et Malla. En fait, d'après un prêtre attaché au temple de Taleju, le culte de celle-ci a été intégré au rituel de Dasaĩ du temps de Mahendra Malla. La nuit de *kālrātrī*, l'idole principale de Taleju, une *kalaś* pleine d'eau, est descendue de son temple pour être placée dans un templion de la cour principale. Là, elle recevrait le sacrifice de 8 buffles, de 54 bufflons et de 54 chevreaux. Les frais occasionnés par ces sacrifices seraient supportés de nos jours encore par le ministère des Finances et non par le Palais royal, montrant qu'il s'agit là d'un culte d'État. Pendant cette cérémonie nocturne, l'incarnation de Taleju, la Kumārī, serait elle-même amenée dans la cour principale. La famille royale ne prend pas part à ces festivités. Ce n'est que très tardivement, sous le règne du roi Mahendra Śāh, qu'a été introduite la pratique de sacrifier en cette nuit un chevreau à Taleju au nom de la famille royale, dans la cour principale.

Cependant, l'administration du temple de Taleju est placée sous la tutelle du prêtre *mūl purohit* de la famille royale et cela depuis Pṛthvī Nārāyaṇ. Toutes les nominations de personnes attachées au temple sont faites par lui, bien que lui-même ne soit pas admis à entrer dans le bâtiment. Seuls les membres initiés des trois hauts lignages hindous néwar – Karmācārya, Rājbhandari et Jośī–, ont le droit de pénétrer dans le sanctuaire. Une exception concerne toutefois le roi, qui a la permission d'y entrer en théorie, s'il a reçu l'initiation. Les prêtres néwar attachés au temple sont rémunérés par le Guṭhi Saṃsthān (corporation gouvernementale), mais les corps des animaux sacrifiés à Taleju sont la propriété du *mūl purohit* et une part importante de ceux-ci sont offerts en *prasād* à des personnalités civiles et militaires[8].

Le rôle de Taleju au sein des rituels royaux de Dasaĩ est très complexe. Elle se rattache étroitement à la trame des événements rituels de Dasaĩ, mais de façon parallèle, comme un doublet néwar des rites Śāh. Par exemple, le septième jour, de même que la Déesse est introduite sous sa forme de *phūlpāti* dans le *dasaĩ ghar*, quatre idoles de Taleju sont descendues de leur sanctuaire permanent et placées dans le templion de la cour principale (Van den Hoek et Shrestha, 1992); elles seront de même remontées le matin du dixième jour, comme le *phūlpāti* est immergé en ce jour. Les rois Śāh ont toutefois une place dans le culte de Taleju, comme nous l'avons déjà noté. En outre, le roi est représenté par son épée dans le temple de Taleju, la nuit de *kālrātrī* (Pradhan, 1986, p. 310).

Enfin, un chevreau noir est sacrifié aux Nava Durgā dans le *dasaĩ ghar*, à minuit (TRN, 11.10.81, 4.10.84).

LE NEUVIÈME JOUR

Le neuvième jour marque la fin du rituel de *navarātrī* qui, dans la vallée de Katmandou, consiste à prendre un bain au petit matin, neuf jours durant, aux lieux saints suivants : «Shanka Mul, Kankeswori, Pashupati Aryaghat, Sobhabhagabati, Tokha kalmochan, Teku Dovan, Gokarna, Gaurighat» (TRN, 3.10.76). Il se termine au temple de Taleju Bhawani à Katmandou, ouvert au public en ce jour et pour la seule fois de l'année : «Les dévots ont offert des sacrifices au "Dasain kotha" où pousse le jamara. Des chèvres, des canards, des volailles et des buffles ont été sacrifiés» (TRN, 6.10.73). Comme le font remarquer Van den Hoek et Shrestha (1992), le seul jour de l'année où le temple est ouvert, il ne contient précisément pas les idoles de Taleju, qui ont été descendues : une représentation de Guyeśvarī y est exhibée à la place.

La Kumārī est également vénérée (TRN, 2.10.87, 12.10.86).

Pour la «Biswakarma puja», tous les véhicules et les instruments reçoivent un culte. En particulier, une grande série de sacrifices se tient dans la cour du *koṭ* de Katmandou, «Pyaphal tole kot», où les militaires

8. Les rois Śāh ont été des dévots un peu malheureux de Taleju. Hormis Pṛthvī Nārāyaṇa dont la légende veut qu'il ait été consacré roi par la main de la Déesse elle-même sous sa forme de Kumārī, son fils, Siṅgh Pratāp Śāh, lui rendit un culte afin d'assurer l'expansion de son royaume. Mais, on dit que la Déesse demanda alors le sacrifice d'un homme pourvu des 32 qualités, ce qui est une autre façon de désigner le roi. Les prêtres auraient alors vu toutes leurs propriétés confisquées par le souverain en colère. Plus tard, le fils de celui-ci, Raṇa Bahādūr Śāh, tint Taleju responsable de la mort de sa femme bien-aimée. La Déessse fut, dit-on, emportée en procession funéraire, ce qui fut interprété comme la vengeance du dernier roi Malla, Jayaprakāś, dont Raṇa Bahādūr faisait figure de réincarnation. Plus tard, pour se faire pardonner, ce roi institua six cultes majeurs à Taleju, appelés *thā pūjā*, qui sont financés aujourd'hui encore par le Trésor public.

sacrifient des chèvres et des buffles aux bannières et aux fusils et des sacrifices ont lieu au poste de police situé à proximité de Hanuman Dhoka (TRN, 25.10.74). Tandis que les bannières sont vénérées dehors, les armes reçoivent un culte à l'intérieur du *koṭ*, dans un sanctuaire appelé *garbha gṛha* «la maison de la matrice».

LE DIXIÈME JOUR

Trois événements principaux sont soulignés par la presse lors de *daśamī* : la remise des *ṭikā*, le message royal et la procession des sabres, *khaḍga jātrā*.

La remise des ṭikā

Avant de remettre la marque *ṭikā* à ses sujets, le roi la reçoit lui-même. Cette cérémonie se passe tôt le matin au nouveau palais, Narayanhity, dans la salle appelée Dhanusha Hall, «le hall de l'Arc[9]». Le roi reçoit tout d'abord une aspersion d'eau contenue dans la *kalaś* de la chapelle de Dasaĩ. «Sa Majesté le roi a été aspergée avec l'eau sacrée du pichet du Dasain Ghar au milieu des chants de mantras védiques priant pour la longue vie, la bonne santé et le bonheur de Sa Majesté, avant que la "Tika" et le "Jamara", les "Prasad" de la Déesse-Mère Durga Bhawani, soient présentées à Sa Majesté»(TRN, 24.10.77). Les prêtres royaux effectuent cette onction : le *baḍā guruju, le mūl purohit*, et «autres» (TRN, 19.10.83, 24.10.77). L'aspersion du roi est accompagnée de musique de bon augure et de salves tirées au fusil (TRN, 11.10.81). Elle marque la fin des neuf jours de Dasaĩ et le début de la cérémonie des *ṭikā* : «Les neuf jours de Dasain se terminent avec l'aspersion d'eau sacrée (abhisekh) de la déesse Durga qui marque le commencement de la cérémonie des "Tika"» (TRN, 8.10.92). Le roi reçoit ensuite de la poudre vermillon, une *ṭikā* et du *jamarā*. Au moment précis où il reçoit la marque *ṭikā*, trente et un coups de feu sont tirés. A la suite du roi, la reine reçoit une aspersion, la *ṭikā* et le *jamarā* des prêtres, puis le roi remet une *ṭikā* à son épouse. Le prince héritier puis la reine-mère sont alors aspergés par les prêtres et reçoivent à leur tour la *ṭikā*. Le roi et la reine remettent ensuite la *ṭikā* au prince héritier et la reine mère, enfin, appose une marque au roi, à la reine et au prince. Puis, le roi et la reine bénissent le reste de la famille royale, les frères du roi et tous leurs parents. Cette remise des *ṭikā* est une affaire privée, seuls les membres de la famille royale et les prêtres y sont admis. La famille royale s'y affirme comme une patriligne, excluant des rituels les filles et les sœurs mariées du roi.

9. Les différentes salles du palais de Narayanhity portent des noms de lieux du Népal et notamment de sommets. Dhanusha est un district du Terai associé aux légendes de Rāma.

L'après-midi est consacré à la distribution des *ṭikā* par le roi. Le programme, tel qu'il est anoncé dans le *Rising Nepal* du 22.10.74 est le suivant :

« 12h	remise aux gurus et purohits
12h30	famille royale
12h45	10 shahebjus (personnes de la famille royale des Śāh tenant leur rang du roi) 4 Chautariyas (frères classificatoires du roi) Parents royaux Leurs Grandeurs (alliés ou matrilatéraux de la famille royale) Rajas (Les rois) Officiers militaires du palais ou figurant à la gazette jusqu'au rang de Major.
15h30	autres Shahebjus et Chautariyas, Premier ministre, Président de la Cour suprême, ministres, secrétaires, et officiers militaires du rang de secrétaire.
16h	militaires figurant à la Gazette, officiers civils et le peuple en général [10] ».

Parallèlement, la reine remet des *ṭikā* aux femmes.

Lors de la dernière partie de la cérémonie, le roi, debout dans la cour de son palais, distribue des marques à quiconque, quelle que soit « sa caste, sa croyance ou sa nationalité » (TRN, 30.9.87).

Le message royal de Vijayā Daśamī

Chaque année, à l'occasion de *vijayā daśamī*, le roi adresse un message à son peuple, publié, signé de sa main, dans le quotidien *Gorkhāpātrā*. L'idée force de ce message figure tous les ans en gros titre dans le *Rising Nepal*, qui en donne aussi la traduction intégrale en anglais. Après avoir adressé ses vœux à tous les Népalais (dans les années 70) ou à tous les Hindous (depuis les années 80), le roi aborde les problèmes du moment : trouble politique ou problème de développement. Deux leitmotive se détachent : l'importance de la tradition et de l'identité, tels qu'ils s'expriment lors de Dasaĩ, ainsi que les devoirs du citoyen envers la « Terre-mère ». En 1992, parallèlement au message du roi, un long message du Premier ministre, G. P. Koirala, est reproduit et commenté.

10. Pour plus de détails au sujet des élites népalaises, cf. Rose et Scholz (1980, pp. 54-58).

La procession des sabres

Le soir du dixième jour, «des groupes de douze personnes, revêtues de longues robes blanches et portant des sabres en main, sortent de temples de dieux ou de déesses en divers lieux de la ville de Kathmandu et tranchent des gourdes placées à certains endroits de la procession. Les groupes, appelés Payakhala, symbolisent différents dieux et déesses et l'acte de trancher des gourdes avec le sabre signifie le triomphe de la justice et l'extermination des pouvoirs démoniaques» (TRN, 17.10.75)[11] (Phot. 1).

Une procession part du palais royal, à laquelle les rois Malla prenaient part autrefois (Vajracarya 2033 V.S. p. 187). Aujourd'hui, le roi est toujours représenté par son épée qui est portée par un fonctionnaire à la tête d'une petite procession, qui fait un circuit dans la ville au son de musique militaire (Vajracarya 2033 V.S., p. 186 et Van den Hoek et Shrestha, 1992).

Une fois tous les douze ans, le roi assiste à la fin de cette cérémonie, devant le temple de Gaṇeś à Katmandou : «À cette occasion, Sa Majesté le roi a accompli le rite qui consiste à échanger le khadga royal [un sabre] avec celui de Pachali Bhairav [...]. Le sabre royal est rendu cérémonieusement à Sa Majesté le roi avec les bénédictions de Pachali Bhairav. Des danseurs représentant des divinités – Pachali Bhairav, Kumar et Ganesh d'Asan, Taleju Bhawani ainsi que des Daityas (démons) de Ombhal – étaient venus au temple de Ganesh de Kathmandu, portant leur sabre»(TRN, 6.10.76). En 1987, douze ans plus tard, cet échange de sabre entre le roi et Bhairav donna à nouveau lieu à un article dans le *Rising Nepal* (5.10.87)[12].

La fin des rites a lieu le dixième jour au soir, lorsque les ingrédients du rituel et notamment le *phūlpāti* sont immergés dans les eaux de la Bishnumati ou dans celles de Rani Pokhari, selon la position de la planète *śukra*, Vénus. Il s'agit de rester éloigné de celle-ci. Si elle se trouve à l'est, l'immersion a lieu dans la Bishnumati, si elle est à l'ouest, dans Rani Pokhari.

Enfin, les dix jours de Dasaĩ sont immédiatement suivis à Katmandou par la «procession de la déesse Annapurna» («celle qui est pleine de céréales»), que l'on promène dans la ville pendant deux jours (TRN, 2.10.90).

11. Pour une liste des différents *khaḍga jātrā* de Katmandou, voir Pradhan (1986, p. 313).

12. On trouvera une description détaillée de l'échange de sabre entre le roi et Bhairav dans Tamrakar (2044 V.S.). On notera que l'échange entre le roi et Bhadrakālī ne revêt probablement pas la même importance puisqu'il n'est pas relaté dans les journaux.

BIBLIOGRAPHIE

ANDERSON, M.,
1977, *The festivals of Nepal*, London, George Allen and Unwin.

GIMLETTE, G.H.D.,
1928, *Nepal and the Nepalese*, London, H.F. and G. Witherby.

NORTHEY, W.B. (s.d.),
The Land of the Gurkhas or The Himalayan Kingdom of Nepal, Cambridge, W. Heffer and sons.

PRADHAN, R.,
1986, *Domestic and cosmic rituals among the Hindu Newars of Kathmandu, Nepal*. PhD, University of Delhi.

The Rising Nepal (TRN), 18.10.1969, 27.9.71; 6.10.72, 17.10.72; 4.10.73, 6.10.73, 9.10.73; 22.10.74, 23.10.74, 25.10.74; 12.10.75, 14.10.75, 17.10.75, 18.10.75; 1.10.76, 3.10.76, 6.10.76; 14.10.77, 18.10.77, 20.10.77, 21.10.77, 24.10.77; 9.10.78, 11.10.78, 14.10.78; 29.9.79, 1.10.79; 17.10.80, 19.10.80, 22.10.80; 2.10.81, 6.10.81, 8.10.81, 11.10.81; 25.10.82, 30.10.82; 8.10.83, 9.10.83, 12.10.83, 13.10.83, 19.10.83; 2.10.84, 4.10.84, 7.10.84; 15.10.85, 16.10.85, 17.10.85, 20.10.85, 21.10.85, 23.10.85; 3.10.86, 5.10.86, 6.10.86, 7.10.86, 8.10.86, 9.10.86, 10.10.86, 11.10.86, 12.10.86, 16.10.86; 29.9.87, 30.9.87, 2.10.87, 5.10.87; 12.10.88, 14.10.88; 1.10.89, 2.10.89, 3.10.89, 4.10.89, 6.10.89, 10.10.89, 11.10.89, 13.10.89; 19.9.90, 20.09.90, 26.09.90, 27.9.90, 1.10.90, 2.10.90, 3.10.90, 4.10.90; 4.10.92, 8.10.92, 9.10.92, 17.10.92

ROSE, L. et SCHOLZ, R.,
1980, *Nepal : Profile of a Himalayan Kingdom*, Boulder Westriew Press.

TAMRAKAR, TEJARATNA,
2044 V.S., : «Pacali Bhairavko bārha barṣa khaḍga jātrā»in *Nepālī samskṛti*, vol 4, n°1, pp. 9-12.

VAJRACARYA, G.,
2033 V.S., *Hanumānḍhokākā rājadarbār*, Kathmandu, Tribuvan University.

VAN DEN HOEK, B. et SHRESTHA, B.,
1992, «Guardians of the royal goddess : Daitya and Kumar as the protectors of Taleju Bhavani of Kathmandu» *CNAS Journal*, vol.19, n°2, 1992, pp. 191-222.

PHOT. 1. PROCESSION DES SABRES (KAḌGAJĀTRĀ)
LE SOIR DU DIXIÈME JOUR, DANS LE QUARTIER VATU À KATMANDOU.
Ici la Désse Ajima incarnée par le doyen Jyāpu
(Caste de paysans) du quartier (cl. G. Toffin.)

CHAPITRE IV

RENCONTRE DES DÉESSES ET DES DIEUX DU LIEU

LE DASAĨ ET LES CHANGEMENTS DE POUVOIR À PHALABANG (SALYAN)

Gisèle KRAUSKOPFF*

Situé à mi-chemin du sentier qui relie la vallée de Dang (600 m) au bourg de Salyan (1450 m), le village de Phalabang (1600 m) garde trace des changements géopolitiques qui ont accompagné l'unification du Népal dans cette région de l'ouest du Népal. Il fut l'une des forteresses du royaume de Dang avant sa chute devant les armées de Gorkha en 1786, puis devint la capitale du royaume de Salyan, allié des Śāh de Gorkha. En effet, en 1766, dès les prémices de l'unification du Népal, Salyan avait établi une alliance matrimoniale et politique avec Pṛthvī Nārāyaṇ Śāh, qui lui permit de garder une relative autonomie. En revanche, le dernier roi de Dang fit des choix stratégiques qui signèrent sa fin. Il s'opposa aux Śāh de Gorkha, fut militairement conquis en 1786, et se réfugia dans les plus méridionales de ses terres, à Tulsipur-Balrampur, situé aujourd'hui en Inde près de la frontière népalaise[1]. Les revenus du royaume de Dang – les vallées de Dang et Déokhuri et les collines de Phalabang –, échurent à la principauté de Salyan.

Le village oublié de Phalabang offre l'exemple de phénomènes qui se sont produits ailleurs au Népal, en des lieux plus importants : lorsqu'un roi conquérant s'installait chez un vaincu, il en embrassait généralement les dieux. Le cas le plus remarquable est celui des Śāh eux-mêmes qui adoptèrent Taleju, divinité tutélaire des royaumes néwars de la vallée de Katmandou, conquis en 1768 par Pṛthvī Nārāyaṇ Śāh. À Phalabang, le dieu qui joue ce rôle n'est pas une déesse, c'est Ratannāth, un Yogī déifié, disciple de Gorakhnāth, le fondateur de la secte des Kānphaṭā Yogī ou Nāth Yogī. Les

* Je remercie le ministère de la Recherche et de la Technologie qui, dans le cadre du Programme « Action Concertée Anthropologie » (1990), a financé mes recherches sur ce thème, ainsi que A.W. Macdonald et Satya Shrestha.

1. Ses descendants prirent le titre de « roi de Tulsipur », ébauchèrent d'incessants complots pour récupérer leur royaume et tombèrent finalement devant les troupes britanniques, lors de la mutinerie de Lucknow (1856). Siṁha ou Sĩha peut aussi être orthographié Sen et, dans les documents britanniques, Singh.

légendes associent Ratannāth à la création du royaume historique de Dang. Selon certains érudits locaux, il fut même la divinité lignagère, *kuldeutā* de la dynastie régnante. Ses desservants nāth Yogī ont été les rājguru des rois de Dang[2]. La dynastie de Salyan fit de Ratannāth l'une de ses divinités d'élection, *iṣṭadeutā*.

Telle qu'elle se déroule à Phalabang, la fête du Dasaĩ donne à voir la relation entre Ratannāth, dieu maître du site, et les déesses guerrières, reines de ce rituel. Elle met en scène deux ensembles divins, l'un régional, lié au passé le plus ancien de la région, l'autre transrégional : en ce moment clé du calendrier des rituels d'État, les incarnations de Durgā, vénérées à l'échelle de tout le pays, rejoignent Ratannāth et ses compagnons Bhairav. Cette rencontre céleste renvoie aux rapports entre deux principautés historiques : Dang, disparue en 1786, et Salyan, entrée dans l'histoire nationale du Népal par son alliance avec les Śāh, puis avec les Rāṇā.

Je m'attacherai ici au «scénario» de prise de pouvoir religieuse et politique que cette fête déroule, en étudiant comment le rituel articule la rencontre entre ces divinités et comment l'emprise d'une déesse venue de l'extérieur s'ancre dans l'histoire locale. Dasaĩ sacralise les déplacements des centres de pouvoir. Il rejoue, mythifiés et ritualisés, les enjeux politiques qui ont fait la région, dressant un pont entre le passé mythique et l'histoire.

À PROPOS D'HISTOIRE : ROYAUMES ET FORTERESSES

On sait combien il est difficile de reconstruire l'histoire des petites principautés hindoues qui se sont implantées dans l'ouest himalayen. L'entreprise est limitée, non seulement par la rareté des archives et des inscriptions, mais aussi par les dénominations changeantes attachées à ces royaumes aux contours flous. Selon les documents et les époques, un même nom peut recouvrir des unités politiques différentes et, inversement, une même entité territoriale connaître plusieurs appellations. Pour des raisons aussi bien climatiques que stratégiques, leurs souverains pouvaient disposer de plusieurs forteresses ou changer de capitale. Les terres sur lesquelles ils percevaient des revenus se modifiaient selon les conflits et les alliances entre voisins. Leur espace de tutelle, changeant, pouvait englober le territoire de vassaux et

2. Une statue de Ratannāth datant de 1768 mentionne le nom du roi Naval Siṁha et celui de ses rājguru Nāth Yogī (Amatya éd., 1989, p. 89). La fonction de *rājguru*, «maître spirituel royal» a été particulièrement importante dans les royautés népalaises (Whelpton 1991, p. 11). Le précepteur royal, – à Dang et Salyan, c'était des Nāth –, avait aussi un rôle politique essentiel. Le prêtre domestique royal, *rājpurohit*, responsable des rites du cycle de vie et, dans certains cas, également desservant de la divinité lignagère, était un Brahmane. Je conserverai les termes vernaculaires pour mieux distinguer ces fonctions.

n'était pas précisément délimité. À la périphérie, ces royaumes connaissaient même souvent une double tutelle[3].

Ainsi, lorsqu'en 1766, Pṛthvī Nārāyaṇ Śāh maria sa fille Vilas Kumāri au fils du roi de Salyan, il lui offrit en dot les revenus du royaume voisin de Dang où un roi, Naval Siṁha Siṁha, régnait encore. Ce don anticipé (la dot ne fut effective qu'après l'unification) illustre le rôle des donations foncières dans les stratégies de conquête militaire, mais également la fragilité du lien du roi au territoire et à ses habitants. Ce document nous révèle aussi que le royaume de Dang était alors composé de plusieurs unités : «les collines de Phalabang», le «pays de Korbang-Chilli» (défini comme un vassal, *samanta*) et les vallées de Dang et Déokhuri. La tutelle de Dang sur ces régions fut d'ailleurs contestée et des «pays» comme Chilli, Korbang ou Phalabang sont parfois mentionnés indépendamment et ont pu connaître des périodes d'autonomie[4].

L'enquête ethnographique vient, dans une certaine mesure, éclairer ces ambiguïtés et enrichir la signification des documents. Ainsi, les habitants de la vallée de Dang et des régions limitrophes évoquent ces unités historiques en mettant l'accent, soit sur le royaume ou «pays de Dang» (*dāṅg deśa*), soit sur les forteresses (*koṭ*), promontoires notables dans le paysage, qu'ils associent toujours à un ancien «roi». L'on parle ainsi du «roi» de la forteresse de Phalabang, de celui de Korbang, de Chilli ou de Sawari, que ces rois aient été une seule et même personne ou, à d'autres époques, des personnalités distinctes.

Ce «pays» de Dang dessine une géographie sacrée organisée autour du culte et des sanctuaires de la divinité Ratannāth (Krauskopff 1990). Que cette unité rituelle témoigne d'un passé politique unifié à une certaine phase de l'histoire de Dang (l'extension la plus large du royaume?) est probable mais indémontrable par les seules données historiographiques. On est frappé toutefois par la correspondance étroite entre les territoires définis comme «le royaume de Dang» par Pṛthvī Nārāyaṇ Śāh et ses successeurs dans le document cité, et l'espace consacré au dieu tutélaire de la dynastie qui

3. Ainsi, les habitants des terres méridionales de Dang payaient deux fois l'impôt : au roi de Dang, l'autorité du Nord, et au roi de Balrampur, l'autorité du Sud (*Oudh Gazetter*, 1877, p. 504). Cette double tutelle sur le plupart des terres du Térai a été à l'origine de la guerre anglo-népalaise de 1814, les Britanniques voulant dresser des frontières précises. Sur ce sujet, cf. Burghart (1984).

4. Naraharinath (1966, p. 408) (mots séparés par moi) : «*dāṅg deśa* [le pays de Dang] *dhipati byabasthā,pitata dāyatta korbaṅg chilli sanjh kāsamanta deśa* [la région feudataire de Korbaṅg Chilli] *phalābaṅg bhidha parbat* [les collines de Phalabang] *dāṅg devakhurī bahira madya deśa* [Dang Déokhuri [et?] le Térai extérieur]» dont les limites sont ainsi définies : à l'est la rivière Madi, au sud le royaume de Yaban (les Musulmans), à l'ouest le royaume de Salyan (Krauskopff 1990, p. 36). Le statut de feudataire de Korbaṅg et Chilli illustre les composantes floues du royaume. En 1803, Birbadhra Śāh, «roi de Chilli», contestera cette tutelle et reprendra très brièvement son autonomie (on trouve mention de donations faites par le roi de Chilli en 1827).

régna sur Dang[5]. Au cours des derniers siècles, le pays de Ratannāth fut, soit inclus dans d'autres unités administratives, soit lui même subdivisé. Mais ces emboîtements se sont opérés autour des forteresses, *koṭ*, points focaux associés à la personnification du pouvoir, le roi, et à sa divinité protectrice. Généralement perchés au sommet d'une montagne, ces forts abritaient l'arsenal, le palais royal et le sanctuaire de la divinité tutélaire. Ils ont constitué des centres politiques et guerriers et, encore aujourd'hui, c'est là qu'on célèbre la fête royale de Dasaī (Fig. 1. et Phot. 1)

Phalabang est l'un de ces lieux de pouvoir et l'on peut en reconstruire l'histoire autour de trois types de matériaux : d'une part, les données historiographiques (publiées ou nouvelles) qui, confrontées à l'enquête ethnographique, permettent de dégager trois phases principales dans son évolution politique depuis le XVIIe siècle. D'autre part, les hauts faits du dieu du lieu, Ratannāth, contés dans les chroniques Yogī et maintenus vivants par la tradition orale. Enfin, les archives concernant les privilèges fonciers des desservants Nāth Yogī, dont le rôle dans la politique ancienne et dans les festivités de Dasaī est notable.

Le rituel de Dasaī fait revivre ce passé – en quelque sorte dans la synchronie – tel que la communauté des villageois se le raconte. L'historiographie et l'étude d'un rituel d'état se renforcent ainsi mutuellement pour éclairer les transformations politiques qui ont marqué une région. Une telle approche ethno-historique apparaît comme un contrepoint nécessaire à l'étude d'un rituel qui joue précisément un rôle dans la mémorisation et la reformulation du passé de la localité.

L'HISTOIRE DE LA FORTERESSE DE PHALABANG

Les données historiographiques permettent de dérouler le contexte politique durant lequel Phalabang passa de la tutelle de l'ancien royaume de Dang à celle du royaume de Salyan et d'y dégager trois phases :

- celle où Phalabang fut la dernière capitale du royaume de Dang avant sa chute en 1786;

5. À une exception près : Chilli kot est consacré aux déesses Mālikā et Kālikā, doublé d'un sanctuaire en bas, à Bansgadhi (Dang). Selon les descendants Bāhun de leurs *rājpurohit*, Mālikā était la divinité lignagère des rois de Chilli. Plus au nord cependant, on trouve la forteresse de Korbang (que les textes associent à Chilli, cf. note 4) où Ratannāth est toujours vénéré par un Nāth Yogī. Avant la conquête, selon des documents récemment collectés, trois frères, « rois de Chilli », avaient attribué un *guṭhi* (à Dandagau et Khaireni dans la vallée de Dang) pour les cultes à Ratannāth-Kāl Bhairav au profit de leur *guru* Hirānāth. De fait, à proximité du village de Bijauri (Dang), on trouve un petit sanctuaire de Ratannāth et Kāl Bhairav, qui pourrait être le double en plaine de celui de Korbang, le culte à Mālikā pouvant être un ajout ultérieur, peut-être lié à un changement dynastique.

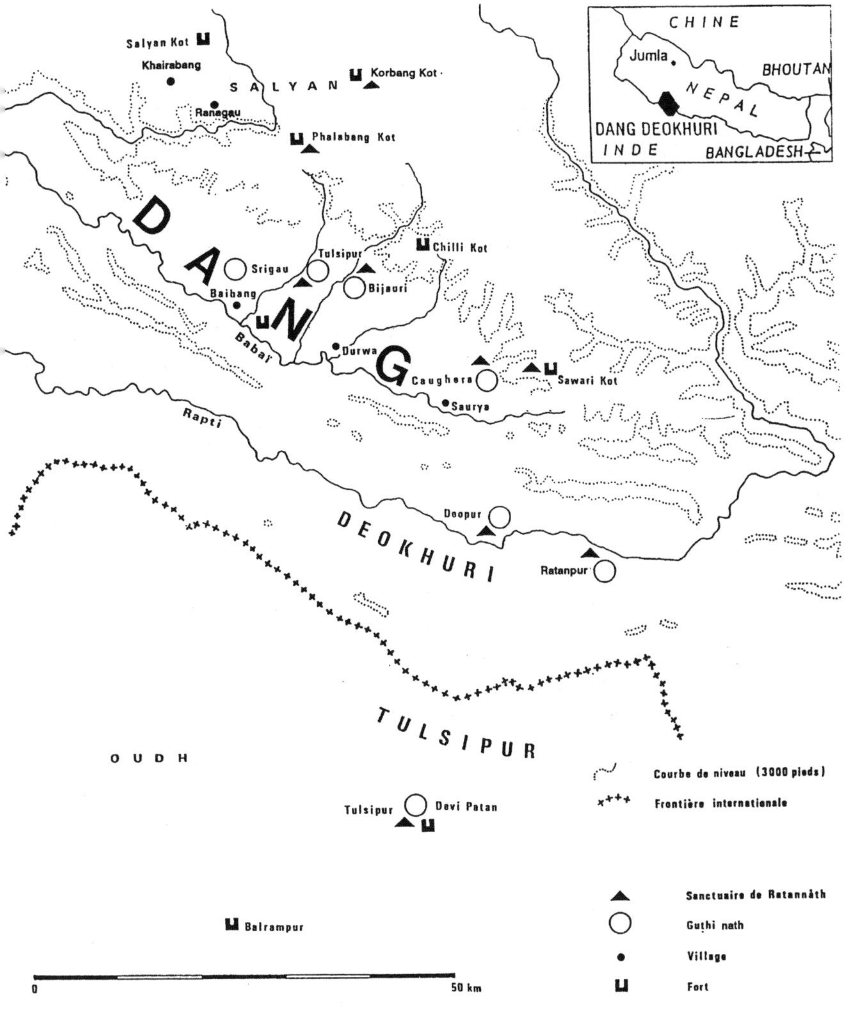

FIG. 1. DANG ET SALYAN : FORTERESSES ROYALES ET SANCTUAIRE DE RATANNĀTH.

- celle, brève et confuse, une période de rupture, où le royaume de Salyan absorba toutes les possessions de Dang mais qui aboutit à l'abolition pure et simple de Salyan;
- celle du royaume (*rājya*) de Phalabang, rebaptisé royaume de Salyan à l'époque des Rāṇā. Cette période, bien documentée, est particulièrement signifiante pour la compréhension du rituel de Dasaī qui se déroule encore aujourd'hui.

Phalabang et le royaume de Dang

Dang et Salyan ont fait partie des Baisi, principautés qui acquirent leur autonomie après l'éclatement de l'empire de Jumla à la fin du XIVe siècle. Une inscription de 1336 mentionne en effet une donation foncière à Dang par le roi de Jumla, Puṅya Malla, (Naraharinath 1966, p. 761). Les documents postérieurs sont très rares jusqu'au XVIIIe siècle, souvent limités à la simple citation d'un nom de lieu (de «pays» ou de forteresse) et d'un nom de roi payant tribut aux Moghols de la plaine indienne. Compilées par les Britanniques pour valider leurs droits sur les terres frontalières du Népal, ces références musulmanes sont contestables. Ces sources signalent cependant l'existence de royaumes à Dang et à Salyan dès le XVe siècle[6]. Ils y sont définis par le nombre de villages où un souverain percevait des revenus fonciers. C'est en ces termes qu'un roi de Phalabang est cité en 1669, comme possédant vingt villages dans la vallée de Dang[7].

Le témoignage de Hamilton, fruits d'informations de seconde main collectées en 1802 – vingt ans après la conquête – fait de Phalabang une capitale tardive du royaume de Dang :

> «Le roi de Dang, le voisin le plus proche de Salyan, [...] vivait autrefois sur une haute colline appelée Dang et, avant de perdre cette partie de ses biens, la dynastie y possédait une maison appelée Caughera; depuis quelques générations, elle s'était cependant retirée à Phalabang, non pas dans la plaine mais sur une colline la surplombant. Cette ville est maintenant généralement appelée Dang[8], et contient des huttes de terre et de bois, la maison du roi étant seule construite en briques» (1819, p. 278).

La tutelle du roi de Dang sur Phalabang est indirectement confirmée par l'inscription sur plaque de cuivre, *tāmā patra*, de 1861 V.S. (1803), reconfirmant, en sanscrit et en népali, la dot offerte par Pṛthvī Nārāyaṇ Śāh à sa fille Vilas Kumāri, en 1766. Enfin, dans une lettre postérieure, datant du conflit anglo-népalais de 1814, le roi de Dang en exil proposa son aide

6. «It appears from some revenues accounts of 1485 that... Pargannah Rajhat [actuel district de Banke dans le Térai népalais] was held by Raja Sangran Shah of Salyan who nominally paid a revenue of 54.921... and Dangdun was held by a hill rajah named Udat Singh as a *jama* of 81.325» (Boys et Clark 1873, p. 30). La vallée de Dang (Dangdun Mahal) est mentionnée dans les possessions d'Akbar au XVe siècle, puis dans un firman de Shah Jahan (1627) au profit des chefs d'Ikauna (Nevill 1921, p. 124). Une tutelle musulmane effective sur les vallée intérieures du Térai est douteuse avant l'implantation solide des Nababs de Lucknow en 1754.

7. «In 1669, the Raja of Phalabang held 20 villages and a Raja of Jarauli 58 villages in Dang dun» (Boys et Clark 1873, p. 43). Données différemment reprises dans le *Gazetteer d'Oudh* (1877, vol.II, p. 88) : «in the year 1485, pargana Dang dun [...] consisting of 192 villages, was held by a hill raja called Udat Singh, whereas in 1667 the hill chiefs of Phalabang and Jumli possessed only 78 villlages in this part»; voir aussi Nevill (1921, p. 124). Ces compilateurs connaissaient fort mal la région : ils situent Dangdun,«la vallée de Dang», dans le district de Bareich (Bhinga)...

8. Illustration de l'ambiguïté et du flou des appellations encore en usage aujourd'hui.

aux Britanniques et réclama en échange ses trois fiefs ancestraux («hills») de Phalabang, Dang et Déokhuri[9].

Forteresse d'un ensemble mouvant, absorbée par cet ensemble ou engendrée par lui, Phalabang a été contrôlée par le royaume de Dang à une date imprécise, peut-être vers le milieu du XVIIe siècle. Poste «frontière» et de défense proche du dangereux voisin Salyan Kot, elle se trouvait sur l'importante voie commerciale qui reliait la plaine à Jumla. Promontoire idéal dans les premiers contreforts montagneux qui surplombent la vallée de Dang, Phalabang était à l'abri de la malaria mortelle qui y sévissait durant les mois chauds. Il est probable qu'en hiver, le roi séjournait dans ses demeures des plaines. Il conservait des liens étroits avec Caughera-Sawari Kot, site de l'est de la vallée de Dang lié à la fondation mythique du royaume de Dang par le Yogī Ratannāth et «capitale» originelle, selon Hamilton[10]. Le contact avec ce lieu fondateur s'est d'ailleurs maintenu en dépit des déboires de la dynastie de Dang : un important pèlerinage relie encore le sanctuaire de Caughera à celui de Devi Patan, en Inde, où après son exil, le roi de Dang fit reconstruire un temple à son dieu tutélaire Ratannāth[11].

Phalabang et le royaume de Salyan

On sait mal ce qu'il advint de Phalabang immédiatement après la chute du roi de Dang en 1786[12]. Le royaume de Salyan recouvrit dès lors un important territoire : les terres de Banke-Bardya à l'ouest du Térai, les riches vallées de Dang et Déokhuri et les collines du nord de Dang jusqu'aux possessions de son

9. Cf. note 4 et East India Cy (rééd. 1985, pp. 400-401).

10. Un document (non daté) mais nécessairement antérieur à 1786, peut-être de 1775, fait état d'une rencontre à Sawari Kot entre le roi Naval Siṁha et Bhagavantanāth (mort en 1786), le *rājguru* du roi de Salyan qui aida Pṛthvī Nārāyaṇ Śāh (mort en 1775) dans ses conquêtes, et fut probablement à l'origine de l'alliance entre Gorkha et Salyan (Naraharinath 1966, p. 486, document n°8). Sur la relation entre Pṛthvī Nārāyaṇ Śāh et Bhagavantanāth, voir Bouillier (1991), Regmi (1975, vol.I, pp. 231-232, p. 252) On peut toutefois douter de l'ancienneté de ce site. Au centre de la vallée de Dang, où se concentrent d'ailleurs les plus importantes propriétés foncières nāth, des ruines pourraient témoigner d'un site royal plus ancien.

11. La reconstruction du temple par Naval Siṁha serait la quatrième depuis la fondation par Ratannāth (Nevill 1921, pp. 192-193). Les monastères nāth de Caughera et Devī Patan sont liés à celui de Gorakhpur en Inde (Unbescheid 1980, p. 17).

12. Dang fut conquis le 11 novembre 1786 (Regmi 1975, p. 325). Des documents népalais montrent que les rois de Salyan donnaient des directives à Dang (par exemple dans Naraharināth 1966, p. 487, n°13). Mais une période de flou semble avoir suivi la chute du roi de Dang et Hamilton signale un fait troublant : Phalabang serait resté sous la protection des Nababs de Lucknow et le roi de Dang en exil à Tulsipur-Balrampur y aurait gardé des administrés (1819, p. 278). Selon les sources britanniques, Naval Siṁha ne se serait réfugié à Balrampur qu'en 1795 (Nevill 1921, p. 179 *sq.*). D'autres sources mentionnent plusieurs incursions dans leurs anciennes terres et leur récupération temporaire par le fils de Naval Siṁha (East India Cy, 1824, p. 400). Durant la guerre de 1814-1816, «des ennemis des Śāh» s'infiltrèrent d'ailleurs jusqu'à Phalabang (*Itihās chiti patra saṅgraha*, 2023 V.S. : 131).

collatéral de Jajarkot[13]. Comme en témoignent plusieurs lettres (Naraharināth 1966, p. 401), ces droits furent reconfirmés à l'accession de Raṇa Bhīm Śāh sur le trône de Salyan en 1794, et par l'inscription sur cuivre de 1803. Or, en 1809, des événements violents provoquèrent l'abolition soudaine et brutale du royaume de Salyan par Bhīmsen Thāpā, Premier ministre à Katmandou depuis 1806. Sous le prétexte d'intelligence avec des ennemis du Népal dans les terres des Nababs, il envoya une armée à Salyan. Une partie des membres de la famille fut exécutée (probablement le roi lui-même), une autre (dont le fils aîné héritier du trône) exilée sur les terres des Nababs et Vilas Kumāri, reine de Salyan et fille du fondateur du Népal, reléguée à Phalabang[14]. Les réclamations de Salyan sur sa souveraineté et la suppression du royaume au premier prétexte révèlent, me semble-t-il, les craintes du pouvoir central face à la semi-indépendance d'une aussi grande principauté. L'abolition du royaume de Salyan intervint d'ailleurs peu de temps après la création du poste de Premier ministre, signant l'affaiblissement du pouvoir des Śāh de Katmandou, alliés très proches de Salyan.

Toutes les possessions de Salyan furent saisies et, dès 1809, un officier (*subedar*), installé dans l'ancienne forteresse de Salyan, géra toutes les affaires de la région[15]. Seule, Vilas Kumāri retrouva certaines de ses propriétés en 1812, et on peut supposer que la reine et les survivants de la politique radicale de Bhīmsen Thāpā vécurent dès lors à Phalabang. C'est ainsi comme lieu d'exil d'une dynastie déchue que Phalabang redevint le centre politique d'un nouveau «royaume».

Le royaume de Phalabang

Contrairement à ce que laisse supposer le flou des appellations génératrices d'ambiguïté dans l'interprétation des documents, une rupture fondamentale s'est produite : les événements de 1809 ont signé la disparition d'un royaume dont la souveraineté s'étendait sur Salyan, Dang, Déokhuri, Banke, Bardya... Le «royaume de Salyan» qui réapparut sur la scène politique au milieu du XIXe siècle avait bien peu en commun avec celui qui établit une alliance fructueuse avec Pṛthvī Nārāyaṇ Śāh. Le *rājya* de Phalabang,

13. Selon le *tāmā patra* de 1803 (cf. note 4), les anciennes possessions de Salyan s'étendaient, à l'ouest, jusqu'à la rivière Bhairavi (limite des actuels districts de Surkhet et Salyan), au sud, jusqu'aux possessions des Nababs (Salyan possédait le Térai de Rajhat, actuel Banke-Bardya), à l'est, jusqu'à Phalabang, au nord, jusqu'à la chaîne de montagne Chipalya Jhingkhani (vers Jajarkot). Ajoutons que les principautés feudataires de Dang, comme Korbang-Chilli, mais aussi Udaipur (dans l'actuel district de Rolpa) et d'autres minuscules entités politiques mal connues, comme Malneta, au nord de Salyan, passèrent sous sa tutelle.

14. Cf. Manandhar (1984).

15. Pour ce qui concerne Phalabang tous les documents sont au nom de *subedar*, puis de *subbā*, jusque vers 1878-1884 V.S. (Naraharinath 1966, pp. 491-493).

mentionné dès 1827, se distingue territorialement et politiquement de l'ex-royaume de Salyan.

En 1837, un document fait d'un certain Tej Bahādūr Śāh, le «roi de Phalabang» (*phalābāṅg rājā*), sans les termes de respect royaux autrefois attachés à la dynastie de Salyan[16]. Aucun document ne permet de préciser quel rapport de parenté l'unissait au dernier roi de Salyan, Rana Bhīm Śāh. Il était probablement un collatéral ou un proche de l'entourage de Vilas Kumāri. Son espace de tutelle fut réduit à la portion congrue : l'ouest de la vallée de Dang et la forteresse de Phalabang qui en constituait la limite nord. L'ancien site de Salyan Kot – où était situé le temple de la divinité lignagère ancestrale de Salyan – se retrouva ainsi à l'extérieur de ce territoire[17]. Sous les Rāṇā, et à la différence des époques antérieures, ce «royaume» fut précisément cadastré. Une carte de 1907 montre que le royaume de Phalabang se modifia peu par la suite. Le reste de l'ancien royaume de Dang-Salyan, sauf les terres du Térai passées sous contrôle britannique en 1816, resta sous la gestion du gouvernement central[18].

Le «royaume de Phalabang» : une grande propriété Rāṇā

À la mort de Tej Bahādūr Śāh en 1847, Narendra Bahādūr Śāh, son fils aîné, lui succéda, ce qui provoqua les inévitables conflits entre princes héritiers. Les Premiers ministres rāṇā, au pouvoir depuis 1846, mirent bon ordre à cette situation en usant d'une arme politique classique, l'alliance matrimoniale, assurant ainsi leur emprise sur le royaume de Phalabang. En 1865, Narendra Bahādūr Śāh épousa en secondes noces Toraṇa Divyeśvarī Devī , fille de Dhir Samśer Rāṇā, alliance redoublée par le mariage d'une autre fille, Khagḍa Divyesvarī Devī, avec le frère du roi. Les Rāṇā imposèrent que la descendance de leur fille régnât ou, en cas d'infertilité des unions, que Toraṇa Divyeśvarī obtînt la régence[19]. En 1871, dès la mort de Narendra sans

16. Les rois de Salyan avaient droit à l'appellation très respectueuse de *mahārājā śrī tin* («grand roi trois fois *śrī*») le roi du Népal étant *śrīman mahārājā dhirāj śrī śrī mahārāj* («roi des rois... grand roi...») ou *śrī panc*«cinq fois śrī». Dans le premier texte qui le mentionne en 1827, Tej Bahādūr Śāh est sans titre, puis ultérieurement, *rājā* Tej Bahādūr Śāh ou *rājā śrī* Tej Bahādūr Śāh, appellation certes respectable, mais qui le rapproche d'un ordinaire grand propriétaire terrien ou d'un simple administrateur (Naraharinath 1966, pp. 411-419).

17. Les limites (Naraharinath 1966, pp. 411-412) sont : au nord-ouest, les terres *birta* appartenant à des Brahmanes (de Sankot et des environs), à l'est, les terres de Chilli et des Tharu (l'ouest de la vallée de Dang à partir de la rivière Gwar), au sud, les collines limitrophes de Déokhuri, à l'est, les terres *guṭhi* de Chagau Dubicaur.

18. La restauration de Tej Bahādūr Śāh est étroitement liée à une tentative du gouvernement central de récupérer les terres de Rajhat (Banke, Bardya) «appartenant à ses ancêtres» et passés sous contrôle britannique après la guerre de 1814-1816 (Naraharinath 1966, pp. 417-419)

19. (Naraharinath 1966, pp. 422-424). Sur ces alliances matrimoniales, voir aussi Marize (1980, pp. 68-70).

enfant, Dhir Samśer gouverna Salyan par l'intermédiaire de sa fille, devenue «reine de Salyan» à Phalabang[20]. Comme les Śāh de Gorkha, les rois de Salyan tombèrent sous le joug des Rāṇā.

Cette «rana-isation» de Phalabang intervint peu après la restauration de la dynastie de Salyan. Elle se marqua par un développement religieux caractérisé par la construction de sanctuaires dédiés à Śiva ou à la déesse, desservis par des Brahmanes Upadhyāya. Ainsi, en 1888, entre autres donations religieuses à Dang même, Toraṇa Divyeśvarī Devī fit construire un temple de style indo-moghol, consacré à Śiva, dans un ensemble comprenant un abri de deux étages pour les pèlerins[21]. Son *pūjārī*, un brahmane Upadhyāya, est le principal officiant dirigeant aujourd'hui les cultes de Dasaĩ. Il descendrait des anciens *purohit* de la dynastie régnante, également *pūjārī* du temple à la divinité lignagère Bhadrakālī, situé à Salyan Kot. Selon un document de la même époque, «la reine de Salyan» affecta des terres *guṭhi* à un brahmane Upadhyāya, pour les cultes réguliers à Durgā et les sacrifices de buffles à Dasaĩ au palais de Phalabang[22]. L'entreprise fut parachevée par la construction d'un premier palais rāṇā, vers 1896, et d'un second, à Tulsipur, dans la vallée de Dang, en 1918. La famille possédait aussi une demeure à Lucknow et une autre à Katmandou, comme tous les membres de l'aristocratie de cette époque.

Tout en portant en elle l'héritage de Salyan (dont elle a gardé le titre et la divinité lignagère) et le souvenir de l'ancien royaume de Dang dont elle protège le dieu fondateur Ratannāth, la principauté de Phalabang s'est peu à peu transformée en une simple propriété foncière, bénéficiant à une branche de la famille Rāṇā par l'intermédiaire de ses gendres royaux. À chaque génération, l'alliance matrimoniale avec des ministres Rāṇā (de rang A) fut d'ailleurs répétée. Appelé «les 400 foyers» dans les textes, le royaume jouissait d'une exemption de corvées (*jhārā, beṭh, begār*), que le roi pouvait donc lui-même lever, sauf sur les terres *guṭhi* et *birta*[23]. Il tirait ainsi profit des terres de l'ouest de la vallée de Dang défrichées et cultivées directement par les Tharu[24]. Le royaume préservait une certaine autonomie judiciaire, disposant d'une cour de justice et d'une administration financière propre

20. L'appellation «roi de Salyan» réapparait dès 1856 mais, c'est seulement avec la «reine rāṇā» qu'elle devient systématique, sous la forme d'un très respectueux *śrī* 3 *mahārāni*.

21. L'une des cloches du temple contient les noms de Toraṇa Divyeśvarī Devī et de Lakṣmī Nārāyaṇ Śāh (1888). Un temple dédié à Kālikā, desservi par un Brahmane, date également de cette période.

22. (Narharinath 1966, p. 431) ordre daté de 1943 V.S. (1887/1888) au *pūjārī* Bhīmkānta Upadhyāya offrant les terres du village de Kuriya (ouest de Dang) pour assurer le culte à Durgā et les sacrifices de Dasaĩ au palais de Phalabang.

23. C'est un *sarbāṅg mapha* que M.C. Regmi identifie à une donation *birta*, leurs titulaires ayant des droits similaires (1978, p. 150; 286).

24. Les Tharu appelaient *potet* ou *rājye* les terres qu'ils exploitaient au profit du roi de Phalabang (Krauskopff 1989, p. 43).

(*māl kacahari*), d'ailleurs souvent en conflit avec la cour officielle (*adalāt*) installée dans l'ex Salyan Kot[25]. Cette autonomie était toute relative, puisque les Rāṇā de Katmandou prenaient les décisions. Cette emprise du centre se renforça après la mort de la reine de Salyan et sa succession par Samśer Bahādūr Śāh, son beau frère. Le roi en titre était toutefois couronné : le dernier couronnement a eu lieu en 1942.

À la chute du régime des Rāṇā en 1951, la famille vivait en partie à Katmandou, en partie sur ses différentes propriétés, venant chasser ou prêter hommage à ses dieux, ce qui entraînait d'ailleurs la levée de lourdes corvées auprès des paysans tharu. À l'abolition des *rājya* en 1961, le lien fut définitivement rompu. Les rois de Salyan perdirent leurs droits féodaux mais gardèrent leur titre royal et une pension[26]. À la même époque, un fort mouvement d'émigration a poussé les villageois vers la vallée de Dang où la malaria a été éradiquée vers 1960. Il n'y a aucun Ṭhakuri à Phalabang. La population, Bāhun et Chetri, s'est grossie d'immigrants pauvres de basses castes, originaires du nord.

Vision villageoise de l'histoire

Seuls deux palais inhabités et les festivités du Dasaĩ gardent les échos du passé royal du village. Le plus ancien, de style néwar, est un joli bâtiment de briques et de bois sculpté. De plan carré autour d'une cour intérieure contenant les sanctuaires de Ratannāth et Bhairav, il dresse ses belles ruines au sommet de la colline qui surplombe le village. L'autre, une demeure blanche de style Rāṇā construite vers 1896, se trouve plus bas sur un vaste terre-plein.

Pour les villageois de toute la région, ces deux palais sont les témoins d'un âge d'or mais aussi les supports d'une histoire qu'ils reformulent ainsi : «Le vieux palais abandonné est très ancien (cinq cents ans prétend un des Brahmanes du village). Il fut établi par Kāla Rājā, "le roi noir", venu de Balrampur-Tulsipur pour régner sur Dang. Après une longue guerre, celui-ci perdit son royaume et le vainqueur, le roi de Salyan, se fit construire un nouveau palais, abandonnant l'ancien.»

S'appuyant sur ces deux témoins du passé architecturalement très différents, la chronique villageoise ne respecte certes pas une chronologie exacte, mais elle met en avant une fondation par un roi venu d'ailleurs qui plonge dans le passé le plus ancien de la région[27] et une rupture historiquement

25. Seuls, les crimes passibles de la peine de mort étaient jugés à la cour *adālat* de Salyan (Marize 1980, p. 175).

26. Quatre rois de l'ouest (Salyan, Jajarkot, Bhajang et Mustang) ont gardé leur titre et le privilège de défiler sur un éléphant, lors de certaines cérémonies royales de la capitale.

27. Ainsi qu'un lien avec Tulsipur-Balrampur, lieu d'exil du roi de Dang, associé localement aux Musulmans des plaines indiennes. Des villageois croient même que Kāla Rājā était un musulman

marquante : la chute d'une dynastie, celle de Dang, au profit d'une autre, celle de Salyan, qui s'empara de la capitale du premier pour en faire la sienne.

L'HISTOIRE DU DIEU DU LIEU

Ratannāth, héros fondateur du royaume de Dang

Ratannāth est vénéré dans tous les sites royaux qui, à un moment ou un autre de leur histoire, ont été rattachés au royaume de Dang : à Caughera, site d'une première fondation, à Phalabang, «capitale» ultérieure, mais aussi dans le lieu d'exil du roi de Dang, Devi Patan, et dans la petite principauté vassale de Korbang-Chilli. Dans tous les documents nāth, le pays associé à Ratannāth est appelé *savālākh jhārkaṇḍ* «les 125 000 forêts» ou «les forêts des 125 000», *savālākh* dénommant anciennement les montagnes Siwalikh. En tant qu'unité administrative, Phalabang y est défini comme les «4000 foyers» au sein des «125 000 forêts», une unité sociale et foncière, dans l'espace «sauvage» originel du dieu[28]. C'est dans ce lieu «forestier» – la vallée de Dang et les terres limitrophes du Térai ont longtemps été couvertes de forêts paludéennes – que Ratannāth instaura le royaume de Dang.

Le corpus mythique relatif à cette fondation est riche. Ratannāth y apparaît, soit comme un Yogī légitimement roi –, soit comme un roi (Ratna Pārikṣaka, le fils du roi de Dang, Mānik Pārikṣaka) devenant Ratannāth après sa rencontre avec le Yogī Gorakhnāth[29]. Toutes ces versions mettent en scène une chasse royale : le chasseur poursuit un daim qu'il a blessé et se retrouve face à un ascète en méditation. Soit l'animal blessé gît près de lui, soit le Yogī lui-même saigne, ayant pris la place de la victime. L'ascète initie le chasseur, lui demandant de renoncer à la violence et, en même temps qu'il lui rend la flèche, lui offre le royaume de Dang.

(dans la région, «Kāla» désigne les Musulmans). Certains attribuent la construction du palais néwar à des artisans musulmans des plaines indiennes ! Concordance troublante avec le témoignage d'Hamilton rapportant que Phalabang resta sous la protection des Nababs de Lucknow après la conquête. Or, un lien étroit existait entre les rois de Dang-Phalabang et les Princes du sud sous tutelle musulmane : lors d'un conflit guerrier avec ses voisins, le roi de Balrampur, Naval Siṁha, trouva asile chez son homonyme (!) de Phalabang (vers 1770-80) qui l'aida à recouvrer son royaume, avant, à son tour, de trouver refuge chez lui (*Oudh Gazetter*, 1877, p. 505). Salyan a aussi entretenu des rapports étroits avec les Nababs de Lucknow, justifiant peut-être l'attaque sanglante de Bhīmsen Thāpā.

28. *Savālākh jhārkāṇḍ madhye cār hajār Phalābāṅg* «les 4000 foyers de Phalabang dans les 125 000 forêts» (Naraharinath 1966, p. 449). *Jhārkāṇḍ* désigne une terre couverte d'une végétation sauvage; Siwalikh, nom actuel des premiers contreforts montagneux qui bordent le Térai, dérive de *savālākh*.

29. Sur les légendes, cf. Unbescheid (1980, pp. 16-18), Bouillier (1986, p. 132), et Naraharinath (1966, p. 514) pour les textes népalais.

Ces légendes sont rattachées à Caughera (où Ratannāth serait enterré) qu'Hamilton présente comme la plus ancienne capitale du royaume de Dang. Situé dans l'est de la vallée de Dang, ce site abrite l'un des plus importants monastères nāth yogī du Népal, riche de nombreuses terres *guṭhi* dans les deux vallées de Dang et Déokhuri. Ce monastère était associé à une forteresse, Sawari Kot, située à une heure et demie de marche, vers le nord, dans les premiers contreforts du Mahabharat. Les Yogī et leur dieu y résidaient durant la saison paludéenne et redescendaient à Dang en hiver, le changement saisonnier donnant lieu à une procession pour transporter les formes mobiles de Ratannāth. Après l'éradication de la malaria vers 1960, les ascètes ont cessé de se rendre à Sawari Kot, vivant en permanence dans la vallée, à Caughera. Déserté par les rois depuis plus de deux siècles, partiellement abandonné par les Nāth il y a trente ans, Sawari Kot garde un seul témoin de son passé : le dieu du lieu, Ratannāth. Il est vénéré sous un *pipal*, avec Gorakhnāth, Achām Bhairav et Baṭuk Bhairav. Le desservant de ce site oublié est un très pauvre Yogī marié, non initié.

Ratannāth et la fondation de Phalabang

La légende d'origine du sanctuaire nāth de Phalabang fait écho à celle de la fondation de Dang. Elle est associée, non au site de Phalabang proprement dit, mais à Tharkot, la colline la plus élevée des environs (1900 m), située à environ une demi-heure de marche de Phalabang, près du col d'accès à Dang, d'où la vue englobe toute la vallée. Le récit que j'ai récolté reprend le motif de la chasse royale :

> «Le roi Kāla Rājā, venu de Tulsipur-Balrampur (en Inde), partit chasser en forêt et toucha d'une flèche un cochon sauvage qui s'enfuit, le sang coulant de sa blessure. Le roi le poursuivit à la trace et arriva à Déopur où la bête s'était arrêtée, avant de reprendre sa fuite jusqu'à Tulsipur-Dang. Finalement le cochon sauvage atteignit le sommet de Tharkoṭ où le chasseur se retrouva face à un Yogī en méditation, le sang coulant de sa poitrine, la flèche posée à ses côtés. Le roi lui demanda s'il avait vu sa proie et le Yogī, qui n'était autre que Ratannāth, lui répondit : "Tu es roi, tu ne dois plus tuer d'animaux et je te bénirai. Ferme les yeux; ce que tu verras sera ton royaume". Le roi obéit mais ne vit rien; une fois, deux fois, et enfin, la septième fois, il vit au sud jusqu'à Tulsipur et dans les trois autres directions, ce qui devint son royaume avec pour centre Tharkot.»

Cette version orale place la source première du royaume dans les terres méridionales de Tulsipur-Balrampur, qui abritèrent l'exil du dernier roi de Dang-Phalabang et où se trouve le sanctuaire nāth de Devi Patan. Elle met de nouveau en scène le roi Kāla et fait de ce roi «noir», venu d'une terre étrangère, (terre d'exil ou terre sacrée), le prince chasseur, fondateur du royaume de Tharkot-Phalabang, par l'intermédiaire de sa rencontre avec le

Yogī Ratannāth qui se substitue à sa proie. Contrairement à la légende de fondation de Dang-Caughera, Ratannāth, lui-même disciple de Gorakhnāth, est le maître initiateur, et la victime n'est pas un daim mais un cochon sauvage. L'animal blessé parcourt des lieux consacrés à Ratannāth : Tulsipur-Dang est le double en plaine du sanctuaire de Phalabang, les desservants Yogī vivant une moitié de l'année à Phalabang, l'autre à Tulsipur-Dang, comme les rois d'autrefois; Déopur se trouve à Déokhuri et abrite un ensemble cultuel où les Nāth Yogī séjournent, lors du pèlerinage annuel entre Caughera et Devi Patan. La légende redessine la géographie sacrée de la région, en dissociant Phalabang-Tharkot de Caughera et en le rattachant directement à Tulsipur-Balrampur et Devi Patan; formulation que je pense liée aux événements qui firent de Phalabang une entité politiquement autonome au sein des « 125 000 forêts » originelles.

Les villageois racontent, sans en donner la raison, que le roi Kāla déplaça sa demeure de Tharkot à Phalabang. Les divinités, Ratannāth, Gorakhnāth, Siddha Nāth et les Aṣṭa Bhairav, y résident toujours mais elles ont leurs sanctuaires principaux à Phalabang même. Le desservant doit théoriquement se rendre à Tharkot un mardi par mois. On doit aussi y sacrifier pour le Grand Dasaī, le Petit Dasaī (qui se tient à la même date que le pèlerinage à Devī Patan, à *caitra aṣṭamī*, en avril) et plus spécifique, car le rituel n'a lieu qu'à Tharkot, un mardi du mois de *jeṭh* (mai-juin). Enfin, s'il ne pleut pas, c'est à Tharkot que l'on doit décapiter un bouc, un mardi du mois d'*asār* (juin-juillet). Cette offrande à une divinité des sommets rappelle aussi le pouvoir sur la pluie que, partout au Népal, on attribue aux Yogī[30].

Les Nāth Yogī et leurs propriétés foncières à Phalabang

Les Nāth Yogī ont entretenu des rapports étroits avec le pouvoir royal hindou au Népal (Bouillier 1986, 1989). Les Nāth de Caughera ont été les *rājguru* des rois de Dang, fonction éminemment politique. Ils ont aussi joué un rôle économique par l'importance des propriétés qu'ils faisaient exploiter au profit de leur dieu. Ratannāth et ses desservants furent les bénéficiaires privilégiés des donations foncières des rois de Dang. On ne peut dissocier l'emprise de ce dieu sur l'espace de tutelle de l'ancien royaume de Dang, du poids de ses desservants à la cour des rois, et du rôle d'intermédiaire que Ratannāth joua dans l'accès au contrôle de la terre, source des richesses : c'est sur lui que le roi asseyait ses droits (et probablement signait l'extension de ses conquêtes); c'est grâce à lui que les desservants nāth s'imposèrent durablement aux dynasties régnantes (Phot. 2).

30. Ces visites sont généralement remplacées par des cultes à Phalabang même, sur un espace consacré à Tharkot.

Il n'est malheureusement pas possible de dater l'origine du culte de Ratannāth à Phalabang et l'ancienneté des donations foncières qui permirent son maintien. Les plus anciens documents datés sont postérieurs à la chute du roi de Dang. Une référence de 1788, au nom du roi Kṛṣṇa Śāh de Salyan, mentionne un conseil de Yogī (*bāra panṭh*) à Phalabang (Naraharinath 1966, p. 487, n°11). Il est probable que Phalabang a abrité un sanctuaire nāth dès l'époque des rois de Dang et certainement du dernier, Naval Siṃha, dévot assidu de Ratannāth.

Les documents précis sur les terres *guṭhi* de Phalabang datent de la première moitié du XIXᵉ siècle et font apparaître une histoire troublée. Le plus ancien, de 1813 (1869 V.S. *caitra*), est une lettre confuse du gouvernement de Bhīmsen Thāpā, en réponse à la requête du *pūjārī* Butināth qui évoque l'abandon des cultes et donne l'ordre de les restaurer. En 1827 (*kārtik* 1884 V.S.), une lettre des mêmes autorités, adressée au desservant Pratapnāth, rapporte que la nomination de Yogī «étrangers» a détérioré les cultes et le sanctuaire. Elle donne l'ordre de les rétablir, avec ce que rapporte le *guṭhi*, de rénover le temple, d'agir honnêtement en payant les taxes qui sont dues[31]. La confrontation des sources montre, qu'au moins depuis 1813 et probablement 1809, date de la chute du royaume de Salyan, jusque vers 1827, date de la réapparition d'un roi à Phalabang, un grand désordre régna dans l'attribution des fonctions sacerdotales et l'exécution des cultes. La situation ne fut vraiment clarifiée qu'à l'époque où Tej Bahādūr Śāh retrouva ses droits : en 1835, les terres *guṭhi* de Pratapnāth passèrent à Brahmānāth et, en 1842, les droits de Brahmānāth furent solidement confirmés[32]. Après lui, jusque vers 1985, l'héritage se fit de père en fils, au sein d'un lignée de Yogī mariés. Leur généalogie trace une filiation spirituelle depuis le maître Bālak Nāth, un dévot de Ratannāth[33]. Bālak Nāth est d'ailleurs vénéré dans la maison du Yogī de Phalabang et dans un temple à Dang-Tulsipur.

La description précise des terres *guṭhi* de Phalabang n'apparaît que dans un document beaucoup plus tardif (1877) de Dhir Samśer Rāṇā reconfirmant les droits de la lignée de Brahmānāth : «trois villages», Uttar Kudaiya,

31. Naraharinath (1966, pp. 449, 450, 453, 494). Les «Yogī étrangers» sont vraisemblablement une lignée rivale de celle de Butināth. On trouve leurs noms dans des archives non publiées de la Corporation des Guṭhi (Guṭhi Samsthān), microfilmées par le «Nepal-German Conservation Project» à Katmandou (que je remercie pour m'avoir donné accès à leur catalogue ainsi que le service de reprographie qui m'a fourni des copies) :
– K13/20B : *lāl mohār* du roi Rajendra nommant Lachināth desservant de Ratannāth à Phalabang (1873 V.S.);
– K13/29E : *lāl mohār* du roi Rajendra nommant Lakmināth (1878 V.S.).

32. K8/32A (Guthi Samsthān), *rukkā* du roi Rajendra confirmant Brahmānāth et son guṭhi (1898 V.S.). On notera que tous ces ordres viennent du roi du Népal et non de celui de Phalabang.

33. (Naraharinath, *Yogī Vaṁśāvalī*, p. 69). Fournie par le dernier *pūjārī*, Narayanāth, elle donne : Bālak Nāth, dévot de Ratannāth, Hridayanāth Hirānāth, Balinranāth, Butināth, Pratapnāth, Brahmānāth, Laksmanāth, Bhabnāth, Khaḍganāth, Gopalnāth, Narayanāth et son élève Kṛṣṇanāth. Les sources historiques confortent sa véracité à partir de Butināth.

Potli et Thangau, situés dans la vallée de Dang, près de l'actuel bourg de Tulsipur-Dang. L'histoire troublée du sanctuaire et les outrages provoqués par la présence de «Yogī étrangers, vivant avec leurs domestiques femmes» et accusés d'avoir tiré profit des terres du dieu (Naraharinath 1966, p. 452) y sont rappelés. Dès lors les instructions fermes se succèdent : droits et devoirs des fonctionnaires du sanctuaire, règles de comptabilité, inventaire des biens et risques encourus par les contrevenants (*ibid.*, p. 603). Le dernier *pūjārī* de la lignée originelle, décédé en 1989, portait encore le titre de *rājguru* mais il est peu vraisemblable que lui-même ou ses ancêtres aient gardé une fonction importante à la cour «rana-isée» de Salyan.

Depuis 1964, l'ensemble cultuel autour de Ratannāth est directement géré par la Corporation des Guthi (Guṭhi Samsthān). Le desservant actuel, nommé par l'administration en 1988-1989, reçoit 3600 roupies annuellement pour les fournitures du culte et 300 roupies de salaire mensuel. Contrairement à la lignée de desservants mariés qui l'a précédé, c'est un Yogī célibataire, sans attache dans la région et mal intégré à la communauté de Phalabang.

Le Yogī de Phalabang a deux demeures, l'une à Phalabang, l'autre à Tulsipur dans la vallée de Dang où se trouvaient les terres *guṭhi*. Malgré les bouleversements récents, la coutume de vivre 6 mois en haut, 6 mois en bas, se poursuit. Chaque année, le premier mardi de *maṅsir* (novembre-décembre), le desservant quitte Phalabang, la bouche bandée d'un tissu blanc, comme lorsqu'il officie quotidiennement, avec sur l'épaule une cruche enveloppée de tissu blanc (qui serait une représentation de Ratannāth), et accompagné de deux aides, l'un portant le tambour *nagārā*. Avant leur départ, les villageois viennent sacrifier des poulets. La procession silencieuse s'arrête en chemin sur le site fondateur de Tharkot et atteint la vallée le soir de la même journée. Elle retourne à Phalabang le premier mardi du mois de *baisākh* (avril-mai). A Tulsipur-Dang, le sanctuaire comprend un temple de Ratannāth (et de différentes formes de Bhairav : Akaś Bhairav, Bāgh Bhairav, Bāl Bhairav et Achāmi Bhairav); un second temple consacré au maître Bālak Nāth, contenant une pierre «pour faire les offrandes de Tharkot»; la maison du Yogī, *dhuni ghar*, abritant une divinité terrible, Kāla Siṁha, des tridents représentant les *samādhi* des Yogī enterrés à Phalabang, la cruche et le foyer sacrés. Le sanctuaire est aujourd'hui étouffé dans la ville champignon de Tulsipur, son enclos envahi de détritus. Cependant, l'occupation de l'espace laisse encore deviner ce qu'était le village de Tulsipur il y a une quarantaine d'années : à proximité du sanctuaire de Ratannāth, se trouve le village tharu qui exploitait les terres *guṭhi* et qui subsiste encore, noyé dans le béton du bazar et, un peu plus loin, le palais d'hiver des rois de Salyan, avec dans son enceinte un sanctuaire de la Déesse Kālikā.

A la chute du roi Naval Siṁha de Dang, les rois de Salyan reprirent à leur bénéfice les cultes dédiés à Ratannāth[34]. En revanche, la confusion politique qui régna après l'abolition de la royauté de Salyan, en 1809, rejaillit sur le fonctionnement des sanctuaires, confirmant le lien étroit entre la prospérité des anciens rois et celle de Ratannāth et de ses desservants. Les Nāth continuèrent certes de desservir les sanctuaires de Ratannāth mais leur aura diminua. Dès le début du XIXe siècle, on note que des Yogī, *pūjārī* de temples dédiés à la Déesse, furent écartés au profit de Bāhun[35]. Lorsqu'elle devint reine de Salyan, la fille de Dhir Samśer Rāṇā privilégia des fondations religieuses au profit des Brahmanes. Les changements récents, dans la gestion des terres et l'instauration d'un salariat, comme dans l'appauvrissement des fondations cultuelles, marquent la dernière phase d'un processus de dissociation entre Ratannāth et les rois donateurs, qui a débuté dès la chute de la royauté de Salyan et s'est intensifiée à l'époque des Rāṇā.

LE SITE DE DASAĨ : UN TEMPLE-FORTERESSE, LE *KOṬ*

Comme son style néwar permet de le supposer, le vieux palais du roi de Phalabang – celui que les villageois attribuent à Kāla Rājā – fut probablement construit à la fin du XVIIIe siècle ou au début du XIXe siècle, peut-être par la dynastie de Salyan ou par Vilas Kumāri au moment de son exil à Phalabang. Des traces de constructions antérieures suggèrent qu'il fut probablement établi sur les restes d'une demeure plus ancienne.

L'association sur un même site, souvent dans le même bâtiment, de la forteresse et du temple, caractérise l'architecture des *koṭ*. Ce trait se retrouve dans tout l'Himalaya de culture khas ou ṭhakurī, aussi bien dans le beau site de Gorkha, que dans les anciennes capitales de l'Himalaya indien, comme en Himachal Pradesh[36]. Ces lieux de pouvoir sont généralement situés sur des sommets. L'abandon d'une habitation-forteresse et de ses dieux tutélaires pour une résidence sans caractère militaire – à Phalabang une maison de style Rāṇā construite, probablement par la fille de Dhir Samśer Rāṇā, sur un terre-plein

34. On dispose de références au nom des rois de Salyan reconfirmant certains privilèges du monastère de Dang (Naraharinath 1966, pp. 485-487, n$^{\circ}$2 et 10).

35. Ainsi Khairabang, le plus important sanctuaire régional à la Déesse, était desservi par un Nāth en 1812 (selon un document du Guṭhi Samsthān K 14/25 A). En 1839, le desservant est un brahmane (*ibid.* : K84 53/D) et c'est encore le cas aujourd'hui.

36. Pour l'Himalaya indien, voir par exemple Vidal (1990). À Gorkha, les parties les plus anciennes du palais actuel, construites sur des fondations antérieures, dateraient des dernières décennies du XVIIIe siècle : « The building probably presented a legitimacy of Prithvi Narayan Shah's rise to power [...] Only in a second phase of development did the ritual of Kalika dominate the scene and made the remodelling of the buildings necessary » (Gutschow 1985, p. 10).

à basse altitude en 1896 –, est un changement significatif[37]. Pourtant la fête royale de Dasaĩ se déroule toujours dans l'ancien palais du «roi de Dang» où se trouvent l'arsenal mais aussi les sanctuaires de Ratannāth et des Bhairav, les divinités du lieu[38] (Phot. 1).

Le palais et les sanctuaires de Ratannāth et des Bhairav

Comme l'illustre la figure 2, on accède à l'esplanade devant le palais par un sentier-escalier en pierre. De part et d'autre de l'entrée, en décrochement par rapport à l'actuelle bâtisse, subsistent des éboulis de pierres, peut-être les traces de fortifications plus anciennes. L'un de ces amoncellements – une tourelle cernée d'un escalier en spirale – est le sanctuaire d'une des principales divinités du lieu, Baṭuk Bhairav. On raconte une histoire étrange sur cet édifice : à chaque fois que le roi tenta de construire un palais plus élevé que la tourelle – ce qui se produisit huit fois – celui-ci s'effondra, car Baṭuk Bhairav ne tolérait pas un édifice plus haut que le sien. La tourelle de Bhairav bouche pratiquement l'une des fenêtres du palais, comme si ce lieu sacré avait effectivement préexisté au palais actuel et, n'avait pu être déplacé[39].

Le bâtiment est de plan carré, d'environ trente mètres de côté, à deux niveaux plus un grenier, autour d'une cour intérieure. L'arsenal, où il reste encore quelques canons et les débris d'instruments de la fanfare autrefois attachée au palais, se trouve au rez-de-chaussée[40]. La plupart des armes disparurent quand les Rāṇā quittèrent le pouvoir. Les chambres se trouvaient à l'étage. La plus vaste pièce – selon les villageois celle des reines du harem – a trois belles fenêtres en bois ouvragé, munies de claustras, tournées vers l'est. Au rez-de-chaussée, sous cette même pièce, la porte principale à deux battants s'ouvre sur une véranda. Le vieux palais est laissé à l'abandon et menace de s'effondrer. Comme le montrent d'anciennes photos des années 1940-1950 où il est en parfait état, la famille royale continua de l'entretenir, même quand elle habitait dans sa demeure Rāṇā. A l'angle nord-ouest, une aile, la seule récemment restaurée (en utilisant des piliers de bois du temple dédié à Ratannāth), sert de sanctuaire principal pour les fêtes de Dasaĩ : c'est la «maison de Dasaĩ», *dasaĩ ghar*, fermée toute l'année, sauf pendant le culte.

37. A Gorkha, un nouveau palais, ici de style néwar, fut également construit à plus basse altitude, en 1838.

38. Hodgson donne la définition suivante du *koṭ* : «the residence of local authority where barley was shown and a jar filled with water annually for the nine days of Nowatur» (Hodgson papers, India Office Library and Records, 475, 30 FF 90-111 ; p. 107).

39. Sur une photo datant d'une cinquantaine d'année, le sanctuaire de Baṭuk Bhairav n'est qu'un tas de pierres informe face au palais en parfait état. On explique par cette même légende la construction du nouveau palais rāṇā à plus basse altitude.

40. L'un des canons contient une inscription avec le nom de Pratāp Rāṇā Sen et le chiffre 258.

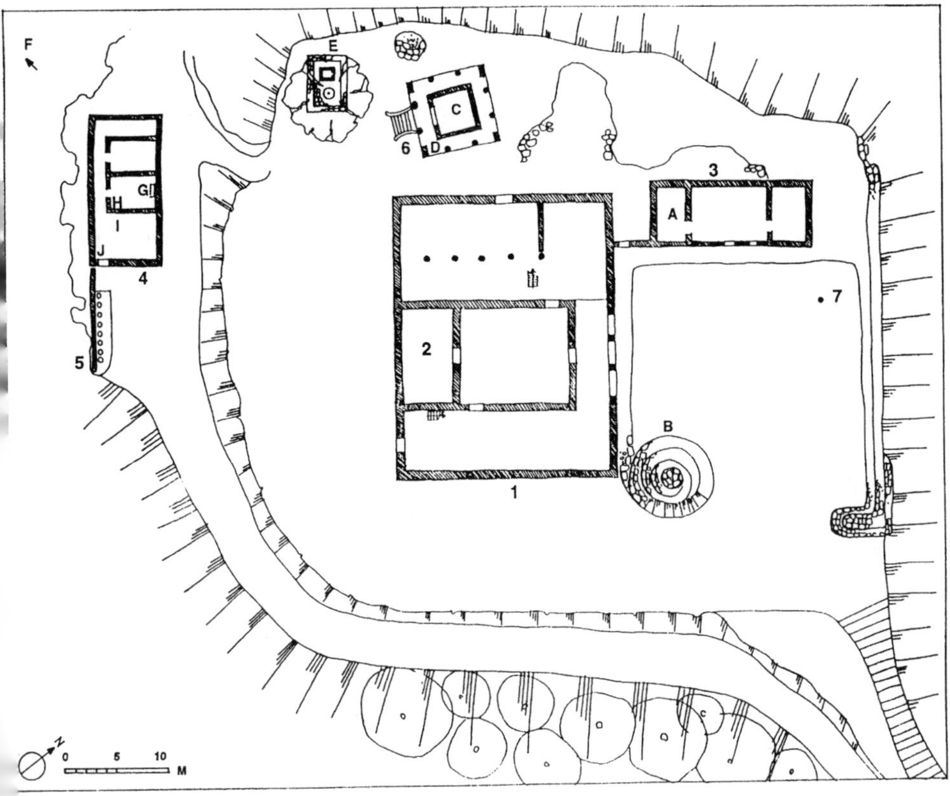

FIG. 2. PLAN DU PALAIS DE PHALABANG ET DE SES SANCTUAIRES.

1- Palais; 2- Arsenal; 3- Dasaĩ ghar; 4- Dhuni ghar; 5- Samādhi; 6- Temple de Ratannāth; 7- Poteau sacrificiel; A- Bhagavatī; B- Baṭuk Bhairav; C- Ratannāth; Gorakhnāth; Akaś Bhairav et Bāgh Bhairav; D- Bāl Bhairav; E- Achāmi Bhairav; F- Ānanda Bhairav; G- Kāla Siṁha Bhairav; H- Jagadaṁbe et Kālikā; I- Gaṇeś et Pāteśvāri Devī; J- Bālak Nāth.

Le principal sanctuaire, dédié à Ratannāth, se trouve au nord du palais et a été restauré en 1987-1988. Le temple à double toit abrite des statues de Ratannāth et de Gorakhnāth et, de part et d'autre, des effigies d'Akaś Bhairav et Bāgh Bhairav. Il est toujours fermé, même pendant la *pūjā* quotidienne du Yogī, seule personne autorisée à y pénétrer. Sous l'auvent, à gauche de l'entrée, se trouve un petit sanctuaire à Bāl Bhairav qui, comme Bāgh Bhairav et Akaś Bhairav, est représenté par de simples tridents de fer. Face au temple, sous un *pipal* et sur une plate-forme, réside Achāmi Bhairav.

Légèrement en contrebas vers l'ouest – on y accède par un sentier qui contourne la colline – se trouve la maison du desservant Yogī, *dhuni ghar*, restaurée en même temps que le temple de Ratannāth. C'est une petite bâtisse à un seul niveau, composée de plusieurs pièces : la première, ouvrant vers l'est, abrite au coin nord-ouest une tête fichée dans un support de terre, représentant Bālak Nāth, le maître de la lignée des desservants originels : des statues en pierre de Pāteśvari Devī (la déesse de Devi Patan) et de Gaṇeś sont toutes deux installées sur le mur nord de la pièce. S'y trouvent aussi les tambours *nagārā*, dont le Yogī joue matin et soir pour marquer la fin des rites quotidiens. La seconde pièce, la plus sacrée, contient le feu rituel, *dhuni*. Fermée à tous, sauf au Yogī et aux officiants du Dasaĩ, elle contient l'effigie du plus terrible des acolytes de Ratannāth, Kāla Siṁha ou Kāla Sen. La représentation de Kāla Siṁha est invisible, emmaillotée de tissus, car « le dieu est si terrifiant qu'il vaut mieux ne pas le voir ». Cette pièce abrite aussi les armes royales vénérées lors du Dasaĩ et une cruche sacrée. Enfin, ce même sanctuaire contient deux statues en cuivre des déesses Jagadāṁbe et Kālikā, sorties le septième jour de Dasaĩ. Tout en les appelant parfois Bālā Sundarī et Kālikā, noms des déesses vénérées par les Nāth, le Yogī les associe aux Brahmanes : « Ce sont les déesses des Bāhun. » Ces derniers, quant à eux, disent qu'elles sont entreposées dans ce sanctuaire pour les protéger du vol[41]. Les deux dernières pièces, cuisine et réserve, s'ouvrent sur un jardin.

Face à l'entrée principale, vers l'est, contre un muret établi vers le nord, se trouvent les tombes *samādhi* des précédents desservants du temple, marquées par des pierres dressées dont l'une, plus ancienne et plus vénérée que les autres, contient une inscription que je n'ai pu déchiffrer. Enfin, plus bas, dans un champ vers l'ouest, le sanctuaire d'Ānanda Bhairav est signalé par de simples tridents.

Le Roi Noir et le Bhairav Noir

L'identité de la divinité cachée, Kāla Siṁha, pose problème car elle est à la fois distinguée du plus classique Bhairav Noir, Kāla Bhairav, et considérée comme l'une de ses formes. A Phalabang, il existe en effet un sanctuaire à Kāla Bhairav, divinité présente dans tous les sanctuaires nāth, mais situé dans un autre complexe cultuel à l'extérieur du *koṭ*, au nord du village, sur l'ancienne route pavée, aujourd'hui détruite, conduisant à la vallée de Dang. Ce sanctuaire est consacré à Upantanāth, un dévot de Gorakhnāth qui, selon la légende, fut invité à s'installer à Phalabang par le roi de Dang, impressionné par ses prouesses magiques. Upantanāth est vénéré dans un templion abritant

41. De fait, la statue d'un temple dédié à Kālikā, situé en contrebas de la colline consacrée à Ratannāth, a été volée il y a une quinzaine d'année, en même temps que celle, très précieuse, du temple de Bhadrakālī (divinité lignagère des rois de Salyan) à Salyan Kot.

aussi Kālikā. A proximité, se trouvent les tombes des desservants du maître. Une pauvre hutte sert de sanctuaire à Kāla Bhairav et à Gaṇeś et, plus au nord, dans un gouffre, réside Baṭuk Bhairav. Le desservant actuel est un Nāth Yogī non initié[42].

Kāla Sen ou Siṁha a aussi un sanctuaire à Caughera-Sawari Kot, site lié à la fondation du royaume de Dang. Il se trouve à l'extérieur de l'enclos du monastère, Kāla Bhairav étant vénéré à l'intérieur, disposition spatiale en quelque sorte inverse de celle de Phalabang. La divinité terrifiante cachée dans la maison du Yogī a la particularité de recevoir des sacrifices de cochons, ce qui n'est pas sans évoquer le cochon sauvage de la légende de fondation du roi Kāla, alias Kāla Siṁha ou Kāla Sen. Siṁha ou Sen est d'ailleurs un titre royal courant, celui de l'ancienne dynastie régnante de Dang[43]. Ces correspondances rapprochent la terreur cachée du lieu du prince chasseur de la légende fondatrice, mais en l'identifiant à un roi déchu. Elles dessinent une représentation négative et terrible de la royauté, face cachée de celle entourant le vertueux et pacifique Ratannāth.

LE DÉROULEMENT DE DASAĨ

La phase secrète des cultes à la déesse

Les six premiers jours, les activités rituelles se concentrent dans «la maison de Dasaĩ», *dasaĩ ghar*. Le premier jour, les officiants établissent la cruche consacrée à la Déesse Bhagavatī (*ghaṭasthāpana* «installation de la cruche») : la pièce et les objets du culte purifiés, elle est remplie d'eau et son col décoré de petits monticules de bouse de vache semés de grains d'orge. Elle est déposée vers l'est, avec à sa gauche, une lampe, *akhaṇḍa dip*, dont la flamme ne doit jamais s'éteindre, et une représentation de Gaṇeś. Au coin sud-ouest, on prépare le semis d'orge dont les pousses, *jamarā*, sont sorties dès le septième jour et indispensables aux bénédictions du dixième jour (Pl. III, Phot. 5). Il est également effectué dans toutes les maisons du village et dans tous les autres sanctuaires de Phalabang.

42. Naraharinath (*Yogī Vaṁśāvalī*, p. 90). Selon le desservant actuel, Nandanāth, successeur d'Hiranāth et de Loknāth, leurs ancêtres seraient venus du Gujarat, en passant par le Punjab. Le *guṭhi*, situé à Gaira Patu, dans l'ouest de la vallée de Dang, aurait été supprimé en 1951. Le sanctuaire aurait survécu grâce à des donations de la famille royale de Salyan, avant que le *pūjārī* n'obtienne un salaire de la Corporation des Guṭhi en 1964 (140 Rs par mois).

43. Les villageois comparent ce sacrifice à l'offrande de cochon que les hindous viennent faire le huitième jour de *caitra* (Petit Dasaĩ) pendant le pèlerinage nāth à Devī Patan, sur un sanctuaire supposé être la tombe d'un soldat musulman, responsable du sac du temple au temps d'Aurangzeb (Briggs 1938, p. 94 et Krauskopff 1989, p. 39). Le sacrifice de cochon au Kāla Sen de Phalabang nécessite l'intervention d'un Intouchable. La divinité cachée est ainsi renvoyée au bas de la hiérarchie.

Espace sacré par excellence, «la maison de Dasaĩ», est isolée par différents interdits : seul le prêtre principal, *mūl purohit*, et ses deux assistants, *susāre*, y ont accès. Toutes ses ouvertures sont soigneusement closes. Le premier officiant est un brahmane Upadhyāya, de la famille des *rājpurohit*, anciens prêtres de la divinité lignagère de Salyan. Il porte un costume cérémoniel, un pagne et une chemise rouges. Ses deux assistants, des Chetri Bhandari – mais ils pourraient être de n'importe quelle caste sauf intouchable – ont le crâne rasé, se baignent chaque jour et, durant les dix jours du culte, ne peuvent rentrer chez eux. Les aides qui ne pénètrent pas dans le sanctum ne sont pas soumis à ces interdits.

Matin et soir, le brahmane et ses assistants vénèrent la Déesse dans le sanctuaire aux portes closes. Les rites sont marqués par des sacrifices sanglants de bouc le premier jour, des offrandes de courge les autres jours. À partir du deuxième jour, des Brahmanes s'installent dans l'antichambre pour lire les *Bed* (Veda) et l'hymne à la Déesse, *Caṇḍi Pāṭh*.

La fanfare cérémonielle des Damāi, *pañcai bājā*, indispensable pour annoncer et accompagner les rites, n'est plus composée aujourd'hui que de tambours. Chaque fin de rite, le brahmane souffle dans une conque.

Le cinquième jour, *pañcamī*, les festivités commencent au grand temple régional de Khairabang, où du cinquième au neuvième jour, le Dasaĩ est célébré par une débauche de sacrifices sanglants. Situé à quelques heures de marche de Phalabang, sur la route de Salyan, le temple est consacré à la déesse Bhūbanesvari et la fête y donne lieu à une importante foire. Des familles des districts de Dang et Salyan (très exceptionnellement des Tharu) vont y offrir les «cinq sacrifices», *pañc bali*, ou, pour les moins fortunés, un bouc ou un poulet, ainsi que des galettes *rot*. Le jour le plus faste pour les «cinq sacrifices» étant le cinquième, le comité organisateur des cultes de Phalabang envoie son offrande, comme les rois de Salyan le faisaient dans le passé[44].

Le soir du sixième jour, *khaṣṭī*, un jeune brahmane se rend dans le fond de la vallée pour couper quelques feuilles de l'arbre *bel* indispensables à la constitution d'un bouquet *phūlpāti*. Un bouc est sacrifié sur le lieu de la taille. Théoriquement composée de neuf sortes de feuilles (rappel informulé des neuf formes de Durgā), la gerbe passe la nuit dans un templion consacré à Śiva.

44. La famille royale vénérait régulièrement la déesse de Khairabang, tout particulièrement au solstice d'hiver. Les offrandes de galettes *rot*, remarquables dans un temple de la Déesse, témoignent certainement de l'ancienne présence des Nāth sur ce sanctuaire, il y a plus de 150 ans (cf. note 35). Dans la géographie sacrée régionale, ce temple est lié, au nord, à celui de Tripura Sundari (Jumla) et au sud, à celui de Devī Patan.

Ouverture : la rencontre des sabres et du phūlpāti

À partir du septième jour, les lieux de culte se multiplient. En plus de la «maison de Dasaĩ» et de l'esplanade du palais, les rites débutent dans la «maison du Yogī» et, sur un espace publique, centre symbolique de l'autorité villageoise.

Dès le sixième jour, le desservant nāth Yogī prépare les sabres, les nettoyant avec de l'huile et des cendres, puis enveloppant les deux plus sacrés dans des tissus blancs. Il décore ses tambours rituels et habille toutes les divinités de tissu rouge et blanc. Le septième jour, pour la première et la seule fois de l'année, le sanctuaire de Kāla Siṁha est ouvert à des officiants non Nāth, les prêtres de Dasaĩ, qui font les cultes de sortie des déesses. Le brahmane s'installe face aux armes entreposées dans le coin nord-ouest de la pièce, à proximité du semis d'orge. Il dépose ses offrandes sur un dessin de farine de riz et finalement, un assistant sacrifie un bouc. Pendant toutes ces opérations, le Yogī ne joue qu'un rôle subalterne. À la fin du culte, il tend ses mains jointes pour recevoir les offrandes, puis remet les déesses au prêtre et à ses assistants qui sortent en procession. Précédés de la fanfare cérémonielle, ils transportent Jagadāṁbe et Kālikā jusqu'au sanctuaire de Dasaĩ où elles sont déposées à gauche de la cruche.

Dans le passé, des cultes à Bhadrakālī, la déesse lignagère de Salyan, auraient eu lieu ce jour-là. Son temple permanent se trouvait à Salyan Kot, forteresse originelle de la dynastie de Salyan (donc hors du territoire de tutelle du «royaume de Phalabang-Salyan»). Depuis le vol de la divinité qu'il contenait, il y a une quinzaine d'années, le temple de Bhadrakālī (on l'appelle aussi Bara Kālī ou Bara khola) a été totalement abandonné. On raconte que du temps de la royauté, le septième jour de Dasaĩ, une boîte représentant la divinité était ouverte, permettant à la famille régnante d'avoir la vision, *darśan*, de sa déesse[45]. Les informations, imprécises et contradictoires, ne permettent pas de dire si cette représentation était effectivement transportée jusqu'à Phalabang. Il est cependant courant que pendant les rituels royaux de Dasaĩ, la divinité lignagère des rois, habituellement cachée, soit sortie. Quoi qu'il en soit du déplacement ancien de Bhadrakālī, deux autres déesses, Kālikā et Jagadāṁbe, sont effectivement sorties ce jour-là, mouvement qui semble caractériser le septième jour de Dasaĩ.

En fin de journée, des jeunes gens viennent chercher les sabres. Le Yogī remet d'abord un poignard, déposé sur un tabouret et recouvert d'un tissu blanc, à un jeune Brahmane non marié[46], puis les deux sabres les plus sacrés,

45. A Katmandou, la famille royale de Salyan vénère Bhadrakālī le septième jour de Dasaĩ, dans sa chapelle domestique.

46. Il s'agit du substitut d'un poignard royal (*khoḍa*) très précieux et très sacré auquel, dans le passé, des rituels tantriques supposés très dangereux étaient associés.

à deux autres Brahmanes vêtus de blanc. Enfin, il distribue les armes restantes à d'autres jeunes gens non nécessairement Brahmanes.

Dans la maison de Dasaĩ, tout le reste de la journée est consacré à la préparation de la rencontre entre la gerbe *phūlpāti* et les sabres. On réunit les objets pour constituer la procession de bon augure de la gerbe : une cruche de cuivre, *kalaś*, gardée le reste de l'année chez un Brahmane du village, décorée de taches de couleurs, rouges jaunes et blanches, de bandelettes de tissu rouge et blanc, et remplie d'un mélange de lentilles et de riz, *khicari*; le balancier, *bhāri*, également décoré, et auquel on suspend, d'un côté un pot contenant du yaourt, et de l'autre des bananes et des branches d'épinard; des étendards, en fait de simples tiges de bambou nouées de bandes de tissu jaunes et blanches. Tous ces éléments sont envoyés au templion de Śiva où attend la gerbe, sous la protection d'un brahmane. Le prêtre installe dans un panier les objets de culte indispensables au rituel de réception : fleurs, bracelets, cosmétiques divers, noix de coco enveloppées de tissu blanc, gâteau en forme de fleur.

Le site de rencontre des sabres et du *phūlpāti* se trouve à proximité de l'école et de l'ex-panchayat. Une foule compacte s'y presse, d'un côté les femmes et les filles, bloc à dominante rouge et fleurie, de l'autre les hommes en tenue sombre. Au crépuscule, la procession des sabres s'avance de l'est, avec en tête les sabres sacrés portés par les Brahmanes. Il s'alignent face à l'aire sacrificielle, les sabres tendus vers le ciel, en silence, car toute parole est tabou (Pl. I, Phot. 2). De l'ouest, comme si elle débouchait du fond de la vallée, arrive la procession tout aussi silencieuse du *phūlpāti*, guidée par un vieux Brahmane. La gerbe est recouverte d'un tissu cérémoniel rouge, précédée de la cruche, du balancier de bon augure et des étendards, et son entrée est perçue comme celle d'une jeune fiancée dans le village de son futur époux. Elle est aussi identifiée à la déesse Bhadrakālī, qui vient ainsi à la rencontre des sabres.

Après une propitiation sur un espace purifié, le prêtre de Dasaĩ se lève, tenant dans ses mains le gâteau planté d'encens, tourne trois fois autour de la gerbe puis des deux sabres sacrés, avant de le renverser sur le bouquet. Les hommes se mettent à danser au son des tambours, en quasi-transe, entre la rangée hiératique des porteurs de sabres, les armes tendues vers le ciel, et les porteurs du bouquet, tout aussi silencieux. Pour conclure, on tranche une courge puis décapite un bouc.

La nuit est tombée et la foule joyeuse et bruyante, précédée d'une fanfare spécialement louée pour l'occasion, se dirige vers le vieux palais par la rue principale du village. Les sabres sont les premiers déposés dans la «maison de Dasaĩ» par les officiants consacrés, à droite de l'autel des déesses, puis c'est le tour de la cruche, du balancier de bon augure et de la gerbe. La foule réclame des feuilles du bouquet et cette distribution achevée, le prêtre fait un rituel à Bhadrakālī, forme de la déesse guerrière identifiée à la gerbe. Il se conclut par le sacrifice d'un bouc. La «maison de Dasaĩ» devient dès lors le centre d'une présence intensifiée des déesses avec Jagadāmbe et Kālikā, les deux déesses sorties du sanctuaire nāth, la gerbe Bhadrakālī et enfin les sabres Khaḍga.

Huitième jour : les sacrifices diurnes aux divinités du lieu

Dès le matin du huitième jour, le desservant nāth prépare des bandelettes rouges et blanches, des pousses d'orge et l'offrande traditionnelle de galettes *rot* pour ses divinités. Comme chaque jour depuis le début de la fête, le culte commence dans le sanctuaire de Dasaĩ où le premier bouc est sacrifié puis, les officiants se dirigent vers le temple de Ratannāth. Pendant que le Yogī officie derrière la porte close, le brahmane asperge la victime, un bouc, au pied du temple, puis le Yogī vient répéter le même geste à l'entrée du sanctuaire. La victime est décapitée, sa tête est déposée quelques instants devant la porte du sanctuaire et son corps est traîné autour du bâtiment. Défini dans la comptabilité écrite du culte comme un sacrifice au «siège de Ratannāth» (*Ratannāth piṭh devatā*), cette offrande sanglante s'adresse plus précisément aux Bhairav séjournant dans le sanctum du dieu végétarien. On se rend ensuite sur le sanctuaire de Baṭuk Bhairav où l'on sacrifie un mouton. Un Damāi devrait offrir un cochon à Kāla Siṁha, mais ce sacrifice n'est plus effectué depuis deux ou trois ans. On tue des poulets pour Bāl Bhairav, Ānanda Bhairav et Achāmi Bhairav. Un bouc et un mouton sont également offerts aux Bhairav du sanctuaire d'Upantanāth. On devrait se rendre à Tharkot, le site de la fondation légendaire, mais depuis quelques années on se contente de sacrifier un bouc sur l'esplanade, au nom et en direction de Tharkot. La déesse Kālikā, celle dont le temple est situé à quelques centaines de mètres en bas de la colline, reçoit aussi le sang d'un bouc.

Les sacrifices nocturnes aux déesses guerrières

A la nuit tombée, dans l'antichambre de la «maison de Dasaĩ», les officiants préparent l'autel du sacrifice au feu, *hom pūjā*. Il est composé de bois de santal (en fait du pin), déposé sur un diagramme de farine de riz formant une étoile à huit branches. Au coin sud-est, on installe une effigie des «quatre-vingt-quatre mères divines», principales destinataires des rites, dont la représentation est une planche de bois avec seize boulettes de terre plantées d'orge germé; au coin sud, la cruche de bon augure entrée la veille et, à l'est, une lampe à huile en l'honneur de Gaṇeś, posée à l'intérieur du cercle protecteur. Le rituel est destiné à des puissances néfastes et l'officiant doit verser dans le feu, à l'aide d'une louche, des grains de riz, d'orge et de sésame, en récitant les formules appropriées jusqu'à la consommation complète du feu.

La foule commence à s'installer sur les gradins et l'esplanade du palais royal pour assister au sacrifice du buffle, moment fort du rituel. Deux autels sont préparés : l'un destiné à recevoir les sabres, posés entre la cruche de bon augure d'une côté et, une courge et des pousses d'orge de l'autre; le second, près du pilier sacrificiel, où le buffle est attaché. Après une offrande de grains de riz et de fleurs, l'officiant bénit le buffle et lui ceint les cornes d'un collier de pousses d'orge, puis bénit le sabre et enfin le sacrificateur, un Chetri choisi pour son talent à trancher la tête de l'animal d'un seul coup.

Tandis que très concentré, le sacrificateur se saisit du sabre et le dresse vers le ciel, le brahmane s'empare d'un des sabres sacrés enveloppés de tissu blanc. Le tenant dans ses pains jointes, il le brandit au-dessus de la victime mais, à peine a-t-il effleuré le col du buffle, qu'il se retire laissant la place au sacrificateur qui décapite d'un seul coup l'animal avec son sabre ordinaire (Phot. 3). Rompant le silence, une clameur de victoire et de joie s'élève de la foule. Brandissant leur arme, le brahmane et le sacrificateur se précipitent vers le sanctuaire du Dasaĩ, suivis d'un assistant portant la tête du buffle. La foule s'approche du cadavre, examinant la blessure, et félicite le bourreau. Du temps glorieux de la royauté de Salyan, les sacrifices étaient bien plus nombreux et quiconque sacrifiait hors du *koṭ* devait payer une amende.

On chante et l'on danse sur l'esplanade, puis peu à peu, la foule se disperse. A l'intérieur du sanctuaire, les rites continuent avec une vénération de Kālikā, victorieuse du démon buffle. On sacrifie un bouc puis son «cœur» (en fait son foie) est cuit. Un morceau, mêlé aux grains d'orge et de riz, est jeté dans le feu sacré, le reste étant consommé par le prêtre et ses assistants. Autrefois, seuls les membres du lignage royal pouvaient absorber cette préparation.

Neuvième jour : sacrifices militaires et fête populaire

Tôt le lendemain matin, des villageois venus d'un peu partout – commerçants, jeunes filles en sari fleuri et vieilles femmes en jupe traditionnelle, hommes éméchés, joueurs de cartes –, envahissent l'esplanade et ses abords. Les garçons commencent à installer la grande balançoire, *ping*, symbole de la fête de Dasaĩ. Le Yogī, en costume cérémoniel et portant ses pinces à feu rituelles, vient se mêler à la foule (Pl. II, Phot. 1).

Les rites spécifiques à cette journée débutent par une vénération des jeunes filles vierges, *kumāri pūjā* : des petites filles Upadhyāya Bāhun sont portées à l'entrée de «la maison de Dasaĩ», leurs pieds ne devant pas toucher le sol; le brahmane lave les pieds des enfants, boit l'eau du bain puis, une fois les *kumāri* installées dans l'antichambre du sanctuaire, leur rend un culte.

Phot. 1. La balançoire de Dasaĩ près du sanctuaire de Bhairav devant le palais de Phalabang, le 8e jour de la fête.
(Cliché G. Krauskopff.)

Phot. 2. La procession des sabres royaux lors de l'arrivée de la gerbe à Phalabang.
(Cliché G. Krauskopff.)

Phot. 3. Tous les ans, le soir du 10e jour, deux jeunes gens, l'un de caste Tulādhār, l'autre de caste Śakya, incarnent le dieu Kumār et un démon *daitya* près du temple de Taleju à Katmandou. La danse se déroule juste avant la procession des sabres liée à la déesse Taleju. Cette photo représentant *daitya* avec son sabre a été prise à Maru tol, à l'occasion de l'échange de sabres entre le roi Birendra et la déesse Bhadrakālī. (Cliché G. Toffin.)

Phot. 4. Jeune fille portant les pousses d'orge *jamarā* derrière l'oreille, le 10e jour de la fête. (Cliché M. Lecomte-Tilouine.)

Phot. 5. Danse du Dieu Gaṇeś dans le quartier de Vatu (Katmandou), le 11ᵉ jour de la fête. La représentation est donnée par des Gathu (jardiniers néwar) de la ville. (Cliché G. Krauskopff.)

Phot. 6. La levée des bannières à Argha.
(Cliché P. Ramirez.)

Phot. 7. La marque *ṭikā* le 10e jour de la fête.
(Cliché G. Krauskopff.)

Phot. 8. Remise des *ṭikā* lors de l'arrivée de la gerbe, à Isma.
(Cliché C. Jest.)

L'autel est agrémenté de cosmétiques, de fleurs et de timbales remplies de céréales et recouvertes de tissus rouges et blancs.

Deux aires sacrificielles, l'une pour le culte aux étendards et aux armes de l'arsenal, *nisān pūjā*, l'autre pour le sacrifice final à la force guerrière, *koṭ pūjā*, sont préparées. Les étendards, en haillons, sont sortis de l'arsenal et les fusils sont de simples tiges de bambou, ceux de l'arsenal ayant disparu. Le culte aux armes et aux étendards s'achève par la décapitation d'un bouc et l'offrande d'une courge. Il s'accompagne d'une vénération des tambours, *nagārā pūjā*, symboles eux aussi de la force milliaire. *Koṭ pūjā* est la réplique exacte du sacrifice du buffle de la veille, à la différence qu'il se tient plus tôt, vers cinq heures de l'après-midi : même bénédiction de la bête, du sabre et du sacrificateur, même simulacre de sacrifice par le brahmane avec le sabre sacré, enfin décapitation finale sous les clameurs du public.

Pendant les sacrifices, la fête populaire bat son plein, rythmée par les chants et les transes des hommes, dont les plus spectaculaires ont lieu sur la tour-sanctuaire de Baṭuk Bhairav, au grand dam du Yogī. Pour *sorati nāc*, les danseurs, habillés en femmes, entrent en transe, au rythme d'un orchestre de tambours conduit par un homme en costume cérémoniel portant un chapeau bordé de clochettes; pour *seriṅgi nāc*, les jeunes gens brandissent des cannes de bois, déguisés comme pour un carnaval et se déplacent en procession dans toute la foule, suivis d'un orchestre de tambours; *jhaure nāc* est une exhibition plus conventionnelle, sans costume, où les joueurs de tambours encerclent les danseurs.

Un événement significatif se produit fort discrètement, dernier signe de l'ancienne dépendance de l'ouest de la vallée de Dang : l'arrivée d'un représentant de la ville de Tulsipur-Dang, venu apporter un morceau de la gerbe élaborée pour le Dasaĩ de Tulsipur. Dans cette capitale administrative moderne, le Dasaĩ est centré sur le temple à Kālikā de l'ancien palais devenu bureau gouvernemental, et les militaires de la caserne proche sont en charge des sacrifices.

Bénédictions finales : la fin des hiérarchies anciennes

Le dixième jour était traditionnellement consacré aux bénédictions réaffirmant les délégations de pouvoir. C'était le jour choisi pour la distribution ou la reconfirmation des postes officiels, *pajani*. A Phalabang, peu de choses subsistent de ces échanges hiérarchiques, bouleversés par les changements politiques récents. Après l'offrande matinale, on installe le trône du roi, *thān gaddī* (la photo du roi et de la reine du Népal sur une vieux coussin de velours rouge). Les sabres sont déposés à sa gauche. Le brahmane prépare les fils de coton rouges et blancs qu'on se lie au cou en signe de protection, puis les pousses d'orge et les grains de riz teintés de couleur, éléments indispensables à la *ṭikā*. Cette bénédiction doit théoriquement être distribuée du supérieur à son dépendant. Récemment, le chef du panchayat recevait le premier la bénédiction du prêtre. En 1991, aucun représentant du pouvoir n'était présent et le brahmane ne bénit personne. Quelques jeunes envoyés par leur famille apportèrent des pousses d'orge de leur autel familial pour les déposer sur l'autel royal. L'on partit en groupe désordonné jusqu'au temple de Ratannāth pour y offrir des pousses d'orge et de l'argent, puis l'on visita tous les lieux consacrés par le Dasaĩ : les sanctuaires aux Bhairav et aux autres divinités du site, le lieu symbolisant Khairabang, celui dédié à Tharkot, l'arsenal et enfin le poteau sacrificiel. On ramassa les pousses d'orge déposées sur l'autel du trône pour les distribuer au village. Le desservant d'Upantanāth vint recevoir quelques pousses mais aucun échange systématique n'intervint entre les prêtres de Dasaĩ et les Nāth. Pour tous, seule importait la bénédiction reçue de toutes les divinités du site. En revanche, dans chaque maison, la cérémonie eut lieu selon l'usage hiérarchique.

LES SABRES GUERRIERS : ENTRE LES DIEUX DU LIEU ET LES DÉESSES

Le septième jour du Dasaĩ ouvre les festivités publiques légitimant le pouvoir royal : c'est un moment particulièrement significatif où, au plan national comme au niveau local, s'expriment les spécificités du rituel népalais. Ainsi, l'arrivée de la gerbe *phūlpāti*, développement du culte des *navapatrikā*, « les Neuf Feuilles », et de celui de l'arbre *bel* de la tradition classique hindoue, prend une dimension politique[47] : la réception du bouquet place chaque *koṭ* au centre d'un réseau de dépendance politique et de délégation de pouvoir, dont le noyau exemplaire est Katmandou. Il est d'ailleurs notable que le balancier accompagnant la gerbe supporte un pot de lait caillé, *ṭheki*, ancien signe d'allégeance.

À Phalabang, c'est le septième jour que les particularismes locaux se donnent à voir : les divinités du lieu, Ratannāth et les Bhairav, entrent en scène et reçoivent leur part d'offrandes. C'est ce jour-là, que le sanctuaire nāth s'ouvre aux brahmanes pour la sortie des déesses Kālikā et Jagadāṁbe qui y sont gardées; ce jour-là, que les sabres guerriers entreposés auprès de Kāla Siṁha Bhairav, le démon local attaché à Ratannāth, partent à la rencontre de la gerbe-déesse identifiée à Bhadrakālī. Ces armes symboles du pouvoir conquérant sont alors clairement assimilées à une déesse, Khaḍga Devī, et passent aux mains des brahmanes.

47. « On the sixth day one should awake the Goddess residing in the branches of the Bilva-tree and its fruit. On the seventh one should worship (her) again, after one has brought (home) a branch of the Bilva-tree » (Van Kooij 1972, p. 107).

La procession des sabres relie deux espaces cultuels bien distincts : «la maison du Yogī», *dhuni ghar*, et la «maison de Dasaĩ», *dasaĩ ghar*. Le premier sanctuaire est permanent, abrite des divinités terrifiantes du site et est desservi par des Nāth Yogī; le second, animé d'une présence divine durant le seul Dasaĩ, est consacré à la Déesse et ce sont des brahmanes qui y officient. La rencontre quasi maritale des sabres et de la gerbe-déesse, *phūlpāti*, s'opère en un troisième lieu, situé entre la forêt d'où vient la gerbe, et un centre exemplaire, la capitale. Le transfert des sabres et leur rencontre avec la gerbe apparaissent ainsi comme l'acte rituel clé ouvrant les festivités publiques de Dasaĩ.

Les armes royales, les dieux du lieu et les Yogī

On se souvient que la version populaire de la légende de fondation de Phalabang met en scène un prince chasseur venu d'une terre étrangère qui blesse un cochon d'une flèche et le poursuit dans la forêt; là où le sang a coulé, un Yogī se substitue à la victime animale, rend la flèche au chasseur, lui ordonnant de ne plus verser le sang, en même temps qu'il lui offre un territoire à gouverner. D'un espace de sauvagerie et de violence, Ratannāth et son maître créent un royaume, et cette pacification s'accompagne d'une sacralisation : partout où le sang a coulé, est établi un sanctuaire nāth[48]. Ratannāth, le chasseur devenu roi-yogī, y apparaît comme un apôtre de la non-violence.

Pourtant, à Phalabang, son desservant est le gardien d'armes dont la fonction est éminemment guerrière et il joue un rôle premier dans le culte de sortie des sabres. Pour la cérémonie du septième jour, il les oint d'huile, les enduit de cendres et enveloppe d'un tissu blanc les deux plus sacrés d'entre deux. Il les purifie – en quelque sorte les «blanchit» – et, fait notable, les remet à des Brahmanes, en un mouvement qui fait écho au thème de la non-violence du mythe fondateur.

L'intervention du Yogī dans le Dasaĩ de Phalabang illustre l'ambiguïté du lien qui l'unit aux sabres guerriers et à la Déesse. La configuration des rituels se situe entre celle observée à Gorkha – où le rituel est centré sur le culte à Kālikā (voir Unbescheid dans ce recueil) – et les témoignages dont on dispose sur les fêtes du Daśarā (Dasaĩ) au Rajasthan, où la relation entre les ascètes et les sabres est exemplifiée. A Gorkha, «alors que Gorakhnāth et Kālikā sont également divinités d'élection, que leurs deux temples sont dans l'enceinte du palais royal, il n'y a aucune relation entre eux, aucun lien entre desservants, en temps ordinaire, comme à Dasaĩ» (Bouillier 1989, p. 206).

48. Une autre légende relative au culte de la flèche liée à la fondation de Phalanbang, rédigée sur l'un des murs du sanctuaire de Caughera, raconte que le roi fit construire un temple sur chacun des sites où le sang de sa victime avait coulé.

Tels que Tod les a décrit, les cultes du Dásarā au Méwar (1829, II, p. 679 *sq.*), laissaient une très large place à la vénération de l'arme royale, une épée à double tranchant héritée du fondateur, Bappa. Au cours des austérités et des rencontres initiatiques qui allaient faire de lui un roi, Bappa reçut de la Déesse, une lance, un arc et des flèches, un bouclier et une épée, puis «comme si le don de Bhavānī était insuffisant, il rencontra un autre ermite dans la forêt du mont des Tigres, le fameux Gorakhnāth, qui lui présenta l'épée à double tranchant, laquelle avec les incantations appropriées peut fendre le roc. Elle lui ouvrit la route de la fortune conduisant au trône de Chitor» (Tod, I, p. 265). Durant le Daśarā, cette épée était sortie de l'arsenal et remise au Rāj Yogī (semble-t-il, un ascète de tradition militaire) puis elle était déposée dans le sanctuaire de la Déesse où le roi venait la vénérer; tout au long des festivités, des ascètes de différentes sectes, y compris des Nāth, étaient honorés par le roi. Finalement, le neuvième jour «les représentants de l'État, accompagnés d'une fanfare d'élite se dirigeaient vers le mont Matachal et apportaient l'épée. Quand son arrivée à la cour était annoncée, le Rana s'approchait pour la recevoir des mains du Rāj Yogī avec tous les hommages dus [...] tandis que le Mahant, qui avait pratiqué toutes les austérités durant les neuf jours, avait son récipient (*patra*) rempli d'or et de pièces d'argent. Tous les Yogī étaient nourris, des présents étaient offerts à leurs chefs et les sabres vénérés à l'intérieur».

La présence et la fonction des Nāth Yogī à Phalabang témoignent de leur importance historique et religieuse à Dang et Salyan. Ils étaient autrefois les *rājguru* des rois et ont influé sur le devenir de ces principautés. On peut à ce propos se demander, si l'influence des Nāth ne s'est pas manifestée de façon particulière dans les principautés Baisi de l'extrême ouest du Népal dont la fondation est plus ancienne que les Caubisi. En effet, dans les Caubisi, à l'exception de Gorkha où elle s'est d'ailleurs développée différemment, cette emprise fut moindre[49].

Quoi qu'il en soit des modalités historiques de leur diffusion, le rôle des Nāth Yogī dans le Dasaĩ de Phalabang apparaît comme une version atténuée de la tradition rajasthanie, dans une configuration où le roi a disparu et où le brahmane tient la première place. Dans la description ancienne et parfois ambiguë de Tod, les ascètes (dont certains, particulièrement le *rājyogī*, semblent de fait avoir une fonction militaire) apparaissent comme les maîtres

49. Les Nāth interviennent de façon particulière dans les légendes de fondation de Baisi : à Jumla comme à Dang, par exemple, ils sont les créateurs proprement dits du territoire du royaume. A Gorkha, royaume Caubisi où Gorakhnāth est le patron de la dynastie, le lien entre les Nāth et le roi est particulièrement étroit mais met clairement en relief une thématique de conquête et de victoire militaire, beaucoup plus proche de la tradition des Rajput. On raconte que Pṛthvī Nārāyaṇ Śāh reçut un sabre d'un Yogī (Phot. 2). Malgré l'importance des Nāth à la cour de ce roi, et particulièrement de Bhagavantanāth (Bouillier 1986 et 1991), aucun ne fut *rājguru*, comme à Dang ou Salyan. Ailleurs dans les Caubisi, les Nāth sont présents comme desservants de temples (généralement de sanctuaires de Bhairav).

du sabre guerrier donné par Gorakhnāth, et comme les principaux médiateurs entre le roi, le sabre et la Déesse. A Dang et Phalabang, aucune légende faisant du Yogī le donateur d'un sabre guerrier n'est connue ou n'a été relevée. La flèche que Gorakhnāth redonne au prince chasseur incarne plutôt un droit sur un royaume pacifié. Durant les rituels de Dasaī à Phalabang, la fonction guerrière des sabres entreposés chez les Yogī est au contraire déniée[50]. Fait notable, le Yogī les remet, non à celui dont c'est le devoir d'en faire usage, comme au Rajasthan, mais aux Brahmanes.

Cette ambiguïté, liée à la dualité intrinsèque de la fonction royale, s'inscrit également dans la double attribution religieuse des Yogī, à la fois desservants de divinités terrifiantes avides de sacrifices sanglants, les Bhairav, et d'un dieu végétarien (renonçant, roi et non violent). On remarque d'ailleurs que le sanctuaire de Kāla Siṁha Bhairav, figure royale «noire», est toujours spatialement distinct de celui du dieu végétarien «régnant» sur le *koṭ* de Phalabang. En fait, Dasaī établit un lien entre la Déesse et les Bhairav et, Ratannāth se tient à distance d'un échange qui met en jeu la violence sanglante de la guerre. Renoncement et non-violence sont une double raison de ne pas entretenir de relation directe avec les déesses guerrières. Seul Kāla Siṁha Bhairav compose quotidiennement avec elles, partageant sa demeure avec Jagadāṁbe et Kālikā[51]. C'est avant tout comme desservant de Bhairav et comme gardien de ses armes destructrices que le Yogī participe au Dasaī[52].

Bhairav et les lieux de pouvoir

Les Bhairav sont omniprésents sur le *koṭ* de Phalabang. Il ont huit formes et collectivement, sont parfois identifiés à des fortifications ou des portes entourant le palais, conceptions qui rappellent les Huit Bhairav des villes néwar ou celle d'un Bhairav gardien de territoire, *kṣetrapal*, de la tradition indienne. Les deux plus importants, Kāla Siṁha et Baṭuk Bhairav, entretiennent un rapport particulier avec le lieu et avec la royauté : Kāla

50. Il s'agit peut-être d'une configuration particulière au complexe religieux consacré à Ratannāth. On note en effet un aspect nettement plus guerrier dans les cultes attachés à Bhagavantanāth, *rājguru* du roi de Salyan au service «guerrier» des conquêtes de Pṛthvī Nārāyaṇ Śāh. Bhagavantanāth est considéré comme l'instigateur de l'alliance entre Salyan et Pṛthvī Nārāyaṇ Śāh et aida ce dernier dans la conquête décisive de Kirtipur. Il reçut les armes des vaincus et autour de sa tombe à Srigau (Dang) ses disciples édifièrent un monastère (Bouillier 1991). A Ranagau (Salyan) où il vécut, on faisait encore récemment, durant le Dasaī, un culte aux armes qu'il avait reçues de Pṛthvī Nārāyaṇ Śāh (gardées aujourd'hui à Srigau dans le temple de la Déesse, à l'extérieur de l'enclos du monastère). On y trouve encore un templion à Bhairav, et un sanctuaire consacré à Bhagavantanāth et à «son trône», où chaque année, à Dasaī, un brahmane maintient un culte très succinct devant le sanctuaire dorénavant vide de tout signe guerrier.

51. Sur les relations des Nāth à la Déesse, cf. Bouillier (1989, p. 206 et dans ce recueil) où l'auteur considère que, dans l'univers divin des Nāth, la Déesse est subordonnée aux dieux masculins Śiva et Bhairav.

52. C'est d'ailleurs pour soumettre le Bhairav de Kirtipur que Pṛthvī Nārāyaṇ Śāh fit appel au Yogī Bhagavantanāth.

Siṁha, le plus terrifiant, est une divinité cachée que les croyances locales identifient au premier roi vaincu du royaume. Baṭuk Bhairav, une forme visible, fit s'effondrer à plusieurs reprises le palais du roi Kāla et séjourne sur une sorte de tourelle défensive conçue comme antérieure. L'un consomme des cochons, l'autre des moutons.

Pour partie cachées, pour partie visibles, ces forces dangereuses de l'en-dedans et de l'en-deçà sont étroitement associées au pouvoir guerrier du roi (Bouillier 1989). Au Népal, il n'y a pas à ma connaissance de *koṭ* sans Bhairav. À Gorkha, par exemple, il est remarquable que la grotte, qui aujourd'hui abrite Gorakhnāth et qui se trouve en dessous du palais royal, ait été antérieurement dédiée à Bhairav (Unbescheid 1980, p. 44). Chez les Newar, il existe une association très étroite entre Bhairav et le glaive royal, attestée à date ancienne, qui perdure dans différents rites : ainsi, tous les douze ans, le dixième jour de Dasaĩ donne lieu à l'échange d'un sabre entre le roi du Népal et un danseur en transe incarnant Pacalī Bhairav[53]. A Phalabang, le sabre guerrier est gardé dans l'antre du plus terrifiant des Bhairav et la relation entre le pouvoir royal et cette puissance cachée des ténèbres est en quelque sorte historicisée : les aspects sombres du pouvoir sont associés à un roi déchu du passé.

Ce type d'identification et de transformation est courant dans toute l'aire culturelle : une fois soumises, les puissances divines antérieures continuent d'être vénérées, généralement sous la forme d'êtres démoniaques[54]. Cette thématique est omniprésente tout en étant différemment élaborée suivant les contextes religieux[55]. On pense par exemple aux récits de fondation des lieux saints du bouddhisme tibétain (Macdonald 1990) où le «scénario» est celui d'une subjugation de l'entité locale, au cours de laquelle le dieu vainqueur s'empare de certains attributs du vaincu[56]. Le Dasaĩ met également en scène un combat guerrier, une prise de pouvoir divine sur une force démoniaque. A Phalabang, c'est un geste rituel simple – le déplacement de l'arme guerrière,

53. Cf. Slusser (1982, p. 237-239) et Toffin (1993). A Bhaktapur, durant la fête de la ville qui oppose le chariot de Bhairav à celui de la déesse Bhadrakālī, le prêtre, représentant le roi et portant le sabre royal, est installé sur le chariot de Bhairav (Levy, 1990, p. 469 *sq.*).

54. Ainsi, dans le *Kālikā Purāṇa* (Van Kooij 1972, p. 115) on lit : «However, when you have been killed by me in the fight, ô demon Mahisa, you shall never leave my feet [...] In every place, where worship of me takes place, there will be worship of you...».

55. A propos des légendes de fondation des royaumes himalayens de Bashar et Kulu, D. Vidal remarque : «Le trait caractéristique est l'alliance entre un héros conquérant venu de l'extérieur et une princesse liée par le sang à un roi démon qui fait figure de premier détenteur de la souveraineté (1990, p. 191); et plus loin (*ibid.*, p. 194) : «cette captation du pouvoir s'exprime le plus souvent par des traditions de combats se terminant par un meurtre avec décapitation».

56. Macdonald (1990, pp. 205-206) : «The drama of the take-over of power involves, for males, a putting to death which is, at the same time, a liberation; for females, a consecration trough sexual intercourse. Penetration, impalement, dismemberment are recurring themes in the scenario in which Good does not vanquish Evil and where the temporary winner appropriates for himself characeristics, tehniques, insignia, of the temporary looser.»

de l'antre de Bhairav à celle de la Déesse –, qui matérialise ce rapport de force. La fête apparaît ainsi comme l'actualisation d'une prise de pouvoir, à la fois céleste et humaine, ancrée dans l'histoire propre de la région.

LE TRIOMPHE DES DÉESSES

L'arrivée de la gerbe : mariage et conquête politique

Les villageois perçoivent la procession et l'arrivée de la gerbe *phūlpāti*, alias Bhadrakālī, comme celle d'une jeune mariée : le palanquin, *ḍolī*, portant la précieuse charge, est précédé du balancier et de la cruche, symboles de bon augure et d'allégeance, et accompagné par la fanfare des Damāi. La procession arrive des confins sauvages du royaume et, tout en plaçant chaque *koṭ* dans un réseau de dépendance et de soumission au pouvoir central, en fait un double d'une capitale exemplaire. Sa rencontre avec les sabres fonde l'autorité politique, en une configuration qui associe le pouvoir venu du dehors, incarné par la gerbe-Bhadrakālī, et la force destructrice des puissances du lieu. D'un côté, c'est une entité féminine, de l'autre, masculine.

L'interprétation populaire de l'arrivée d'une jeune épousée ne contredit pas la portée politique du culte, dans une société où les alliances matrimoniales entre rois ont souvent précédé une domination politique. Ce fut le cas à Salyan, quand le roi Kṛṣṇa Śāh reçut comme bru la fille de Pṛthvī Nārāyaṇ Śāh; ce fut le cas quand les Rāṇā établirent des unions matrimoniales avec la nouvelle dynastie installée à Phalabang. Les donneurs de femmes finirent par s'approprier le royaume.

A Phalabang, le rituel organise une rencontre entre les divinités tutélaires du lieu et les déesses, dont l'une, Bhadrakālī, était la divinité lignagère de la dernière dynastie régnante. Dans un passé récent, un lien était établi entre cette déesse, dont le temple est resté sur le site de l'ancienne forteresse (Salyan Kot), et la nouvelle capitale, Phalabang. Les récits qui circulent sur cette divinité aujourd'hui disparue évoquent son déplacement le septième jour de Dasaĩ et la vision qu'en recevaient les souverains. Qu'elle ait été ou non le support de ces croyances, l'arrivée de la gerbe localement identifiée à Bhadrakālī en demeure l'expression publique[57]. La version villageoise de l'histoire locale met d'ailleurs l'accent sur la victoire du roi de Salyan sur celui de Dang.

57. On peut s'étonner qu'il n'existe aucun sanctuaire de Bhadrakālī, la divinité lignagère de Salyan. En revanche, on trouve à Phalabang un temple à Kālikā (cf. note 41) qui, dans le passé, aurait été desservi par un Nāth. On raconte qu'un jour la fille du roi amena à Phalabang la boîte contenant une forme de Bhadrakālī que l'on continua à voir à Salyan, comme si elle n'avait pas été déplacée.

Dès l'ouverture des rites publics, les déesses s'affirment comme les triomphatrices, chargées de toute les énergies accumulées les jours précédents sur le site du *koṭ*. C'est Bhadrakālī que les sabres guerriers (sortis du sanctuaire des divinités locales liées à l'ancien royaume de Dang) rencontrent. C'est à son côté qu'ils entrent dans le sanctuaire de Bhagavatī. Ils sont dès lors, sans plus aucune ambiguïté, les armes des déesses, incarnant la Déesse victorieuse du mythe. L'arme change en quelque sorte de mains, passant d'un groupe de divinités locales à la Déesse, par l'intermédiaire de Bhadrakālī, venue du dehors réincarner la victoire de Salyan. L'arrivée de Bhadrakālī transpose l'histoire régionale dans une dimension nationale et cosmique. La notion de «cosmodrame» développée par Paul Mus et son rôle politique – rejouer les affaires locales dans un drame cosmique où la «performance est réussie» – trouve ici une illustration (1977, p. 191). Inversement, l'actualisation du mythe de la Déesse dans un rituel auquel toute la population participe maintient vivante l'histoire locale.

La sacralisation des sabres

Rituel de refondation cyclique du pouvoir, Dasaĩ organise une simple visite des déesses. Le reste de l'année, la forteresse de Phalabang retourne sous la protection de Ratannāth, le dieu maître du lieu. Le septième jour de Dasaĩ est le seul de l'année où un brahmane officie dans le sanctuaire nāth de Kāla Siṁha. Le Yogī sort les sabres royaux purifiés, les remet à des Brahmanes, en un transfert qui s'accompagne de leur extrême sacralisation. Objets touchables par les seuls Brahmanes, ces armes sont dès lors plus proches des dieux que des hommes. Le simulacre de sacrifice du buffle par le brahmane, les huitième et neuvième jours, en est une illustration.

On peut se demander si le rôle des Brahmanes est lié à l'absence de tout représentant des Ṭhakuri à Phalabang. Cette emprise des prêtres, plus spécifiquement de ceux desservant le *kuldeutā* royal – ce qui est le cas à Phalabang – semble assez générale au Népal. Ainsi, chez les Newar, les prêtres de la divinité lignagère se sont rituellement substitués aux anciens rois Malla (Levy 1990, p. 351; 469; 532). Pourtant, à Phalabang, même du temps de la royauté, ces sabres auraient été intouchables par le roi lui-même. Fidèle à la démarche que j'ai choisie, d'ancrer le sens du rituel dans son contexte local, cette brahmanisation des rites m'apparaît étroitement liée à l'emprise des Rāṇā sur le royaume de Phalabang.

Le désarmement des vassaux et la sécularisation du pouvoir

La renaissance du royaume de Salyan a été rapidement suivie par sa transformation en grande propriété Rāṇā. Les intermariages entre les Śāh de Salyan et les Rāṇā ont ouvert une période marquée par la construction de sanctuaires à Śiva et à Kālikā, soutenue par la donation de privilèges aux Brahmanes Upadhyāya, desservants de ces temples et *purohit* (semble-t-il aussi *guru* royaux) en charge des cultes du Dasaī. Les Yogī, *rājguru* des anciens rois de Dang et de Salyan, ont été marginalisés au profit des Brahmanes. Il est probable que le rituel de Dasaī – qui, dans sa forme actuelle, date peut-être de la restauration d'une dynastie royale à Phalabang vers 1830 –, a subi l'influence religieusement marquée de la «reine Rāṇā» de Salyan à la fin du même siècle. On peut d'ailleurs se demander si la primauté, ou du moins, l'exclusivité, du Dasaī comme fête étatique n'est pas un produit de l'histoire : des traditions locales suggèrent qu'en des temps plus anciens, d'autres fêtes de légitimation du pouvoir, centrées sur Ratannāth, avaient leur place[58]. La «rana-isation» du royaume de Phalabang s'est aussi concrétisée par le déplacement du centre politique, du sommet du *koṭ* vers un terre-plein non défensif, et la construction d'une résidence sur le modèle des demeures Rāṇā de Katmandou.

S'il n'en a pas changé les fondements, le gouvernement des Rāṇā a introduit des nouveautés dans la royauté népalaise. Les Rāṇā ont certes tenté de s'approprier les pouvoirs royaux mais, à Katmandou, les rois Śāh sont demeurés sur leur trône avec leurs attributs symboliques. Dans une certaine mesure, les Rāṇā ont institutionnalisé un dédoublement et une sécularisation des pouvoirs, comme si, moins le roi régnait, plus il se rapprochait d'un dieu[59]. Ce clan – qui, lui aussi, s'est construit une généalogie d'origine rajpoute (Whelpton 1987) et a fondé sa domination sur une victoire sanglante, le massacre du Koṭ – a tenu les rênes du pouvoir durant une période marquée par la stabilisation d'une autorité centrale omnipotente. Avec la figure charismatique de Pṛthvī Nārāyaṇ Śāh, le gouvernement des Śāh s'était appuyé sur l'expansion territoriale et la conquête militaire; celui des Rāṇā a principalement reposé sur le gestion patrimoniale de cet héritage. La nature très centralisée du pouvoir s'exprime d'ailleurs dans des particularités du Dasaī népalais, comme le *pajani* du dixième jour. Cette ancienne pratique d'attribution et de renouvellement autoritaire de tous les postes, considérés avec le sceau royal comme l'une des principales armes du gouvernement par

58. Ainsi, à Dang, le pèlerinage annuel à Devi Patan, qui a lieu à la date du «Petit Dasaī», était une fête que les rois (celui de Dang, puis de Balrampur) ont patronné (Briggs 1938, p. 95).

59. En un geste significatif, Ranaudip Siṁha, Premier ministre Rāṇā de 1877 à 1885, déplaça le petit Pṛthvī Bīr Śāh, roi du Népal couronné à cinq ans en 1881, de l'ancien palais royal d'Hanuman Dhoka dans son propre palais à Nārāyaṇ Hitti, comme si il n'était qu'un symbole vivant. Le roi fut ainsi coupé du site fondateur et un nouveau palais construit ultérieurement.

les Śāh eux-mêmes[60], n'avait à l'origine, ni lieu durant le Dasaĩ, ni d'ailleurs de date fixe. Sa fixation à la période du *darbar* de Dasaĩ se situe, semble-t-il dans le courant du XIXe siècle, sacralisant la suprématie univoque du centre caractéristique du régime[61]. Cette centralisation paracheva l'entreprise de «désarmement» des vassaux, commencée par Bhīmsen Thāpā dès les premières décennies de l'unification. Le roi de Salyan déchu par ce dernier possédait un réel pouvoir et une armée. Le roi de Phalabang, restauré après la chute de Bhīmsen Thāpā lui-même, le fut sans armée, simple administrateur d'une propriété foncière, avec les seuls attributs symboliques d'un roi : un titre, une couronne mais des sabres sans vertu guerrière, quasi intouchables, cachés dans l'antre d'un dieu invisible.

La sacralisation des sabres stigmatise l'étouffement de la dimension traditionnelle guerrière et conquérante du droit royal à verser le sang. Dans le contexte propre à Phalabang, où leur influence fut particulièrement prononcée, ces éléments convergent pour que le rituel de Dasaĩ qui se déroule encore aujourd'hui, dise en fin de compte la victoire du pouvoir séculier des Rāṇā.

Confirmant le lien entre Dasaĩ et les enjeux politiques, le rituel n'a plus été effectué à Phalabang, dès la chute du régime des Rāṇā en 1951. Vers 1954, attribuant une série de malheurs et l'appauvrissement du village à cette interruption, la communauté villageoise s'unit pour le restaurer, décision qui illustre une dimension du Dasaĩ que je n'ai pas évoquée ici, la prospérité collective et la fertilité, supports et expressions du bon gouvernement royal.

CONCLUSION : UN RITUEL ENTRE LE MYTHE ET L'HISTOIRE

En dépit d'une histoire troublée, le Dasaĩ de Phalabang maintient vivant un passé mythifié autour de la figure du Yogī Ratannāth, fondateur du premier royaume. Marginalisés mais toujours maîtres d'importantes propriétés foncières – support essentiel de leur permanence –, les Yogī sont restés les gardiens des sabres guerriers et ont maintenu la prééminence du dieu du lieu. Tout en rappelant la tradition des cours rajpoutes, leur rôle rituel à Dasaĩ reflète l'ambiguïté des desservants de Ratannāth envers les attributs guerriers du pouvoir royal, dans un contexte légendaire local où l'accent est mis sur la figure d'un roi non violent. La sacralisation des sabres à laquelle le Yogī participe le septième jour de la fête, s'apparente en fin de compte

60. Une lettre de Rāṇā Bahādur Śāh les désigne comme les deux armes du pouvoir (Naraharinath, 1966, p. 58).

61. Bhīmsen Thāpā resta soumis au *pajani* royal, tandis que les Rāṇā s'emparèrent de cette arme de gouvernement autocratique. Dans les cours indiennes au contraire, durant le *darbar* de Daśarā, le chefs tribaux et locaux venaient à la cour du roi, à la fois pour payer leurs tributs mais aussi présenter leurs requêtes et leurs doléances.

à une négation du pouvoir guerrier du «roi du Phalabang» et à un acte de désarmement symbolique par le brahmane.

Il est remarquable que dans ces sociétés qui ont laissé peu de traces concrètes de leur histoire, le rite maintienne vivant (en le reformulant) le passé de la localité. Dasaĩ met en scène un mythe normatif pan-hindou mais, pour la communauté qui l'organise, il ne fait sens que dans le contexte historique local. Cette vertu «historicisante» du rituel repose sur l'extrême plasticité de la thématique qu'il active, celle de la victoire d'une divinité venue du dehors qui supplante, le temps du rite, les divinités du lieu. A Phalabang, cette prise de pouvoir divine, soutenant des successions politiques, s'exprime par le simple transfert ritualisé d'une arme guerrière, d'un roi «noir» à une déesse. Une évocation qui plonge dans le passé mythique de la région, réactualisant certains thèmes de la fondation, tout en mettant en scène le «désarmement» final des rois.

Cette plasticité connaît peut-être une limite : le maintien du Dasaĩ collectif de Phalabang semble aujourd'hui menacé, autant pour des raisons financières que politiques[62]. Dans le contexte de bouleversement actuel, où le pouvoir du roi est profondément remis en question au profit du pouvoir des urnes, où l'idéologie démocratique et la contestation communiste trouvent un large écho dans la population, les rites perdent leur efficacité politique. Cela est particulièrement notable dans la cérémonie des *ṭikā* – expression locale de la centralisation des pouvoirs instaurée par les Rāṇā et, dans une certaine mesure, maintenue par le système des Panchayat –, où toute hiérarchie collective semble évacuée. La dimension domestique de la fête est déjà privilégiée et les villageois pensent que Dasaĩ ne sera bientôt plus fêté au *koṭ*. Les déesses renonceront peut-être à visiter une forteresse en ruines, comme elles ont, il y a vingt ans, abandonné le sanctuaire lignager des rois de Salyan. Il restera la protection qu'octroient les dieux du lieu et, comme tel, Ratannāth garde la première place, seul témoin d'une histoire éteinte; preuve aussi de l'emprise ancienne et solide des Nāth dans cette région.

62. Même si des brahmanes ont bénéficié de donations, il ne semble pas y avoir eu de fondation *guṭhi* pour le Dasaĩ. Une grande part des victimes sacrificielles étaient fournies (comme une corvée ?) par la population. Les sommes allouées aujourd'hui par l'État sont insuffisantes pour maintenir la majesté des rites. On rogne sur le nombre de victimes et on les remplace, dans la mesure du possible, par des courges. En 1990, période d'instabilité politique sans chef, les fonds ne furent pas correctement acheminés et les offrandes jugées les plus importantes (celles de buffles pour la « nuit noire » et *koṭ pūjā*), furent avancées par les villageois. La famille royale continue d'envoyer de Katmandou de quoi assurer quelques sacrifices en son nom.

BIBLIOGRAPHIE

AMATYA, S., ed.,

1989, (2046 B.S.) *Rāstrya Itihāsik nirdeśan samiti (nepāl), strot pustikā mālaā*, n°4 (National History Guide Commitee, Sources Manual Serie 4) Kathmandu, Department of Archeology.

BIARDEAU, M.,

1981, «L'arbre *śamī* et le buffle sacrificiel». Autour de la déesse hindoue, textes réunis par M. Biarderau, coll. «*Puruṣārtha*» 5, Paris, Éd. de l'EHESS, pp. 215-243.

BOUILLIER, V.,

1986, «La caste sectaire des Kānphaṭā Jogī dans le royaume du Népal : l'exemple de Gorkha», *BEFEO*, LXXV, pp. 125-167.

1989, «Des Prêtres du pouvoir : les Yogī et la fonction royale», in V. Bouillier et G. Toffin éds., *Prêtrise, pouvoirs et autorité en Himalaya*, coll. «*Puruṣārtha*» 12 , Paris Éd. de l'EHESS, pp. 193-213.

1991, «Growth and decay of a Kānphaṭā Yogī monastery in south-west Nepal», *The Indian economic and social history review*, 28, 2, pp. 151-170.

BOYS, H.S. et E.G., CLARK,

1873, *Report on the Revision of Settlement of the Bhareich District*, Oudh, Lucknow, Oudh Govt Press.

BRIGGS, G.W.,

1938, *Gorakhnāth and the Kānphaṭā Yogī*, Calcutta, Motilal Banarsida (rééd, 1973).

BURGHART, R.,

1984, «The Formation of the Concept of Nation-State in Nepal», *Journal of Asian Studies*, XLIV (1), pp. 101-125.

EAST INDIA COMPANY,

1824, *Military History of Nepal. Papers Respecting the Nepaul War*, Delhi, Bimla Publishing House (rééd. 1985).

Gazetteer of the Provinces of Oudh, 1877, Lucknow, Oudh Govt Press.

GUTSCHOW, N.,

1985, «Gorkha, The Architectural Documentation of two Palaces from the 18th and 19th century», *JNRC*, VII, pp. 3-22.

HAMILTON-BUCHANAN, F.,

1819, *An Account of the Kingdom of Nepaul*, New Delhi, Manjusri (rééd. 1971).

DEPT OF ARCHEOLOGY,

s.d. *Itihās Chiti patra saṅgraha* (collections de lettres et documents historiques), Kathmandu, Népal.

KRAUSKOPFF, G.,

1989, *Maîtres et Possédés, les rites et l'ordre social chez les Tharu* (*Népal*) Paris, Éd. du CNRS.

1990, «Les Tharu et le Royaume hindou de Dang. Souveraineté divine et endogamie ethnique», *L'Homme*, XXX, 116, pp. 30-54.

LEVY, R.I.,

1990, *Mesocosm, Hindouism and the Organization of a Traditional Newar City in Nepal*, University of California Press.

MACDONALD, A.W.,

1990, «Hindu-isation, Buddha-isation, then Lama-isation or : What Happened at La-phyi?», in Skorupski, T., *Indo-Tibetan Studies*, Tring.

MANANDHAR, T.,

1986, «Raja Ranabhima Shah of Salyan», *Regmi Research Series*, XVIII (7), pp. 102-109.

MARIZE, J.C.,

1980, «Les Rana et le Pouvoir». Thèse de 3e Cycle, non publiée, Université de Rouen.

MUS, P.,

1977, «Cosmodrame et Politique en Asie du Sud-Est», in *L'Angle de l'Asie*, S. Thion éd., Paris, Hermann, pp. 175-197.

NARAHARINATH, Y.,

1966, (2022 V.S.) *Itihās prakāśma sandhi patra saṇgraha, bhāg* 1, (collection de traités et documents dans la lumière de l'histoire, vol. 1), Bénarès, Kalpana Press.

s.d., *Yogī Vaṁśāvalī*, Gorakṣa, Granthmālā 90.

NEVILL, H.R.,

1921, *Bareich, a Gazetteer, being vol. XLIV of the district Gazetteers of the United Provinces of Agra and Oudh*, Allahabad, Government Press.

1922, *Gonda, a Gazetteer, vol. XLV...*, Allahabad, Government Press.

REGMI, D.R.,

1975, *Modern Nepal*, Calcutta, Firma K.L. Mukhopadhyaya.

REGMI, M.C.,

1978, *Land Tenure and Taxation in Nepal*, Kathmandu, Ratna Pustak Bhandar.

SLUSSER, M.,

1982, *Nepala Mandala. A Cultural Study of the Kathmandu Valley*, Princeton, Princeton University Press, 2 vol.

TOD, J.,

1829, *Annals and Antiquities of Rajasthan* (rééd. 1990) New Delhi, Low Price Publications, vol II.

TOFFIN, G.,

1993, *Le Palais et le Temple, la fonction royale dans la vallée du Népal*, Paris, CNRS, Éditions.

UNBESCHEID, G.,

1980, *Kānphaṭā. Untersuchungen zu Kult, Mythologie und Geschichte Sivaitischer Tantriker in Nepal*, Wiesbaden, Franz Steiner Verlag.

VAN KOOIJ, K.R.,

1972, *Worship of the Goddess according to the Kālikā Purāṇa*, Leiden, E.J. Brill.

VIDAL, D.,

1990, *Le Culte des divinités locales dans une localité de l'Himachal Pradesh*, Paris, ORSTOM.

WHELPTON, J.,

1987, « The Ancestors of Jang Bahadur Rana : History, Propaganda and Legend », *Contributions to Nepalese Studies*, 14, 3, pp. 161-192.

1991, *Kings, soldiers and priests : Nepalese politics and the rise of Jang Bahadur Rana 1830-1857*, New Delhi, Manohar.

PHOT. 1. VUE DU PALAIS DE PHALABANG ET DU VILLAGE

PHOTO. 2. UN YOGĪ REMET UN SABRE A PṚTHVĪ NĀRĀYAṆ ŚĀH (FRESQUE DU MONASTÈRE DE CAUGHERA, DANG).

PHOT.3. LE SIMULACRE DE SACRIFICE PAR LE BRAHMANE.

CHAPITRE V

LUTTES D'INFLUENCE DANS L'EMPIRE DE LA DÉESSE

Philippe RAMIREZ

«Dans le royaume du Népal se trouve un pays sacré; à Argha Rajasthal, une illustre Kālī règne sur ce pays...»

(Ḍilārām Bhusāl, Śri Argha Bhagavatīko varṇan ra kāryavidhi)

Célébration de la victoire de la Déesse sur les démons, le Dasaĩ préside à une remise en ordre globale de l'univers, et donc de la société. Or cette société alors reconstruite ne correspond que virtuellement à la société idéale. Certes, ce rituel particulier tend à refléter la situation actuelle des rapports sociaux, et tout particulièrement des rapports de pouvoir. Cependant, cette actualisation ne peut procéder que graduellement et subtilement. Si bien que la forme observable de la fête conserve les vestiges de ses formes antérieures. En s'inspirant des méthodes de la géologie, l'analyse des rites auxquels le Dasaĩ donne lieu permet de formuler un certain nombre d'hypothèses sur l'évolution des structures politiques locales au fil du temps.

Nous considérerons le Dasaĩ d'Argha Rajasthal, ou Arghakot, la capitale d'une ancienne principauté Ṭhakuri située dans la partie occidentale du bassin de la rivière Gandaki. Cette région est peuplée à plus de 60% d'Indo-Népalais, divisés en groupes de statut hiérachisés, les *jāt.* Autour d'Arghakot, les Magar, censés représenter un peuplement plus ancien, ont perdu aujourd'hui l'usage de leur langue propre, de famille tibéto-birmane; leur adhésion très large aux valeurs hindoues ne permet plus guère de les distinguer des *jāt* d'origine indienne. Le Grand Dasaĩ d'automne, dont il sera question ici, débute avec le premier jour de la quinzaine claire d'*āśvin* et s'achève à la pleine lune[1]. L'ensemble des cérémonies revêt l'aspect d'une représentation théâtrale dont

1. Nous limiterons notre description au seul Baḍā Dasaĩ. Le Cait Dasaĩ, qui, on le remarquera, se tient à une date symétrique de celui-ci, est l'occasion de cérémonies moins nombreuses, plus modestes mais de forme très proche, ce qui le fait apparaître comme un résumé du Dasaĩ d'automne. À Argha Rajasthal, les cérémonies du Cait Dasaĩ se limitent aux septième, huitième et neuvième jours de la quinzaine claire.

le fil directeur est double : d'une part l'épopée panhindoue relatant la lutte de Durgā contre les démons, d'autre part le culte des manifestations locales de la Déesse par un «roi» de circonstance[2]. Les lieux de ce culte, les différentes formes de son destinataire et sa justification sont définis par référence à une tradition orale, dont nous relaterons l'essentiel. Nous suivrons ensuite la fête dans ses principales étapes, que nous tenterons de rapporter aux différentes périodes de l'histoire politique locale. On verra comment un corpus rituel apparemment anachronique renvoie en fait très directement aux réalités d'un proche passé, voire à l'actualité. Dans cette logique, nous insisterons enfin sur les évolutions les plus récentes du culte, qui répondent à la redéfinition très sensible des rapports de pouvoir dans ces trente dernières années.

LE CADRE : MYTHE ET SANCTUAIRES

Le mythe

Le déroulement et la signification du Dasaĩ d'Argha Rajasthal ne peuvent être compris qu'en relation avec le passé de la localité. L'existence du culte à la principale divinité d'Argha est justifiée par référence à «l'histoire» (*itihās*) de la principauté. Les premiers dépositaires de cette histoire transmise oralement sont les prêtres chargés de la conduite du culte : brahmanes de statut Jaisī et de lignée Bhusāl, ils descendent des anciens précepteurs royaux (*rājguru*).

Le récit actuellement en vigueur campe parfaitement le décor du culte de la Déesse. Le premier roi, Jillā Rāī, arrive de l'ouest, accompagné de son *guru*, de sa garde, de brahmanes, de lettrés, de forgerons Kāmi, de couturiers Damāī et de chanteurs Gandharva. Le pays est déjà occupé par des Gurung (groupe tibéto-birman). Effrayés par «la force» de Jillā Rāī, ceux-ci s'enfuient. Depuis leur terre d'origine, le roi et son guru ont apporté une représentation de leur divinité lignagère commune, Śrī Mahākālī. Le roi la fait installer dans un temple, au cœur de son palais, avec les «Neuf Épées» (*nau khaḍga*) et les vases rituels (*kalaś*); il en confie le culte à son *guru* Rām Bhakta et en rétribution lui accorde une dotation de terres *guṭhī*. «Par les cultes rendus selon les prescriptions des Rām Bhakta, les ennemis des quatre directions furent repoussés.» «Aujourd'hui, le Gouvernement de Sa Majesté a maintenu cette charge» (le service de la Déesse). «Conformément à l'établissement du *guṭhī* par Jillā Rāī, tous les rituels des fêtes de Mahākālī sont encore exécutés aujourd'hui.» Suit la liste des rois d'Argha depuis Jillā

2. On ne discutera pas en détail ici de la personnalité de ce personnage, auquel nous avons consacré une part importante de deux articles précédents (Ramirez 1993a et b).

Rāī jusqu'à ses descendants vivants, ainsi que celle de leurs guru successifs jusqu'aux prêtres attachés aujourd'hui au service de la Déesse.

La concision du récit est admirable, sa signification d'autant plus claire : à l'origine du royaume, une conquête militaire, une victoire facile sur les anciens habitants du lieu. Le roi est accompagné d'un membre de chaque *jāt*[3], la société est déjà en place. Pas de détails sur l'édification de l'habitat, sur la mise en culture du terroir... mais un condensé de l'essentiel : la divinité protectrice de la lignée princière est installée, un prêtre est nommé pour la servir, le royaume fondé par ces simples gestes est désormais à l'abri des ennemis... D'autre part, l'accent est mis sur la continuité des institutions religieuses locales, établies par les anciens rois, perpétuées par les nouveaux, et sans aucune rupture confiées à la charge des prêtres Bhusāl.

Une seconde version de l'histoire d'Argha, recueillie il y a quelque quarante ans par l'administration du district, est également centrée sur la triade roi-conquérant/prêtre/déesse. En revanche, la majeure partie du récit – par ailleurs beaucoup plus riche en détails – insiste sur une époque différente, celle de la «refondation» du royaume à la suite d'une période de désordre.

La fondation elle-même reste attribuée à Jillā Rāī. Après quelques générations cependant, apparaît un autre héros princier, Śivarāj Śāh. Expulsé du Gaḍhvāl (Himalaya Occidental) par les Musulmans, suivi de ses officiers, d'une troupe et de son *guru* – Rām Bhakta à nouveau – il parvient dans sa fuite aux confins d'Argha. Il campe pour la nuit sur un col. Tourmenté par son errance, il invoque la divinité des cols, Deurālī. Celle-ci apparaît et lui enjoint de reconquérir Argha, que ses rois incompétents ont laissé diviser. Elle lui assurera la victoire et en contrepartie demande à siéger au cœur du royaume rénové, où elle recevra un culte aux côtés des épées (*khaḍga*) que Śivarāj a emmenées en exil : les Neuf, les Soixante-quatre et la Grande[4]. Le prince s'exécute, prend Argha, rétablit les anciennes frontières et au cœur de son palais installe la Déesse – devenue «Kālikā» – et les épées. La fin du récit explique comment le fils de Śivarāj établira un protocole rituel qui jusqu'à aujourd'hui règle les détails du culte ordinaire et extraordinaire, et en particulier les cérémonies du Dasaĩ.

Malgré les variations de temps et de circonstances, fondation et refondation participent donc d'un même modèle : dans chaque cas, un roi errant, son chapelain, une suite représentant toutes les composantes de la société, des armes magiques et une déesse tutélaire ou alliée. Le roi vient instaurer un ordre là où auparavant régnait, dans un cas, le néant, dans l'autre, la division – c'est-à-dire l'anarchie. La cohésion et la prospérité du royaume

3. *Jāt* : «naissance», «espèce», en particulier l'un des groupes de statut hiérarchisés usuellement dénommés «castes» dans la littérature sur le monde hindou.

4. Les «Neuf» (huit points cardinaux plus le centre) et les «Soixante-quatre» (huit fois huit) consisteraient ici en deux appellations génériques des épées sacrées traditionnellement associées à la personne du roi hindou.

reposent sur la relation fondamentale – fondatrice – entre le souverain et la Déesse. Un troisième récit va permettre de préciser davantage la nature de cette relation et de mieux comprendre la signification du Dasaĩ d'Argha. À la différence des deux narrations précédentes, considérées comme relevant de «l'histoire», les événements qui suivent ne sont pas situés chronologiquement et sont qualifiés de «tradition populaire», *janaśrutī*[5].

«Les rois d'Argha étaient de grands dévots de Bhagavatī [une épithète courante de la Déesse]. Celle-ci voulut s'assurer de la fidélité de cette dévotion et décida de la mettre à l'épreuve. Elle apparut sous la forme d'une belle jeune fille, sur le mont Gherāko (face à Arghakot). Des serviteurs du roi qui parcouraient la montagne l'aperçurent et de retour décrivirent sa beauté. Le roi arghālī voulut se rendre compte de lui-même.» Arrivé sur les lieux, il s'enquiert des désirs de la jeune fille. Celle-ci demande qu'un bassin lui soit creusé. Le roi en fait la promesse. Avec l'aide de tous les villageois, le bassin est édifié au lieu indiqué. Révélant alors sa vraie nature, la jeune fille y apparaît sous la forme de Bhagavatī. Le roi l'invite donc à venir recevoir un sacrifice dans son palais. Sous la direction des ministres, un foyer sacrificiel est creusé au bord duquel Bhagavatī prend place. Les oblations lui sont rendues. Or le roi, fasciné par la splendeur de la Déesse, ne peut s'empêcher de la toucher. Immédiatement, celle-ci prend une forme terrible, celle d'une créature menaçante aux proportions gigantesques. Pris de panique, le roi se saisit de son épée et décapite le monstre, qui disparaît au centre de l'autel, devenu un puits profond. L'assemblée est terrorisée par les conséquences d'un tel acte. Mais une voix monte du puits qui promet que l'on aura rien à craindre si, chaque jour du Dasaĩ, un sacrifice est offert à la Déesse qui désormais habite le lieu, sous le nom de Guptā Kālī, «Kālī la Cachée». Le roi se procura les traités appropriés à ce genre de rites et l'on s'y conforma. Pour financer le culte, il fit donation d'un ensemble de rizières.

Les trois récits précisent donc clairement l'origine et la nature du culte local à la Déesse, dont le Dasaĩ est la composante majeure – mais pas unique. Il s'agit d'une institution remontant aux anciens souverains et vouée à la protection de leur territoire. Les adeptes actuels de la divinité, et en premier lieu les descendants des prêtres royaux, perpétuent le culte en vertu d'une logique de continuité. La dynastie locale a été démise, mais le service de la Déesse continue, de par le patronage du roi du Népal, qui a repris à sa charge le domaine *guṭhī* nécessaire à l'entretien des édifices et au financement des offices. Le mythe permet également de cerner la nature multiple mais synthétique de la divinité à laquelle s'adresse le culte, ainsi que les rapports complexes qui lient celle-ci à ses adeptes. La déesse lignagère des rois et de leurs *guru* devient naturellement divinité tutélaire du royaume lorsque

5. Cette «tradition» connaît des versions différentes selon les narrateurs; nous rapportons ici la plus complète d'entre elles.

ceux-ci s'emparent du pays : ils «l'installent» – littéralement – au cœur de leur capitale, dans le palais. Or, une représentation spécifique de la Déesse, dénommée Kulyān Bhagavatī, continue d'être vénérée en tant que protectrice d'un lignage particulier, celui des Bhusāl : elle a toujours un sanctuaire séparé de celui du palais, mais rattaché aux institutions royales – ou territoriales aujourd'hui. À ce premier «dédoublement» s'en ajoutent d'autres. Ainsi, après la division du royaume originel et la décomposition de l'autorité des premiers rois, c'est une «Déesse du Col», c'est-à-dire des marges inhospitalières, qui se soucie de rétablir l'ordre à Argha; par une alliance contractuelle avec un nouveau prince, elle retrouve sa place comme divinité régnante, manifestant l'indistinction entre ses manifestations «centrale» et «périphérique». Le troisième récit enfin, dont la multiplicité divine est un des thèmes centraux, introduit ses aspects dangereux et souterrains – dans les deux sens du terme – : séductrice poussant une première fois le roi à la faute, monstre l'obligeant de nouveau à attenter à la divinité – cette fois pour protéger ses sujets – elle se métamorphose ensuite en «divinité du sol», enfouie au cœur du royaume. Le roi a commis un crime à son égard, mais a permis sa pacification par un contrat qui fonde le sacrifice.

Le guṭhī d'Argha Rajasthal

Un des objets principaux des mythes que nous venons de présenter est de situer le culte de la Déesse dans un cadre institutionnel. Celui-ci consiste en un protocole rituel précis dont la réalisation est rendue possible – en même temps qu'officialisée – par l'existence d'un dispositif financier légal patronné par le souverain régnant, le roi du Népal.

La célébration du Dasaĩ dans l'ancienne capitale de la principauté d'Argha relève d'une fondation *rājguṭhī* vouée au financement du service de la Déesse et constituée d'une centaine de *murī* (env. 2,5 ha) de terres irriguées. C'est donc au comité, *samiti*, composé des titulaires de terres *guṭhī*, les *guṭhiyār*, que revient la responsabilité de rassembler les moyens matériels et humains nécessaires à la tenue de la fête. À chacun des quelque quarante *guṭhiyār* est assignée une tâche précise qui consiste, soit à fournir une denrée particulière, soit à assurer un office lors du culte. Ces charges concernent tous les aspects publics du culte à Argha Bhagavatī : les *pūjā* «ordinaires et extraordinaires» (*nitya/naimitya*). On constate que la quasi-totalité des groupes de statut (*jāt*) représentés sur le territoire de la principauté sont concernés, depuis les Brahmanes Upadhyāya, lecteurs de textes sacrés, jusqu'aux chanteurs Gāine dont les talents musicaux sont mis à contribution dans les hymnes à la Déesse, *malsirī*. Les *jāt* non indo-népalaises sont également intégrées, avec les Néwar, qui fournissent les étoffes, chantent les *bhajan* (chants dévotionnels), et les potiers Kumhāl, qui apportent au sanctuaire poteries, poissons et bananes[6]. Tous les participants traditionnels au Dasaĩ d'Argha ne bénéficient pas de parcelles *guṭhī*; leur service correspond alors à des prestations coutumières, *dastur*, ou constitue les reliques d'anciennes rentes foncières en nature, *rakam*.

Le *guṭhī* d'Argha Rajasthal, dans la forme que nous lui connaissons aujourd'hui, remonte à une date comprise entre 1820 et 1833[7]. Le plus ancien document sur lequel nous avons pu travailler est un édit de 1833, par lequel le roi du Népal Rājendra Bikram accorde 60 *murī* de terres aux desservants de la Déesse :

> «...en réponse à la requête du *pujārī* Nityānanda Jaisī qui indiquait que depuis toujours existait dans la circonscription d'Argha un *guṭhī* destiné aux *pūjā* ordinaires et extraordinaires à Śrī Mahākālīdevī,
> selon une liste [*tapsil*] non enregistrée, ce *guṭhī* comprend sur les terres *jāgir* de la garnison Kampu, 60 *murī* de parcelles irriguées et le pâturage de Lākurībot, pour allumer les lampes rituelles,
> depuis toujours ce *guṭhī* s'est perpétué,
> aujourd'hui à nouveau nous l'instaurons tel quel,
> avec les produits de ces terres, effectue les *pūjā* ordinaires et extraordinaires conformément à la tradition, célèbre notre nom et garde pour toi l'excédent,
> avec piété, nous publions ce *guṭhī*, agis en conséquence»
> (suit le détail des terres).

Selon ses propres termes, cet édit dote d'une existence légale et de moyens financiers un culte fondé, dans les circonstances que nous avons vues, par les rois d'Argha. Il s'agit donc bien d'assurer la continuité d'une institution dont les anciens patrons ont – en tant que tels – disparu. Et naturellement, de même que le premier roi, Jillā Rāī, avait chargé son *guru* Rām Bhakta du culte à sa divinité tutélaire, cette charge est désormais confiée à l'un des descendants de celui-ci, Nityānanda «Jaisī», c'est-à-dire Bhusāl. En même temps, une des finalités principales de la donation est rappelée : «...loue notre nom [lit. «notre victoire»]» Ainsi, aux côtés de la vieille déesse protectrice du lieu, c'est le nouveau souverain qui sera honoré, tous les cultes dépendant du *guṭhī* se trouvant par là même «incorporés» au complexe politico-religieux pannépalais présidé par les Śāha de Gorkhā. Quarante-sept ans après l'annexion militaire d'Argha, ce geste entérine son intégration définitive au Grand-Népal. Neuf décrets viendront par la suite reconduire, ajouter ou préciser certaines attributions afférentes à ce *guṭhī*, en particulier à la suite de litiges entre ses multiples titulaires, mais la définition des charges et leur répartition entre les différents lignages ne changeront guère.

6. Les Kumhāl vivent en bordure des rivières et pratiquent la pêche; c'est aussi dans ces zones relativement chaudes que poussent les bananiers.

7. G. Krauskopff nous a indiqué très récemment que les archives du Bureau central des *guṭhī*, cataloguées par le German Research Centre de Katmandou, contenaient cinq textes se rapportant à Argha, le plus ancien remontant à 1820.

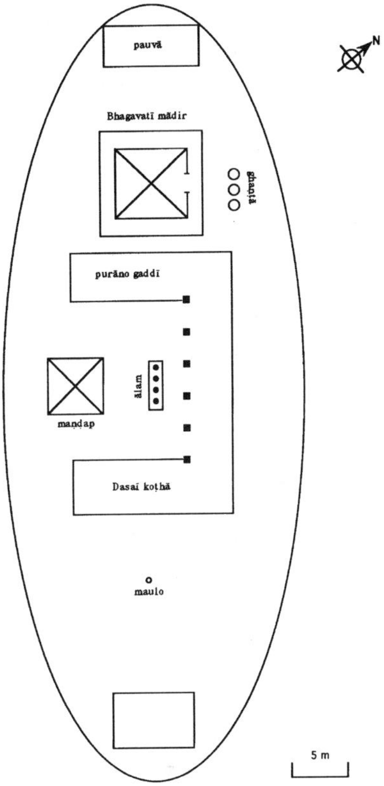

FIG. 1. PALAIS D'ARGHA RAJASTHAL.
pauvā : gîte destiné aux pèlerins
Bhagavatī mādir : sanctuaire principale de la Déesse.
ghaṇṭā : cloches
purāno gaddi : « ancien trône », contenant une représentation secondaire de la Déesse
ālam : bannières
maṇḍap : pavillon rituel, lieu d'une pūjā quotidienne lors du Dasaĩ.
Dasaĩ koṭhā : lieu de séjour du Ṭhakurī durant le Dasaĩ.
maulo : poteau sacrifiel, utilisé le 9e jour du Dasaĩ.

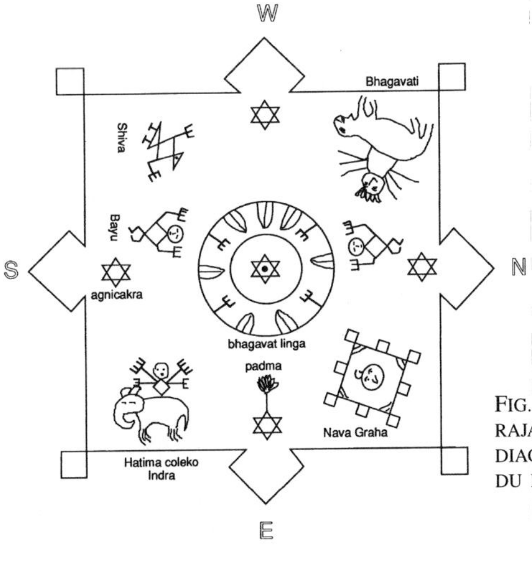

FIG. 2. DASAĨ, *MAṆḌAP* D'ARGHA RAJASTHAL.
DIAGRAMME DE *DUTIYA* (2e JOUR DU DASAĨ).

La liste des charges actuellement en vigueur mentionne sans plus de fioritures un «agent de lignée Śāha» (*kartā Śāhavaṃśiya*) : c'est par cette appellation lapidaire que sont désignés les descendants des *rājā* d'Argha. La nature de l'office qui leur revient n'est pas non plus précisée; nous allons voir pourtant combien la place de ces «agents» dans le Dasaĩ d'Argha est tout à fait centrale.

Les sanctuaires d'Arghā Bhagavatī

Le culte à la Déesse d'Argha a pour cadre un complexe de sanctuaires dédiés à ses différentes formes et situés au cœur de l'ancienne capitale.

– Le palais, *darbār*, est constitué de trois ailes délimitant autant de cours, *cok* (Fig. 1). La cour ouest abrite le temple de Samājik Bhagavatī, littéralement «Bhagavatī collective», c'est-à-dire «publique», sous la forme de la statue apportée par le premier roi[8]. Chaque jour de l'année, matin et soir, un prêtre Bhusāl vient lui rendre une *pūjā*, au son d'un orchestre Damāī. La cour intérieure constitue le site principal des rites du Dasaĩ : en son centre est érigé un *maṇḍap*, pavillon carré qui ferme le puits habité par Guptā Kālī.

– À une centaine de mètres du palais, deux templions bordent le terre-plein central de l'agglomération – et quartier-souche des Bhusāl –, le Maidān : le Kulyānthan abrite la représentation vénérée par les Bhusāl comme leur divinité tutélaire, *kulyān* ou *kuldeutā*. Celle-ci reçoit deux *pūjā* quotidiennes, à la suite de Samājik Bhagavatī. Toutes deux constituent des formes de la même entité, Arghā Bhagavatī; le fait que des hommages leur sont rendus simultanément rappelle quotidiennement cette indistinction, en même temps que l'association fondatrice entre le lignage des prêtres Bhusāl et l'institution royale. Durant les huit premiers jours du Dasaĩ d'automne, Kulyān est déplacée dans le second templion, spécifiquement réservé à cette occasion, le Naurāthe mādir, où elle reçoit un culte ininterrompu et secret.

– À l'extrémité est d'Argha Rajasthal, au centre du quartier des chanteurs Gāine – le statut le plus bas – un petit temple abrite l'une des cinq bannières-déesses, *ālam devī*. Son desservant, qui intervient le huitième jour de Dasaĩ, est issu d'un des lignages gāine.

– Géographiquement opposé au précédent, au milieu de pâturages à la limite occidentale de la localité, un minuscule temple, dénommé Gosāĩthān, ne joue de rôle qu'au dernier jour de la fête; il reste vide hors cette occasion et son identification est inconnue des villageois[9].

8. En fait, la statue originale, volée il y a dix ans, a été remplacée depuis. Cette représentation publique de Bhagavatī est distinguée de ses représentations lignagères.

9. *Gosāi*, une des épithètes de Śiva, désigne usuellement un renonçant. Notons que, jusque dans les années 1970, des ermites résidaient à quelques centaines de mètres de là; cependant aucun informateur ne m'a suggéré de lien entre ceux-ci et le Gosāĩthān. En outre, les renonçants ne

Enfin, les sanctuaires de la capitale sont au centre d'un réseau de sanctuaires secondaires, *sākhā* (litt. «branche», «succursale») érigés dans les localités qui délimitaient l'ancienne principauté. Chacun constitue une «implantation» (*sthāpanā*) de Samājik Bhagavatī, et abrite une de ses «sœurs cadettes» (*bahinī*), objets de cultes spécifiques lors du Dasaĩ; nous reviendrons sur ce point.

BAḌĀ DASAĨ D'ARGHA RAJASTHAL

La cohésion des rites effectués lors du Dasaĩ d'Argha Rajasthal repose sur deux structures, l'une spatiale, l'autre chronologique. D'abord, au cours de la fête, l'ensemble des sites religieux de la localité sont mis en relation avec le palais par une série de processions. Ensuite, au fil de la quinzaine lunaire, les cérémonies illustrent deux «guerres» homologues : la première, référence de tous les Dasaĩ, oppose la Déesse – universelle – aux démons; la seconde implique des protagonistes locaux et peut se résumer ainsi : le roi d'Argha et ses sujets obtiennent, par leur dévotion, l'assistance de la divinité dans leur lutte commune pour la protection du territoire. Dans cette logique, le déroulement de la fête peut être divisé en quatre grandes phases :

– la préparation de la guerre/la dévotion du roi (du 1er au 6e jour);
– la guerre cosmique/la coalition des déesses et du roi (du 7e au 10e);
– le retour à la paix et à l'ordre (du 11e au 14e);
– le départ à la guerre terrestre (pleine lune).

La mise en œuvre de ce scénario incombe à une quarantaine de prestataires, bénéficiaires de terres *guṭhī* pour la plupart. Les documents juridiques sont peu explicites quant à la nomenclature et au contenu de chaque fonction. Par ailleurs, les désignations usitées lors des cérémonies ne sont guère exhaustives. L'observation permet cependant d'identifier un certain nombre de rôles relativement spécifiques. On peut distinguer tout d'abord les prestataires de biens des prestataires de services, les «officiants». Parmi ces derniers, les *pūjāri*, ceux qui participent directement aux offrandes publiques, forment une catégorie reconnue. Leur direction revient au *mūl pūjāri*, le «pujārī principal»[10]. De lignée Bhusāl, descendant en titre des précepteurs royaux d'Argha (*rājguru*), celui-ci dicte les gestes à accomplir, les invocations à réciter, sans s'en acquitter lui-même. Le premier exécutant est un descendant des anciens rois d'Argha, de statut princier *ṭhakurī*. Il est

jouent aucun rôle dans le Dasaĩ d'Argha Rajasthal. La présence de Gosāĩ, littéralement «maître des vaches» n'est peut-être pas sans rapport avec la vocation pastorale du lieu.

10. Beaucoup plus rarement, *mūlpurohit* est parfois employé ici comme synonyme de *mūlpūjārī*, en contradiction avec la répartition des offices à Argha, où c'est le «*paṇḍit*» qui joue le rôle du prêtre domestique de la maison royale.

assisté par des brahmanes de statut *upadhyāya* ou *jaisī*, issus de diverses lignées brahmanes, en majorité Bhusāl.

Ne sont pas considérés comme *pūjāri* les officiants qui interviennent hors de l'aire sacrificielle «publique» et que nous mentionnerons au fil de la description : lecteurs de textes sacrés (*ved paḍne*), musiciens, chanteurs, serviteurs...

Maître de maison, dévot et guerrier

Durant le Dasaĩ, le palais d'Argha semble revivre quelques deux cents ans en arrière : dès le premier jour, le descendant des anciens rois locaux, le «Ṭhakurī», vient s'installer dans les appartements royaux, *gaddī* («trône»), au premier étage de l'aile sud du palais. Une *dasaĩ koṭhā* (litt. «chambre de Dasaĩ») y est aménagée, comme dans toute maison ordinaire – il faut le souligner –. Un foyer est creusé à même le sol pour la préparation des repas du «roi». Celui-ci est assisté de deux «serviteurs» (*śusāre*) magar[11]. De même, il y a quelques années encore, deux gardes, *citāidār*, de *thar* Pā̃ḍe Chetrī, restaient postés devant sa porte. Enfin, un «*pāṇḍit*», de lignée Ācārya et de statut *upadhyāya*, assiste le Ṭhakurī dans tous les rites menés à l'intérieur de cette pièce. Par sa désignation, ce *pāṇḍit*, «maître», «précepteur», pourrait être assimilé au *baḍāguruju* du roi du Népal, conseiller en affaires religieuses, mais par son rôle de prêtre domestique, il se rapproche davantage du *mūlpurohit*, officiant des cultes privés de la famille royale et distinct des officiants des cultes publiques, *pūjāri*, présidés ici par les Bhusāl.

L'agencement de la *dasaĩ koṭhā* évoque tout à fait les autels domestiques (*dasaĩ ghar*) dressés durant la fête. Contre le mur sud-ouest, quatre cruches de terre, *ghaḍāhā*, fermées chacune par une lampe à huile, *pālā*, constituent les réceptacles des «Neuf Durgā»[12]. Au nord-ouest, un ustensile de forme conique rappelant un candélabre, *barmā*, couvert d'une étoffe vermeil, *tul*, et d'une queue de yak, *cā̃var*, cette dernière représentant spécifiquement Siṁha Bahinī, la «sœur-lion» ou «sœur royale». Comme dans chaque maison, un carré de terre où germent les *jamarā* occupe le coin est.

De même, la *dasaĩ koṭhā* est sacralisée le soir du premier jour, *pratipadā*, par le rite de «l'installation des cruches», *ghaṭasthāpanā*, effectué sous la

11. Les Magar étaient employés comme soldats et fonctionnaires subalternes par les princes ṭhakurī.

12. Comment les quatre *ghaḍāhā* représentent les «neuf» Durgā reste assez obscur; les informateurs sont partagés sur le sujet : certains assurent qu'il faut compter 4 cruches + la divinité principale, d'autres estiment que «peu importe le nombre». En faveur de l'opinion de ces derniers, rappellons que dans l'autel domestique, les outils tranchants représentant les Neuf Durgā sont rarement au nombre de neuf.

direction du *pāṇḍit*. Le Ṭhakurī invite la Déesse à s'incarner dans les *ghaḍāhā*; sous cette forme, il la vénérera quotidiennement les jours suivants[13].

Ce qui se passe dans la *dasaĩ koṭhā* peut être considéré à l'évidence comme relevant du culte privé rendu par le Ṭhakurī, en tant que chef de maison. Pendant les sept premiers jours, la distinction est bien marquée entre les cérémonies «privées» menées dans la chapelle royale, relativement simples et classiques, et les cérémonies «publiques» menées à l'extérieur, plus complexes et spécifiques à Argha. Venons-en à celles-ci. Chaque jour, en début d'après-midi, deux rites distincts sont effectués dans la cour centrale du palais. Leur forme générale est identique au fil des quinze jours, constituant une trame sur laquelle les éléments spécifiques à tel ou tel jour s'ajoutent. Ceux-ci sont si nombreux et divers que les officiants doivent se référer fréquemment à un manuscrit consignant toutes les procédures rituelles du Dasaĩ d'Argha, le Durgā Pūjā et censé avoir été composé à l'origine par Rām Bhakta, le premier précepteur royal d'Argha[14].

paṣṭār pūjā

Le premier rite se déroule dans la galerie nord-est et consiste dans la lecture et la vénération des textes sacrés. Le Ṭhakurī rend d'abord une *pūjā* au *Devī bhāgavata purāṇa*, récit des exploits de la Déesse, dont un manuscrit est posé sur un lutrin, *paṣṭār*, qui donne son nom au lieu et à la cérémonie. Cet hommage se fait au son de la lecture simultanée par sept Brahmanes des *Caṇḍīpāṭh, Rudripāṭh* et *Vedpāṭh* (Phot. 1). La cérémonie se termine par la lecture d'un long extrait du *Devī Bhāgavata Purāṇa* correspondant à l'incarnation ou à l'exploit de la Déesse célébré ce jour-là. Le texte est lu en sanskrit puis traduit en népali[15].

La *paṣṭār pūjā* opère une transition entre les cérémonies privées et publiques. Dans sa forme, ce rite correspond à ce qu'effectue tout maître de maison, qui chaque jour lit ou fait lire un chapitre de l'épopée. Toutefois, le

13. Les *pūjā* effectuées quotidiennement par le Ṭhakurī à l'intérieur du palais comprennent : *deviko pūjā* (à la Déesse), *gharko pūjā* (à la maison), *lokapāla* (au «gardien du monde», le roi), *33 koṭideviko pūjā* (aux «330 millions de Déesses» = leur totalité).

14. La version en usage actuellement est datée 1913 : écrite en sanskrit, elle est due à Pitambar Bhusāl, ancien *mūl pūjārī* d'Argha Rajasthal. On ne sait si ce texte s'inspire d'ouvrages plus anciens, ou s'il constitue le premier enregistrement écrit de procédures autrefois transmises de mémoire. Il faut noter que de nombreux «manuels de Dasaĩ» sont régulièrement rédigés par des érudits népalais et circulent dans tout le pays; il n'est pas à écarter qu'ils puissent influer sur la forme du rituel. À Argha par exemple, le *mūl pūjārī* se réfère en seconde instance à un autre «Durgā Pūjā», écrit en 1830 V.S. par un ermite ayant vécu dans les grottes voisines du Gerakholekh, et qui ne traite pas spécifiquement du Dasaĩ local.

15. Ecouter le récit des exploits de la Déesse est considéré en soi comme un acte méritoire : «Ceux qui écouteront avec dévotion et attention le sublime poème de ma grandeur... ne seront frappés par aucun malheur, ne subiront pas les calamités dues aux mauvaises actions et ne souffriront ni de la pauvreté ni de la séparation des êtres chers» (*Devī Māhātmyam* 1953, pp. 151-152).

cadre, lieu et assistance, est franchement public : la cérémonie se déroule à l'extérieur, à la vue de tous – basses *jāt* y compris –; les «bénédictions» qui concluent les oblations sont destinées à quiconque est présent – basses *jāt* exclues cette fois, mais ethnologue compris – ; la lecture du *Devībhāgavat* enfin, est pieusement écoutée par une assemblée à dominante féminine, le lecteur expliquant éventuellement à leur intention le contenu moral du texte. Il nous semble d'ailleurs que cette transition entre sphère privée et sphère publique est rendue possible par l'objet même du rite, qui ne s'adresse pas à une forme spécifique ou locale de la divinité mais à la Déesse universelle : en témoignent d'abord la nature des offrandes, exclusivement végétariennes; l'endroit ensuite, où ont lieu au mois de *bhadra* les cérémonies éminemment végétariennes en l'honneur de Kṛṣṇa; l'intervention d'un discours moral enfin, totalement absent des autres instances de la fête. Par ces aspects orthodoxes et universels, la *paṣṭār pūjā* s'oppose nettement à tous les rites que nous allons décrire par la suite.

maṇḍap pūjā

La *paṣṭār pūjā* est suivie d'une cérémonie beaucoup plus originale, dans le *maṇḍap*, ce pavillon sous lequel réside «Kālī la cachée». C'est à elle, selon le mythe, que s'adresse la *pūjā* qui va suivre. Au centre du *maṇḍap*, se dresse un monticule de terre dont la circonférence est sculptée de *liṅga*. Aux quatre coins, des poteaux supportent une charpente, aujourd'hui couverte de tôle ondulée. Le premier jour de la fête, un mât de bois, *jhekrī*, est apporté en procession au palais. Dans la nuit, à la suite de «l'installation des cruches», il est dressé au centre du *maṇḍap*, et un ensemble de cinq pièces de métal, *pañca ratne* est enfoui à son pied. La structure ainsi rituellement centrée, il reste à l'orienter. Cette dernière opération se répète chaque jour avant la *pūjā*. Les *pūjāri* dessinent un certain nombre de diagrammes, *rekhī*, à base de farine de riz; on débute par le contour du carré que l'on ouvre de quatre portes, *parveśdvār* (litt. «portes d'entrée»), chacune nommée d'après un des quatre points cardinaux; le monticule central est ensuite orné de tridents, *trisul*, et de *liṅga*; on trace enfin un ensemble de figurines et motifs spécifiques du jour. À titre d'exemple, nous avons reproduit sur la figure 2 (voir p. 215) la configuration du *maṇḍap* le deuxième jour, Dutiyā. Ces diagrammes illustrent essentiellement la lutte de la Déesse contre les démons et sont chacun l'objet d'offrandes au cours de la cérémonie. Leur tracé s'inspire du «*Durgā Pūjā*» dans lequel chaque procédure quotidienne est consignée.

Lors de cette cérémonie, le *maṇḍap* constitue un *maṇḍala* abritant les manifestations de la Déesse auxquelles s'adresse le culte : Guptā Kālī et les deux représentations déposées au début de la *pūjā* au pied du monticule, côté ouest : Siṁha Bahinī et Jemā Khaḍga, la «Grande Épée», que l'on apporte depuis le sanctuaire principal. Le Ṭhakurī s'assied face à elle, regardant donc vers l'est, trois autres *pūjāri*, ses «assistants», prenant place sur les trois autres côtés[16]. Outre les motifs *rekhī*, le détail des objets apparaissant lors de chaque *pūjā* quotidienne ainsi que certaines phases des gestes rituels eux-mêmes varient d'un jour à l'autre (Phot. 2). Cette complexité rend le rôle du *mūl pūjāri* crucial : paradoxalement, celui-ci n'intervient pas directement dans le rite, mais, le «*Durgā Pūjā*» ouvert sur les genoux, il guide le Ṭhakurī pas à pas dans les dédales de la *pūjā*. Nous donnons ici la séquence de base commune à toutes les *maṇḍap pūjā*. Pour chaque phase rituelle (*upacāna*), nous indiquons si possible sa désignation sanskrite ou népali[17] :

– avec l'eau sacrée contenue dans un vase *kalaś*, le Ṭhakurī purifie son corps et sa bouche puis l'autel central qu'il asperge à l'aide d'une feuille de *bel*. Les assistants aspergent de même toute la surface du *maṇḍala* (skt. *abhyukṣana, ācamana*).

– dans son poing droit, il tient quelques feuilles trempées dans le *kalaś* et laisse l'eau s'écouler lentement sur une conque (nép. *śākha pūjā*).

– il appose les mains sur différents endroits de son corps, terminant par la tête (skt. *aṅganyāsa*).

– il jette à la volée des grains de riz cru (*akṣatā*) sur l'ensemble du *maṇḍala*.

– il offre des fumigations et de la lumière (nép. *dhūpabattī*).

– il offre des feuilles de *bel*, des fleurs et des germes d'orge à chaque partie du *maṇḍala*, y compris aux portes (nép. *pūjā garne*).

Ces opérations sont entrecoupées de *mudrā* (positions de la main) et de formules *mantra* dont l'identification est plus difficile.

Les gestes d'offrandes du Ṭhakurī sont effectués simultanément par les officiants postés aux trois autres côtés, en direction des divinités secondaires dessinées devant eux.

La *pūjā* se termine par un double sacrifice. À l'aide de la Grande Epée, le Ṭhakurī fend d'abord une courge *kubhiṇḍo* et appose sur chacune des deux parties une marque de vermillon (*abir*)[18]. Un chevreau est ensuite amené et attaché à un poteau du *maṇḍap*. Le Ṭhakurī ne le décapite pas lui-même : il se contente de poser la Grande Épée sur le cou de l'animal, indiquant explicitement qu'il représente bien le sacrifiant; l'abattage est effectué par un assistant, ou quiconque voulant montrer son adresse. Le corps du chevreau

16. Les orientations sont théoriques, elles ne se réfèrent pas exactement aux points cardinaux reconnus hors rituel.

17. Les termes sanskrits donnés ici sont ceux de la littérature concernant soit les *pūjā* communes, soit la Durgā Pūjā sous sa forme tantrique – on verra que les deux traditions se mêlent ici –; les termes népalis sont ceux usités durant la cérémonie; sur la Durgā Pūjā selon le *Kālikāpurāṇa*, voir Van Kooij (1972).

18. Le sacrifice de la courge est le seul pratiqué par les végétariens, très peu nombreux au Népal. Le vermillon indique sans aucun doute qu'il s'agit là d'un sacrifice sanglant.

est immédiatement tiré sur le sol tout autour du *maṇḍap* en une *pradakṣiṇa* (circumambulation)[19] ; sa tête est déposée devant Siṁha Bahinī. Le sang est mêlé à de l'*akṣatā*[20] pour confectionner des marques *ṭikā* qui sont distribuées à l'assistance, une partie étant apportée à Bhagavatī dans son sanctuaire tout proche. Tout le monde prend enfin congé des divinités par un *namaskar* (skt. *visarjana*). Les *rekhī* seront enfin soigneusement effacés par les *pūjāri*.

La signification du *maṇḍap pūjā*, ainsi que sa place dans le déroulement général de la fête peuvent être appréhendées à plusieurs niveaux, selon la façon dont on interprète le rôle du Ṭhakurī. Dans la mesure où la cérémonie est répétée quotidiennement à la suite de rites communs à l'ensemble des adeptes, elle correspond d'abord à un acte de dévotion personnel, *bhaktī*. Dans ce sens, les phases principales du *maṇḍap pūjā* correspondent à ce que le plus fameux des traités en la matière, le *Kālikāpurāṇa*, prescrit à tout adepte de la Déesse[21]. Considérant le caractère publique du rite, il ne serait pas insensé d'y voir une théâtralisation du culte domestique rendu simultanément dans chaque maison. Il s'agirait de sublimer le culte lui-même en le mettant en scène publiquement. Or les précisions que le *Kālikāpurāṇa* donne sur les gestes effectués par l'adepte permettent une interprétation plus dynamique aussi : ils représentent une «méditation», au cours de laquelle le corps de l'adepte devient une voie permettant à la divinité de «descendre» sur le *maṇḍala* où elle sera honorée par la *pūjā* proprement dite. Le corps du Ṭhakurī se verrait ainsi chargé d'une fonction éminemment collective : permettre à la communauté des fidèles de propitier la divinité du lieu[22]. Si enfin, l'on imagine que cette cérémonie existait sous cette forme du temps des anciens *rājā*, un autre aspect doit être évoqué. Car si le dévot ordinaire, le plus souvent paysan, attend du culte à la Déesse l'octroi de la prospérité, de la fécondité, le prince, qui par vocation est un guerrier, y recherche l'acquisition de «pouvoirs surnaturels» particuliers. Ainsi, le *Kālikāpurāṇa* mentionne un certain nombre d'actes de «magie» s'ajoutant à la *pūjā* elle-même. Ces actes consistent en l'invocation des puissances divines en vue de la confection d'une «cuirasse» (*kavaca*). De ces pratiques, l'adepte peut attendre certaines capacités de nature surnaturelle, *siddhī*, parmi lesquelles le pouvoir de se

19. Cette circumambulation suit comme de coutume le sens des aiguilles d'une montre; le quatrième jour toutefois, le corps de la bête est confiée à des musiciens Damāī qui font le tour du palais dans le sens inverse, avant de le remettre ce corps à un «yogī», un des *śusāre* Magar grimé pour la circonstance et portant un trident.

20. Riz décortiqué et humidifié.

21. Cf. Van Kooij (1972, pp. 18-22).

22. On notera qu'à Argha – et ce n'est pas le seul exemple au Népal – la Déesse du territoire se confond avec la divinité lignagère de l'ancienne dynastie, ce qui serait en contraste avec de nombreuses régions de l'Inde, où la «Déesse du pays», située aux limites de l'espace habité se distingue de la divinité privée des rois qui habite le palais et n'est pas l'objet de cultes collectifs : pour une approche générale de cette distinction, voir Biardeau (1981a, pp. 145-147).

rendre invisible (*pādalepa, antardhāna*), de voler (*khecara*), mais aussi l'épée garantissant la victoire au combat (*khaḍga*)[23].

le guptābas

Les premiers jours de la fête revêtent également une valeur particulière pour les descendants des anciens précepteurs royaux, les Bhusāl. Du premier au huitième soir des deux Dasaĩ, la divinité tutélaire de l'ensemble des Bhusāl, Kulyān Bhagavatī, doit être vénérée en permanence par un membre de la lignée. Or, les Bhusāl d'Argha Rajasthal étant scindés en deux lignages, cet officiant est choisi à tour de rôle dans l'un des deux groupes. Appelé *naurāthe*, «celui des neuf nuits», ou *guptābas*, «qui reste reclus», il reste enfermé dans le temple lignager lors du Dasaĩ de printemps et dans le Naurāth mādīr lors du Grand Dasaĩ. Il ne doit pas voir la lumière avant le matin du neuvième jour. Il n'a droit qu'à un repas de riz le soir et à des fruits et du lait durant la journée, ce qui correspond aux restrictions que tous les adeptes de la Déesse devraient en principe respecter durant cette période.

Les six premiers jours du Dasaĩ connaissent donc une activité dévotionnelle intense, mais chaque rite reste attaché à une instance et un espace particuliers : culte domestique dans les maisons, culte lignager des Bhusāl dans leur temple, cérémonies du palais, *pūjā* usuelles à Samājik Bhagavatī, autant d'actes de dévotion se déroulant de façon parallèle sans communication de l'un à l'autre. Il va en être tout autrement par la suite.

La guerre cosmique : de saptāmī à vijayā daśamī

Le septième jour (*saptāmī*) ouvre une période durant laquelle les cérémonies vont se faire plus nombreuses et spectaculaires. Dans l'après-midi, les *pūjāri* portent Samājik Bhagavatī depuis son sanctuaire jusqu'aux appartements royaux. Il est dit explicitement que «la Déesse part en guerre». Elle y sera désormais vénérée quotidiennement par le Ṭhakurī[24] . Cette procession est la première d'une série de trois par lesquelles différentes manifestations de la Déesse vont rejoindre le palais, ce que l'on peut interpréter, nous semble-t-il, comme une vaste mobilisation divine autour de la personne royale dans la lutte pour la restauration de l'ordre.

23. Van Kooij (1972, pp. 24-25); selon l'auteur, la mention de ces pouvoirs particuliers seraient spécifiques au *Kālikāpurāṇa*.

24. Le septième jour, dans la plupart des localités népalaises, une gerbe de végétaux, *phūlpāti*, est portée en procession depuis la vallée jusqu'au sanctuaire de la Déesse. À Argha, la collecte du *phūlpāti* ne se fait pas de façon cérémonielle. Néanmoins, le déplacement de Samājik Bhagavatī vers le centre du palais nous semble pouvoir être rapproché de la procession qui accompagne le *phūlpāti* depuis Gorkhā, berceau de la dynastie régnante népalaise, jusqu'au palais royal de Katmandou où il est vénéré à partir de ce même septième jour.

Les huitième et neuvième jours, le Dasaĩ d'Argha Rajasthal atteint une dimension régionale. Des centaines de fidèles arrivent en effet au palais d'Argha depuis les localités alentour pour rendre visite à Bhagavatī. Certains viennent offrir une coupelle emplie de riz, quelques fleurs... Pour d'autres, le voyage a un objet bien déterminé : obtenir une faveur de Bhagavatī en échange d'un sacrifice, selon la procédure dite de «promesse», *bhākal*. Selon l'origine des dévots cependant, la visite au palais d'Argha revêt des significations différentes qui renvoient à deux aspects de Bhagavatī. Les villageois issus du territoire de l'ancien royaume, qui dans leur localité respective vénèrent des «petites sœurs» d'Argha Bhagavatī, disent venir «par tradition» à l'occasion de tous les Dasaĩ. C'est à la divinité territoriale que s'adresse donc leur hommage. En revanche, d'autres viennent de beaucoup plus loin, jusqu'à deux journées de marche, depuis des contrées qui ne dépendaient nullement de l'autorité des rois d'Argha. Ceux-là justifient leur voyage en expliquant qu'Argha Bhagavatī est une Déesse particulièrement «puissante» (*śaktiśāli*), c'est-à-dire à même de répondre à leurs sollicitations. Cette réputation «d'efficacité» – c'est bien cela dont il s'agit – induit des actes de dévotion individuelle presque indépendants des grands rituels qui se déroulent ici. Dans ce cadre, Argha Bhagavatī revêt l'aspect d'une «divinité régionale», indissociable mais sensiblement distinct de l'aspect «territorial» en jeu dans le rituel.

Le soir du huitième jour, celui de «la Nuit Sombre», *kālarātrī*, chaque famille a rassemblé sur son autel tout ce que la maison compte d'objets tranchants, et rend un culte à Durgā sous la forme de ces «Neuf Épées» (*nau khaḍga*). Au palais se déroulent deux cérémonies simultanées : d'une part la célébration par les Bhusāl de leur divinité tutélaire et d'autre part l'installation des étendards militaires *ālam*.

A la tombée de la nuit prend fin la réclusion du Guptābas. Après le sacrifice d'un chevreau à la porte du temple Naurāthe, l'officiant en sort, portant la statue de Kulyān dans un panier sur son épaule droite. Une procession se forme, ouverte par une troupe d'enfants Bhusāl soufflant dans des conques et des flûtes, frappant des cymbales. Le Guptābas suit accompagné de trois *pūjāri* qui lancent des louanges à la Déesse : *Jaya Bhagavatī* ! («louée soit Bhagavatī»), reprises par les enfants. Sur leur chemin, devant chaque maison, les familles Bhusāl ont allumé des petites lampes à huile et les femmes saluent le passage de Kulyān en joignant leurs mains en signe de respect. La procession contourne l'enceinte du palais pour y entrer par la porte principale et après une circumambulation autour du temple de Samājik Bhagavatī marque un arrêt dans la cour intérieure. À ce moment précis, cinq chevreaux sont décapités à l'étage supérieur et leurs corps brutalement jetés à travers l'escalier. Kulyān est alors portée dans une salle voisine de la *dasaĩ koṭhā* royale et déposée la face vers l'est devant un grand foyer creusé à même le sol et entouré de motifs *rekhī*.

Le culte lignager (*kulpūjā*) consiste en une série complexe d'offrandes au feu, *homa*, que nous ne pourrons détailler ici. Nous soulignerons toutefois qu'à la différence de la plupart des cultes lignagers, dont l'accès est réservé aux seuls agnats, un Ācārya et le Ṭhakurī officient ici aux côtés de trois *pūjāri* Bhusāl; en outre, la cérémonie peut être observée par quiconque, excepté les membres des basses-*jāt*[25].

Alors que se poursuit la *kulpūjā*, le Ṭhakurī redescend dans la cour du palais. Il «offre» un bufflon devant le *maṇḍap*. Quatre mâts sont alors posés sous les fenêtres de l'aile est. Depuis l'étage supérieur on y accroche quatre étendards, *ālam*, rouges et blancs, surmontés chacun d'une queue de yak. Les mâts sont de longueur sensiblement différente, et les bannières identifiées par rang : «aînée», «cadette», «troisième», «benjamine» (*jeṭhī...kānchī*). C'est dans cet ordre qu'elles sont l'une après l'autre dressées sur un portique. Après quoi, cinq bufflons sont immolés au pied des *ālam*. Celles-ci sont en effet considérées comme des divinités féminines, *Ālam devī*, et en tant que telles recevront des offrandes jusqu'au terme de la fête[26].

Simultanément à la cérémonie du palais, les chanteurs Gāine rendent un culte aux «Neuf Khaḍga» dans le temple de leur quartier. Dix huit vieux sabres courbes, *khũḍā*, et un étendard *ālam*, fixé au mât central, reçoivent une *pūjā* au son de chants dévotionnels *malsirī* et *maṅgal*. Le rite se conclut par neuf sacrifices, sous la forme de huit courges et un chevreau.

Enfin, à l'issue des cérémonies du palais, tard dans la nuit, Kulyān est rapportée en procession dans son sanctuaire permanent.

Le neuvième jour (*navamī*) correspond dans le mythe aux moments les plus dramatiques du combat entre la Déesse et les démons. Il est particulièrement consacré ifices. Tôt le matin, les dévots se pressent par centaines dans la cour centrale du palais. Ils déposent des offrandes (riz, beurre, fleurs) au pied des bannières *ālam* et y nouent de petites pièces d'étoffe rouge et blanche. Certains ont amené des chevreaux. Les bêtes sont hissées dans la *dasaĩ koṭhā*. Le Ṭhakurī les décapite lui-même, à l'aide d'un sabre *khũḍa*. Les têtes sont déposées devant l'autel. Le sang mêlé à de l'*akṣatā* constitue la *ṭikā* remise par le *pāṇḍit* aux sacrifiants. Comme la veille au soir, les corps sont littéralement «jetés» au bas de l'escalier, d'où ils sont traînés tout autour du *maṇḍap*.

Les cérémonies quotidiennes ont lieu comme d'ordinaire dans la cour centrale. Le sacrifice cependant, qui conclut d'ordinaire la *maṇḍap pūjā*, est

25. En règle générale, les membres des groupes les plus impurs sont interdits dans les sanctuaires, hormis ceux qui leurs sont spécifiques.

26. Il existe plusieurs sanctuaires permanents d'Ālam Devī dans le Népal central, mais ce n'est pas le cas sur le territoire du royaume d'Argha.

reporté sur une aire rituelle «extérieure» : sur le terre-plein sud du palais, auprès du *mūl maulo*, le «poteau principal», est découpé dans la végétation qui tapisse le sol un carré d'environ 3 × 3m, orné de motifs *rekhī* formant un *maṇḍala*, avec ses «quatre portes», au centre duquel sont déposés Siṁha Bahinī et la Grande Épée. Le Ṭhakurī rend une *pūjā* aux *rekhī*, à Siṁha Bahinī et à la Grande Épée. Cinq bufflons lui sont alors successivement amenés et attachés au *maulo*. Comme d'ordinaire, il signifie son rôle de sacrifiant en posant l'épée sur le cou de chaque animal, sans procéder lui-même à la décapitation. Le poteau est aspergé de sang, les têtes sont déposées dans le *maṇḍala*, mais – il faut le noter – les corps ne sont pas traînés en circumambulation (Phot. 3).

Certaines remarques s'imposent quant au lieu de ce rituel, au sud du palais et auprès du poteau-*maulo* : l'endroit fait face à un adversaire traditionnel des rois d'Argha, la principauté de Khanci, dont la capitale est visible au loin; on sait aussi que la fête du Dasaĩ est parfois dénommée *maulo pūjā*, «le culte du poteau». On notera encore que le déplacement de l'aire sacrificielle vers l'extérieur du palais intervient à un moment où la violence de la guerre cosmique ainsi que le désordre qu'elle induit atteignent leur paroxysme.

Le dixième jour (*vijayā daśamī*) voit la victoire de la Déesse sur les démons *asura*. Comme ailleurs, le terme des «neuf nuits» constitue à Argha Rajasthal un point d'orgue, mais le rituel du Dasaĩ est loin de toucher à sa fin. À la différence des autres jours, une seule cérémonie a lieu lors du *daśamī*, et elle revêt une forme très particulière.

Dans la matinée arrivent au palais la plupart des familles de haut statut (Bahun, Chetri et Magar) résidant à Arghakot même, ainsi que dans les hameaux situés à l'immédiate périphérie de l'ancienne capitale. Chacune a apporté une coupelle de feuilles contenant les pousses d'orge – qui ont germé sur l'autel domestique – et du yoghourt (*dahī*) mêlé de grains de riz. L'ensemble de ces coupelles est posé sur le périmètre du *maṇḍap*.

Les assistants tracent les diagrammes *rekhī* et au coin nord-ouest allument neuf lampes disposées en cercle autour d'un vase *kalaś* contenant de l'eau sacrée (*jal*), des feuilles de *bel* et une goyave (*belautī*). Face à cet ensemble, à deux mètres environ à l'extérieur du *maṇḍap*, une série de figurines de terre représente l'armée des *asura*, autour de son chef, le démon-buffle Mahīṣāsura. Le Ṭhakurī offre au *kalaś* du yoghourt et des pousses d'orge. Simultanément, en prononçant une séquence de formules *mantra* sous la dictée de l'officiant principal, il prend de l'*akṣatā* dans sa main gauche et le projette violemment en direction du «carré des démons». Par ce geste, dit-on, il «frappe/tire sur les ennemis» (*vairī hānne*), «tue les ennemis» (*vairī mārne*), une assertion qu'il faut entendre au premier degré. Tous considèrent en effet qu'une puissance concrète est ici à l'œuvre. Un officiant est chargé d'empêcher quiconque de venir croiser la trajectoire de l'*akṣatā* : celui qui le ferait mourrait sur-le-champ.

La foule observe alors les gestes du Ṭhakurī avec une attention sans équivalent dans les autres instants de la fête : à peine la *pūjā* conclue, on se rue vers le *maṇḍap* pour récupérer les coupelles apportées précédemment. Du vermillon a été mêlé à leur contenu, qui, consacré par le culte, fournit la matière de la distribution spectaculaire de *ṭikā* qui a lieu à cet instant. Malgré la frénésie qui règne alors, cette distribution respecte un ordre établi et relativement simple : les aînés aux cadets, les *pūjārī* brahmanes au Ṭhakurī, le Ṭhakurī à tous, excepté à ceux-ci. Cette procédure semble conjuguer les principes de la supériorité séculière, celle du roi sur les sujets, et des aînés sur les cadets, avec une composante de la supériorité spirituelle, celle des brahmanes sur le roi. En revanche la seconde logique semble ici s'effacer quelque peu derrière la première, puisqu'un jeune officiant brahmane reçoit la *ṭikā* des vieux Chetri et Magar, spirituellement inférieurs, sans la leur remettre à son tour. Pour préciser, chaque geste est à sens unique et chacun s'efforce de rencontrer tous les autres, ce qui le situe comme inférieur ou supérieur par rapport à tous les individus présents, c'est-à-dire l'ensemble de la population Bahun-Chetri-Magar-Newar d'Arghakot et des localités attenantes.

La statue principale de Bhagavatī est alors raccompagnée depuis la salle du trône jusqu'à son temple permanent : la guerre a pris fin.

Vijayā Daśamī s'arrête là pour ce qui est des cérémonies strictement religieuses[27]. Pour les familles, le reste de la journée est consacré à la visite des parents et alliés et aux échanges de *ṭikā*. En fin d'après-midi, les jeunes hommes s'assemblent dans la cour sud du palais pour le *Sarāẽ*, une danse caractéristique de la région de la Gandaki, un mime de combats au sabre accompagné par un orchestre damāī (Phot. 4)[28].

La victoire obtenue en ce dixième jour sur les puissances démoniaques permet la restauration de l'ordre cosmique. Peu après, dans tout le pays, la société entière est reconstruite lorsque chaque détenteur d'une autorité pose la *ṭikā* sur le front de ceux qui lui doivent le «respect» (*mān*). Jusqu'en 1962, le schéma était simple et englobait la totalité des rapports d'autorité. Dans les familles, les aînés posaient la *ṭikā* à tous leurs cadets. Dans les chefs-lieux de circonscription, chaque maître de maison venait témoigner son allégeance au représentant nommé de l'État, le *tālukdar*, collecteur d'impôt et officier de justice. On apportait un pot de bois empli de lait caillé, *ṭhekī*, pour recevoir en échange la *ṭikā*. De même, aux niveaux supérieurs, les fonctionnaires

27. Des offrandes étaient autrefois distribuées à neuf «vierges», *kanyā*, ainsi qu'aux brahmanes et aux vieillards, mais cette coutume a disparu depuis une dizaine d'années.

28. L'étymologie même de «*sarāẽ*» (ou *sarāya*) reste obscure et ne peut pour l'instant être rapprochée que du verbe *sarnu*, «se déplacer». De l'avis unanime, cette danse évoque le combat de Rām contre Rāvaṇa, conté dans le Rāmāyaṇa. À notre connaissance, elle n'est attestée que dans cette partie du Népal central, de l'est de Pyuthan à Kaski.

recevaient la *ṭikā* de la main de leurs supérieurs et les ministres et officiers de celle du roi, à l'intérieur du palais de Katmandou. Après l'instauration du régime pancayat en 1961 – et *a fortiori* depuis le mouvement démocratique de 1990 – les structures étatiques ont subi d'importantes mutations : le président de l'assemblée de village, élu et non plus désigné, n'a pas l'assise qu'avaient les *tālukdar* et de même la perception des rapports hiérarchiques au sein de l'administration a sensiblement évolué. En revanche, là où l'autorité n'est plus considérée comme absolue, ceux qui en sont l'objet refusent de marquer rituellement leur soumission en acceptant la *ṭikā*. En revanche, là où les rapports d'autorité-respect ne souffrent encore aujourd'hui aucune remise en question, les *ṭikā* sont toujours échangées : entre parents d'une part, vis-à-vis du souverain d'autre part.

Dans le contexte particulier d'Argha Rajasthal, la cérémonie au cours de laquelle, jusqu'en 1961, les délégués de l'État gorkhāli posaient la *ṭikā* à leurs administrés semble se conformer à ce qu'elle avait été avant l'annexion de la principauté. En effet, ceux qui aujourd'hui s'assemblent autour du *maṇḍap*, pour recevoir la *ṭikā* du Ṭhakurī et l'échanger entre eux de façon égalitaire, appartiennent aux familles de statut élevé vivant aux alentours du palais; ils descendent donc pour la plupart des notables attachés autrefois à la dynastie locale. En bref, c'est le cœur de l'ancienne société qui émerge à cet instant, mais le cœur seulement, puisque – nous allons le voir – les composantes périphériques de la principauté disparue, c'est-à-dire les descendants des «sujets», se détachent peu à peu de ce pôle central, devenu caduque.

Le retour à l'ordre : Ekādasī à Pūrṇimā

«Après que le seigneur des *āsura* eut été terrassé par la Déesse, Indra et les autres dieux, menés par Agni, leurs vœux exaucés et leurs figures radieuses illuminant le monde, rendirent hommage à Kātyāyanī[29]. »

Durant les quatre jours suivant *daśamī*, l'intensité dramatique décroît, les cérémonies quotidiennes reprenant le rythme suivi jusqu'au sixième jour : *paṣṭār* et *maṇḍap pūjā*. *Ekādasī*, «le onzième», marque une rupture nette avec l'atmosphère violente des trois jours précédents : aucun sacrifice sanglant n'est effectué ce jour-là, consacré au très végétarien Viṣṇu, réinstitué comme gardien de l'ordre cosmique grâce à la victoire de Durgā. Ces quatre jours illustrent le retour à l'ordre, à la prospérité, comme en témoignent les motifs dessinés dans le *maṇḍap* : le onzième, Viṣṇu et Lakśmī, le douzième, «l'arbre du paradis» (*kalpa bṛkṣa*), le treizième, la vache nourricière Kāmadhenu, le

29. «Devyā hate tatra mahāsurendre, sendrā : surā vahnipurogamāstām. Kātyāyanī tuṣṭuvuriṣṭalā-bhā, dvikāsivaktrābjavikāsitāśā » (Devı Māhātmyam 1953, p. 135).

quatorzième, l'univers tout entier, c'est-à-dire les «sept continents et sept océans» ordonnés concentriquement.

Malgré les rites dont il est le cadre, le jour de la pleine lune, *pūrnimā*, suscite chez les habitants d'Argha une fierté d'un autre ordre, celle d'accueillir une grande foire, *melā*, qui se tient sur le Maidān et qui attire actuellement de cinq à six mille personnes, venues pour certaines de localités situées en dehors de l'ancien royaume d'Argha. Les artisans locaux côtoient les fabricants de bracelets Curaute, issus de la communauté musulmane de Kerunga, ainsi que les nombreux marchands montés de la plaine pour participer aux *melā* qui se succèdent dans la région à cette période.

Aux alentours de midi a lieu une rapide *maṇḍap pūjā*. Peu après, un orchestre de Damāī vient se poster dans la cour sud et entonne un air solennel. C'est ensuite une délégation de Gāine qui arrive, derrière son étendard *ālam*. Dans la cour intérieure, les officiants retirent les quatre autres étendards de leur portique, puis le poteau central du *maṇḍap* (*jhekrī*) et vont rejoindre Gāine et Damāī. L'orchestre entame un *sarāẽ*, les hommes se mettent à danser, les sabres à la main. Apparaît alors un palanquin (*ḍolī*) contenant Siṁha Bahinī et le *phūlpāti*, précédé du grand candelabre *barmā* et immédiatement suivi par le Ṭhakurī, la Grande Épée pointe vers le haut contre sa poitrine, entouré de neuf officiants portant chacun un sabre de la même façon. La procession s'ébranle derrière l'orchestre et les danseurs – pour certains passablement éméchés – descend le Maidān et longe l'arête surplombant Arghakot jusqu'à un petit sanctuaire, isolé au milieu des pâturages, le Gosāīthān. Les neuf sabres sont déposés à l'intérieur[30]. Côté est, les officiants dessinent des motifs *rekhī* à même le sol et plantent en leur centre les cinq étendards et le mât *jhekrī*. Quatre lampes sont allumées. La Grande Épée et Siṁha Bahinī sont installées au pied des étendards (Pl. II, Phot. 4). Au son de l'orchestre damāī, auquel se sont joints les Gāine, le Ṭhakurī offre une *pūjā* à l'ensemble de ces divinités et leur sacrifie une courge *kubhiṇḍo* puis un bufflon. La tête de l'animal est portée à l'intérieur du petit temple de façon à asperger de sang les sabres, puis déposée au pied des étendards, où des *ṭikā* sont confectionnées et distribuées à l'assistance par les *pūjāri*.

Il y a encore une dizaine d'années, la *pūjā* au Gosāīthān se concluait par un simulacre de combat : depuis le sommet opposé, un groupe de jeunes hommes dévalait la pente le sabre à la main; depuis le temple, se lançait à sa rencontre une seconde troupe.

Aujourd'hui, les cérémonies s'arrêtent là; la procession se reforme, dans le même ordre qu'à l'aller, et retourne vers le temple de Bhagavatī, où

30. On peut voir ici une trace de l'association, beaucoup plus importante et manifeste en d'autres lieux, entre les sabres et les ascètes, puisque «Gosāī» est une épithète des renonçants; à Argha cette association s'arrête là.

l'ensemble des statues et objets sont remis à la place qu'ils occuperont six mois durant, jusqu'au Cait Dasaĩ.

La signification de la procession de la pleine lune apparaîtra plus clairement au travers d'une comparaison avec les faits indiens, en particulier avec les rites présidés par le roi lors du Vijayādaśamī – jour de conclusion de la fête en Inde. Selon Kane, si les cérémonies des «Neuf Nuits» n'ont acquis de caractère militaire que récemment – après le VIIe siècle au moins –, le *vijayādaśamī* en revanche concerne tout particulièrement «les Kśatriya, l'aristocratie et les rois[31]». Et quel est le rôle du roi en ce dixième jour pour Hemādrī (XIIIe siècle)? : le roi, accompagné par son *purohit*, sort de son palais et se dirige vers l'est; arrivé aux marches de la capitale, il accomplit la *vastupūjā* (litt. «culte du site») et rend hommage aux gardiens des divisions (du royaume) ainsi qu'aux divinités rencontrées sur le chemin; il esquisse ensuite un pas dans chaque direction, façonne une figurine représentant l'ennemi et la transperce d'une flèche; il honore enfin les prêtres, préside des démonstrations martiales, puis regagne le palais. Cette cérémonie lui assure longévité et victoire, et elle est particulièrement indispensable lorsqu'une entreprise militaire est prévue au cours de l'année suivante[32]. Or deux actes essentiels de ce rituel, la marche vers la frontière et le meurtre symbolique de l'ennemi, se retrouvent dans le Dasaĩ d'Argha, bien que répartis sur deux journées distinctes : le matin de *daśamī*, le Ṭhakurī bombarde les figurines *asura*; à la pleine lune, il se rend en procession à la limite occidentale de la capitale, c'est-à-dire à la frontière, lieu privilégié de la guerre, une guerre qui était autrefois mimée en cette occasion. En outre, cette procession est conduite par les quatre bannières *ālam*, qui «conduisaient autrefois nos régiments», auxquelles s'ajoute celle des Gāine : tout le pays est donc derrière le *rājā* partant en guerre. Pour la première fois depuis le début du Dasaĩ, le lien est établi entre le roi, le territoire du royaume et la société.

Dernière des phases successives de la fête, ces rites de la pleine lune ont un sens tout à fait clair. Le retour à l'ordre cosmique se manifeste alors dans ses aspects les plus tangibles, ceux qui touchent au domaine de l'autorité temporelle, le *kṣatra* : au sommet de la hiérarchie, le roi retrouve la place qui est la sienne. Il restaure son autorité sur le territoire, il marque à nouveau ses frontières, puis – et cela fait partie de ses attributions – part en guerre. Si l'on sait enfin qu'autrefois, la saison des campagnes militaires débutait avec la fin du Dasaĩ, on comprend quelle pouvait être alors la valeur pragmatique de cette fête. Les pouvoirs accumulés lors des quinze jours de la guerre cosmique étaient immédiatement mis à profit dans la guerre contre les hommes.

31. Kane (1974, vol. V-1, pp. 187-190).

32. Kane (1974, vol. V-1, p. 191).

LES MUTATIONS D'UN RITUEL ROYAL

Les nouveaux souverains

À l'évidence, la forme générale du Dasaī d'Argha trouve ses racines dans l'ancien contexte politique, celui de la principauté. Les mêmes rites assuraient la prospérité du royaume et la reconduction du souverain. La conquête, avec l'annexion d'Argha au Grand Népal, a fatalement entraîné une dissociation de ces deux fonctions. Si le Ṭhakurī reproduit les gestes de ses ancêtres, il ne le fait plus qu'en tant que médiateur entre la divinité et la collectivité. Le roi du Népal, nouveau détenteur de la souveraineté sur Argha, n'est guère évoqué lors des cérémonies elles-mêmes. Toutefois, sa position est expressément reconnue lorsqu'au terme de la fête, une petite enveloppe contenant quelques offrandes sanctifiées par la divinité locale (*prasād* et *ṭikā*) est remise à l'administration du district, c'est-à-dire au représentant de l'État.

Or, si le Dasaī d'Argha a conservé cette apparence archaïque, c'est par le souci qu'ont eu les anciens chapelains royaux, les Bhusāl, d'en assurer la pérennité, entre autres en obtenant que les cultes entrent dans le cadre d'une institution *guṭhī* patronnée par les rois du Népal. Au-delà des avantages proprement économiques liés aux charges correspondantes, le maintien d'un tel rituel représentait pour cette lignée un atout considérable. En effet, entre la destitution de la dynastie d'Argha à la fin du XVIIIe siècle et l'instauration d'un régime électoral en 1962, l'éloignement du siège de la souveraineté fit des Bhusāl les seuls détenteurs de l'autorité directe sur le territoire de la principauté. À leur dominance démographique, s'ajoutèrent les charges fiduciaires et judiciaires confiées par Katmandou. La reconnaissance officielle de leurs prérogatives rituelles verrouilla ce puissant édifice, en lui offrant une assise symbolique. Les cérémonies de *kālarātrī*, en particulier, qui voient la divinité tutélaire des Bhusāl vénérée au cœur même du palais, et qui peuvent être une création postérieure à la conquête, sanctionnent par des moyens religieux le monopole dont cette lignée jouit dans le domaine politique tout au long de la première moitié du XXe siècle.

Compétition dévotionnelle et factionnalisme

Au cours de cette période cependant, si la position des Bhusāl dans leur ensemble ne fut guère inquiétée, une sévère rivalité opposa les segments composant cette lignée.

Durant le XIXe siècle semble-t-il – la date n'est pas attestée – un lignage Bhusāl émigré depuis plusieurs générations à Purkot (ouest du district de Gulmī) revient s'établir à Argha. Peu à peu les «Purkoṭe Bhusāl» prennent de l'ascendance dans le domaine économique et, en tant que codescendants des anciens *rājguru* et ministres, en viennent à revendiquer une partie des charges administratives et rituelles exclusivement détenues alors par les «Arghalī Bhusāl». S'engage alors une véritable compétition entre les deux lignages, chacun soutenu par une partie des habitants de la localité. Pour ce qui nous intéresse, cette compétition gravite en grande partie autour du culte de la Déesse. D'abord, dans le domaine légal, les plaintes auprès de l'administration centrale se succèdent pour obtenir la charge de responsable officiel de l'institution *guṭhī*. Ensuite, sur un plan plus symbolique, les aînés des deux lignages rivalisent pour afficher très concrètement les preuves de leur dévotion – leur légitimité morale en quelque sorte. On construit des templions, on restaure des bâtiments du palais, et chaque fois, on érige une cloche gravée immortalisant le nom et l'identité lignagère des auteurs de ces actes méritoires.

Les Purkoṭe, qui ne parviendront jamais à remettre en cause la préséance officielle des Arghalī dans le *guṭhī*, étendront cette «compétition dévotionnelle» hors des limites du culte à la Déesse. Ils édifient un sanctuaire à Viṣṇu et instituent une procession, qui chaque neuvième jour de la lune claire de *cait* – consacré à ce dieu – transporte cérémonieusement les statues à travers la bourgade jusqu'aux maisons des fondateurs du lignage pour y être vénérées. La cérémonie existe toujours et son financement, ainsi que celui du temple, est exclusivement assuré par les Purkoṭe qui y voient un acte de «dévotion personnelle» (*nijībhaktī*).

Les traces de l'affrontement sont cependant visibles dans le cadre même du culte à la Déesse. Nous avons vu comment le Guptābas était recruté en alternance dans les deux lignages. De même, dans une partie distincte du palais, les Purkoṭe effectuent une réplique de la *pūjā* quotidienne rendue par les prêtres officiels. Enfin, la statue du plus illustre de leur ancêtre trône tout au long du Dasaĩ sur le portique des bannières *ālam*, agenouillée dans la direction où se trouve Samājik Bhagavatī : lorsque celle-ci «rejoint le roi» le septième jour, on tourne la statue vers les appartements royaux[33].

La recomposition des unités de culte

Le maintien de rituels à caractère royal dans un lieu qui n'était plus le siège de la souveraineté avait introduit une première ambiguïté dans la signification de la fête. Cette ambiguïté cependant, resta toute relative dans la mesure où subsistait une certaine adéquation entre la préséance rituelle et la répartition réelle de l'autorité : la fête apportait un prestige considérable aux

33. Comment ne pas penser à la statue de certains souverains Malla de la vallée de Katmandou, par exemple Siddhi Narsiṁha à Patan ou Bhupatindra à Bhaktapur, érigés dans la même position et regardant vers le centre du palais, où réside leur divinité tutélaire ?

Bhusāl, mais en accord avec le statut politique officiel qui était le leur, celui de représentants du souverain.

La refonte du système de gouvernement local en 1962 va exacerber l'anachronisme du Dasaĩ d'Argha et provoquer, au cours de ces trente dernières années, l'effritement progressif de l'ancien édifice politico-rituel centré sur la capitale.

Nombreux Bhusāl se lamentent aujourd'hui de la fréquentation décroissante des cérémonies du Dasaĩ d'Argha Rajasthal. Cette désaffection est relative lors d'*aṣṭami*, *navamī* et *pūrṇimā*, qui attirent encore plusieurs centaines de fidèles, mais se fait particulièrement sensible lors des rites quotidiens. Plusieurs lignées ou hameaux qui traditionnellement se devaient de fournir certaines prestations «gratuites», c'est-à-dire en dehors du cadre du *guṭhī* d'État, ne le font plus aujourd'hui. Le phénomène touche également ceux qui apparaissent sur les listes *guṭhī* mais qui ne bénéficient d'aucune allocation de terre, ou d'allocations minimes. Par exemple, les potiers-pêcheurs Kumhāl, établis en contrebas d'Arghakot, ont abandonné il y vingt ans la fourniture de jarres, poissons *peruṅga* et goyaves. De même, les Sārkī du hameau de Sirubari n'apportent plus le bois de *palā̃s* (*Butea frontosa*) utilisé pour le feu sacrificiel, et plus généralement les contributions en bois et bambou se sont considérablement réduites, ce qui va de pair avec le recul de la forêt.

La cessation des prestations coutumières est fréquemment justifiée en évoquant leur nature. Ainsi, les Khaḍga Chetri de Ghartikhora, à la limite ouest d'Arghakot, se devaient chaque année de piéger un «tigre» (*bāgh*) – vraisemblablement une panthère –, dont la peau entrait dans la confection des bannières *ālam*. Autrefois situé en lisière d'une forêt touffue, l'endroit est aujourd'hui entouré de prairies rases, et de fauves on n'en voit plus guère. Or, au-delà de l'impossibilité de fournir la «peau du tigre», les Khaḍga de Ghartikhora ne participent plus d'aucune façon aux cérémonies collectives du palais, ce qui était pourtant le cas jadis : «Autrefois les vieux allaient au palais pour le Dasaĩ [aider aux préparatifs et assister aux cérémonies], nous on n'y va plus. D'abord, on n'a pas de [terres] *guṭhī*, ensuite les *pūjāri* d'Argha ne nous aident plus beaucoup. Autrefois ils prêtaient de l'argent, ou rendaient des services. Aujourd'hui plus de services, alors pourquoi aller là-bas?» Ajoutons qu'en échange de leur participation, les Khaḍga, comme d'autres groupes, avaient le droit à une part des bêtes sacrifiées mais que, l'inflation aidant, celles-ci sont d'une taille de plus en plus modeste. Ce prétexte toutefois n'est nullement mis en avant. La première cause explicite de la rupture, c'est l'abandon par les «*pūjāri*», c'est-à-dire par les Bhusāl, des obligations inhérentes à leur statut politico-économique. On voit ici clairement comment le contexte religieux du Dasaĩ est le lieu de comportements et de jugements de nature éminemment politiques. On comprend aussi combien le Dasaĩ du palais est encore aujourd'hui perçu comme bénéficiant d'une manière ou d'une autre aux Bhusāl. Et l'attitude des Khaḍga ne relève nullement du scepticisme qui éloigne les jeunes générations des pratiques religieuses : «Nous allons toujours au palais pour les *bhākal pūjā*, mais pas pour les *ṭikā*; les *ṭikā* nous les remettons entre nous.» La participation à la remise des *ṭikā* du dixième jour au palais, exprime très explicitement l'adhésion à une communauté locale, centrée sur l'ancienne capitale. Boycotter la cérémonie revient, tout aussi explicitement, à s'exclure soi-même de cette communauté. Mais qu'on ne s'y trompe pas : la Déesse du palais conserve sa réputation de puissance, en vertu de laquelle les Khaḍga continuent de lui rendre visite et demander des faveurs; ce qui est contesté en revanche, c'est l'image de la société locale que renvoie son culte collectif, dans la forme où il est rendu.

Cet exemple est loin d'être exceptionnel. Et il ne représente qu'une des premières phases d'un vaste phénomène de morcellement de l'unité de culte centrée sur le palais. En plusieurs endroits en effet, et de façon d'autant plus précoce que l'on s'éloigne de l'ancienne capitale, de nouveaux sanctuaires à la Déesse ont vu le jour dans ces vingt dernières années. C'est autour de chacun d'eux que les habitants d'un ou deux hameaux se réunissent désormais pour *navamī* et l'échange des *ṭikā*, le matin de *daśamī*. Il ne faudrait pas croire pour autant que la rupture est perçue comme totale et définitive, car pour identifier les représentations de la Déesse abritées par ces temples mineurs, l'on parle de «sœurs cadettes», *bahinī*, de celle du palais. On reconnaît donc toujours l'autorité de la Déesse «centrale», mais plus celle de ses desservants. Dans ces cas en outre, les motivations de l'édification des nouveaux sanctuaires ne sont pas toujours exprimées dans des termes aussi radicaux que ceux des Khaḍga : «le palais est bien éloigné, nous sommes de plus en plus nombreux ici, alors on a trouvé plus pratique de bâtir un temple et rendre notre culte ici, mais cela revient au même.» Or c'est de la même façon dont il est rendu compte de la séparation des cultes lignagers, un phénomène qui entérine la rupture de la solidarité entre agnats, le plus souvent à la suite d'un conflit.

L'établissement de ces sanctuaires-sœurs est la conséquence manifeste d'une émancipation des communautés périphériques à l'égard du siège historique de l'autorité. Mais paradoxalement, le modèle mis au service de cette rupture, la relation Déesse aînée - Déesse cadette, reprend celui qui assurait autrefois la cohésion rituelle de la principauté. Ainsi, si l'on s'en tient à la partie septentrionale du royaume, nous avons pu identifier sept sanctuaires qui abritaient des «sœurs cadettes» d'Argha Bhagavatī depuis des temps très anciens, c'est-à-dire plus précisément, depuis une date que nul ne connaît (Fig. 3). Tous sont situés aux marges du territoire, là où perchés sur des crêtes, de petits fortins, *koṭ*, défendaient les frontières. Chacun de ces temples est décrit en outre comme une «branche», *śākhā*, une extension du temple du palais. Le réseau ainsi défini remonte très vraisemblablement

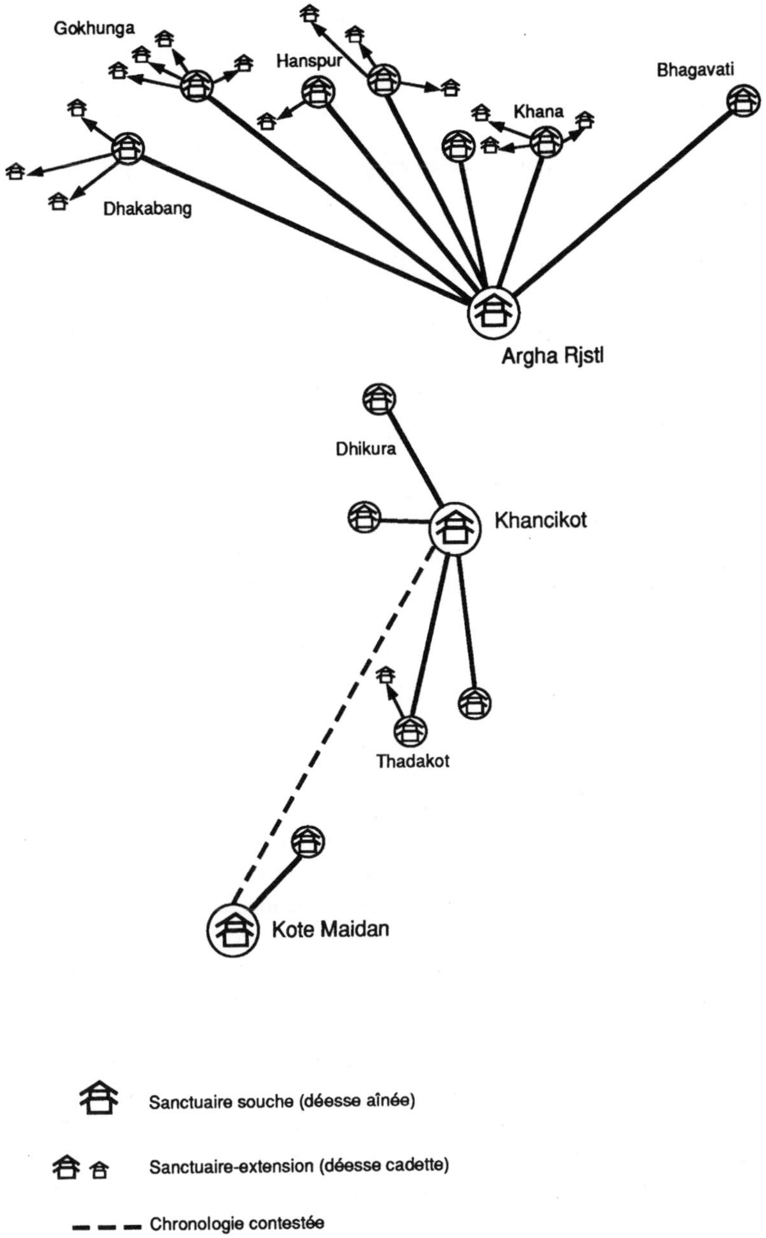

FIG. 3. LES RÉSEAUX DE DÉESSES-SŒURS DANS LES ANCIENNES PRINCIPAUTÉS D'ARGHA ET DE KHANCI.

à l'époque des rois d'Argha, puisqu'il se conforme à un schéma relevé dans maints royaumes hindous. Pour reprendre les termes de Madeleine Biardeau : «...la déesse royale se dédouble. Comme protectrice de la lignée royale, elle a son temple au centre de la capitale, mais elle est en relation avec une déesse de la limite – sa sœur cadette souvent –, dont le culte est aussi présidé par le roi. La capitale devient alors, en tant que centre, le symbole du royaume tout entier[34].» Ici, les relations entre déesses-sœurs définissaient concrètement le territoire du royaume[35].

L'histoire des sœurs d'Arghā Bhagavatī montre que le morcellement des unités de culte n'est pas un fait spécifique à la zone de la capitale, mais qu'il s'agit d'un phénomène global. Ces temples-extension ont en effet eux-mêmes éclaté au cours de ces cinquante dernières années. Et comme à Argha Rajasthal, les lignages dominants de Dhakabang, Gokhunga, Hanspur ou Khana ont au cours de la même période perdu progressivement de leur emprise sur les lignages mineurs de la localité. Le territoire rituel de la principauté voisine de Khanci (Fig. 3), organisé autrefois selon le même principe, a connu une moindre décomposition. La population y est beaucoup moins dense et dispersée en petits établissements mono-lignagers, relativement autonomes, ce qui, sans doute, a dû limiter les conflits et partant, la nécessité pour chaque groupe de manifester rituellement sa spécificité. Khanci présente par ailleurs un cas intéressant de variation sur le thème des déesses-sœurs : les habitants de Kote Maidan, dans la chaîne des Siwalik, prétendent que leur temple abrite la Déesse aînée, et que celle de l'ancienne capitale, Khancikot en est une réplique plus récente. À Argha Rajasthal de même, les chanteurs gāine se targuent de détenir la «bannière aînée», plus ancienne que celles qui flottent dans le palais durant le Dasaĩ.

L'exemple d'Argha nous fait entrevoir comment, le Dasaĩ en particulier, et le culte de la Déesse en général, concentrent en leur sein les traces des mutations successives de l'organisation politique locale. Au fil des époques, la célébration de la divinité du pays est restée le contexte privilégié d'affirmation des rapports d'autorité et d'allégeance. Le prince des origines «installe» sa déesse tutélaire en fondant son royaume. Plus tard, on «installera» des cadettes de cette déesse pour rattacher les nouvelles frontières à la capitale. Avec l'annexion du royaume, l'édifice ne disparaît pas : les rapports d'autorité ne changent guère, seul le lieu de la souveraineté s'éloigne, mais l'ancienne capitale reste le siège de l'autorité effective. On vient à chaque fête y témoigner son allégeance aux représentants du souverain, les Bhusāl. Depuis 1962 enfin, ceux-ci sont devenus des élus, non plus du roi mais de leurs clients. Si bien

34. Biardeau (1981a, p. 146)

35. Il semble en avoir été de même dans la principauté de Gorkha : la puissante Manakāmanā, qui réside à la frontière orientale, est considérée comme la cadette de Gorkhā Kālikā, divinité tutélaire de la dynastie Śāh.

que peu à peu, tous ceux qui ne sont plus politiquement solidaires du centre dédaignent les rites qui y ont lieu. Seule la Déesse, enracinée dans le pays, reste souveraine. En tant qu'aînée, elle préside toujours un territoire délimité par l'ensemble de ses sœurs. Mais ce territoire n'a plus guère de consistance politique, il ne correspond plus à l'aire spécifique d'une autorité humaine. Du moins reste-t-il «l'Empire de la Déesse», dernier témoin spatial de l'ancienne principauté[36]. Bientôt peut-être, disparaîtra aussi le souvenir des liens entre ces déesses-sœurs. À n'en pas douter, Bhagavatī d'Argha Rajasthal conservera longtemps de nombreux dévots, mais elle n'aura plus de «sujets». Elle sera devenue l'une de ces divinités réputées pour leur seule puissance, à qui l'on vient quémander des faveurs personnelles[37].

BIBLIOGRAPHIE

BENNETT, L.,

1983, *Dangerous Wives and Sacred Sisters : Social and Symbolic Roles of High-Caste Women in Nepal*, New York, Columbia Univ. Press.

BIARDEAU, M.,

1981a, *L'Hindouisme, anthropologie d'une civilisation*, (1re éd. 1972) Paris, Flammarion, coll. «Champs».

1981b, «Introduction», in M. Biardeau éd., *Autour de la Déesse hindoue,* coll. «*Puruṣārtha*» 5, Paris, Éd. de l'EHESS, pp. 9-16.

BOUILLIER, V.,

1988, «Rois et Dieux du Népal», *l'Aventure humaine*, n°7, hiver 1988, pp. 41-43.

36. Il n'est d'ailleurs pas du tout évident que l'autorité de la divinité sur un territoire ait toujours correspondu à l'existence simultanée d'une autorité profane sur le même espace. Dans le cas de Dang, G.Krauskopff a montré de façon très originale comment «le pouvoir était en quelque sorte aux mains du dieu [Ratannāth], les rois devenant ses serviteurs» (1990, p. 39); autrement dit, les souverains humains peuvent se succéder, perdre leur autorité sur certaines provinces, voire disparaître totalement, le royaume du dieu n'en est pas affecté.

37. Des comparaisons portant sur l'ensemble du Népal permettraient peut-être de confirmer que de plus en plus, les grands sanctuaires perdent leurs racines sociales et locales, apparentes dans une «dévotion collective», pour devenir des sanctuaires «régionaux», ou «panhindous», objets d'une somme de «dévotions personnelles».

BURGHART, R.,

1987, «Gifts to the Gods : Power, Property and Ceremonial in Nepal», in Cannadine, D. and Price, S., eds., *Rituals of Royalty : Power and Ceremonial in Traditional Societies*, Cambridge, Cambridge Univ. Press, pp. 237-270.

Devi mahatmyan (Glory of the Divine Mother), 700 mantras on Sri Durga. trad. anglaise par Swami Jagadiswarananda, Madras, Sri Ramakrishna Math, 1953.

DUMONT, L.,

1957, *Une sous-caste de l'Inde du Sud. Organisation sociale et religion des Pramalai Kallar*, Paris/La Haye, Mouton.

GABORIEAU, M.,

1978, «Le partage du pouvoir entre les lignages dans une localité du Népal central», *L'Homme, XVIII* (1-2), janv-juin 1978, pp. 37-67.

GONDA, J.,

1962/65, *Les religions de l'Inde : I : Védisme et hindouisme ancien; II : L'hindouisme récent,* (trad. de l'Allemand), 1re éd., Paris, Payot.

GUTSCHOW, N.,

1982, *Stadtraum und Ritual der newarischen Städte im Kathmandu-Tal. Eine architekturanthropologische Untersuchung*, Stuttgart, W. Kohlhammer.

HERRENSCHMIDT, O.,

1989, *Les meilleurs dieux sont hindous*, Paris, L'Age d'Homme.

KANE, P.V.,

1974, *History of Dharmaśāstra.* (2e éd.; 1re éd. 1930-1953), Poona, Bhandarkar Orient Res. Inst., 5 vol.

KRAUSKOPFF, G.,

1990, «Les Tharu et le royaume hindou de Dang (Népal), souveraineté divine et endogamie ethnique», *L'Homme*, 116, oct.-déc. 1990, XXX(4), pp. 30-54.

MACDONALD, A.W.,

1987, «Remarks on the Manipulation of Power and Authority in the High Himalaya», *The Tibet Journal*, vol. XII, n° 1, spring 1987, pp.3-15.

MALAMOUD, C.,

1976, «Village et forêt dans l'idéologie de l'Inde brahmanique», *Archives européennes de sociologie*, XVII, pp. 3-20.

MESSERSCHMIDT, D.A.,

1976, *The Gurungs of Nepal; Conflict and Change in a Village Society*, Warminster, Aris and Philipps.

PFAFF-CZARNECKA, J.,

1989, *Macht und rituelle Reinheit, Hinduistisches Kastenwesen und ethnische Beziehungen im Entwicklungsprozess Nepals*, Grüsch, Verlag Rüegger.

RAMIREZ, P.,

1993a, «Drama, Devotion and Politics : the Dasain festival in Argha kingdom», in Toffin, G. ed., *Nepal, Past and Present*, Paris, CNRS, pp. 47-59.

1993b, «A Ritual King : some ethnographic datas on the Dasain festival in Argha Rajasthal», in Toffin, G. ed., *The Anthropology of Nepal : from Tradition to Modernity*, Kathmandu, French Cultural Centre, pp. 81-95.

REGMI, M.C.,

1968, *Land Tenure and Taxation in Nepal, vol IV, Religious and Charitable Land Endowments : Guthi Tenure*, Berkeley, I.I.S., Univ. of California (Research Series, n° 12).

SUBEDI, R.R.,

2044VS, «Damāīkā bastī (Les implantations damāī)», *Nepālī saṁskṛti*, 1.

TOFFIN, G.,

1979, «Les aspects religieux de la royauté néwar au Népal», *Archives de Sciences Sociales des Religions*, 48 (1), pp. 53-82.

1981, «Culte des déesses et fête du Dasai chez les Néwar (Népal)», *Puruṣārtha* 5, pp. 55-81.

UNBESCHEID, G.,

1986, «Göttliche Könige und königliche Götter : Entwurft zur Organisation von Kulten in Gorkhā und Jumlā», in Kölver, B., ed., *Formen kulturellen Wandels und andere Beiträge zur Erforschung des Himalayas*, Skt Augustin, V.G.H. Wissen, pp. 227-247.

VAN KOOIJ, K.R.,

1972, *Worship of the Goddess according to the Kālikāpurāṇa*, Part 1. Leiden, E.J. Brill.

PHOT. 1. RITE QUOTIDIEN *PAṢṬĀR PŪJĀ* DANS LE PALAIS D'ARGHA : LECTURE DES TEXTES SACRÉS (*VED PAḌNE*).
Les offrandes sont destinées au manuscrit du *Devī Bhāgavatapurāṇa* déposé sur le lutrin à l'arrière plan. Au centre, le *trikuṭi*, structure utilisée dans les *pūjā* de Śivarātri.

PHOT. 2. RITE QUOTIDIEN *MAṆḌAP PŪJĀ* DU 5e JOUR.
Le Ṭhakuri, descendant des princes d' Argha (arrière-plan), rend un culte aux boucliers (*ḍhāl*) disposés aux coins sud-est et sud-ouest du *maṇḍala*.

PHOT. 3. RITE DU 9e JOUR, DANS LA COUR EXTÉRIEURE DU PALAIS D'ARGHA. À l'intérieur du *maṇḍala*, la forme Siṁha Bahini de la Déesse, la Grande Épée et les têtes des cinq bufflons immolés au nom du souverain (*sarkāri rango*).

PHOT. 4. DANSE *SARAẼ* DU 10e JOUR AUTOUR DU POTEAU SACRIFICIEL (*MAULO*) DANS LA COUR EXTÉRIEURE DU PALAIS D'ARGHA. Les danseurs brandissent des sabres *khũṇḍa* et des épées *Khaḍga* au son des instruments des musciciens Damai (timbales *damāhā* et hautbois *śahanāi*).

CHAPITRE VI

LES DIEUX-SABRES

ÉTUDE DU DASAĨ DANS UNE CAPITALE SANS ROI (ISMA)

Marie LECOMTE-TILOUINE

La fête de Dasaĩ, célébrée à travers tout le sous-continent indien sous les noms de Durgā Pūjā ou de Daśarā, est une par son propos – consolider par un culte à la Déesse l'ordre socio-cosmique –, mais multiple par les formes que prennent ses rituels selon les régions. C'est qu'outre leur inscription dans une symbolique pan-hindoue, les rituels de Dasaĩ fournissent aussi, et peut-être surtout, le cadre dans lequel l'histoire mythique de chaque localité se donne à lire dans l'organisation des rituels collectifs et où apparaissent clairement les enjeux du pouvoir et les conflits entre les lignées les plus importantes. Le présent travail tentera, à partir de données ethnographiques collectées dans le district de Gulmi (Népal central), de s'attacher à la forme des rituels collectifs, non dans leur conformité à un Dasaĩ-type hypothétique, mais dans leur singularité, modelée par des conflits sociaux et politiques tout aussi structurels de l'hindouisme, en particulier, la relation complexe qu'entretient la classe royale ou guerrière avec la classe sacerdotale. Au Népal central, cette relation conflictuelle semble s'articuler autour du sabre royal, symbole du pouvoir et élément crucial de la célébration de Dasaĩ.

Après avoir observé la fête en 1986 dans l'ancienne capitale royale de Musikot, j'ai pu assister en 1991 à celle de la capitale voisine d'Isma. Ces deux royaumes faisaient partie du mystérieux ensemble des « Vingt-Quatre » ou « Vingt-Quatre Royaumes », *caubise rājya*, sur la liste desquels les historiens ne s'accordent pas (Stiller 1975, pp. 70-71). La nature précise du lien qui les réunissait sous cette appellation collective n'est pas non plus connue. Les deux royaumes qui nous intéressent ont connu une histoire très voisine jusqu'à l'unification du Népal, à la fin du XVIIIe siècle. Les rois qui y régnaient étaient issus de la même lignée, Siṅgh Ṭhakurī, et certains auteurs, tel Subedi (1987) en ont conclu que ces deux royaumes étaient jadis nés du partage d'un royaume unique. Distantes de quelques heures de marche seulement, ces deux puissances ont sans cesse entretenu des rapports étroits, fussent-ils belliqueux (Hamilton 1971, p. 268). Lors de la conquête militaire des petits royaumes de l'ouest du Népal par les troupes gorkhāli, le roi de Musikot s'est rendu tandis que celui d'Isma a résisté. De ce fait, le roi de Musikot a vraisemblablement été conservé sur le trône après sa reconnaissance de vassalité et les branches cadettes de sa lignée habitent encore aujourd'hui leur ancien royaume où ils tiennent un rôle actif lors des rituels de Dasaĩ. À Isma au contraire, une terrible bataille s'est engagée entre les Gorkhāli et l'armée locale. Tous les membres de la caste royale des Ṭhakurī d'Isma ont été tués ou se sont enfuis et il ne reste plus aujourd'hui aucun de leur représentant sur le territoire de leur ancien royaume. Les rituels de Dasaĩ s'y passent donc de roi et l'on voit les brahmanes y tenir une place plus importante[1]. Je ne reviendrai ici qu'occasionnellement sur les données de Musikot auxquelles j'ai déjà consacré un article (à paraître), cependant l'exposé des faits observés à Isma sera souvent mis en perspective par comparaison avec ces observations antérieures.

Mon premier propos est de fournir une nouvelle description d'un rituel royal de Dasaĩ, afin d'enrichir notre connaissance des royaumes de l'ouest du Népal dont l'historiographie est très réduite. Je tenterai ensuite de clarifier la nature et le rôle des dieux-sabres qui sont tout particulièrement vénérés lors des rituels dont il sera ici question. Mais avant d'entrer dans le détail de la célébration, il est nécessaire de brièvement décrire le cadre dans lequel elle a lieu.

TOPOGRAPHIE

L'ancien royaume d'Isma est situé dans la partie ouest du district de Gulmi, entre les rivières Nisti et Darbar. Ses limites ont vraisemblablement été bouleversées souvent, mais on peut dire tout au moins qu'à l'est, Isma jouxtait le royaume de Musikot, à l'ouest celui de Pyuthan ou de Purkot (selon les époques), au sud celui de Dhurkot et au nord celui de Parbat. L'unité politique et rituelle que formait naguère le royaume d'Isma n'est actuellement plus perceptible lors des rituels de Dasaĩ. Seuls les habitants des trois localités qui entourent la forteresse royale s'y rendent encore pour la célébration. Ces unités administratives, Isma rajasthal, Dohali et Darlamchaur, totalisent environ 10 000 habitants. Le centre historique, politique et religieux que je désigne ici par «forteresse» ou *koṭ*, comme on le nomme le plus souvent,

1. Le rôle prééminent que joue actuellement le descendant du chapelain du roi d'Isma s'explique peut-être avant tout par le fait que les brahmanes furent en règle générale épargnés par les Gorkhāli, aussi près du pouvoir qu'ils se tenaient. Dans une autre ancienne capitale de Gulmi, Purkot, les informateurs racontent là aussi comment seul le chapelain eut la vie sauve lors de la conquête.

est aussi appelé *darbār*, «palais». Il est bâti sur un sommet particulièrement difficile d'accès, qui domine la région, à 1700 mètres d'altitude. Il est le point focal d'un ensemble religieux complexe qui forme le cadre plus général de Dasaĩ.

Au sud de la forteresse, sur un replat de la crête à environ 1500 mètres d'altitude, se trouve l'autre pôle principal de Dasaĩ : le *maidān*, place ombragée entourée d'habitations et de boutiques. Elle est bordée de quatre temples relativement récents, et fichée en son centre d'un poteau sacrificiel. Deux des temples du *maidān* sont des répliques de ceux de la forteresse et abritent respectivement le sabre royal Khaḍka (prononciation locale de *khaḍga*), et Bhairam, forme terrible de Śiva. Le troisième est un temple de dévotion personnelle dédié à Śiva, construit par un villageois. Le dernier enfin, est le temple de la lignée Basneṭ Chetri, qui renferme la déesse Kālī. Partant de cette place et se dirigeant vers le nord, le chemin se sépare en deux. En prenant vers l'est, on gravit une longue sente empierrée, qui se transforme par endroits en escalier et conduit jusqu'au sommet où se trouve la forteresse royale. Avant d'accéder à celle-ci et un peu en contre-bas du chemin, on croise un petit temple dédié à Chatra, divinité aniconique à la nature mal définie, dont le nom dérive peut-être du «territoire» (*kṣetra*) ou encore de *kṣatra*, «le pouvoir»[2]. Plus loin sur le bord du chemin, les villageois font remarquer une grosse pierre sculptée ressemblant à un piédestal : c'est là, disent-ils, que la reine venait se coiffer. Plus haut, se dresse le mur d'enceinte de la forteresse, ouvert vers le sud. Après avoir gravi les escaliers qui conduisent à l'intérieur du fort, on entre dans une fosse entourée de gradins, dont le centre est occupé par un poteau sacrificiel. Derrière celle-ci se trouve le palais proprement dit, où résident les officiants *pūjāri* et la divinité Khaḍka lors de Dasaĩ. Sa porte s'ouvre à l'est, sur une cour entourée d'un haut mur, lui aussi pourvu d'une ouverture à l'est. Au nord, derrière le palais, les ruines d'une tour ovale reposent sur une grosse roche surélevée : c'est, dit-on, la «chambre de la reine». Immédiatement à l'ouest de celle-ci se trouve le temple de Bhairam, qui contient en permanence une statue couverte d'huile, censée être une représentation de ce dieu, mais dont le visage a un caractère

2. Jest (1986) cite un pandit de Katmandou qui dit que Chatra vient du sanscrit *kṣetra*, le territoire : Chatra serait l'équivalent de Kṣetrapāl, le gardien du territoire. De même, un informateur de Darling (Gulmi) me parla de Chatra en le mettant en relation avec Bhūme, la déesse de la terre, déclarant que « Chatra est plus grand que Bhūme ». On pourrait en conclure que Chatra est une divinité protectrice du territoire à une échelle plus grande que le panchayat, lui-même placé sous les auspices de Bhūme (voir Lecomte-Tilouine 1993, pp. 263-272). Cependant, le « e » sanscrit ne peut que difficilement se transformer en « a » en népali, sachant par ailleurs que le mot *kṣetra*, lorsqu'il est explicitement employé en népali, donne *chetra* et non *chatra*. Si l'on suit la règle de transformation du sanscrit en népali la plus probable, Chatra dérive de *kṣatra*, « le pouvoir ». Chatra peut par ailleurs être rapproché de *chātra*, le parasol, insigne royal. Cette divinité mystérieuse n'est pas très répandue dans la région de Gulmi. Mais il faut noter qu'on trouve un très grand sanctuaire qui lui est dédié à Arghatos, localité qui fut un temps conquise par Isma.

simiesque prononcé qui le rapproche plutôt de Hanumān. Enfin, au sud de ce temple et derrière le palais, on peut encore voir un puits, creusé du temps des rois. En contrebas de cet ensemble, et vers l'est, on aperçoit des pâturages et deux bassins rectangulaires, tandis qu'au nord, un replat appelé «le lieu des Magar» était autrefois habité par des sol dats de cette ethnie, exterminés d'après la tradition orale, lors de l'unification.

Redescendant jusqu'à l'embranchement rencontré au début de ce parcours, on peut à présent aller vers le nord-ouest. À peu de distance, après avoir gravi un large chemin aux marches empierrées, on parvient à un étroit passage dans la roche, qui semble avoir été artificiellement creusé. Ce lieu-dit est appelé «la bouche de la porte» (*ḍhokāko mukh*) et les villageois racontent comment il était possible de fermer cet accès en cas d'attaque. Sur la droite de la «porte», à une centaine de mètres plus haut, un sanctuaire est caché par des buissons. Il est dédié à Sun Jhāṅkri : «le chamane doré». De l'autre côté de la porte sur la hauteur de gauche, le sanctuaire de Rājā Bāyu «le mauvais esprit du roi», est dissimulé sous de grandes herbes. En continuant le chemin vers le nord-ouest, on parvient rapidement au pied d'un sommet recouvert d'une forêt protégée. À environ 1700 mètres d'altitude, on rencontre un temple carré, au toit de pierre, dédié à Manakāmanā Māī. Il est entouré d'une clairière et s'ouvre au nord-est. Devant sa porte, des cloches pendent à de petits portiques et un poteau sacrificiel est fiché en terre. Reprenant l'ascension, on rencontre au sommet un temple dédié au dieu Śiddha. Enfin, après avoir suivi la ligne de crête depuis ce sommet jusqu'à la localité de Chap-Hile, on parvient à un temple dédié à Mālikā, dont le culte clôt les rituels de Dasaī.

COMPOSITION DE LA POPULATION

La population qui rend des cultes dans les différents sanctuaires de cet ensemble religieux, et qui se trouve être celle des trois localités d'Isma-Rajasthal, de Dohali et de Darlamchaur, est composée d'une majorité de brahmanes. Les principales lignées représentées au sein des Upādhyāya Bāhun sont les Aryāl, les Bhanḍāri, les Pauḍel et les Pant. Parmi les brahmanes dégradés ou Jaiśi Bāhun figurent les noms précédemment cités auxquels on peut ajouter les Rijāl, les Adhikāri, les Panthā. Les lignées Chetri les plus importantes sont les Kharka (divisés en deux patrilignes distinctes), les Mahat, les Basneṭ, les Thāpā, les Gharti et les Biṣṭa. Les castes intermédiaires (ou populations tribales) sont représentées par un petit nombre de Magar, de Gurung et de Kumāl. Enfin, on trouve parmi les «basses castes» des artisans Kāmī, des tanneurs-cordonniers Sārkī, des tailleurs-musiciens Damāī et des bardes Gāine.

GÉNÉALOGIE

Tandis qu'un peu partout dans cette région du Népal, les villageois racontent volontiers comment des chefs magar ou gurung possédaient le pouvoir avant l'arrivée des roitelets ṭhakurī venus d'Inde, à Isma au contraire, la tradition veut que des Brahmanes aient régné. De fait, l'importance politique ou numérique des Magar ne m'y a jamais été rapportée, au contraire de ce qu'avance Malla (1979 c, p. 141). D'après une généalogie publiée par Subedi (1987, p. 7), quatre générations de brahmanes Aryāl (Jyavanrāj Bhaṭṭa, Kuṣā rāja, Viṣṇudās et Prabhākar Bhaṭṭa Aryāl) se sont succédé sur le trône d'Isma. D'après Subedi (1988, p. 12), le dernier de ces quatre rois «fit entendre un *mantra*» à un prince royal de Gulmi et lui légua son titre, établissant donc sur son trône un roi initié par lui-même, un disciple. Ces données diffèrent légèrement de celles que présente Durgaprasad Aryāl (2043 V.S.); selon ce dernier, les quatre générations de rois brahmanes furent : Cāvā rājā, Kuṣā, Narsiṇgh et Viṣṇudās. On ne retrouve en commun dans les deux listes que Kuṣā et Viṣṇudās. Prabhākar est lui aussi mentionné par Aryāl (2043 V.S.), mais il n'aurait jamais régné : «estimant qu'il ne s'agissait pas là d'une occupation pour un brahmane, il a fait de la lignée des Siṅgh Śāh les rois, lui même devenant leur conseiller spirituel».

La généalogie publiée par R. Aryal (2047 V.S.) permet de rapprocher les deux noms cités du premier roi brahmane, Jyavanrāj et Cāvā rājā, puisqu'il s'agit dans ce texte de Cyavanarāj. D'après cet auteur (2047, p. 136), ce brahmane aurait pris le pouvoir d'une façon très particulière, alors qu'il était le chapelain du roi d'Isma (dont l'identité n'est pas donnée) :

> «À cette époque, Isma était un petit royaume des collines. Il comprenait 2 500 maisons et sa capitale 250. Isma et Musikot étaient sans cesse en guerre. Un jour, apprenant que le roi de Musikot était en marche pour l'attaquer, le roi d'Isma rassembla son armée pour aller à sa rencontre. Il prit le chemin du bas tandis que le roi de Musikot arrivait par celui du haut. (...) Lorsque la nouvelle de l'arrivée du roi de Musikot à proximité de la capitale parvint, il y eut un grand tumulte dans Isma. Alors, le *rājguru* Cyavanrāj Bhaṭṭa prit la responsabilité de protéger le royaume et le palais royal. Comme le roi d'Isma et son armée n'étaient pas revenus, il sembla qu'ils avaient été anéantis par le roi de Musikot. Alors, pour sauver le pays et sur le conseil de la reine et des dignitaires qui étaient restés dans le palais, le *rājguru* Cyavanrāj s'assit de lui-même sur le trône. Ainsi Cyavanrāj s'assit sur le trône par l'ironie du sort et, faisant résonner le grand tambour *damāhā*, il confia à tous les soldats présents des lance-pierres et se posta lui-même en avant pour repousser les ennemis. Ceux de Musikot furent ébahis : en effet, ils avaient pris sans crainte le chemin du haut en apercevant le roi d'Isma et son armée qui leur tendaient une embuscade sur celui du bas. Ils ne pensaient trouver à la capitale que quelques hommes restés là pour la protéger et, entendant le grand tambour *damāhā* que l'on

y battait, il se dirent : «le roi est là» et pensèrent que le roi de Musikot n'avait envoyé que quelques forces sur le chemin pour les arrêter, gardant les autres dans son palais. «Nous voilà pris au filet», se dirent-ils, «il n'est pas bon de se battre à présent car les forces de Musikot sont deux fois plus importantes que les nôtres» et le roi de Musikot s'enfuit avec son armée. Cyavanrāj Bhaṭṭa devint roi. Après lui, son fils, son petit-fils et son arrière-petit-fils régnèrent.»

D'après ce même auteur, Prabhakar, le dernier roi brahmane, aurait régné quatre ans, puis aurait placé sur le trône un prince de Musikot, Surathsiṁha.

Il est un autre personnage historique d'Isma de lignée Aryāl : Nārāyaṇ Dās Aryāl, qui aurait rendu visite au roi de Lamjung et aurait rendu un culte à Guyeśvarī à Katmandou, sous le règne de Drabya Śāh (1559-1570). Baburam Acharya (1967, p. 11) le tient pour un roi d'Isma, mais d'autres sources le présentent comme son chapelain. D'après R. Aryal (2047, p. 137), il s'agirait du petit-fils de Prabhakar, le dernier roi d'Isma, ce qui permet de dater assez précisément la fondation de la royauté brahmane à Isma, au milieu du XVe siècle, puisqu'il est attesté que la rencontre de Nārāyaṇ Dās Aryāl avec le père de Drabya Śāh s'est déroulée vers 1550. Ces rois brahmanes originaires de la province de Sinja étaient de clan Bhaṭṭa et auraient adopté le nom d'Aryāl en s'installant au lieu-dit d'Arjai après avoir abdiqué (Acharya 1967, p. 11). Le nom du premier roi ṭhakurī qui leur a succédé varie selon les sources. Tantôt appelé Surath Siṅgh (Aryal 2047, p. 137, Subedi, 1988, p. 12), ou Añgada Siṅgh (selon une généalogie publiée par Subedi(*ibid*)), il s'agit pour les gens d'Isma de Jaith Siṅgh[3]. De même que son nom, son origine reste incertaine. S'agit-il d'un prince des royaumes voisins de Musikot ou de Gulmi (Aryal 2047, p. 137) ou bien de lointaines régions de l'Inde : du Karnataka (Subedi, 1988) ou du Rajasthan (nos informations)?

D'après la généalogie éditée par Subedi (1987, p. 7), seulement six générations de rois ṭhakurī se sont succédé sur le trône d'Isma. Les noms de ces rois sont les suivants : «Anghadh Singh Rawa, Prithwi Raj Singh Rawa, Ram Singh Rawa, Rajroop Singh Rathor, Tilvikram Singh Rathor, et Govinda Singh Rathor», qui fut battu par les Gorkhāli. Le fils de Govinda se nommait Mān Bahādur Siṅgh et le fils de ce dernier Kashari Pratāp Siṅgh. On notera que le seul roi dont le nom figure dans un autre document écrit que cette généalogie est Tilvikram, dont Aryāl (2043 V.S.) a publié le texte d'une donation foncière (voir en annexe).

3. Siṁha et Siṅgh sont deux variantes orthographiques du même nom. J'emploie pour ma part la transcription de l'orthographe népalaise courante de nos jours : Siṅgh.

HISTOIRE MILITAIRE

La rareté des sources historiques se rapportant au royaume qui nous intéresse oblige à se rapporter à la tradition orale, qui a conservé un récit assez précis des événements datant de la conquête gorkhālī. En voici comme meilleur exemple, l'histoire mythique d'Isma telle que me l'ont racontée les trois ou quatre hommes les plus influents du lieu, après s'être concertés :

> «À Isma, avant l'arrivée des rois, des Brahmanes Aryāl gouvernaient la région. Comme ils avaient besoin d'un roi, trois hommes sont partis : un d'Isma, un de Musikot et un de Dhurkot. Ils sont allés à Citvan au village appelé Makavanpur[4]et y ont rencontré trois Ṭhakurī : un «grand frère», un «petit frère» et leur gendre. Ils étaient venus de Rataur[5] au Rajasthan, fuyant les Musulmans. Il les ont fait rois : l'aîné à Isma, le cadet à Musikot et le gendre à Dhurkot. Le premier roi [appelé «founder of the *Khaḍka*» («le fondateur du sabre») par celui des hommes de ce groupe qui parlait anglais] s'appelait Jaith Siṅgh. Tilak Siṅgh lui succéda et le dernier roi d'Isma fut Goviṇḍa Siṅgh; son Premier ministre quant à lui, s'appelait Pratāp Siṅgh. La guerre éclata en 1845 V.S.[1788]. Les Gorkhāli voulaient unifier le pays : ils sont arrivés pour discuter. Ils ont planté leurs tentes au lieu-dit appelé Okhar, près du *maidān* [ce replat ombragé qui sert de place du village]. Le roi leur a alors fait envoyer du lait et leur a demandé ce qu'ils voulaient. Quand ils lui ont répondu qu'ils voulaient le pouvoir, le roi leur a demandé d'attendre le retour de son fils sans lequel il ne pouvait décider. Quand celui-ci est revenu, il n'a pas voulu céder. La bataille a éclaté. Pendant les combats, le roi, la reine et le plus jeune prince se sont enfuis. Ils se sont cachés dans la forêt autour du temple de Manakāmanā. Puis ils ont pris le chemin d'Arjai où des Khavas Magar les ont aider à s'enfuir, car leur fils était l'ami rituel d'un garçon Khavas Magar. Ils ont trouvé refuge à Salyan. Pendant la bataille, il y a eu beaucoup de morts : 22 officiers chetri et 53 officiers ṭhakurī ont été tués par les Gorkhāli. Pratāp Siṅgh, le Premier ministre, a été pourfendu par deux sabres en même temps : c'est lui *rājā masān* "le mauvais esprit royal".»

Une autre version de la guerre m'a été racontée par un brahmane *Bhaṇḍāri* d'Isma :

> «Les Gorkhāli sont arrivés et ont rencontré le roi d'Isma. Cependant son ministre n'était pas là, il était allé se promener dans le village. Le roi était d'accord pour coopérer avec les Gorkhāli et leur a offert à boire et à manger. En voyant de la fumée au *maidān*, le ministre est arrivé. Apprenant la nouvelle, il se fâcha et dit au roi qu'il ne devait pas faire de compromis : "Un roi doit mourir à la guerre ou gagner à la guerre" [lui rappela-t-il]. Le ministre a donc donné l'ordre d'attaquer les Gorkhāli. La bataille a commencé et le roi est parti se cacher avec sa famille dans la forêt de Māī

4. Le narrateur du mythe fait ici une inversion. Citvan est une vallée du Terai située dans le royaume de Makvanpur.

5. Rataur est en fait le nom d'une dynastie de Rajputs.

["la Mère", épithète de Manakāmanā]. Toute l'armée d'Isma et le ministre furent tués. Encerclé, le roi s'est envolé d'une falaise. C'est parce qu'il s'est ainsi envolé [*uḍera*] qu'on appelle les rois de ce temps les Buḍe rājā[6]. Il s'est envolé jusqu'à Salyan. Là-bas, nous avons rencontré ses descendants et leur avons demandé de revenir, mais ils n'ont pas voulu.»

Une autre histoire encore, raconte que le roi assiégé dans son fort n'avait pas d'eau à boire. Au bassin, une femme qui trouvait que le roi était un poltron de ne pas sortir et de se laisser ainsi mourir de soif, expliqua aux soldats ennemis qu'il y avait une voie facile pour accéder au fort. Les Gorkhāli s'y sont rendus avec des échelles de bambou. Assailli, le roi s'est envolé.

De ces différentes versions des événements, on peut conclure que les Gorkhāli se sont vraisemblablement présentés avec l'intention de discuter et de proposer un statut de vassal aux rois locaux à la fin du XVIIIe siècle. La date de la guerre rapportée par les informateurs d'Isma (1845 V.S. [=1788]) est très proche de celle qui est attestée par l'histoire, du 2 ou du 4 *āśvin* 1843 V.S. (=1786)[7]. D'après les dires des villageois, le roi a tout d'abord bien reçu ces étrangers, leur offrant de la nourriture. La valeur de ce détail auquel je n'avais tout d'abord pas prêté attention, mais qui se trouve récurrent dans toutes les versions des événements, m'a été soulignée par un de mes interlocuteurs d'Isma. Celui-ci s'indigna en effet de la sorte à propos de l'attitude des Gorkhāli : «Ils ont attaqué ceux-là mêmes qui leur avaient offert à manger», manquant par ce geste au code de l'honneur. Devant le refus de compromission professé par l'un des proches du roi, son fils ou son ministre, la bataille s'est engagée. Il est significatif que ce ne soit jamais le roi lui-même qui décide de cette bataille catastrophique : pour les villageois, la personne même du roi est sans faille : il ne peut commettre de faute politique, ni même par la suite mourir à la guerre. La bataille s'est sans doute échelonnée sur quelques jours et s'est finalement transformée en un siège du fort dont l'accès, et donc la prise, sont très difficiles[8]. Les soldats adverses y pénétrèrent pourtant, grâce à la collaboration d'une femme du village, et le choix du sexe de ce traître ne doit pas nous étonner dans cette région où la femme est toujours vue comme

6. *Buḍe rājā* signifie plus probablement « les vieux rois »ou « les petits rois », selon l'orthographe adoptée. L'informateur utilise ici une étymologie populaire particulièrement tirée par les cheveux, à la Brisset, où la signification de l'appellation se dégage des mots qu'elle contient phonétiquement : B-ude ra- ja.

7. La date du 2 *āśvin* 1708 de l'ère *śake* est donnée dans une chronologie de la conquête figurant folios 117-123 du volume 52 des *Hodgson's papers*. Notons qu'il y a probablement une coquille dans le texte de Malla (1979c, p. 141) lorsqu'il écrit que la bataille a eu lieu très précisément le 4 *āśvin* 1836 V.S. (= 1779), soit neuf ans auparavant, tandis qu'une page plus loin dans son même texte il s'agit de 1843 V.S. (1786).

8. Comme le note Hamilton (1971, p. 267), «Isma, the last chief of this family, resided at a fortress of the same name, situated on a lofty hill, of very difficult access, three coses in ascent. Horses could not ascend more than half way, where there were about 250 houses. Round the castle, on the summit, were 50 or 60. These houses are thatched huts, with walls of stone or planks. On the hill are several springs of water.»

responsable de maux. Dans une version de ce mythe recueillie par Corneille Jest (1986, p. 9), ce n'est pas par traîtrise mais par bêtise que les femmes dévoilent aux ennemis la faille du fort, en abordant tout haut le sujet : « Un jour, un soldat surprit la conversation des femmes en train de laver le linge sous le *koṭ*; elles trouvaient les assiégeants stupides d'attaquer de front alors que du côté nord, facile d'accès avec des échelles, le rempart n'était pas surveillé ». Les Gorkhāli tentèrent aussitôt d'assaillir le fort par le chemin indiqué, en l'occurrence le nord, et y parvinrent. L'armée fut massacrée, et si les informateurs locaux ne précisent que le nombre d'officiers tués, Malla (1979c, p. 141) estime – à partir de sources qu'il ne cite malheureusement pas – qu'au moins mille hommes ont trouvé la mort dans la bataille. Le sort de la famille royale est moins clair. Selon les différentes versions, le roi s'échappa avec sa famille ou bien, encerclé, s'envola du haut d'un gros rocher[9]. Mais l'existence d'un culte à Rājā Bāyu ou Rājā Masān (« esprit royal mort de malemort ») laisse penser qu'il a peut-être tout simplement trouvé la mort dans la bataille. Si le groupe d'hommes influents indique que ce mauvais esprit de sang royal n'est que le ministre, pour la plupart des villageois et sans qu'ils sachent bien l'expliquer, il s'agit du roi. Son fantôme, dit-on, revient chevaucher la nuit dans le village et lors de la période de Dasaĩ, il jette de grosses pierres du haut du fort, comme s'il cherchait encore à se défendre contre ses assaillants. Les villageois ont ainsi gardé mémoire de la situation de la guerre dans le calendrier, qui a effectivement eu lieu au moment de la fête, au mois *d'āśvin.*

Les suites de la bataille ne sont pas racontées, mais il semble très probable que tous les membres de la lignée royale des Siṅgh Ṭhakurī aient été expulsés ou tués, puisqu'ils ne sont plus du tout représentés aujourd'hui dans leur ancien royaume. Ces familles ont vraisemblablement trouvé refuge chez leurs alliés de Salyan, où subsistent encore aujourd'hui des Siṅgh Ṭhakurī d'Isma dans la localité de Baragaon. Pour Subedi (1988, p. 11), c'est d'abord à Dang, puis à Salyan qu'ils s'enfuirent.

RITUELS ET OFFICIANTS

La lignée royale disparue, l'insigne de son pouvoir est toutefois resté sur place. En effet, mes interlocuteurs d'Isma précisent tous que le roi a confié son sabre à son guru astrologue (*jyotiś*) avant de fuir. La valeur de ce sabre,

9. Cette fin étonnante du roi d'Isma se trouve être exactement la même que celle du père de Babur, telle que son fils la raconte (*Le Livre de Babur*, 1985, p. 39). « C'est alors que survint un événement. Il a été dit que la forteresse d'Akhsi s'élève au bord d'un profond ravin qu'elle borde de constructions. Cette année-là, le lundi quatre du mois de ramazan [8 juin 1494] Umar Chayk Mirza s'envola du ravin avec ses pigeons et son pigeonnier et devint un gerfaut [le plus beau et le plus fort des faucons] ».

sur laquelle il nous faudra revenir, est telle que la forteresse a gardé par sa présence un statut royal et que les rituels de Dasaĩ ont perduré, en l'absence du chef traditionnel et sans que sa place ne soit véritablement occupée par quiconque, créant des conflits et une certaine anarchie.

Le déroulement de Dasaĩ, cet ensemble de rituels adressés à la Déesse, au sabre royal et aux divinités protectrices du royaume, diffère grandement selon que des représentants de la lignée royale subsistent ou non. Je me propose maintenant de décrire les rituels pratiqués à Isma, en les comparant lorsque cela est nécessaire à ceux de Musikot, et plus généralement à ceux des autres grands centres historiques du district de Gulmi (notamment Dhurkot, Purkot, Chandrakot, Rupakot, Juniya et Gulmi), à partir de mes propres données et des très nombreuses informations rapportées par Corneille Jest dans ses rapports de mission (1986, 1987).

À Isma, les officiants du palais sont au nombre de cinq lors de Dasaĩ : trois Brahmanes issus du clan Aryāl et deux Chetri : un Kālikoṭe Kharka et un Thāpā. L'officiant principal (*mūl pūjārī*) est un Aryāl. Il est le plus souvent appelé Jyotiś, «l'astrologue», non qu'il soit issu de la caste dégradée des brahmanes astrologues (les Jaiśi) ou qu'il exerce lui-même cette profession, mais bien parce que le *rājguru*, chapelain du roi, était aussi et peut-être avant tout, son astrologue. Isma est à ma connaissance la seule ancienne capitale de la région de Gulmi où le rôle de l'astrologue royal soit ainsi souligné. Mais nous savons par ailleurs, grâce à des documents historiques, combien l'astrologie était la conseillère des rois du Népal central au XVIIIe siècle. Ainsi le plus fameux d'entre eux, Pṛthvī Nārāyaṇ Śāh, s'y réferait aux moments critiques (cf. par exemple Baral 1964, p. 18). Le rôle du Jotiś est toujours tenu par le même homme, à cause de sa connaissance étendue en matière religieuse. En revanche, les deux autres brahmanes ont un rôle secondaire d'aide et leur office peut être tenu par tout homme du clan désigné désirant accomplir un acte méritoire. Ces trois brahmanes, et plus spécialement l'officiant principal, sont ceux qui «font faire le rituel» (*pūjā garāne*). Ceux qui «le font» (*pūjā garne*), sont les Chetri. En fait là encore, l'officiant Thāpā n'a, semble-t-il, qu'un rôle accessoire, tandis que les villageois aiment à préciser que les brahmanes ne peuvent accomplir leurs tâches rituelles si un Kharka Chetri n'est «entré dans le palais». Ce dernier est un descendant des soldats du roi, et sa présence rappelle sans doute la fonction royale.

LES RITUELS DU PREMIER JOUR

Ces cinq officiants se rendent à la forteresse le premier jour de la fête, appelé *parevā*, et y habiteront de jour comme de nuit pour la neuvaine, en y observant un jeûne strict. Ce premier jour, certaines formes de divinités sont installées dans le sanctuaire du palais : la triade brahmanique du vase *kalaś*, de la lampe *batti* et de Gaṇeś. Elle y sera quotidiennement honorée par les Brahmanes qui liront chaque jour en sa présence des passages du *Veda* ainsi que le *Caṇḍīpāṭh*. La petite statue de Bhairam – forme terrible de Śiva – qui réside dans la réplique du temple du *koṭ* construite au *maidān*, est montée à son temple principal en ce premier jour. Son desservant est un Kānphaṭā Yogī appartenant au lignage de Yogī Koñvar, venu anciennement de Dhurkot, et qui tient l'office depuis sept générations. Ce Yogī, formé au monastère de Dang où se trouve son guru, réside lui aussi au *koṭ* pendant les neuf jours de Dasaĩ. Il récite des formules *mantar* et offre des fleurs quotidiennement à la divinité Bhairam. Enfin, matin et soir, les musiciens damāī et gāine jouent de la musique au fort.

LE SIXIÈME JOUR

Selon un déroulement habituel des rites, il faut attendre le sixième jour pour que se produise un fait nouveau. En fin de journée, deux hommes Chetri accompagnés d'un brahmane descendent jusqu'au lieu-dit Rato mato, situé au bord d'une rivière à basse altitude, à la frontière de l'ancien royaume d'Isma. Une fois le groupe parvenu devant un arbre *bel* (*Aegle marmelos*), le brahmane rend un culte à l'arbre et y accroche des bandelettes de tissu rouge. Puis une branche tournée vers l'est et portant trois fruits est sélectionnée et coupée, après avoir été adorée. Elle sera apportée le lendemain au *maidān* puis au *koṭ*, en palanquin. Le symbolisme du culte rendu à cet arbre *bel* échappe aux villageois. Dans certaines régions de l'Inde (Östör 1980, p. 45) il s'agit nettement d'un mariage entre deux fruits de *bel* représentant la déesse et Śiva, mais à Isma la présence nécessaire de trois fruits laisse penser qu'il s'agit soit des trois grandes formes de la Déesse, soit de la trinité hindoue. La première hypothèse semble la plus probable, puisque ces trois fruits de *bel*, une fois portés en palanquin et désignés par le nom de *phūlpāti*, sont alors clairement censés représenter la Déesse.

LE SEPTIÈME JOUR

Au septième jour du Dasaĩ d'Isma auquel j'ai assisté, le *phūlpāti* est arrivé beaucoup plus tard qu'ailleurs, en fin d'après-midi. Son arrivée avait été annoncée plusieurs fois dans la journée par le crieur du village et quelque temps avant qu'il ne parvienne au *maidān*, la foule s'était rassemblée, de nouveau prévenue par les musiciens jouant du haut du fort. Lentement, une procession composée des musiciens damāī et gāine, des cinq officiants du *koṭ*, l'un d'eux portant un vase d'eau pure, et du Kānphaṭā Yogī, se mit à descendre vers le *maidān*. Elle semblait nous présenter une image inverse de la progression des porteurs de palanquin, qui de leur côté, gravissaient le chemin montant au *maidān* depuis la rivière, sans qu'on puisse les voir. Les deux processions se rejoignirent sur la place *maidān*. Les porteurs chetri du *phūlpāti* étaient précédés du brahmane Aryāl qui les avait accompagnés la veille et qui portait des fleurs. Entre celui-ci et le palanquin, quelques brahmanes allaient chantant des *mālaśrī*, hymnes dévotionnels dédiés à la Déesse. Parvenus aux dernières marches qui conduisent à la place, les porteurs de *phūlpāti* firent une pause, sous une pluie de fleurs lancées alors par la foule. Ils reprirent leur chemin jusqu'au centre de la place où ils appuyèrent le mât du palanquin contre le poteau sacrificiel, tandis que la pluie de fleurs reprenait, plus dense encore. La réunion du poteau sacrificiel et du *phūlpāti* sous les cris et l'averse de pétales évoquait sans doute possible l'union d'un principe femelle et d'un principe mâle. Le *phūlpāti* porté telle une mariée dans un palanquin de mariage, recouvert d'un tissu rouge comme il est de rigueur en cette occasion, et accompagné du vase *kalaś* toujours présent dans une procession de mariage, représente la Déesse, tandis que le poteau sacrificiel est clairement un symbole shivaite, pourvu d'un trident à son extrémité. Dans certaines localités, Corneille Jest (1986) a relevé qu'il était interdit aux villageois de voir le *phūlpāti* sur le chemin qui le mène au *koṭ*. En l'absence d'explication, on peut supposer qu'il s'agit du tabou qui veut que la mariée se cache derrière son châle lorsqu'elle est portée en palanquin depuis la maison de son père jusqu'à celle de son fiancé. Cette interprétation se trouve d'ailleurs renforcée par des observations faites en Inde par A. Östor (1980, p. 186) qui décrit un mariage entre les formes de la Déesse et le roi en ce même jour du rituel. À Isma, l'union entre le poteau et le *phūlpāti* est consacrée par le *mūl pūjārī* qui jette un peu d'un mélange de riz et de lait caillé sur les deux formes divines, puis distribue des *ṭikā* à la ronde.

Un cercle de villageois se forma alors de l'autre côté du poteau sacrificiel. Au centre, deux hommes se rencontrèrent en un combat singulier au son de la musique des Damāī. Armés de poignards factices de cuir, ils se servaient des foureaux de ces poignards en guise de boucliers. Tour à tour, plusieurs hommes exécutèrent cette danse durant laquelle ils bondissent comme des diables et tentent de suivre les conseils qu'on leur crie de tous côtés[10]. Les combats étaient présidés par le Pradhan Panch de Dohali, représentant local du

10. On trouve une description très précise d'un semblable combat singulier, qui a lieu lors de la fête de *sarāī* à Dhurkot. Le texte étant écrit en népali et se trouvant donc peu accessible, j'en donnerai une traduction approximative pour information : Tulsi Nayarayan (2025 V.S. p. 32).

> « Après quoi suit le spectacle appelé *paṭṭā khelne*, lors duquel deux personnes sachant danser et pourvues de leurs armes, se font face dans un espace long de 20 pieds et large de 8 pieds. Ces deux personnes se rapprochent en dansant avec leur sabre et leur bouclier sur le rythme de la musique. A ce moment, l'un des deux cherche l'opportunité de frapper tandis que l'autre le pare de son bouclier.[...]

pouvoir central. Appelés *parṭā*, entraînements militaires, ils semblent initier une période rituelle guerrière qui trouvera son terme le dixième jour, celui de la victoire. Rappelons que c'est lors de ce même septième jour qu'a lieu la grande parade militaire de Katmandou, présidée par le roi, et que la Déesse se rend chez ses parents sous une forme guerrière dans le mythe du *Svasthānī Vrat kathā* (Iltis 1985, pp. 241-382).

Les combats terminés, les *pūjārī* se rendent en cortège au temple de Khaḍka, qui surplombe le *maidān* au nord. Ils y font une offrande de fleurs et d'encens avant que l'astrologue n'en sorte la divinité : le sabre royal. Enveloppé d'un capuchon en tissu et de guirlandes de fleurs, il reste caché au public. Il repose sur une assiette faite de feuilles assemblées et pleine de riz sacrificiel. Les dévots lui lancent une pluie de fleurs à son passage sur la place *maidān*. De là se forme une plus longue procession, ouverte par les musiciens (Damāī et Gāine), suivis des prêtres qui portent le vase sacré, le sabre divin, des offrandes, puis des porteurs du *phūlpāti* derrière lesquels s'empresse une foule d'enfants. Le vase, le sabre et le *phūlpāti* sont déposés dans le sanctuaire du *koṭ*, où seuls les officiants pénètrent. On leur sacrifie un chevreau roux, tandis que les musiciens jouent dans la cour (Phot. 2).

LE HUITIÈME JOUR

Le huitième jour, appelé *aṣṭamī*, un chevreau est offert à Durgā dans le sanctuaire du *koṭ*, pendant que dans chaque foyer le maître de maison exécute un tel sacrifice sur un autel temporaire dédié à la Déesse.

L'après-midi de ce huitième jour, un culte important a lieu au temple de Manakāmanā. Cette forme de la Déesse dont le sanctuaire le plus fameux se trouve à Gorkhā, est précisément supposée venir de là et avoir été apportée en ce lieu par une épouse des rois d'Isma. Les villageois racontent en effet comment la déesse et l'arbre *paĩyu* (*Prunus cerasoides*) qui borde son temple, ont été apportés dans le cortège de mariage d'une reine venue de Gorkha.

Vient alors une autre scène, appelée « jouer à Turi ». Là aussi, au même endroit, deux personnes se tiennent, mais il s'y trouve aussi des Gāine. Accompagnés de leur *sarangi*, ils chantent :

« Comment jouerais-je à Turi ? (bis)

Je vois mon père semblable à un ours de la Kuti khola [rivière du district de Baglung] ».

Ici en effet, un fils qui vient combattre à ce jeu son père le considère comme son ennemi.

Le père répond alors : « Comment jouerais-je à Turi ? (bis)

Je vois mon fils qui vient se battre contre moi comme sur une piste de course en pleine forêt ».

Selon la coutume, ils se lancent ainsi quelques paroles injurieuses, puis après que le vaincu a rendu le vainqueur grand, il lui dit de nouveau :

« Comment jouerais-je à Turi (bis) ?

Je vois mon père comme le roi qui visita Tamghas l'an dernier. »

Alors on fait le vaincu roi aussi, de lignée différente, celle du soleil et celle de la lune. »

De nombreux dévots se rendent au temple afin d'y faire sacrifier des animaux qu'ils ont promis à la Déesse lors d'un contrat antérieur. Cette Déesse, dont le nom signifie précisément « la réalisatrice de vœux », est très sollicitée par les villageois, si l'on en juge par le nombre important d'offrandes extraordinaires de chevreaux ou chevrettes, poulets et pigeons, qu'elle reçoit. Pendant que deux brahmanes Aryāl font des lectures et des oblations dans le temple, les animaux sont sacrifiés devant la porte.

Ce jour dédié à la forme guerrière de la Déesse culmine en maintes localités en une cérémonie nocturne appelée *kāl rātrī* où Kālī la terrible est adorée. Cette cérémonie durant laquelle il est d'usage d'offrir un sacrifice sanglant à minuit, moment où la lune s'étant couchée, le soleil n'est pas encore levé, est négligée à Isma. Aucun rituel n'a lieu au *koṭ* et seule la lignée des Basneṭ Chetri célèbre sa divinité tutélaire, Kālikā, en cette occasion. Cette cérémonie lignagère lors de laquelle des médiums entrent en transe et des sacrifices sanglants sont offerts, attire toutefois un nombre important de spectateurs, puisqu'elle se tient à ce lieu public qu'est le *maidān* où se trouve le temple de lignée de ces Chetri [11].

La négligence presque totale de cette étape importante du rituel est étonnante. En effet, pour les villageois de Gulmi, c'est en cette nuit même que les dieux se manifestent sur terre et, plus particulièrement, la forme terrible de la Déesse. Dans certains villages du royaume d'Isma, une importante séance de transe se tient durant laquelle tous les dieux du royaume et, au-delà, les plus importants de la région sont invoqués (Lecomte-Tilouine 1991 p. 135-136). Ailleurs à Gulmi, des hymnes dévotionnels dédiés à la Déesse sont chantés par des groupes d'hommes autour de ses temples. Enfin, dans tous les *koṭ*, des sacrifices sanglants ont lieu, et au palais royal de Gulmi, il s'agissait même autrefois du sacrifice d'un jeune garçon, aujourd'hui remplacé par un chevreau (Jest 1987, p. 8).

Cette effervescence nocturne générale tient en la nature tout à fait particulière de cette nuit. L'appellation *kāl rātrī* peut être traduite par « nuit noire ». Le fait que les sacrifices de cette nuit soient rendus à minuit, à un moment parfaitement sombre en cette date du cycle lunaire, renforce la vraisemblance de cette traduction. Cependant, *kāl rātrī* peut aussi être traduit par « la nuit du temps ». De fait, les rituels qui s'y tiennent ont lieu à un moment précis, qui est une période de temps intermédiaire, qu'il s'agisse de la transition entre un jour et le suivant, ou de celle entre la nuit et le jour. La période intermédiaire entre deux ères est précisément conçue par les Hindous comme néfaste. Pour le pandit interrogé par Viviane Kondos (1986, p. 177), *kāl rātrī* est d'ailleurs une image du *pralaya*, la fin du monde. Cette

11. Malheureusement, les membres de ce lignage se trouvaient touchés par l'impureté qui suit le deuil en l'année 1991 et aucun rituel ne put y avoir lieu.

conception nous permet de concilier les deux traductions, puisque le monde est plongé dans les ténèbres à la fin des temps[12].

Dans le royaume d'Isma, la négligence d'une étape d'aussi grande valeur symbolique est sans doute liée à la disparition de la tête du pouvoir. Peut-être son absence entraîne-t-elle une perte de logique dans l'enchaînement des actes rituels collectifs, ou bien peut-on supposer que la mise en scène du *pralaya* ne peut se passer d'un représentant de la fonction royale, garantissant le retour à la vie normale une fois le règne des dieux sur terre achevé[13].

LE NEUVIÈME JOUR

Le matin du neuvième jour, *navamī*, tous les maîtres de maison offrent tôt le matin, un sacrifice de courge aux instruments métalliques et tranchants qu'ils possèdent. Puis, ils se rendent au *koṭ* en compagnie de leur famille et des animaux qu'ils comptent y sacrifier, à l'heure indiquée par le crieur du village. Les familles qui offrent un ensemble de cinq sacrifices forment une procession dont l'un des membres porte un mât, *līgo*, où flotte une bannière. Elles sont précédées, selon leurs moyens, d'un orchestre de Damāī ou d'un seul musicien.

À plusieurs reprises, l'orchestre des Damāī invite, du haut du *koṭ* , les villageois à venir. Là-haut, un buffle est déjà attaché au poteau sacrificiel, portant un collier de fleurs au cou.

Arrivé au *koṭ*, chaque maître de maison présente ses offrandes de riz, de pièces, de fleurs, de pousses d'orge et de fruits au *pūjārī* principal qui lui remet en retour une *ṭikā* de riz sur le front et un cordon de protection au poignet. Puis, tous ceux qui ont apporté un bufflon à sacrifier participent à un rituel collectif dirigé par l'officiant principal du *koṭ*, durant lequel ils exécutent les rites préalables à un sacrifice sanglant, le *saṅkalpa* et l'oblation d'eau pure, *tarpaṇ*.

Ce rituel, qui fait de tous ces maîtres de maison les sacrifiants de la cérémonie du *koṭ*, n'a pas lieu à Musikot par exemple, ni, semble-t-il, dans les autres anciennes capitales royales de Gulmi. Là encore, tout se passe comme si le sacrifiant unique qu'est le roi et qui représente tous les maîtres de maison de son royaume était remplacé, en son absence, par la collection anarchique des hommes qu'il gouvernait.

12. Les différentes connotations de *kāl rātrī* sont données dans le *Nepālī bṛhat śabdakoś* (2040 V.S., p. 232) :

« 1. Nuit sombre et terrifiante. 2. Nuit de la destruction de tout l'univers. 3. Au sein de Navarātrī, nuit du huitième jour de la quinzaine claire d'*āśvin* où le culte à Durgā est rendu. 5. Statue ou forme de Durgā ».

13. Dans le village de Darling qui dépendait autrefois du roi d'Isma, c'est dans la cour du chef que se tenait la cérémonie de *kāl rātrī*, jusqu'à la réforme des panchayats.

Après cela, les cinq officiants du *koṭ* vont se placer en cercle autour du poteau sacrificiel principal. L'astrologue trace un diagramme avec de la farine de riz au pied de ce poteau : une étoile à six branches, symbole de la Déesse et de la connaissance, au centre de laquelle le son «*om*» est représenté. Un des officiants chetri offre alors des *prasād*, restes de la nourriture offerte aux dieux, au buffle qui est attaché au poteau et que l'on appelle le «buffle aîné». Un tissu blanc recouvre sa nuque, afin, dit-on, qu'il soit en état de pureté. Il se voit offrir des fleurs et de l'eau pure que l'on dépose dans sa gueule et sur sa nuque. La victime ainsi sanctifiée, les officiants en font trois fois le tour. Deux sabres recourbés sont alors apportés. Les officiants chetri les trempe dans une assiette qui contient un mélange de riz et de lait caillé, puis les remettent aux Pradhans d'Isma Rajasthal et de Dohali, qui les tiennent haut en main, debout sur le bord de l'aire sacrificielle. La musique des Damāī retentit de plus belle et le barde Gāine accompagne dès lors son chant de danses endiablées. Tour à tour, les Pradhans confient leur sabre aux deux sacrificateurs chetri (Phot. 1). Le bufflon aîné est décapité par un homme d'âge mûr et sûr de lui. Malgré la frénésie qui règne alentour, il tranche net d'un seul coup le cou de l'animal, acclamé aussitôt par la foule en liesse. Les Damāī se précipitent vers le sang pour y tremper leurs instruments et s'en marquer le front, formant ainsi ce qu'ils appellent des «*ṭikā* de Durgā». Le Gāine en fait autant et part en bondissant, le front sanguinolent, tout en poussant de grands cris. La frénésie de la foule est à son paroxysme et le jeune sacrificateur qui doit à présent décapiter le «buffle cadet» perd ses moyens : il frappe les épaules de l'animal et s'y reprend à trois fois avant de le décapiter. Les spectateurs vocifèrent. Les Damāī, auxquels revient le corps de l'animal, sont hors d'eux car ils estiment le sacrifice râté. L'acte manqué est selon eux un péché, *pāp*. Les femmes et les enfants s'enfuient pendant que les deux Pradhans essayent de rétablir l'ordre. Une fois les esprits calmés, les sacrifices reprennent. Trente et un buffles sont sacrifiés, tandis qu'une quarantaine de chevreaux sont décapités à un poteau sacrificiel situé dans la cour fermée du *koṭ*. Enfin les pigeons sont égorgés à la porte même du palais.

Au sein de cette séance sanglante, la communauté des villageois – c'est-à-dire l'ensemble de tous les maîtres de maison des trois pancayats concélébrant le Dasaī – a offert un groupe de cinq sacrifices appelé *pañcabali*, pour lequel elle a cotisé. Il est composé de deux buffles («l'aîné» et «le cadet»), de mouton, de chevreau, de pigeon et de courge. La mise à mort des victimes offertes par la communauté inaugure chaque série de sacrifices. Ils se terminent vers midi et les familles redescendent alors avec les corps des animaux qu'elles ont offerts, tandis que les têtes, alignées dans la cour fermée du *koṭ*, restent la propriété du *koṭ* et seront par la suite vendues.

Les rituels du jour ne sont pourtant pas terminés, puisqu'un sacrifice d'un autre genre, adressé à Bhairam, les suit. Il s'agit d'une offrande impure, *jūṭho*, en comparaison avec les autres sacrifices que le desservant du temple de Bhairam, le Kānphaṭā Yogī, qualifie de «purs», *choko*. Un cochon est offert par un cordonnier Sārki qui jouit en échange d'un champ de riz en *guṭhi*, mais c'est un Thāpā Magar qui le met à mort en l'assommant sur une pierre[14]. D'après le Kānphaṭā Yogī, ce cochon n'est pas véritablement adressé à Bhairam, mais au démon Kicak Rakṣās, que ce dieu maîtrise sous ses pieds et auquel il a promis une telle offrande afin de le garder en paix. Bhairam, de son côté, recevrait au même moment une galette (*roṭ*) de farine de riz.

LE DIXIÈME JOUR

Au lever du dixième jour, *daśamī*, les hommes des localités d'Isma et de Dohali se rendent au koṭ. Dans le sanctuaire du palais, l'officiant principal exécute un rituel à Khaḍka, lui remet la marque *ṭikā*, puis fait de même aux divinités Bhairam et Chatra. Enfin il distribue la *ṭikā* à tous les hommes de caste pure assemblés dans la cour du *koṭ*, dans un ordre tout à fait anarchique, et ceux-ci se la remettent entre eux. Alors que je m'étonnais du manque d'ordre qui présidait à cette remise de *ṭikā*, ayant même observé des inférieurs hiérarchiques la remettant à des supérieurs, on me répondit que la hiérarchie des *ṭikā* n'avait pas d'importance au *koṭ*, puisqu'il s'agissait de «la *ṭikā* des dieux». Là encore, on peut observer les transformations du rituel dues à l'acéphalité du pouvoir. Sans roi local, les hommes de castes pures se sentent tous égaux les uns envers les autres vis-à-vis de leurs dieux, tandis que dans leur maison, ils respecteront à nouveau très scrupuleusement l'ordre hiérarchique de la remise des *ṭikā* fondé sur la séniorité. Au sein de cette sorte de pugilat où vole en tous sens du riz mêlé de lait caillé, on observe toutefois une constante. Un échange réciproque de *ṭikā* se pratique systématiquement avec le desservant Kānphaṭā Yogī du temple de Bhairam : celui à qui il remet une *ṭikā* la lui rend aussitôt, marquant par là le statut particulier des Yogī. Enfin, tous les maîtres de maison rapportent un peu de la *ṭikā* du *koṭ* chez eux afin de mélanger cette substance au plat de riz et lait caillé dont ils marqueront le front des membres de leur famille. Les hommes de basses castes, eux, ne peuvent se voir remettre de *ṭikā* de la main d'un homme de caste pure : ils la reçoivent dans un récipient et se l'apposent entre eux hors de l'enceinte du temple.

Enfin l'astrologue s'empare à nouveau du dieu Khaḍka et le redescend en procession comme il l'avait monté, précédé des musiciens damāi. Arrivé sur le *maidān*, la foule jette des fleurs au sabre et le salue, avant qu'il ne soit replacé dans son temple permanent. Les Damāī entonnent alors un air

14. Le cochon n'est pas mis à mort par décapitation à cause de la difficulté technique que cela représente, disent les informateurs. Il est soit assommé, soit transpersé.

guerrier sur la place, pendant que quelques hommes excécutent les pas de la danse de *saraĩ*, qui aura lieu le lendemain. Ces rituels publics sont suivis de la remise des *ṭikā* dans chaque famille et de festins.

LE ONZIÈME JOUR

C'est lors du onzième jour, *ekādaśī*, qu'a lieu la fête de *saraĩ*, propre à cette région du Népal central (Phot. 3 et 4). Tôt le matin, le crieur public annonce l'heure du rassemblement. Des gens montent des boutiques tout autour de la place, où ils vendront des friandises et des colifichets.

Vers dix heures, les Damāī entonnent de nouveau cet air guerrier particulier sur lequel les hommes se mettent progressivement à danser en formant une grande ronde qui se déplace dans le sens des aiguilles d'une montre, autour du poteau sacrificiel. Selon les villageois, le sens de cette progression représente le «bon sens», «l'endroit», puisqu'ils suivent ainsi «la course du soleil», tandis que les danses des localités voisines (d'Arjai ou de Darling, par exemple) qui s'éxcécutent dans le sens contraire, sont dites être «à l'envers».

Les hommes tiennent théoriquement un sabre et un bouclier en main : «Dans la main droite de chaque homme devrait se trouver un beau sabre décoré et dans la gauche, un bouclier» (Tulsi Narayan, 2025 V.S., p. 35). Mais en guise de sabre, ce sont surtout des bâtons et des parapluies qui sont brandis, tandis que le bouclier est figuré par un mouchoir. Les hommes rompent régulièrement la ronde pour se faire face deux par deux et mimer un combat. Ces accolades guerrières, comprises comme telles par la grande majorité des villageois, sont susceptibles d'être au contraire interprétées pacifiquement : c'est ainsi que j'eus la surprise d'entendre un jeune brahmane d'Isma m'expliquer que cette danse ne mimait pas une guerre, mais bien une réconciliation, puisque les danseurs devaient se toucher deux par deux régulièrement, comme scellant un accord.

La ronde que forment les danseurs n'est pas continue : elle a un début et une fin. En effet au tout début de la danse, il s'agit seulement d'une file d'homme qui se met progressivement en cercle autour du poteau sacrificiel lorsque son effectif le permet. Au début de la ligne, mais légèrement en retrait de celle-ci et vers l'intérieur du cercle, des musiciens damāī dansent tout en jouant de leur instrument. À leur hauteur, le Kānphaṭā Yogī ouvre la file des danseurs, tandis que les autres officiants n'y participent pas. Il porte un petit tambour sablier (*damaru*) dans une main, une cloche de l'autre. Ce rôle de tête de file de l'armée qui incombe au yogī ne doit pas nous étonner si l'on se souvient que les ordres mendiants ont bien souvent été aussi des ordres guerriers, que les Yogī étaient fréquemment des mercenaires au service des rois (Farquhar 1925, p. 437).

Au bout de quelque temps, des hommes arrivent en dansant du village voisin de Chap, brandissant des armes à la main. Ce moment est appelé *saraĩ misine* : «rassembler les *saraĩ*». À cet instant, les danseurs d'Isma se regroupent derrière une ligne imaginaire qui barre le chemin menant à la place *maidān* et attendent les nouveaux venus, prêts à faire la course avec eux. Les «grands hommes» se placent au point de rencontre des deux groupes, de part et d'autre du chemin, pour arbitrer[15]. Le Yogī agite fort sa cloche et joue de son petit tambour, tandis que les Damāī entonnent un air au rythme rapide. Quand les villageois de Chap parviennent au niveau de ceux d'Isma, les deux groupes partent en courant vers le poteau sacrificiel et en font le tour. Pendant la course, les hommes frappent des coups sur la tête de leurs adversaires pour les ralentir. Le premier homme qui finit le tour complet du poteau fait gagner l'armée qu'il représente. Cette course mime, m'a-t-on dit, un événement historique : les habitants de Chap avaient refusé de se soumettre au roi d'Isma et étaient venus l'attaquer sur son territoire, où ils avaient perdu. Nous aurions donc ici la commémoration d'un événement datant non pas de la conquête gorkhālī mais bien de celle qui l'a précédée, menée par les rois d'Isma. Enfin les festivités se poursuivent jusqu'en fin d'après-midi.

LE QUATORZIÈME JOUR

Le quatorzième jour de Dasaĩ, *caturdaśī*, a lieu une série de rituels appelée *grāme pūjā*, «le culte villageois». Le matin, les officiants du *koṭ*, les musiciens damāi et gāine ainsi que quelques dévots, se rassemblent à une plate-forme de repos où les différentes offrandes nécessaires à chaque dieu sont triées. De là, plusieurs groupes se forment afin d'officier à quatre lieux de culte simultanément. L'astrologue se rend en compagnie d'un grand nombre de musiciens et de dévots au temple de Manakāmanā où l'offrande principale consiste en un chevreau et un bufflon présentés par les habitants des trois localités concernées. Un brahmane se dirige vers le sanctuaire de Śiddha où il offrira des cordons de tissu blanc et une galette de farine de riz, tandis que tout le monde rechigne à l'idée d'aller jusqu'au temple de Mālikā, situé à plus d'une heure de montée. Finalement, un groupe d'hommes se forme et prend le chemin de la crête de Ghamir où ils offriront une chevrette à la

15. «Les grands hommes», traduction de *ṭhūlo mānche*, désigne les personnes influentes de la localité, ici les anciens Pradhans, de riches propriétaires terriens, des commerçants, etc.

Cette course autour du poteau sacrificiel peut être rapprochée d'une étrange coutume Ghale (groupe tibéto-birman, proche des Gurung) décrite dans les chroniques et ici rapportée par Pant (1987) : «Selon la tradition suivie à Liglig, l'homme qui atteignait le premier Liglig-kot lors d'une course organisée le jour de Vijaya Dashami, devenait le roi pour l'année à venir».

Déesse. Enfin, un officiant brahmane du *koṭ* et un Chetri, accompagné d'un seul Damāī et sans aucun dévot, se chargent du culte à Rājā Masān et Sun Jhāṅkri qui recevront respectivement un bélier et un chevreau.

Le sanctuaire de Śiddha est seulement constitué d'une pierre plate que l'officiant enduit de bouse lors du rituel. Celui de Mālikā se situe sous un petit abri au toit de chaume, et se trouve orienté vers le sanctuaire de Kurgha où réside une célèbre manifestation de cette déesse. Les femmes n'y sont pas admises. Deux groupes d'hommes s'y retrouvent en ce jour pour y conduire chacun un sacrifice de chevrette. Le premier, constitué d'habitants d'Arjai et de Chap, consomme intégralement leur victime sur place tandis que les gens d'Isma n'y mangent que les entrailles et rapportent le corps au village. Contrairement aux autres victimes sacrificielles de ce jour, dont la chair est vendue ou bien offerte aux acteurs du rituel en salaire, le corps de cette chevrette est consommé en *prasād* par l'ensemble des hommes présents au *maidān*.

La courte description des rituels de Dasaĩ que j'ai présentée ici omet volontairement tout leur aspect organisationnel et économique. Il convient de rappeler au lecteur qu'une collecte gigantesque précède la fête, qu'une vente aux enchères des têtes des victimes sacrificielles occupe les hommes les neuvième et dixième jours et que chacun des agents du rituels reçoit de la viande ou une partie des offrandes en salaire. Même s'il n'en est pas question dans ces pages, la gestion d'une si vaste organisation représente donc un aspect essentiel du rituel.

TROIS MODIFICATIONS DU RITUEL ROYAL EN L'ABSENCE DE ROI

Le déroulement de ce rituel royal sans roi, laisse apparaître quelques perturbations par rapport aux localités voisines, qui soulignent en creux le rôle de la fonction royale. Malgré la présence de quelques substituts du roi dont nous reparlerons, trois principales modifications des rituels de Dasaĩ ont été relevées dans le fil de la description[16] :

- L'absence de célébration de *kāl rātrī* à la forteresse
- Le rituel qui fait de tous les hommes de castes pures des sacrifiants du royaume
- Le manque de hiérarchie qui préside à la remise des *ṭikā*.

16. Je parle ici de modifications du rituel en me référant aux observations que j'ai pu faire en 1986 et 1987 dans le village de Darling, lui-même situé dans le royaume d'Isma. Je postule la très grande similitude des rituels entre ce village et sa capitale étant donné que les divinités qui sont vénérées dans un cas comme dans l'autre sont exactement les mêmes ainsi que leur localisation topographique. Dans le district de Gulmi, les différentes localités reproduisent de façon générale un modèle religieux donné dans le centre.

La première modification reste la plus énigmatique, mais souligne certainement l'importance de la présence du roi en cette nuit à la fois terrible et divine. *Kāl rātrī* est généralement liée à la Déesse, sous sa forme sanguinaire et destructrice de Kālī. C'est sa manifestation ultime, qui apparaît à la fin de la bataille et lors de la destruction de l'univers. Elle seule a finalement raison des démons qui menacent les dieux. Sa venue sur terre lors de *kāl rātrī* est un présage terrifiant, que les pandits actuels interprètent volontiers de façon métaphorique, sans doute influencés par le tantrisme. Les démons que Kālī détruit représenteraient notre ignorance et nos mauvaises actions. *Kāl rātrī* serait la nuit rédemptrice où les hommes se trouvent purifiés et éclairés par la venue de la divinité. Plus généralement dans le royaume d'Isma, *kāl rātrī* n'est pas seulement dévolue à la Déesse, mais à l'ensemble des divinités protectrices du territoire. Dans la longue invocation que chantent les hommes du village de Darling, ainsi que ceux de Neta (deux villages situés dans l'ancien royaume d'Isma), un grand nombre de déesses et de dieux du lieu sont appelés. Le chant décrit un parcours dans l'espace, rendant hommage aux déesses des principales localités du royaume, telles que Manakāmanā ou Māī et aux dieux du territoire comme Bhūme, Chatra et Khaḍka. Après avoir fait le tour des lieux saints et anciens sites de pouvoir locaux, le chant invoque des dieux de Katmandou puis certaines divinités tutélaires de l'ensemble du Népal. Les hommes rendent visiblement hommage aux divinités qui patronnent les principales unités politiques dont ils dépendent, et cela sous l'égide de leur chef (le Pradhan Panch). Or le *koṭ*, en l'absence de roi, fût-il symbolique, n'est plus un centre politique précis. Il continue certes d'être convoité et le découpage des unités politico-administratives (les Panchayats), à Isma, est éloquent. À leur création dans les années soixante, les autorités n'ont pas trouvé à qui attribuer la forteresse et celle-ci se trouve depuis, à l'intersection de trois panchayats qui la revendiquaient. Jusqu'à la révolution de 1990, chacun de ceux-ci étaient gouvernés par un homme élu, le Pradhan.

Dans ces conditions, l'organisation des cultes collectifs est particulièrement épineuse et la représentation de l'autorité au *koṭ*, multiple. C'est ainsi qu'il y a deux sacrificateurs lors de *navamī*, officiant chacun avec le sabre que lui a tendu le Pradhan de sa circonscription. Peut-être est-ce ce manque d'unité qui nuit à l'invocation des dieux, un consensus sur l'ordre dans lequel ils doivent être invoqués étant alors difficile à trouver. Plus profondément, comme nous l'avons déjà dit, *kāl rātrī* est une nuit dangereuse : la fin du monde. Le seul fait que des sacrifices soient offerts la nuit est exceptionnel et montre, d'après les villageois, qu'il s'agit de pacifier des forces obscures. Le roi, ou le chef, sont sans doute garants d'un prompt retour à la norme et de la traversée sans risque de l'épisode dangereux. De même que les soldats des armées népalaises s'éparpillaient en tous sens et cessaient de combattre dès que leur chef était tué, de même, les rituels dangereux de *kāl rātrī*, me semble-t-il, ne peuvent se passer d'un représentant ultime du pouvoir.

La deuxième modification du Dasaĩ consiste non pas en la suppression d'un rite, mais en sa transformation : en sa « socialisation », pourrait-on dire. En effet, le neuvième jour, avant que les sacrifices ne commencent, il est d'usage dans les localités où subsiste un descendant de la famille royale (comme à Musikot), que ce dernier s'adonne à un rituel, appelé *saṅkalpa*, qui fait de lui l'unique sacrifiant du Dasaĩ. Le *saṅkalpa* consiste à tourner une mèche enflammée et à offrir une oblation d'eau (*tarpaṇ*) tout en formulant une promesse verbale de sacrifice, adressée à une divinité particulière (ou à un groupe divin précis). Au *koṭ* royal d'Isma, nous l'avons vu rapidement, c'est l'ensemble des hommes de castes pures ayant apporté un bufflon comme victime, qui exécutent collectivement ce rite, selon les instructions du *mūl pūjārī*. Cette « socialisation » du rituel montre clairement comment les maîtres de maison qui se rendent à Isma lors de Dasaĩ n'ont pas de représentant unique et ne veulent pas en reconnaître.

La troisième modification notable du rituel consiste en l'absence totale de hiérarchie qui préside à la remise des *ṭikā* au *koṭ*. Bien que cet égalitarisme inhabituel soit prescrit dans les textes (Kane 1974, V, p. 177), il me faut souligner ici combien ce fait contraste avec ce que l'on peut observer dans les autres localités de Gulmi et des districts voisins. D'habitude, on voit les hommes se placer en ligne les uns contre les autres, en ordre d'importance, afin de recevoir la *ṭikā* au rang qui leur est dû. Bien sûr, la hiérarchie n'est scrupuleusement respectée que pour les personnes les plus éminentes de la société et se fait par la suite moins sentir. Sans tête, là encore, la structure de la société locale s'affaiblit, au point de devenir en quelque sorte « égalitaire ». Notons toutefois que les villageois conservent, en l'absence de toute autre hiérarchie, la distinction entre castes pures et impures, les représentants de ces dernières n'étant pas admis dans la cour fermée du *koṭ* lors de la remise des *ṭikā*.

Le roi brille par son absence. On voit, grâce aux perturbations du rituel, combien il est garant à la fois de l'ordre cosmique et de l'ordre social. Son rôle cosmique est perceptible dans la suppression des rituels de *kāl rātrī*, tandis que sa fonction de pivot social se voit dans l'anarchie qui règne sans lui lors de la remise des *ṭikā*.

LES SUBSTITUTS DE LA PERSONNE ROYALE

Si les perturbations dont nous venons de parler sont symptomatiques du vide laissé par le roi, force est de remarquer que la fête est tout de même célébrée. Il a fallu pour cela trouver des substituts de la fonction royale. En premier chef, on doit citer l'astrologue, officiant principal des rituels et descendant des *rājguru*, qui a visiblement empiété sur le rôle du roi en se présentant comme seul médium légitime entre la divinité-sabre et la communauté. L'importance de son rôle de médium s'est d'autant plus accrue que la divinité s'est trouvée occultée par ses soins, inaccessible aux dévots. Caché comme il l'est, le sabre royal est aux yeux des villageois porteur de pouvoirs magiques, que contrôle l'astrologue et lui seul. Ainsi «tantricisé», le sabre représente un pouvoir royal local, terrible et obscur, dont l'efficacité symbolique perdure. L'aspect sombre de la royauté est encore renforcé à Isma par la mort tragique du dernier souverain et l'existence de son fantôme qui revient hanter le palais au moment même de la fête, dont il devrait être l'acteur principal.

L'acte central qui revient au roi lors de Dasaĩ est la décapitation d'un buffle représentant le démon Mahiṣāsura, à l'aide du sabre royal[17]. De nos jours, à Isma, ce sacrifice reste bien l'objet du Dasaĩ, même si ce n'est plus le sabre royal qui l'opère et le roi qui l'exécute. Ce dernier est remplacé en l'occasion par un Khaḍka Chetri. Cet officiant, nous l'avons vu, revêt une importance particulière : il est le seul qui fasse contrepoids, pourrait-on dire, à l'astrologue. Sans sa présence dans le *koṭ* en effet, les rites ne peuvent se faire. Le prêtre n'est donc pas totalement seul face à la communauté, maintenant la divinité dans l'obscurité. Un détail est là qui nous rappelle sa condition d'employé au service de la fonction royale : la présence nécessaire d'un Chetri dans le palais. Cette importance particulière reconnue à l'officiant Khaḍka provient, d'après les villageois, du rôle de ses ancêtres dans l'ancienne armée d'Isma. En son absence, le roi est représenté par le plus éminent de ses soldats. Cependant, ce Chetri ne détient pas, aux yeux des gens d'Isma, l'entière légitimité qui lui permettrait de représenter de façon satisfaisante tous les aspects de la fonction royale. Il ne peut toucher le sabre royal ni se porter sacrifiant au nom de la communauté. Le dernier substitut de la fonction royale, lors de Dasaĩ, consiste enfin en la collection des hommes de castes pures offrant un bufflon en sacrifice, qui forme le groupe de sacrifiants des rituels du *koṭ*.

Ces substituts nous renseignent eux aussi sur la nature du roi. Représentant tous ses sujets à lui seul, le roi est le sacrifiant unique du royaume. Guerrier, il peut d'autre part être représenté par l'un de ses soldats lorsqu'il s'agit de décapiter cet ennemi symbolique qu'est le buffle. Enfin, la personne royale est aussi, et peut-être avant tout, dans cette région du Népal, détentrice d'un symbole du pouvoir – le sabre – qui représente la royauté. Ce sabre est périodiquement consacré par un prêtre et recèle ainsi un pouvoir divin, voire

17. À Musikot, c'est le descendant des rois locaux qui exécute le sacrifice du buffle à l'aide d'un des dieux-sabres du palais, tandis qu'à Arghakot (cf. Ph. Ramirez, dans ce recueil), il se contente de toucher de son arme le cou de l'animal, qui est ensuite décapité par quelqu'un d'autre.

magique. Son importance est liée à son rôle lors de Dasaĩ. En effet, chaque année, le roi n'est pas seulement un sacrifiant, mais aussi un sacrificateur, lorsqu'il abat le buffle à l'aide de son sabre. Il se substitut ainsi à la Déesse elle-même, répétant son geste sacrificiel. Lors de la projection dans le monde des hommes du mythe du combat entre Durgā et le démon-buffle pour le bien des dieux, le roi représente à la fois la divinité salvatrice et les bénéficiaires du sacrifice. Le fait qu'il puisse subsumer ses sujets vient du mandat de représentation dont il est porteur. Mais le lien si fort qui l'unit à la Déesse et lui permet de s'y substituer, reste plus énigmatique. Leur relation matrimoniale, souvent décrite en Inde, n'apparaît qu'en filigrane au Népal. Leur parenté la plus manifeste réside plutôt dans le fait qu'ils partagent en commun un même symbole, le sabre, insigne royal et attribut de Durgā[18]. Si l'on admet la théorie selon laquelle la victime est un substitut du sacrifiant – le commanditaire et bénéficiaire du sacrifice – l'immolation du buffle par le roi est un auto-sacrifice, qui rappelle le geste créateur de l'homme primordial ou celui de la Déesse.

DU SABRE ROYAL AUX DIEUX-SABRES

Le sabre royal, Khaḍka, est, on le voit, la principale figure divine de la fête de Dasaĩ. Celui d'Isma est un peu particulier en ceci qu'il représente actuellement la royauté à lui seul, sans que personne ne soit plus habilité à s'en servir. Dans le rituel, tout se passe comme si ce sabre avait accumulé de la sacralité depuis la disparition des rois, et se trouvait actuellement sous l'unique tutelle de la classe sacerdotale, puisque seul l'astrologue peut le porter. Celui qui incarnait la puissance divine royale ayant disparu, cette dernière est devenue transcendante, inaccessible et occulte. C'est pourquoi selon nous, le sabre d'Isma reste toujours caché tandis qu'il est généralement exhibé en cette occasion dans les autres localités (comme Dhurkot ou Musikot). Peut-être doit-on voir là un principe plus général de l'hindouisme, qui veut que les dieux des dynasties conquises ou éteintes soient conservés, mais comme mis à l'ombre, dès lors détenteurs d'une puissance dangereuse que plus personne ne peut publiquement et légitimement contrôler[19].

18. On notera le parallèle frappant entre l'épisode de la naissance de Durgā tel qu'il est décrit dans le *Devī Māhātmya* (chant 2) et la consécration de Pṛthu, le premier roi (cf. par exemple *Bhāgavata Purāna* 15, 7-21). Dans les deux cas, les dieux offrent à leur « création »divers armes et attributs, dont le sabre.

19. C'est le cas de Bhairam, divinité des anciens rois magar de Musikot, par exemple (Lecomte-Tilouine, à paraître).

Le mythe du sabre d'Isma

Cependant, d'après les hommes influents d'Isma, le changement de statut du sabre date du temps même des rois d'Isma. Voici ce qu'on raconte à son sujet : «Jaith Siṅgh avait un sabre. Un jour, il est allé avec à la chasse[20]. De retour chez lui, il a posé son sabre verticalement contre la tête de son lit[21], puis s'est endormi. Il a fait un rêve dans lequel il a vu le manche de son sabre lui arriver en main tandis que la lame, transformée en serpent, se tenait droite au-dessus de lui, derrière sa tête. Il est allé alors demander conseil au *rājguru*, qui lui a dit qu'il lui fallait "établir" (*thāpanā garnu*) le sabre et ne plus s'en servir pour la guerre désormais. [Le roi fit ce qui lui avait été conseillé]. Plus tard, au moment de sa fuite, le roi Govinda a confié son sabre à son *rājguru* du nom de Gajadhar Aryāl. Ce dernier l'a mis dans sa maison, mais le dieu a été souillé un jour par une femme qui avait ses règles et on a été obligé de construire le temple». Cette brève histoire du sabre d'Isma montre combien la nature du sabre est ambiguë. On peut aussi y lire le conflit entre Brahmanes et Kṣatriya.

Le genre des sabres

L'ambiguïté de la nature du sabre est illustrée en premier chef par le genre qui lui est attribué. Généralement conçu au Népal comme un symbole de la Déesse, c'est aussi bien souvent une divinité masculine à Gulmi : là on le qualifie de dieu, *devatā*, et on en parle comme de frères, *bhai*, lorsqu'il y en a plusieurs. En fait, le genre attribué aux sabres diffère selon les régions du Népal et les interlocuteurs. Son nom, *khaḍka*, dérivé du mot sanscrit masculin *khaḍga*, désigne très clairement des entités physiques et divines masculines dans les anciennes capitales royales d'Isma et de Musikot, l'idée qu'on puisse les concevoir comme féminin allant même jusqu'à soulever l'indignation de certains de mes informateurs. Cependant, dans le proche royaume d'Argha, si le palais renferme bien neuf sabres symboles de dieux brahmaniques masculins (à savoir : Yama, Surya, Indra, Brahmā, Viṣṇu, Śiva, Gaṇeś, Candra et Agni), le sabre principal, *mūl khaḍka*, est appelé mūl Kālī khaḍka, «Kālī, le sabre principal» (communication personnelle de Philippe Ramirez). De même, Pṛthvī Nārāyaṇ Śāh mentionne le *jeṭhī tarbār* dans ses mémoires (Baral 1964, note 70). L'adjectif *jeṭhī* précédant le terme *tarbār* qui désigne un très long sabre fin, est donné au féminin, mais le nom de cette arme dérive du mot masculin sanscrit *tarvāri* et il est probable qu'il s'agisse d'une féminisation tardive du nom de cette arme.

20. L'utilisation du sabre (ou de l'épée) à la chasse est attestée en Inde ancienne.

21. La position verticale du sabre pendant le sommeil correspond peut-être à l'interdit consigné dans l'*Agni Purāṇa* 245.27 : «One should not place the sword under the head in the night».

Peut-être doit-on déceler ici deux conceptions concurrentes du sabre, l'une masculine, effective et guerrière, propre aux Ṭhakurī et aux «tribus militaires» du Népal, comme les Magar, l'autre féminine, symbolique et liée à la Déesse, propre aux Brahmanes et aux groupes soumis à l'influence du tantrisme. En effet, si des Magar de Gulmi voient Khaḍka leur apparaître en rêve sous la forme d'un soldat, d'après les pandits interrogés par Viviane Kondos (1990, pp. 249-250), le sabre sacrificiel représente Devī dévorant sa propre création : «L'interconnection entre la vie et la mort est verbalement répétée dans l'adresse finale qui est faite au sabre avant qu'il ne soit utilisé pour le sacrifice lorsque l'officiant l'appelle "la matrice faste" (*śrī garbha*)».

Cette épithète de *śrī garbha*, dont on ne sait malheureusement pas si c'est l'auteur ou son informateur qui la traduit par l'expression «auspicious womb» («la matrice faste»), se trouve être effectivement attachée au sabre dans la tradition classique hindoue. Le *Mahābhārata* (VII 167) la mentionne dans le récit mythique de la création du sabre[22]. Afin de combattre les démons, Brahman et les sages rendent un grand sacrifice. Des flammes de leur feu sacrificiel naît le sabre, qui surgit sous la forme d'un homme terrifiant – immense et maigre, ses dents sont pointues et il resplendit comme le feu qui détruit l'univers à la fin d'une ère. Par la suite, il se transforme en un sabre gigantesque et extrêmement tranchant, qui sera donné à Rudra afin qu'il tue les démons. Le texte donne la liste des neuf noms du sabre (*khaḍga*), parmi lesquels figure *śrī garbha*. Cependant, cette expression est traduite (par exemple par Monier-Williams, p. 1099) par «having welfare for its inner part» ou «recélant la prospérité» et ne désigne pas du tout la matrice de la Déesse. Mais ce contre-sens n'est sans doute pas fortuit et montre comment d'une conception masculine du sabre, certains groupes de populations au Népal, sous l'influence du tantrisme, ont répandu et cultivé le genre féminin du sabre, qui est conçu comme une représentation de la Déesse sous sa forme guerrière ou terrible.

22. Dans le chapitre VII, 160 de l'édition critique de Poona correspondant, le terme sanscrit employé pour le sabre est *khaḍga*. Un récit similaire de la création du sabre se trouve dans l'*Agni Purāṇa* 245, 14-26 : une grande forme jaillit du feu du sacrifice rendu par Brahmā, afin de combattre le démon Loha. Elle tend un sabre appelé Nandaka à Hari, grâce auquel il tue le démon. Les morceaux de son corps tombent sur la terre et deviennent autant de gisements de fer, par le don de Hari : « Your holy body would become (the material) for weapons on the earth ». On a là un exemple de la création rituelle de la nature : ce n'est pas la matière brute qui est pensée comme première, mais son utilisation la plus noble, le sabre. Né du sacrifice, il transforme par son contact le corps du démon en sa propre substance, le fer : « (the parts of) the body fell on the earth and all of them became pieces of iron on account of their contact with the (sword) Nandaka ». Le fer est actuellement appelé *loha* en hindi et dans le népali parlé vers Gulmi et ce mythe de la naissance du fer est connu dans cette région. C'est peut-être cette parenté mythique du fer et du sabre que l'on retrouve à l'œuvre le huitième jour de Dasaĩ, lors duquel le maître de maison adresse aux outils agricoles de fer un rituel appelé « le culte aux sabres ».

La nature du sabre

Quoi qu'il en soit, le lien étroit qui unit le sabre au territoire et qui, dans la région de Gulmi, le fait apparaître comme une divinité protectrice des terres contrôlées par le chef, est illustré dans le récit mythique d'Isma par son rôle de protecteur du roi. Le sabre royal en effet se transforme en serpent au-dessus du roi, tel les Nāg qui veillent sur Viṣṇu. Cette transformation du sabre en serpent est en fait un thème récurrent à Gulmi : c'est aussi par exemple sous la forme d'un serpent que le dieu-sabre du chef du village de Darling, s'est un jour enfui lorsqu'il était mécontent. Et plus généralement, rappelons que dans de nombreuses régions de l'Inde, le sabre sacrificiel possède précisément une lame à la forme arrondie, qui est celle d'un Nāg. Au Népal même, un type de sabre sacrificiel appelé Rām dāo, représente de façon très figurative un Nāg. Et dans le district de Gulmi en particulier, c'est une épée droite à double tranchant sur la lame de laquelle des Nāg sont gravés, qui représente la divinité Chatra à Dhurkot. Or, en analogie avec le sabre, les serpents et les Nāg tout spécialement, sont conçus au Népal central comme des animaux qui gardent les champs et en éloignent voleurs et mauvais esprits[23].

Ce sabre qui assure ainsi le pouvoir du roi et sa protection est un des insignes royaux de l'Inde, aux côtés du parapluie, du bâton, etc. Il est significatif qu'en absence de sabre, les hommes d'Isma brandissent précisément des parapluies ou des bâtons lors de la danse de *saraĩ*[24]. Dans le district de Gulmi et sans doute au Népal en général, le sabre est le principal insigne du roi. En fait, il désigne la royauté en elle-même dans le népali de la région de Gulmi. De la même façon que nous parlons de la Couronne, comme métonymie de la royauté, les habitants d'Isma parlent eux du Sabre. C'est ainsi que le fondateur d'une lignée royale peut-être appelé, nous l'avons vu, «founder of the Khaḍka» ou «fondateur du Sabre».

Enfin, la démonstration publique du pouvoir royal, telle qu'elle a lieu lors de Dasaĩ, est accompagnée de celle de la splendeur du roi, semblable au soleil. Ce n'est pas par hasard, me semble-t-il, que les villageois exécutent la danse guerrière de *saraĩ* dans le sens de la course de cet astre. En effet, les habitants de l'ancienne capitale de Dhurkot vont, eux, jusqu'à former des rayons autour du poteau sacrificiel de leur *koṭ*, lors de cette même danse et, un Chetri de Musikot m'expliqua de façon encore plus claire que lorsqu'on sortait le sabre royal pendant Dasaĩ, «il y avait toujours du soleil».

Ce lien entre le sabre et le cosmos se trouve différemment affirmé à Dhurkot, où le nombre de dieux-sabres est influencé par le calendrier. C'est

23. Les Nāg sont aussi susceptibles d'offrir un sabre qui assure la royauté, cf. Xuan Zang dans L'*Inde du Bouddha* (1968, p. 136) et des armes appelées *nāgāstra*, « serpent-armes », étaient utilisées en Inde (*Agni Purāna* 10, 18-21).

24. Notons qu'il peut aussi s'agir de torches électriques.

ainsi, disent les gens, qu'il y a dix-neuf ou vingt sabres, selon les moments : lors du mois intercalaire, ce *malamās* qui intervient une fois tous les trois ans pour faire correspondre calendrier lunaire et calendrier solaire, il y a un sabre de moins. Pourquoi cette disparition? Nul ne sait. Une chose est sûre, *malamās* est un mois vide de rite, de mauvais augure, qui se caractérise par le fait que le soleil n'y entre pas dans un nouveau signe. A ce manquement d'un phénomène solaire correspond le manque d'un sabre. Ces correspondances peuvent s'écrire sous forme d'une série d'équivalences[25] :

Sabre royal = Nāg = Protecteur du roi et du territoire = Royauté = Soleil.

La délégation du sabre

Cette série de correspondances est attachée au sabre royal et à son légitime détenteur, le roi. Mais ces qualités sont en quelque sorte intrinsèques à l'arme, qui peut se trouver détachée de son propriétaire. C'est ainsi qu'il peut non seulement la transmettre à ses descendants, mais aussi à ses vassaux ou généraux en cas de nécessité[26]. Un exemple des pouvoirs qui peuvent être transmis par la seule délégation du sabre royal, est donné dans un ordre datant de 1862 V.S. (1805), adressé par le roi, à Amar Singh Thāpā, qui se trouve sur le front de l'ouest («The Western Front», 1989, p. 50). «Les astrologues [Jaisi] ont dit qu'il serait bon que mon sabre vous soit envoyé en cette occasion faste de Vijaya Dashami. Ainsi ai-je porté mon sabre khorasan[27] à ma taille pendant plusieurs jours après l'avoir fait consacrer rituellement et vous l'envoyai-je par l'intermédaire de Subedar Chandrabhan Khatri. Gardez ce sabre sur vous. Restez rituellement pur aussi longtemps que vous le porterez à la taille. Gardez-le là-bas au moment de la bataille et la victoire vous sera assurée».

Ce message étonnant illustre comment le sabre personnel du roi est en quelque sorte chargé de pouvoir au contact de la personne royale et moyennant quelques précautions rituelles, comme le serait une pile branchée sur un générateur. Le roi a pris soin de faire exécuter cette procédure rituellement dans le cadre sacré et guerrier de Dasaĩ afin d'apporter le maximum d'efficacité à son arme. Le choix de cette période de Dasaĩ n'est

25. La relation d'équivalence n'implique pas d'égalité. Elle marque ici seulement une correspondance réciproque.

26. Le caractère délégable du sabre est amplement souligné dans son mythe d'origine. Dans le MBh VII 167, le sabre crée par Brahman est donné à Rudra, qui le donne à Viṣṇu, qui le donne à Marichi, qui le donne aux Rishis, qui le donnent à Vāsava, qui le donne aux Régents du monde, qui le donnent à Manu, puis suit une très longue liste de rois qui se le transmettent, jusqu'aux Pandavas.

27. D'après Baral (1964, p. 45, note 79), cette arme est «un sabre très fin accroché autour de la taille et de cette façon porté sans être remarqué. [...] Seuls les artisans très habiles savent le faire et les escrimeurs confirmés s'en servir avec dextérité. [...] Cette arme n'est plus utilisée.»

pas dénué de signification, si l'on se souvient qu'il est précisément question de régénérer l'efficacité des armes lors de ces rituels. Tout spécialement, le fait que l'arme soit envoyée le dixième jour, celui de la victoire, souligne clairement le rôle que le roi entend qu'elle joue. Ainsi investie de la personne du roi, le sabre devient littéralement son *alter ego*, comme l'avait déjà remarqué Zimmer (1957, p. 136) dans un autre contexte. On trouve un exemple encore plus frappant d'une telle délégation de la personne royale par l'intermédiaire du sabre, dans les mémoires de Pṛthvī Nārāyaṇ Śāh (Baral 1964, p. 24). Trahi par Parasurām Thāpā, Pṛthvī Nārāyaṇ a pour dessein de le faire tuer et confie à cette intention son sabre à un émissaire, afin de participer lui-même à distance à l'acte sanglant qui lui tient à cœur. «J'ai pensé que Jhāgal Gurum était capable de le faire. Alors je l'ai appelé et lui ai donné mes instructions. Je lui ai donné le sabre que je portais à ma taille». Ainsi armé, ce soldat Gurung va tuer le traître, par ruse, au nom du roi.

Cependant, le fait que le sabre royal soit ainsi détachable de la personne du roi, peut parfois jouer en sa défaveur. C'est ainsi que le sabre a pu être mis «hors service» par un processus de divinisation brahmanique dans l'histoire orale d'Isma. En effet l'interdiction faite au roi, par son *guru*, de se servir de son sabre à des fins sanglantes, est en contradiction avec la nature même de l'objet dont ce prêtre veut faire un dieu inactif. Le sabre royal est un instrument puissant et dangereux, le symbole même de la mort, *kāl*[28]. Il doit être trempé de sang périodiquement lors de la fête de Dasaĩ dans les royaumes de Gulmi, comme celui de Musikot (Lecomte-Tilouine, à paraître). La fonction sacrificielle du sabre royal ravive son pouvoir, le régénère périodiquement par le contact du sang du sacrifice. Et le maniement du sabre, particulièrement lors de Dasaĩ, incombe au roi. La décapitation d'une victime lors de la fête de Dasaĩ représente d'ailleurs une sorte d'initiation pour les jeunes princes, dont ils s'acquittent avec honneur si le sacrifice est accompli d'un seul coup de sabre (Baral 1964, p. 44, note 70).

Or cet acte sacrificiel devait, semble-t-il, pouvoir se faire sans rituel préalable en cas de conflit, puisque la décapitation d'un ennemi à la guerre vaut pour un sacrifice (Baral 1964, p. 44, note 70). Si des rituels préparaient les guerriers et les armes à la bataille, celle-ci reste un contexte sacrificiel particulier, où le guerrier entretient un rapport direct avec le divin. Le sabre, symbole même de la possibilité qu'a le guerrier de sacrifier de lui-même (et pour lui-même), sans «mettre en avant» le prêtre, échappe ainsi, d'une certaine façon, au contrôle de la classe sacerdotale.

Il est cependant certain que les Brahmanes avaient une influence directe sur l'efficacité des sabres par des actes rituels et des bénédictions (le *nīrājanā*,

28. Le sabre est l'attribut de Kāl, le Temps, la Mort. C'est lui-même qui remet cette arme à la Déesse après sa création dans le *Devī Māhātmya*.

par exemple[29]), sans pour autant confisquer l'arme du pouvoir pour en faire un dieu du pouvoir, comme dans l'histoire orale d'Isma. C'est ainsi qu'on peut lire un épisode de la vie de Pṛthvī Nārāyaṇ Śāh, où l'on voit ce fier prince faire un voyage jusqu'à Bénarès, afin d'obtenir d'un saint mendiant la bénédiction de son sabre, qui lui assurera la victoire. L'histoire est citée en anglais par Acharya (1978, p. 143) d'après un poème en sanscrit du Pandit Harinath Bhasa Prakashini intitulé : «La consécration du sabre du roi Prithvi Narayan».

> «Il était une fois un brahmane du nom de Chandrakara, qui appartenait au gotra Agasti et habitait dans le village de Dhaibung près de Nuwakot. Son père avait l'habitude de l'appeler Gulabram. Il alla passer ses dernières années à Kashi où on le connaissait sous le nom de Siddha-Agasti. En l'année 1800 (V.S.), il visita les quatre lieux de pèlerinage en Inde. Puis il visita le sanctuaire de Nilakantha et se rendit à Nuwakot par affection pour le lieu où il avait vécu. Il avait alors 84 ans. En voyant des troupes installées là, il demanda à qui elles appartenaient et où elles se rendaient. Le général Maheshwara lui dit que les troupes étaient celles de Prithvi Narayaṇ Shah et qu'il avait le projet d'attaquer Nuwakot et le Népal. Le général lui demanda alors sa bénédiction. Le siddha lui répondit : «Je consacrerais le sabre de votre roi si celui-ci offre le village de Dhaibung en birta afin d'en faire un sadavarta-guthi au temple de Sri Ramachandra. Alors, les ambitions de votre roi se réaliseront.» Prithvi Narayan répondit par un message dans lequel il demandait que le siddha reste là quelques jours à l'attendre, puisqu'il était lui-même occupé par une fonction religieuse. Mais le siddha refusa d'attendre et partit pour Vanarasi. En apprenant cela, Prithvi Narayan Shah s'en alla lui aussi pour Vanaraṣi accompagné de ses troupes. Arrivé là-bas, il demanda au pandit Jayamangala de retrouver le siddha. Celui-ci consacra alors le sabre de Prithvi Narayaṇ et dit : «Aussi longtemps que ce sabre restera en votre possession et dans celle de vos descendants, vous ne craindrez pas vos ennemis et aurez le succès dans les guerres et les entreprises que vous mènerez».»

Une fois consacrée, l'arme possède non seulement un formidable pouvoir d'agression, mais aussi de protection. C'est ainsi que la légende veut que Pṛthvī Nārāyaṇ Śāh ait sauté dans l'eau en brandissant le sabre qui lui avait été remis, afin de tester ses vertus.

D'autres épisodes de la vie de Pṛthvī Nārāyaṇ Śāh, seul roi des *caubise rājya* au sujet duquel on possède une autobiographie, montrent comment ce souverain a reçu en plusieurs occasions des sabres consacrés. Ce ne sont pas

29. Le *nīrājanā* est une lustration et une bénédiction des armes qui précèdent l'expédition militaire. La formule qui consacre les sabres avant la bataille (cf. *Agni Purāṇa*, 268, 28-33) est très proche de celle qui est employée à cette même fin avant les sacrifices de Dasaĩ. Elle consiste principalement en le rappel de la forme originelle du sabre et en l'énumération de ses différents noms, donnés dans le *Mahābhārata* (VII, 160).

des brahmanes ordinaires qui les lui ont remis, mais bien dans tous les cas, des renonçants[30].

Dans le domaine guerrier, l'ascète semble ainsi court-circuiter le brahmane et en particulier le chapelain. En effet, les ascètes se présentent comme les gardiens du sabre royal lors de la fête de Dasaĩ en diverses régions de l'Inde : c'est ainsi qu'il est confié au *rājyogī* du premier au neuvième jour de la fête chez certains Rajputs (Crooke 1915, citant Tod, p. 29) ou qu'un ascète est placé sur le trône pendant toute la durée de cette même fête dans l'état de Bastar (Crooke 1915, p. 29). On se doit de citer à ce propos la thèse d'Heesterman (1985) qui veut que le pouvoir du roi hindou repose de façon ultime sur un pouvoir ésotérique forestier incarné par les ascètes.

Le sabre et la Déesse

Ce sabre, parfois confié à des ascètes, confère par ailleurs au roi un pouvoir face aux divinités protectrices du territoire et en particulier la Déesse. C'est ainsi qu'A. Östör (1980, p. 186) écrit : «Certaines légendes de la maison royale décrivent des combats entre le roi et la Déesse dans lesquelles le roi sort victorieux et force la Déesse à accomplir sa volonté. Ainsi le roi apparaît portant un sabre (et dans son costume de guerre complet selon les légendes des Durgapuja de jadis) au moment crucial de l'affirmation du lien de parenté qui l'unit à la Déesse». A. Östör poursuit en citant l'exemple d'un roi Malla qui s'adressa ainsi à la Déesse, en refusant de manger les offrandes qui avaient été adressées à celle-ci et qui sont conçues par les hindous comme un reste de la nourriture consommée par les dieux : «Je ne vais pas manger ta nourriture polluée! Je vais venir à toi comme un *rājā*».

Cette alliance entre le roi et la Déesse durant la fête de Durgā, explicite dans les faits observés par A. Östör, peut être décelée et renforcée par comparaison lors du Dasaĩ des anciens royaumes de Gulmi. Nous l'avons déjà remarqué, la procession qui conduit le *phūlpāti* à la place *maidān* d'Isma ressemble par plusieurs aspects à une procession de mariage[31]. Il est significatif que le sabre royal soit précisément sorti à son arrivée et l'accompagne ensuite jusqu'au palais où les deux formes divines resteront ensemble trois jours. Ce laps de temps correspond justement à celui que passent ensemble les époux après leur mariage, avant que la jeune femme ne reparte chez elle pour un an, comme le *phūlpāti* est remporté pour une année. Ailleurs, à Musikot,

30. Comme les ascètes humains, le dieu Śiva remet lui aussi parfois des sabres qui assurent la royauté. Par exemple, à la fin des *Contes du vampire*, traduits par L.Renou, Śiva s'adresse au roi de la sorte : «Reçois de ma part cette épée qui se nomme l'Invincible, grâce à laquelle tu obtiendras tout ce que j'ai dit».

31. Pour renforcer encore cette hypothèse, notons que dans le royaume voisin de Dhurkot, ce sont des anciens esclaves, Rokā, qui doivent porter le palanquin de la Déesse, tout comme ils doivent porter le palanquin des mariées.

on dit que le *phūlpāti* est «offert» aux sabres, telle, je pense, la fiancée offerte en mariage par son père. Dans un tel contexte, le brahmane n'est là que pour «célébrer l'union» de la déesse vierge et sauvage, incarnant le territoire inculte, et le sabre, symbole royale de la domestication de ce même territoire. Unie au sabre, la Déesse perd son caractère sauvage et vierge, elle est en quelque sorte pacifiée, à l'instar de la femme hindoue lors du mariage (Bennett 1983). En effet, dans la région de Gulmi, la Déesse est appelée Bhadrakālī lors de son arrivée, le septième jour. Cette épithète est précisément celle de l'une des formes les plus terribles de la Déesse, au Népal (l'adjectif *bhadra*, «bonne» ou «prospère» qui précède Kālī étant sans doute un euphémisme). D'ailleurs, nous l'avons vu, le *phūlpāti* ne doit pas être vu lors de sa progression vers la place *maidān*, et c'est peut-être là aussi, un indice de son aspect terrible. De puissance dangereuse et sauvage, l'énergie de la Déesse va être transformée, par son association au sabre (ou au roi), en puissance guerrière.

Cependant, l'ambiguïté des rapports entre le roi, la déesse et le chapelain conduisent parfois à des conflits d'influence, tout particulièrement visibles lors de Dasaī. On en a des exemples frappants dans d'autres contextes, comme celui de Rampur en Orissa (Preston 1980, p. 27), où le *rājā* explique comment sa lignée a été écartée de ces rituels en ces termes : «Ce fut la faiblesse humaine des *rajas* qui a conduit les brahmanes au pouvoir. Nous *rajas*, nous sommes toujours révoltés contre les prêtres. Ils ne sont pas les intermédiaires appropriés de la propagation de la religion».

En l'absence de descendants de la lignée royale, la mainmise des prêtres sur le symbole du pouvoir qu'est le sabre royal est presque totale. La légende d'Isma présente un roi éperdu, poursuivi par ses ennemis, qui se défait précisément de son sabre en ces circonstances où il aurait plutôt dû y tenir. Le sabre a par la suite été matériellement confisqué puisque le *rājguru* l'a d'abord entreposé dans sa propre maison, «pour le protéger», puis l'a placé dans un petit temple particulier attenant à son habitation et non dans le palais, à une époque où cette arme n'était pourtant plus menacée par des ennemis. Sa nature a été détournée : d'objet de guerre, d'instrument de mort, le *rājguru* en a fait une divinité qui, certes, reçoit des sacrifices sanglants, mais ne les pratique plus. Ce détournement radical (cette inversion?) a peut-être été facilité dans le royaume d'Isma par le fait que ce sont des brahmanes qui ont été les premiers rois du lieu.

Quel que soit le degré de véracité de cette tradition, notons qu'elle contient tous les éléments permettant aux brahmanes de s'approprier le pouvoir, et d'occulter le pouvoir guerrier, qui se présente seulement comme une parenthèse désapprouvée. Ce dernier subsiste toutefois, magique et occulte, dans le symbole du dieu-sabre masqué, qui reste au centre de la célébration de Dasaī. S'il n'assure plus à personne la victoire guerrière, il reste le médiateur entre une communauté et la Déesse tutélaire de son territoire, qu'il pacifie. Il garantit aussi l'assise de la lignée des anciens *rājguru*, qui fait un usage symbolique de cette arme, dans leur guerre pour le prestige.

Le sabre, ainsi transformé, conserve une part de la fonction royale, la part symbolique, mais ne représente plus l'autorité du souverain, comme le prouvent les pertubations des rituels de Dasaĩ à Isma. La perte de son pouvoir de coercition est toutefois compensée par une sacralisation, qui place cet occulte dieu du pouvoir à la tête d'une communauté.

ANNEXE

Etant donné la rareté des documents historiques relatifs au royaume qui nous intéresse et la diffusion très restreinte du périodique dans lequel l'article de Durgaprasad Aryāl a paru, je donne ici le texte de la donation foncière qu'il a publié, ainsi que sa traduction.

> *svasti śrī rūpanārāyanetyadi vividhavirudāvali virājamānamānonnata śrī mahārājādhirāja śrī śrī śrī man til vikram sinha sāhadeveṣu sadā samar vijayiṣuh lih uprānta rayālyāko ṣarak mahārājāle vaksyā janmajaya panḍitle pāyo sāṭhi rūpayākā vādhā ankepi 60 sāchi trilocan sinha cautāriyā mādhau kanvar disāli dasarat Kanvar sāchi gangā rām gharti sāchi liṣak ātmārām jaisī roj 1 mukām ismā subham śrīśāke 1696 subham.*

> «Salutations du grand roi des rois śrī śrī śrī Maṅ Til Vikram Siṅha Śāhadev, toujours serein, pourvu de toutes sortes de qualités royales, aux formes de Nārāyaṇ, toujours victorieux dans la bataille. Le grand roi offre désormais le pâturage de Rayālyā au pandit Janmajaya en remboursement de sa dette de 60 roupies. Témoins : le ministre (Cautāriyā) Trilocan Sinha, Mādhau Kaṅvar Disāli, Dasarat Kaṅvar, Gaṅgā Rām Gharti; scribe : ātmārām Jaisī. Dimanche, résidence : Ismā la prospère, en l'année faste et prospère 1696 de l'ère śāke.»

Ce petit texte date de 1696 śāke, soit 1774. Écrit dans un mélange de sanscrit et de népali, il confirme partiellement la généalogie des rois d'Isma publiée par Subedi. On remarquera que le roi s'y donne non pas le titre de Rathaur comme dans cette dernière, mais de Śāhadev. Le titre royal est proche de celui des rois de Palpa, indiquant la proximité culturelle des familles royales des Caubise. Il atteste en outre de la présence à cette époque de certains lignages à Ismā (Gharti Chetri et Yogi Kaṅvar). Le pandit dont il est question dans le texte semble avoir été un Aryāl, puisque ce document appartient aujourd'hui au pandit Ciranjivi Raya (déformation d'Aryāl) et que le pâturage indiqué par le texte se situe dans l'actuelle localité de Marbhung, habitée par des Aryāl.

BIBLIOGRAPHIE

ACHARYA, B.,

1967, *A brief biography of the Great King Prithvi Narayan Shah*, Katmandou, Regmi Research Project.

1978, «King Prithvi Narayan Shah», in *Regmi Research Series*, vol. 10, n° 9.

ARYAL, D.,

2043 V.S, «īsmāko aitihāsik jhalak», pp. 37-40, in *Hāmro puruṣārtha*, année 13, vol. 3.

ARYAL, R.,

2047 V.S., *Nepālko itihās ra Arjyāl paribār*, Kathmandu, Srimati Bindu Aryal ed.

BARAL, L. SHARMA,

1964, *Life and writings of Pṛthvīnārāyaṇ Śāh*, Ph. D., University of London.

BENNETT, L.,

1983, *Dangerous wives and sacred sisters*, Columbia University Press.

Contes du vampire, traduits et annotés par L. Renou, Paris, Gallimard, 1963.

CROOKE, W.,

1915, «The Dasahra : an autumn festival of the Hindus», in *Folk-Lore, a quarterly review of myth, tradition, institution, and custom*, London, vol. XXVI, pp. 28-59.

EGERTON of TATTON, Lord,

1968, (reprint. 1re éd. 1896), *Indian and Oriental Armour*, London, Arms and Armour Press.

FARQUHAR, J.N.,

1925, «The fighting ascetics of India», pp. 431-452, in *Bulletin of the John Rylands Library, Manchester*, vol. 9, n° 2, july.

GHOSHA, P.,
1871, *Durga puja, with notes and illustrations*, Calcutta, Hindoo patriot Press.

HAMILTON, F.,
1971 (Rééd.), *An account of the Kingdom of Nepal*, New Delhi, Manjusri Publishing House.

HEESTERMAN, J.C.,
1985, «The Conundrum of the King's Authority», in *The Inner Conflict of Tradition. Essays in Indian Ritual, Kingship, and Society*, The University of Chicago Press, pp. 108-127.
1986, «The King's order», in *Contributions to Indian Sociology*, vol. 20, n°1, pp. 1-14.

HODGSON'S Papers,
vol. 52, folios 117-123, India Office Library.

ILTIS, L.,
1985, *The Swasthani Vrata : Newar women and ritual in Nepal*, Ph. D., Univ. of Wisconsin.

JEST, C.,
1986, *Mission au Népal, septembre-novembre 1986. Etude Gulmi, Argha-Khanci*, Compte rendu de mission CNRS, 36 p. dactylographiées.
1987, *Compte rendu de mission à Gulmi et Argha Khanchi, septembre-octobre 1987, Notes d'ethnologie concernant Devisthan/char-pala Gulmi*, 14 p. dactylographiées.

KANE, P.V.,
1974, *History of Dharmaśāstra*, Bhandarkar Oriental Research Institute, Poona, vol. V, part. I.

KONDOS, V.,
1986, «Images of the fierce Goddess and portrayals of Hindu women»" *Contributions to Indian Sociology*, vol. 20, n°1, pp. 173-197 .
1990, «The triple Goddess and the Processual Approach of the World : the Parbatya Case», in *Women In India and Nepal*, M. Allen et S.N. Mukherjee eds., Sterling Publishers, pp. 242-286.

LECOMTE- TILOUINE, M.,
1993, *Les Dieux du pouvoir. Les Magar et l'hindouisme au Népal central*, Paris, CNRS Editions.
(à paraître), «Rois et officiants. Le Dasain à Musikot», in *Le sage cornu*, C. Jest et Ph. Ramirez éds.

Le Livre de Babur. Mémoires du premier Grand Mogol des Indes (1494-1529), Présenté et traduit par J.-L. Bacqué-Grammont, Imprimerie Nationale, Paris, 1985.

L'Inde du Bouddha vue par des pèlerins chinois sous la dynastie Tang (VIIe *siècle)*, présentation d'Etiemble, texte établi et annoté par C. Meuwese, Paris, Calmann-Lévy, 1968.

MALLA, M. B.,
1979 a, «The Baise and Chaubise Principalities», in *Regmi Research Series*, vol. 11, n° 7, 1979.
1979 b, «The Baise and Chaubise Principalities», in *Regmi Research Series*, vol. 11, n°8, 1979.
1979 c «The Baise and Chaubise Principalities», in *Regmi Research Series*, vol. 11, n°9, 1979.

MONIER-WILLIAMS M., Sir
1964 rééd., *A Sanskrit-English Dictionary*, Clarendon Press, Oxford.
NARAHARINATH, Yogi,
2022 VS, *Itihās prakāśmā sandhi patra sangraha*, Varanasi, Kalpana Press.
Nepālī bṛhat śabdakoś, 2040 V.S., Nepal Rājakiya prayā-pratiṣṭhān, Kathmandu.
OSTÖR, A.,
1980, *The play of the gods. Locality, ideology, structure and time in the festivals of a Bengali town*, Chicago, The University of Chicago Press.
PANT, D.,
1987 «Drabya Shah», pp. 108-111, in *Regmi Research Series*, vol. 19, n° 7-8, 1987.
PRESTON, J.,
1980, *Cult of the Goddess. Social and religious change in a Hindu temple*, New Delhi. Vikas Publishing House.
RAMIREZ, P. et SUBEDI, P.R.,
(à paraître), «De la principauté à l'État-nation : Gulmi, Argha-Khanci et les royaumes de la Gandaki».
STILLER, L.F.,
1975, *The Rise of the House of Gorkha*. Kathmandu, Ratna Pustak Bhandar.
SUBEDI, R. R.,
1987, *An elapsed circumambulation of Gulmi and Argha*, A project report, CNRS, 19 p. dactylographiées.
1988, *Rapport préliminaire à une enquête sur les sites de Gulmi et Argha Khanci*, Rapport CNRS, 21 p. dactylographiées, traduit du népali par R. Pandey et Ph. Ramirez.
The Agni purāṇa, Traduit et annoté par N. Gangadharan. Delhi, Motilal Banarsidas,1987.
The Bhāgavata purāṇa, Traduit par G. V. Tagare, Delhi, Motilal Banarsidass, 1976.
«The Western Front, A.D. 1805», in *Regmi Research Series*, vol. 21, n°4, 1989.
TULSI NARAYAN,
2025 V.S., «Dhurkoṭ ko sarā̃'. prācīn laḍāiko jhalak», in *Hāmro samskṛti*, année 2, vol. 3, pp. 34-36.
ZIMMER, H.,
1957 (Rééd.), *The King and the Corpse. Tales of the soul's conquest of evil*, New York, Meridian Books.

Phot. 2. Le Pradhan Panch de Dohali tient en main le sabre *khũḍa*, debout, au bord de l'aire sacrificielle, avant de le confier au sacrificateur.

Phot. 1. Sortie du dieu-sabre, le septième jour de la fête.
Entouré d'un tissu blanc et de colliers de fleurs, posé sur une assiette pleine de riz, le sabre royal est emporté par l'astrologue vers le palais.

PHOT. 3. LA DANSE *SARAĨ* EST OUVERTE PAR LE YOGĪ QUI TIENT EN MAIN UNE FLEUR ET UNE CLOCHE D'UN CÔTÉ, UN TAMBOUR-SABLIER DE L'AUTRE.

PHOT. 4. LA DANSE DE *SARAĨ* A UN CARACTÈRE GUERRIER PRONONCÉ. ICI, UN HOMME ARBORE TOUTES SES DÉCORATIONS POUR L'EXÉCUTER.

DEUXIÈME PARTIE

CONFLITS ET MARGES

CHAPITRE VII

DASAĨ ET LE DOUBLE POUVOIR CHEZ LES YAKTHUMBA

Philippe SAGANT

Dasaĩ, chez les Yakthumba, est une fête populaire comme ailleurs au Népal : le culte de Durgā rend légitime l'autorité politique de chefs appelés *subbā*[1] qui sont apparus après la conquête gurkha (1774). Ayant reçu délégation des pouvoirs du roi du Népal, ils auraient pris la succession d'anciens «rois» appelés *hang*[2] qui existaient aux origines de l'ethnie et existaient encore sous la tutelle des rois Sen.

Dans le cadre du rituel hindouiste de Dasaĩ, les dieux anciens de la communauté ethnique sont présents et, comme il se doit, participent à la fête sous l'égide de Durgā. Chez les Yakthumba, c'est une divinité appelée Yuma[3] (la grand-mère) qui est honorée en tant que déité tutélaire, le septième jour du culte.

Un point toutefois mérite d'être relevé : au sein même de l'ethnie, Yuma, la grand-mère, depuis son origine, n'a cessé de s'affronter à une autre divinité yakthumba appelée Nahangma et associée au culte d'une montagne locale.

Nahangma[4], elle, n'est pas présente à Dasaĩ. Mais il n'en demeure pas moins qu'elle continue d'être célébrée dans chaque maison, à des dates qui

1. Sur les *subbā*, cf. M.C. Regmi (1965, III, p. 81); Sagant (1978, 1981).

2. Sur les *hang*, cf. Hamilton (1819 (rééd. 1971), p. 118, pp. 133-136, p.146, etc.), Campbell (1840, pp. 515, 536-597, 606, 610); Hooker (1854, p. 94), Hodgson (1858, p. 449); Risley (1892, pp. 36-37); Vansittart (1915, p. 104). D.R. Regmi (1961, pp. 36-41); Caplan (1970, pp. 126, 136, 186-187).

3. Sur Yuma, cf. Caplan (1970, p. 155); Chemjong (1966, II, p. 16, pp. 21-23, I, p. 95) Jones (1976 a, p. 41); Jones (1976 b, p. 20, 56, 140); Vansittart (1894, p. 115). Höfer (1981, p. 17) a souligné la relation des «grand-mères» tibétaines avec le rituel de Dasaĩ. De même R. Paul (p. 51, 56), la relation entre le mythe bon-po et un couple roi-grand-mère. Enfin, Heissig (1973, p. 356) a évoqué la notion de «très vieille grand-mère»en Mongolie qui n'est pas sans relation avec la déité Yuma des Yakthumba.

4. Sur Nahangma, cf. Campbell (1840, p. 600); Chemjong (1996 - I, p. 2; II, p. 150 surtout); Caplan (1966, p. 156); Jones (1976, p. 32) où il apparaît que Yuma a pris la place de Nahangma - Jones (1976 b, p. 24), Sagant (1976, pp. 76-85).

lui sont propres et en dehors du calendrier hindouiste. Et de la même façon que Durgā rend légitime le pouvoir des *subbā*, Nahangma continue de rendre légitime le pouvoir de chaque chef de maison (*tumyang*)[5].

Sur ce point, en outre, remarquons-le, les deux rituels ont les mêmes enjeux : permettre à l'homme de retrouver une «force sauvage» qui se manifeste surtout dans la violence du maniement de l'épée.

En fait, la coexistence, dans la même population, des cultes de Nahangma et de Durgā est en totale contradiction. D'un côté Nahangma justifie l'usage des armes chez chacun des maîtres de maison qui relèvent de l'autorité d'un *subbā*. Et de l'autre, Durgā fait de ce même usage le monopole exclusif du *subbā*.

Ainsi notre idée est qu'il existe chez les Yakthumba un double pouvoir antagoniste des dieux : il semble fonder, au sens marxiste du terme, un double pouvoir des hommes. Des chefs de maisons ne peuvent accepter que le *subbā* dont ils dépendent ait, seul, le monopole de cette force sauvage qui lui permet de manier l'épée. Et réciproquement le *subbā*, qui a reçu délégation des pouvoirs du roi du Népal, ne peut tolérer de voir ce monopole remis en cause par les chefs de maison de sa circonscription.

À une échelle plus large ces données ont un lien direct avec une question contemporaine. On sait qu'autrefois des «rois» (*hang*) existaient chez les Yakthumba. Ils furent présents aux origines de l'ethnie; ils continuaient d'exister à l'époque des rois Sen. On sait, en outre, que le «roi» Yakthumba était un chef de maison (*tumyang*) comme les autres. Mais que, du fait de la faveur toute particulière que lui portait Nahangma, il était, en certaines occasions, reconnu comme le plus grand de ses pairs, le «premier des chefs de maison» (*tum tumyang*), et cela à l'échelle d'une vallée, ou même du pays tout entier[6].

Or, concernant ces rois (*hang*), tous les auteurs s'accordent sur le fait qu'ils aient disparu, remplacés par les *subbā*, à la suite de la conquête gurkha[7].

En d'autres termes, la question posée dans cet article est simple. À supposer, comme nous l'affirmons, que le culte à Nahangma continue aujourd'hui de fonder la légitimité du pouvoir des chefs de maison, alors il semble logique que le premier d'entre eux continue d'exister. En dépit de ce

5. Sur *tumyang*, cf. Risley (1892, p. 31), Senior (1977, p. 44); Chemjong (1966, I, p. 66), etc.

6. Sur *tum tumyang*, et le *hang*, cf. Chemjong (1961, p. 110), Senior, (1977, p. 45); D.R. Regmi, (1961, pp. 30, 37, 93) : le *tum tumyang* était le ministre yakthumba à la cour des rois Sen, appelé *Cautariyā*. Cf. aussi Hamilton (1819, pp. 133-135, 146-148); Campbell, (1840, p. 597) sur le cautariyā, cf Turner (1931, p. 186)

7. Sur la disparition des *hang*, les avis divergent. Pour Hodgson (1858, p. 449), ils auraient disparu depuis cinq siècles; pour Morris (1933, p. 85), ils disparaissent avec la conquête gurka, remplacés par les *subbā*.

qui fut maintes fois affirmé, les *hang* auraient survécu à la conquête gurkha. Ils seraient encore présents à l'époque contemporaine.

Pour tenter de confirmer cette hypothèse, trois questions seront successivement évoquées : la légitimité du pouvoir du chef de maison et le rituel à Nahangma, d'abord. Ensuite la légitimité du *subbā* et le culte de Dasaĩ. Enfin, le double pouvoir des hommes et la survivance des *hang* jusqu'à l'époque contemporaine.

Ainsi, le culte de Dasaĩ aurait, pour une part, échoué chez les Yakthumba. Et l'intégration politique au royaume du Népal n'était pas achevée dans les années soixante à la veille de la mise en place des «conseils de village».

LA LÉGITIMITÉ DU MAÎTRE DE MAISON (TUMYANG) ET LE RITUEL À NAHANGMA

Le terme de «maître de maison», au sens littéral, se traduit par *him tangba*[8]. La notion est liée aux idées sur l'alliance, la filiation, les droits sur la terre, l'usage des armes, l'autorité. Le pouvoir du maître de maison résulte toutefois de la seule faveur du dieu de la montagne locale : il fait de lui un aristocrate (*tumyang*) qui marche la «tête haute» et porte dans son corps une force venue de l'au-delà (Nahangma)[9] : les gens de sa maison lui doivent la santé, et les champs leur prospérité. Cette force rend légitime son pouvoir sur les personnes. La faveur des dieux, toutefois, n'est pas égale pour tous. Et la force de chacun varie d'une maison à l'autre. À un moment donné, elle est déterminante pour établir la hiérarchie entre les maisonnées[10]. Le culte à la montagne fonde la civilisation yakthumba.

Ces notions résultent d'observations contemporaines. Elles semblent remonter haut dans le temps et elles étaient encore vivantes il y a quelques années. Elles ne sont pas, toutefois, sans poser problème, car si l'aristocrate yakthumba, dans un passé lointain, était capable d'obtenir seul, sans l'aide de quiconque, la faveur des dieux, il n'en est plus de même de nos jours : il y eut une rupture à un moment de l'histoire, dont je ne sais dire les raisons ni préciser l'époque. Mais, depuis cette rupture, un médiateur s'est imposé entre le maître de maison et la montagne sacrée pour obtenir la force venue de l'au-delà. Cet officiant rituel s'appelle le «maître de l'épée» (*phe-dan-*

8. *Him dangba* : chef de maison, Senior (1977, p. 32)

9. Sur la relation entre culte des montagnes et honneur, cf. Sagant (1981, pp. 149-179) et à titre de comparaison, Hardman (1981) chez les Lohorung Rai.

10. Sur la hiérarchie et la place de rang, cf. Sagant (1973 a) et à titre de comparaison, Karmay-Sagant (1987) chez les Sharva de l'Amdo Tibétain.

gma)[11]. Son rôle n'est pas sans évoquer celui du brahmane dans sa relation au roi hindouiste.

Un mot d'abord sur le type de maisonnée qui reconnaît l'autorité du maître de maison yakthumba. À l'époque contemporaine, sous l'influence de la législation népalaise, la maison tend à être habitée par une famille conjugale. Dans les années vingt, toutefois, certaines maisons puissantes comptaient, au bas mot, une quarantaine de personnes, regroupant une lignée entière, sans parler des clients, des esclaves (*yog*)[12]. Il est possible que, jadis, la maison yakthumba ait été une «grande maison», comparable à celle de certaines populations de l'Arunachal Pradesh. Au fil du temps, il semble donc que l'autorité du chef de maison n'ait fait que se réduire au rythme de l'évolution de la maison elle-même, dont le nombre d'habitants est allé en décroissant.

Remarquons aussi que la qualité d'aristocrate suppose un certain nombre de conditions qui relèvent des prestations de l'alliance; le terme «noble» (*tumyang*) s'oppose en effet à celui «d'esclave domestique», si fréquent dans l'Himalaya et au-delà. Autrefois, le mariage était considéré comme le vol d'une femme; enceinte, la femme, le plus souvent, accouchait non pas chez son mari mais dans sa maison natale. À la naissance, l'enfant était considéré comme un esclave, attaché à la maison du frère de sa mère (*kwa*) : il y demeurait jusqu'au jour où son père s'acquittait de la dernière des prestations de l'alliance, ce qui n'était pas une mince affaire; au bas mot, de la première à la dernière, il s'écoulait sept ou huit ans. À l'occasion de cette ultime prestation appelée «source de richesse» (*melung phuma*), l'homme marié versait le «prix de l'esclave» (*yog thokwa*) au frère de sa femme. L'enfant était alors reconnu comme appartenant au clan de son père et de noble extraction. Il pouvait éventuellement un jour devenir lui aussi chef de maison. Dans le cas contraire, il demeurait esclave chez le frère de sa mère. Son statut était bas. C'était un homme sans nom de clan et sans honneur. Sa «force vitale» dépendait de celle de son oncle maternel. Ainsi la noblesse avait pour condition préalable la reconnaissance des liens d'alliance. Elle impliquait en outre, une fois toutes les prestations versées, le fort soutien politique et rituel de l'oncle maternel, ce qui n'est pas sans évoquer le rôle du même oncle maternel dans la dynastie tibétaine des rois de Yarlung[13].

Enfin, devenir maître de maison de noble extraction c'est aussi être chez soi «maître du sol» (*laje-tangba*)[14] c'est-à-dire des champs qui appartiennent à la maison. Dans les années soixante, l'héritage foncier s'effectue souvent du vivant du père devenu vieux. Mais avec l'autorité sur la terre, se transmet

11. Sur le maître de l'épée, cf. Sagant (1973 a).

12. Sur l'esclave domestique *yog*, cf. M.C. Regmi (1971, p. 117) etc., sur le *yog thokwa*, cf. Chemjong (1961, p. 240).

13. Sur l'oncle maternel *yarhung*, cf. Tucci (1955).

14. La notion de maître de la terre renvoie au terme *kipatiyā* en népalais.

une idée archaïque; autrefois, les champs ont été gagnés par les ancêtres sur la forêt, par l'essartage. Avant d'être maîtres de maison et maîtres de la terre, les ancêtres s'étaient rendus maîtres de la forêt (*tamphung hangpa*)[15] et leurs descendants revendiquent l'être encore aujourd'hui, bien que la notion soit désormais en contradiction avec la législation népalaise.

En fait c'est le concept de maître de la forêt qui est centrale dans l'idée de noblesse propre au chef de maison : elle est directement liée au culte des montagnes.

Remarquons d'abord que ce terme de «noble» est probablement très ancien. Combien de fois, sur le terrain, n'a-t-on pas répété qu'avant l'arrivée des Yakthumba de Lhasa, les «huits rois» (*yet hang*) qui dominaient alors le pays étaient nobles, eux aussi. Mais, à la différence des Yakthumba contemporains, c'était seuls, sans médiation aucune d'aucun intercesseur, qu'ils savaient se rendre «maîtres de la forêt» et, du même coup, s'installer sur la terre. Et selon les légendes il en fut de même, plus tard, pour les premiers Yakthumba arrivés du Tibet à l'issue de leur longue migration. Ce fut grâce à l'institution de la «chasse rituelle» qu'ils purent s'établir au Népal oriental[16].

Toute migration de peuplement, comme celle des Yakthumba arrivés de Lhasa, semble présenter un caractère millénariste. Chez soi, on ne demeure «maître du sol» qu'avec l'appui des dieux : abandonné par eux, on ne peut que quitter le pays, comme un banni. Et c'est en général pour de bonnes raisons : l'inondation, la défaite face au déferlement de nouveaux venus, la montagne qui s'effondre, sont le signe qu'à l'intérieur quelque chose ne va plus, que la loi a été transgressée dans le pays. Abandonné des dieux, on le demeure quand on se met en route sur le chemin de l'exil, dans une longue traversée de la forêt et des confins barbares[17].

Si on parvient à s'implanter dans un nouveau pays, c'est à la condition de retrouver l'appui des dieux. La chasse rituelle, entre autres, est l'une de ces institutions qui peut mettre fin à ces longues migrations de proscrits. Paradoxalement, elle implique la transgression d'un nouvel interdit : partout, en effet, les bêtes sauvages à cornes sont la propriété des dieux de la montagne : c'est leur troupeau. Tuer un cerf, un yak sauvage, ou un mouton bleu, c'est pour un homme avoir cet orgueil insensé d'oser défier les dieux. Ils sont rares ceux qui se risquent à tant d'audace. Certains échouent, emportés par l'avalanche, foudroyés, égorgés par le léopard des neiges. Quelques-uns réussissent. Il semble que leur courage leur attire la faveur des dieux. Ils tuent la bête, signe qu'ils se sont rendu «maîtres de la forêt». Ils s'installent,

15. Sur le «maître de la forêt» (*tamphung hangpa*), cf. Hodgson (1858 b, p. 450); Dalton (1872, p. 103).

16. Sur la chasse rituelle à l'arrivée des Yakthumba de Lhasa, cf. Sagant (1981, p. 216).

17. Sur le bannissement et la «traversée des confins», cf., entre autres, Aris (1980, pp. 60-82).

ils défrichent, ils deviennent «maîtres du sol». Ils étaient des bannis, ils deviennent nobles grâce à la «force sauvage» acquise dans la forêt[18].

Mais le monde est ainsi fait que, partout, chaque année, au moment où les saisons basculent[19] les dieux à nouveau abandonnent les hommes et la terre est menacée par la montée des eaux, le retour au chaos. Alors, même installé depuis longtemps au pays, chaque noble doit à nouveau faire la preuve qu'il est capable de renouveler l'exploit de l'ancêtre. Et, comme le proscrit qu'était le fondateur, lui aussi, dans un nouveau défi s'enfonce dans la forêt pour tenter d'abattre une bête sauvage à cornes. S'il y parvient, c'est qu'il a retrouvé cette force qui lui permet d'endiguer le chaos.

Conjointe à la notion du «démembrement»[20] de la bête, la chasse rituelle survit encore chez les Yakthumba d'aujourd'hui. Mais elle n'est plus qu'une pâle mise en scène de l'action d'autrefois et que contrôle désormais cet officiant devenu médiateur entre la montagne et les hommes. Et dorénavant, chaque année c'est l'officiant lui-même, le «maître de l'épée» qui, pour le compte du maître de maison, s'enfonce dans la forêt et atteint la montagne pour en rapporter la force de l'au-delà.

Ce rituel à Nahangma, je l'ai décrit ailleurs[21] et je n'en rappelle que certains des aspects qui permettront peut-être de comprendre que quelque chose a changé dans le pouvoir des aristocrates Yakthumba.

Le rite s'effectue dans chaque maison noble où passe successivement le «maître de l'épée». Il a lieu deux fois par an, à des dates sans relation avec celle du rituel de Dasaĩ : ce sont des périodes de marge comparables à celle du bannissement, où le chef de maison, comme son ancêtre, retourne au chaos des origines. Tout est à créer, y compris l'apparition du premier des «maîtres de l'épée».

Dans la maison, un autel est dressé contre le mur du haut, côté crête, où sont déposés, entre autres, l'épée (*phe*) et le bouclier (*kho*) du maître de la demeure. Lors d'une première séquence, l'officiant récite le mythe d'origine de Nahangma; à la demande des huit rois (*yet hang*) qui habitaient la terre autrefois, l'un des neuf rois célestes (*pang hang*) est envoyé aux hommes. À l'endroit où il tombe comme la foudre, la terre se fend et se met à trembler. Apparaissent alors successivement le «lac des aristocrates» (*tumyang dhārā*), une pierre appelée *phok lung*, l'épée, le bouclier et cette force appelée Nahangma. La scène se passe au centre du monde yakthumba,

18. Sur la « force sauvage » acquise dans la forêt par les Yakthumba, associée au feu, à la puissance, cf. Sagant (1981). Elle siège au sommet de la tête, elle est liée à l'honneur.

19. Sur la «saison montante et descendante», cf. Sagant (1973 b), appelée *ong-mang - thang-mang* chez les Yakthumba. On retrouve la notion au Népal, au Tibet, en Chine et surtout chez les Thaï.

20. Sur le démembrement créateur, cf. surtout Macdonald (1987).

21. Sur la description du rituel à Nahangma, cf. Sagant (1976, pp. 76-95).

au cœur de la montagne sacrée, le Phoktanglungma, l'un des sommets de la chaîne toute proche du Kumbhakarna.

Au début de la seconde partie du rituel, l'officiant se lève et il s'enfonce dans la «forêt» sur les chemins de l'autre monde. Il tient dans les mains l'épée et le bouclier du maître de maison; il énumère chacune des étapes de son long voyage rituel vers la montagne sacrée, il atteint le lac d'eau pure où, comme aux origines, la foudre vient de tomber. Il sacrifie un coq au nom de son client. En échange, il obtient la «force». Diverses divinations s'ensuivent, liées au destin du maître de maison. Elles concernent «l'âme-fleur», double de son client dans l'autre monde, le «jet de pierres» (*lung lepma*) etc.

La dernière séquence du rituel voit le retour du maître de l'épée dans le monde des hommes, selon le même chemin qu'à l'aller. De l'autre monde, il rapporte l'épée, le bouclier, la force. De retour dans la maison, il «clôt» le corps de l'homme, debout à ses côtés. Il purifie sa tête, ses épaules, avec l'eau rapportée du lac de la montagne sacrée. Il lui remet l'épée et le bouclier. Il lui ceint la tête d'un turban blanc et l'homme trépigne violemment en agitant l'épée : on dit qu'à nouveau la force sauvage de Nahangma est en lui, au sommet de sa tête et qu'elle anime son arme. Enfin, l'officiant glisse l'une des plumes du poulet sacrifié sous le turban du maître de maison : c'est le «signe» de la force restaurée; il est possible, enfin, que jadis un tambour ait été associé à la cérémonie[22].

Quelques remarques sur la comparaison des deux rituels

Entre le chasseur d'autrefois s'enfonçant dans la forêt pour abattre une bête à cornes et le Yakthumba d'aujourd'hui qui fait appel au maître de l'épée, il est d'abord des points communs. Tous les deux, au début du rituel sont appelés «hommes sauvages» (*pung mi-ba*)[23] : ils sont comme des bannis, abandonnés des dieux qui errent dans la forêt où l'ordre social a disparu. Et le monde autour d'eux s'en est retourné au chaos.

Tous les deux, à l'issue du rituel, sont parvenus à se rendre «maîtres de la forêt» et le monde est sorti du chaos : leurs corps a retrouvé la force, l'ordre social est restauré, les dieux sont de retour et de nouveau la montagne soutient le ciel, en même temps qu'elle pèse sur la terre et l'empêche de trembler. Selon l'image traditionnelle des mondes emboîtés, l'action du chasseur, comme celle du maître de l'épée, a des effets sur le corps, la société, le cosmos.

22. Sur le «signe» *niśān*, cf. Turner (1931, p. 351) La plume de faisan chez les Yakthumba n'est pas sans évoquer la plume de paon chez les chinois : cf. Petech (1973, pp. 99, 154). Sur le «signe», cf. aussi, entre autres, Morgiensterne (1973, p. 127), chez les Kafirs de l'Hindou Koush. Pour l'association du «signe» et du tambour, cf. Das, (1904, pp. 3-4).

23. *Pung-mi ba*, «l'homme sauvage» yakthumba, renvoie au *mi-rgod*, *bu-rgod* des Tibétains, au *chu-mung* des Lepcha, au yeti des Sherpa. Concernant la notion tibétaine, cf. Macdonald (1971, p. 211); Stein (1959, p. 515); Nebesky-Wojkowitz (1957, p. 181, etc.).

On pourrait mettre en évidence la continuité d'une façon de penser, un ensemble de thèmes précis, commun aux deux rituels : dans les deux cas celui des «armes surnaturelles» est présent, tant pour l'arc du chasseur que pour l'épée du maître de maison. On sait[24] en outre que le démembrement de la bête abattue a les mêmes effets que le «jet de pierres» du maître de l'épée; la plume glissée sous le turban est un «signe» comparable à la tête et aux cornes que s'octroie le chasseur.

Surtout, les enjeux du rituel sont les mêmes : le retour des dieux, la «force» retrouvée. La civilisation ne peut renaître que de cette force «sauvage» acquise dans le chaos des eaux primordiales[25].

Enfin, dans la chasse rituelle, comme dans le culte à Nahangma, le centre du monde yakthumba demeure la montagne locale.

Il n'en est pas moins vrai, toutefois, qu'entre la chasse et le rituel à Nahangma, il existe une profonde différence. On passe d'une société où, chaque année, le maître de maison payait de sa personne pour retrouver la maîtrise du sol, à une autre société où c'est le «maître de l'épée» qui désormais contrôle – mais pour le compte de qui? – la force venue de la montagne. Sans doute, la société yakthumba est-elle devenue plus docile. Peut-être un transfert s'est-il opéré vers un pouvoir centralisé.

LE RITUEL HINDOU DE DASAĨ ET L'ÉMERGENCE DE CHEFS NOUVEAUX (SUBBĀ)

À la fin du XVIIIe siècle, la conquête Gurkha permet d'intégrer par les armes le pays yakthumba au royaume du Népal. Des chefs d'un type nouveau, peu à peu, se mettent en place. On les appelle *subbā* (N). Eux aussi, à l'origine, sont des maîtres de maison parmi d'autres. Mais, désormais, ils vont recevoir délégation héréditaire des pouvoirs du roi du Népal pour administrer le pays en son nom selon une législation népalaise, et non plus la tradition ancienne.

De même que Nahangma et son culte, comme par le passé, continuent de rendre légitime l'autorité de chaque chef de maison yakthumba, de même Durgā, l'hindoue, et le rituel de Dasaĩ rendent légitime l'autorité de ces chefs nouveaux sur les autres maîtres de maison. Apparaît donc le «double pouvoir» des hommes : d'un côté les *tumyang* et de l'autre les *subbā*. Mais ce double pouvoir des hommes repose sur un double pouvoir des dieux : d'une part Nahangma, la divinité tutélaire yakthumba qui demeure, et de l'autre Durgā l'hindoue, qui tente de s'imposer. Eux aussi, les dieux, sont en

24. Sur la relation entre le remembrement créateur et le jet de pierres, cf. Stein (1959, p. 444, 514-517) pour le Tibet.

25. *Him singba* : pilier de la maison yakthumba, est aussi le terme qui désigne le chef de maison lui-même, qui soutient le toit et pèse sur le sol comme la montagne supporte le ciel et empêche la terre de trembler.

conflit. En d'autres termes, les chefs de maison yakthumba, forts de l'appui de Nahangma, tendent à s'opposer à l'autorité des *subbā* qui centralisent le pouvoir au nom de Durgā. La contradiction est patente dans les institutions. À l'époque contemporaine, toutefois, deux siècles après l'intégration des Yakthumba au royaume du Népal, on s'attend à ce que les *subbā*, avec l'appui du pouvoir népalais, aient définitivement assis leur autorité sur les chefs de maison qui dépendent de leur circonscription. Et plus précisément, on s'attend à ce que Nahangma, en tant que déité tutélaire des Yakthumba, soit célébrée désormais le septième jour du rituel de Dasaĩ : ce serait le signe de son intégration à l'hindouisme, de son allégeance à Durgā et du pouvoir définitivement reconnu des *subbā* dans leur circonscription où ils représentent l'autorité du roi népalais.

En fait, ce n'est pas le cas. À aucun moment Nahangma n'apparaît dans le rituel de Dasaĩ. Et c'est une autre déité yakthumba, celle qu'on appelle la «grand-mère» (Yuma), qui prend sa place dans le culte hindouiste, en tant que divinité tutélaire de la population.

Dans le nord du pays, l'apparition de Yuma et celle de son officiant du même nom, pose problème. À nouveau, il apparaît avec elle une rupture dans les façons de penser yakthumba, comparable à celle de l'émergence du «maître de l'épée» et du culte à Nahangma.

Ainsi, en étudiant Dasaĩ, c'est surtout le culte de Yuma qui nous intéresse. Car, tel un cheval de Troie, elle introduit les grands mythes hindouistes chez les Yakthumba. Elle prépare l'avènement de Durgā, la tutelle du roi du Népal et la légitimité des *subbā* auxquels le roi délègue ses pouvoirs. Il n'en est pas moins vrai que la résistance de Nahangma semble avoir été grande à l'égard de Durgā. Autant, au reste, que celle des chefs de maison face à la mise en place des *subbā*. L'évolution des dimensions de la circonscription (*thum*) dans laquelle s'effectue le rituel de Dasaĩ nous en fournit sans doute une preuve indirecte.

Cette notion de «circonscription» existait bien avant la conquête gurkha, à l'époque de la tutelle des rois Sen, comme à celle des rois du Sikkim sur le territoire yakthumba. Elle était aussi vieille que celle des Yakthumba eux-mêmes, associée à celle de *hang* : il y avait, dit la légende, dix «rois» et dix territoires (*thum*)[26], autant que les Yakthumba comptaient d'ancêtres aux origines de l'ethnie. Et, très probablement, ces rois, portés à la tête des coalitions des chefs de maison sur chacun de ces territoires se dressèrent-ils face à l'armée gurkha en 1774. Une fois vaincus, sans doute furent-ils reconnus par le roi du Népal comme les chefs de la communauté, avec lesquels on pouvait négocier : ce fut en effet le cas dans la «circonscription» (*thum*) de la Maewa. À l'époque de la conquête Gurkha, les dimensions du

26. Sur les dix *thum* yakthumba, cf. Risley (1894, p. 38), Vansittart (1894, p. 104); Morris (1933, p. 88); Chemjong, (1966, I, pp. 61-63). Pour l'époque des rois Sen, cf. D.R. Regmi (1961, pp. 38-39).

territoire où s'exerçait l'autorité d'un «roi» se mesurait à l'échelle d'une vallée toute entière. Et c'est à cette échelle que peu à peu se mit en place le rituel de Dasaĩ propre à chacun des *subbā*. La circonscription dans laquelle s'effectuait Dasaĩ, elle aussi, avait les dimensions d'une vallée.

Deux siècles plus tard, à la veille de la mise en place des conseils de villages qui mettaient fin au règne des *subbā*, les territoires de ces circonscriptions, toujours appelées *thum*, s'étaient réduits comme peau de chagrin du fait de la multiplication des charges : dans la vallée de la Maewa, en moyenne, on comptait un *subbā* désormais pour vingt maisons, pour moitié yakthumba et pour l'autre, immigrés[27].

C'est dans le cadre de territoires devenus minuscules que s'effectuait donc le grand rituel de Dasaĩ vers 1960. En modèle réduit, on y trouvait tout ce qu'on trouve dans un royaume : une «forteresse», un «sanctuaire», une bannière, une «armée», une cour de justice, la perception de l'impôt et un territoire autonome où le *subbā*, grâce à Durgā, recevait par délégation les privilèges exorbitants d'un roi devenu lui aussi minuscule : il était «maître du cosmos» dans un empire de vingt maisons. Il y possédait le pouvoir de détourner la foudre.

Cette multiplication des charges fut sans doute encouragée par la loi népalaise. Mais la fragmentation de l'ancienne circonscription qui existait à l'époque de la conquête gurkha témoigne surtout de la violence avec laquelle les chefs de maison refusaient la tutelle héréditaire d'autres chefs de maison qui étaient parvenus à devenir *subbā*. Et ce refus les amenait, à leur tour, à intriguer et obtenir une charge de *subbā* pour eux-mêmes. Ces faits témoignent de l'attachement des chefs de maison yakthumba à l'autorité politique que leur offrait le rituel à Nahangma.

Les premiers jours de Dasaĩ

Quoi qu'il en soit, vers 1960, Dasaĩ était devenu chez les Yakthumba un rituel aussi populaire que partout au Népal. En témoignent les premiers jours de la fête : les migrants yakthumba sont rentrés d'Assam et du Sikkim et chacun, désormais, demeure chez soi. On se fait tailler des habits neufs dans le tissu rapporté du marché. On envoie les jeunes vers la rivière chercher la terre rouge qui va servir à refaire le crépi des maisons; les chemins sont nettoyés. Un matin, Dasaĩ éclate au son des trompes des tailleurs : chargés d'une besace, ils passent chacun de maison en maison percevoir le grain, le sel et ce piment qu'on leur doit pour leurs prestations d'une année. On dit que leur passage annonce le début de la fête : c'est le jour de la nouvelle lune de la quinzaine claire du mois népalais d'*asoj*.

27. Sur le *thum* des *subbā*, cf. Sagant (1978).

Et ce matin-là, chacun des chefs de maison yakthumba, de même que leur *subbā* préparent, eux aussi, les graines d'orge, de maïs et de blé qu'ils vont faire germer dans un coin sombre de la maison ainsi que le pot (*kalaś*) et le plat de riz de la déesse Bhagvatī. Sur les terrasses, les gens discutent le prix des bêtes qu'ils sont venus acheter. Les Chetri du village voisin sont à la recherche de boucs. Les Yakthumba se cotisent pour acquérir un buffle ou un cochon. Tout au long de Dasaĩ, les sacrifices ne cessent pas. La viande, dans les maisons, sous le plafond, pend partout au-dessus du foyer. On distille à tour de bras. Saindoux et beurre grésillent sur les feux de bois et embaument les demeures. Des dizaines de groupes yakthumba sillonnent les hameaux. Devant chaque maison, ils s'arrêtent pour chanter : aux enfants on donne des sous et aux vieux l'alcool encore tiède.

Des hommes, armés d'un arc à balles, passent au milieu des champs avec l'espoir d'abattre un faisan. D'autres descendent pêcher vers la rivière où ils construisent d'énormes barrages. Dès les premiers jours, chaque soir, les adolescents disparaissent discrètement du village : par milliers, ils se retrouvent dans la montagne où, toute la nuit, ils vont chanter et danser. Ce sont les traditionnelles cours d'amour. Oui, en ces premiers jours de Dasaĩ, les Yakthumba eux aussi participent à la fête et les dieux de l'hindouisme sont pleinement célébrés[28].

Le septième jour de la fête (saptamī)

Le septième jour de Dasaĩ est marqué par deux événements. Le premier concerne chacune des maisons nobles (*tumyang*) et l'autre, la seule maison de leur *subbā*.

Ce jour-là, comme ailleurs au Népal, on célèbre donc les dieux tutélaires de la communauté, les dieux «locaux». C'est ce que fait chez lui chaque chef de maison, y compris le *subbā*. Ce n'est pas, toutefois, Nahangma qui est invoquée. Elle est écartée, je l'ai dit, au profit de Yuma, la grand-mère, à laquelle chaque maison sacrifie un cochon.

Selon la tradition orale, le culte de Yuma aurait été introduit par deux des Dix Yakthumba arrivés du Tibet, appelés Tsangba et Uba et dont l'un de leurs descendants fut le «roi» Mabo Hang[29]. Et il est vrai qu'aujourd'hui encore, les clans issus de Tsangba et d'Uba sont présents sur les deux rives de la haute vallée de la Tamur, attestant de la réalité historique de ces personnages mythiques.

28. Ces danses (*ya langma*) s'accompagnent de chants alternés; ce sont des joutes, comme les chants des vieux (*samlo*).

29. Sur les liens entre le culte de Yuma et les ancêtres Uba et Tsangba, cf. Chemjong (1966, I, p. 95, II, pp. 11, 16, 23, 24).

C'est un officiant appelé *yuma*, lui aussi, qui en principe officie[30] dans chacune des maisons. En chantant, il évoque l'origine de la grand-mère. Il retrace le chemin de sa migration millénaire : la Chine, le Tibet Oriental, Lhasa. Lorsque Yuma atteint une montagne proche de la petite ville de Tashirakha, au Tibet méridional, est évoqué l'écoulement des eaux prisonnières de la montagne qui semble directement inspiré du mythe venu de l'Inde. Toutefois, dès son arrivée, par le nord, en pays Yakthumba, Yuma se prend de querelle avec Nahangma, la puissance locale. Et ce conflit entre les dieux amène la guerre entre les hommes. Nahangma l'emporte et Yuma en fuite gagne Bénarès, Katmandou, etc. Son culte néanmoins s'établira plus tard dans le sud du pays yakthumba.

À l'époque contemporaine toutefois, Yuma, c'est clair, est parvenue à regagner le terrain perdu. Elle a fini par s'imposer partout dans le pays. Et c'est elle qu'on célèbre donc en ce septième jour de Dasaĩ, y compris chez ses anciens adversaires, les tenants de Nahangma.

L'autre événement de ce septième jour de Dasaĩ concerne le seul *subbā*. De sa maison, il sortait autrefois une bannière appelée *khaḍga niśān*[31]. Il la plantait au milieu de sa cour. Quelqu'un jouait d'un tambour appelé *nagārā*. Chacun des chefs de maison de la circonscription savait ainsi qu'il était convoqué pour le surlendemain, neuvième jour de Dasaĩ, chez le *subbā*.

Le huitième jour (aṣṭamī)

Comme ailleurs au Népal, le huitième jour de Dasaĩ est marqué, ici et là, par des sacrifices de buffles. La scène, toutefois, n'a pas l'importance qu'elle prend dans d'autres communautés. Peu nombreux, chez les Yakthumba, ceux qui s'y livrent. En 1966, au village de Tembe dans la vallée de la Maiwa, le buffle est abattu d'un coup de hache qui lui fend le crâne. Sur les lieux, quelques enfants, mais aucun officiant, aucun rituel.

À Libang (Mewa), la bête est achetée en commun par quelques chefs de maison parmi les plus riches, le plus souvent *subbā*. Certes, le poteau de sacrifices (*maulo*), sur le chemin, à l'entrée du village, ne peut être arraché sans offenser les dieux, associé qu'il demeure à la circonscription d'un *subbā* d'autrefois qui regroupe celle de plusieurs *subbā* aujourd'hui. Toutefois, là encore, nul officiant et nul rituel. Le démembrement de l'animal ne sert en rien à réaffirmer les liens sociaux, ou un pouvoir légitime. La bête est dépecée

30. La querelle de Yuma et de Nahangma est décrite dans le mythe. Elle se situe au-dessus du village actuel de Mahapanghe dans la haute vallée de la Tamur, à des lieux marqués par les pierres dressées.

31. *Khaḍga niśān* : à ce sujet, cf. M.C. Regmi (1965, p. 122). Elle concerne aussi les relations des Yakthumba avec les rois du Sikkim, cf. Chemjong (1966, II, p. 101), voir aussi Caplan (1970, p. 133).

sur place. La viande pesée est vendue aux villageois. L'acte n'apparaît pas comme ce rite central qui ailleurs revient au roi. Nul rapprochement n'est fait avec le mythe de Durgā et du démon Mahiṣāsura. C'est le lendemain, chez le *subbā* que la scène est capitale.

Le neuvième jour (navamī)

Au matin du neuvième jour, chaque chef de maison se lève tôt et descend vers les rizières. Il passe dans chacun de ses champs, il inspecte les canaux d'irrigation, il touche les épis du riz qui seront bientôt mûrs. Dasaĩ, c'est surtout la fête de la viande et de l'alcool. Et si le chef de maison ne fait pas sa visite aux champs, le riz se fâche : «C'est moi qui compte, ou c'est la viande?» Il faut montrer au riz qu'il est plus grand que la viande. Pourtant, Dasaĩ n'assure-t-il pas la prospérité du pays, des champs de chacun dans le royaume tout entier? Il semble qu'un doute subsiste chez les Yakthumba.

Plus tard, ce matin-là, partout dans la vallée, les tambours et les coups de fusils se mettent à résonner. Et dans chaque circonscription, les maîtres de maisons yakthumba – eux seuls – se rendent en famille chez leur *subbā*. À Tembe (Maiwa), un brahmane est présent pour surveiller la construction de l'autel. A Libang (Mewa), nul brahmane. Dans la cour, on dresse un tronc de bananier contre une palissade de bambou décorée de fleurs : à ses pieds, l'épée et le bouclier du *subbā*, ainsi que les effigies faites d'une gourde, d'un buffle et d'un bouc. En arrivant, chacun des chefs de maison dépose à son tour, comme l'a fait aussi le *subbā*, le vase de Durgā propre à sa maison, les pousses qui ont germé, le plat de riz cru et une petite lampe, ainsi que sa propre épée, ses outils agricoles, les instruments tranchants de sa demeure. Un bouc est amené qu'on attache à l'autel.

C'est un prêtre de Yuma qui, en principe, officie, parfois remplacé par le «maître de l'épée», dans le nord du pays. La nuit précédente (*kāl rātrī*) fut celle d'un retour au chaos des origines. Le rituel a donc pour objet la sortie du chaos, la création du monde. Selon chacun des thèmes du mythe indien, le chant de l'officiant évoque le barattage de l'océan de lait, l'apparition de la montagne, etc. Le héros créateur est néanmoins Yakthumba. Il s'appelle Porok Mi-ba, «le grand homme» (*yombā-mi*). Mais il se trouve désormais assimilé nominalement à Śiva. Une danse guerrière s'ensuit autour de l'autel : le *subbā* est en tête, l'épée haute, coiffé d'un turban et chacun des chefs de maison derrière lui agite son arme, hurle en faisant des bonds, tous désormais animés non plus par Nahangma, mais par la force de Yuma devenue l'épouse de Śiva, c'est-à-dire assimilée à Durgā. Le bouc est consacré, décapité d'un coup d'épée. La carcasse est traînée autour de l'autel et l'enclôt d'une trace sanglante. L'officiant s'empare de la bête et verse quelques gouttes de sang sur chacune des épées, des pousses de céréales, etc. Les effigies du bouc et du buffle sont à leur tour tranchées d'un coup d'épée. Enfin l'officiant place son pied nu sur le sol, dans la flaque de sang du bouc décapité. A cloche-pied, il court jusqu'à l'entrée de la maison du *subbā*. Il s'accroche des deux mains aux portes de la véranda. Il plaque son pied nu contre le mur, laissant une empreinte sanglante au-dessus de la porte. Alors le *subbā* ou parfois l'officiant, son délégué, dépose sur le front de chacun des maîtres de maison qui dépendent de sa circonscription, la «marque du bouc» (*bokā ṭikā*), un peu de sang, quelques grains de riz cru, une ou deux pousses de céréales. Et chacun, après lui, appose la même marque aux membres présents de sa maisonnée.

Les chefs de maison reprennent leurs armes et leurs outils. Pour savoir si l'année sera bonne, chacun examine l'état des pousses *jamarā*. Le bouc est dépecé – le *subbā* offre à ses dépendants les entrailles rôties de l'animal (*prasād*) avec un pot de bière. Et toute l'après-midi est consacrée aux chants (*samlo*) où les vieux rivalisent pour évoquer les exploits des ancêtres, mais cette fois yakthumba.

La tête du bouc abattu, entre autres, revient au *subbā*. Elle porte le nom d'une prestation de chasse (*śir-ṭuk*)[32] comme si l'animal était sauvage. Ce jour-là le *subbā* est régénéré dans sa force vitale, celle qui se manifeste quand il manie l'épée. On dit qu'il a «la tête haute». Mais c'est à Yuma, assimilée à Durgā, qu'il doit ce renouveau, et non à Nahangma. Et de cette force, reçue par délégation du roi du Népal, dépend à son tour la force de chacun de ses dépendants.

Le dixième jour (daśamī)

Comme ailleurs au Népal, le dixième jour de Dasaĩ est celui où se renouent toutes les hiérarchies à l'intérieur de chaque circonscription. Non pas seulement, comme la veille, celles des seuls Yakthumba, mais aussi celles de tous les dépendants (*raiti*) de caste qui ont reçu des terres de la circonscription du *subbā*.

La scène se passe à l'intérieur de la maison du *subbā*. Chacun des dépendants apporte des cadeaux; les brahmanes, s'ils sont présents, des petits pains, du riz cru, des bananes; les Chetri, parmi d'autres, un cuissot de chèvre (*sa-lang*); les Yakthumba, comme les Sherpa, surtout de l'alcool; les forgerons (Kāmī), une faucille; et les Tibétains, autant de pommes de terre qu'un homme peut en porter, le cuissot d'une chèvre du Tibet (*byāṅglung*), une trentaine de gros navets rouges (*turuba labok*), et un oiseau sauvage, soit le faisan monal (*sam dangwa* : le *d̃āphe* des Népalais) soit un autre faisan, plus petit (*yamlakwa*). Et tous, en même temps, des fleurs.

32. La notion de *śir ṭuk* renvoie aux droits des *subbā*, maître des produits de la forêt, cf. Sagant (1978).

Le *subbā*, entouré par les siens, au centre de sa demeure, est à la place la plus haute du rang. Frère de clan ou tenancier de caste, chacun s'approche à son tour : il s'incline aux pieds du chef yakthumba et dépose ses cadeaux sur le sol. Il reçoit la même marque sur le front que la veille, mais cette fois appelée « complète » (*purā ṭikā*). Entre ceux qui boivent, le *subbā* partage l'alcool. À tous, il offre une mesure de riz décortiqué, du sel, du piment, parfois de la viande. Et de nouveau, toute la journée, on chante. Le soir, retourné chez lui, chacun des chefs de maison, yakthumba ou non, remet à son tour la « marque sur le front » à tous les membres de sa famille.

On dit qu'autrefois, en ce dixième jour de Dasaĩ, se tenait le grand rituel *phedang thok lung* où le maître de l'épée lui aussi renouvelait son allégeance aux puissances de l'autre monde.

Le lendemain, partout, c'est le départ du village pour les Yakthumba : chacun se rend dans la famille de sa femme ou de sa mère pour renouer les liens hiérarchisés de l'alliance.

Quant au *subbā*, dans les jours qui suivent le rituel, il reconnaît son allégeance au roi gurkha, en allant déposer des fleurs de Dasaĩ aux représentants, dans le pays yakthumba, de l'autorité népalaise.

Ainsi le rituel de Dasaĩ est pleinement célébré chez les Yakthumba : le fait qu'y soient intégrées les joutes traditionnelles de l'ethnie (chants épiques des vieux, chants alternés et danses des jeunes) atteste que la fête, comme ailleurs au Népal, est devenue populaire.

Le culte de Yuma, présent à Dasaĩ comme celui de la divinité tutélaire de la communauté ethnique a permis l'introduction des grands mythes de l'Inde. Porokmiba, le « grand homme » (Yomba Mi), héros fondateur yakthumba, est désormais assimilé à Śiva, comme Yuma l'est à Durgā. Il en résulte, en principe, la reconnaissance définitive de la royauté népalaise, comme celle du pouvoir des *subbā*.

Il n'en demeure pas moins que Nahangma semble bouder la liesse générale. Le mythe rappelle que dès les premiers jours elle a lutté contre Yuma. Certaines des pierres dressées continuent d'en porter témoignage, dans la haute vallée de la Tamur. Nahangma conserve son quant-à-soi. Elle continue d'être célébrée, mais en dehors du calendrier de Dasaĩ.

Nahangma a-t-elle encore une influence ? Il semble que la multiplication des charges de *subbā* et la segmentation extrême des circonscriptions, attestent de façon indirecte d'un conflit de légitimité entre le *subbā* et les chefs de maison. Ce qui laisserait supposer que Nahangma n'a pas désarmé.

LE DOUBLE POUVOIR DES HOMMES (*HANG ET SUBBĀ*) ET L'AFFRONTEMENT DES DIEUX

Ainsi, à supposer que l'hypothèse d'un double pouvoir des dieux (Nahangma et Durgā) soit fondée, il n'est qu'une seule façon de la vérifier : mettre en évidence, jusqu'à l'époque contemporaine, le double pouvoir des hommes. Et montrer qu'à côté des *subbā*, mis en place par le culte de Durgā, les *hang* étaient toujours présents, forts du soutien de Nahangma.

Certes, la notion a été évoquée en abordant le conflit structurel dans la minuscule circonscription du *subbā*, entre l'autorité de ce dernier et celle du maître de maison. Le premier est légitime du fait de Durgā, et le second de Nahangma. Le conflit existe donc en puissance dans chaque circonscription. Et il est vrai qu'il est manifeste le neuvième jour de Dasaĩ, lorsqu'un des chefs de maison, parfois, refuse de paraître au rituel *mār kaṭnu*. C'est le signe pour une raison ou une autre qu'il ne reconnaît plus l'autorité de son *subbā*. Et, souvent, c'est ainsi que commençaient les luttes intestines qui amenèrent à la segmentation des charges, à la multiplication des *subbā*.

Il n'en demeure pas moins que la même contradiction apparut aussi dans des cadres beaucoup plus vastes, ceux de chacun des territoires où s'installa, aux origines de l'ethnie, chacun des Dix Ancêtres Yakthumba : ces territoires, on les appelle *thum*, eux aussi, on l'a vu, comme la petite circonscription du *subbā* : je les appellerai «districts» pour distinguer les deux notions.

Certes, la faveur de Nahangma fonde le pouvoir de chacun des chefs de maison. Mais cette faveur n'est pas égale pour tous : je l'ai dit, certains sont mieux aimés des dieux que d'autres. Et dans le cadre des grands districts d'autrefois, selon un processus qui sera analysé ailleurs, l'un des chefs de maison, à un moment donné, est reconnu plus grand que tous les autres : pour des raisons que les hommes comprennent bien, il est celui que Nahangma affectionne le plus. Celui-là, on l'appelle «le premier parmi les aristocrates» (*tum tumyang*). Et comme l'ancêtre d'autrefois, on lui donne le nom de «roi» (*hang*).

Ces institutions du *hang* et du *tum tumyang*, on le sait, sont très anciennes, présentes à l'origine de l'ethnie. Elles existaient encore à l'époque des rois Sen et à celle de la tutelle des rois du Sikkim. Ensuite, tous les auteurs se sont entendus sur le fait qu'elles aient disparu. Mais ils ne s'accordent pas sur les dates de cette disparition. La plupart, toutefois, affirment que ces «rois» yakthumba appelés *hang* auraient cédé la place aux *subbā* à la suite de la conquête gurhka.

En d'autres termes, pour vérifier l'hypothèse de la permanence jusqu'à nos jours du double pouvoir des dieux, il est nécessaire de prouver que les *hang* yakthumba existaient encore à l'époque contemporaine en dépit de la présence des *subbā*.

Après la «Révolution» de 1950-1951 qui vit la chute du régime Rāṇā et la restauration des pouvoirs du roi du Népal, le pays yakthumba fut le théâtre de très importantes assemblées politiques (*cumlung*) que le régime Rāṇā interdisait jusqu'alors[33].

Ces assemblées se sont tenues en plein air, dans des sites parfois consacrés de l'histoire yakthumba. Certaines ont réuni de quatre à cinq mille personnes, venues de tous les districts du pays. Le but était de dégager des positions politiques communes à l'ethnie, et de désigner des délégués qui iraient présenter des propositions de réformes, à Katmandou, au roi du Népal.

Man Bahadur Pangbohang fut à plusieurs reprises l'un de ces délégués. Il habitait le village de Libang, dans la vallée – «le district» – de la Mewa où j'ai surtout travaillé, autrefois. À cette époque il joua un rôle politique important. Souvent je lui avais demandé de m'éclairer sur le mouvement qu'il animait. Il me faisait participer à des manifestations que ne je comprenais guère. Mais ce n'est qu'à l'occasion de ma seconde mission et, qui plus est, au moment de mon départ, en 1971, qu'il me remit une liasse de papiers où, me dit-il, je trouverai quelques-unes des réponses aux questions que je lui avais posées.

Cette liasse[34] est constituée de vingt et un feuillets doublés de papiers népalais, reliés par un cordon de coton. Onze pages sont manuscrites, recto-verso, à l'encre noire et au stylo à plume. Le texte, rédigé en langue népali, se compose de deux parties. La première relève de «l'avènement de la démocratie» auquel les yakthumba souhaitent s'associer : ils se disent prêts, eux aussi, à participer à la construction du pays et au «développement du progrès» : demande est faite de la mise en place d'écoles, de centres sanitaires, d'hôpitaux, etc. Apparaît surtout la volonté que les Yakthumba soient reconnus comme une communauté ethnique et culturelle, possédant ses propres instances. En annexe, se trouve le projet très détaillé d'un internat qui accueillerait deux cents étudiants, exclusivement yakthumba.

La seconde partie du document concerne l'une de ces grandes assemblées de l'ethnie qui s'est tenue près du hameau de Dobhan, en novembre 1956, au confluent des rivières Mewa et Tamur, pour préparer une délégation auprès du

33. Ces grandes assemblées sont le plus souvent appelées cumlung. La dernière avait eu lieu sous le régime Rāṇā, en 1938, malgré l'interdiction de ces derniers (M.C. Regmi 1965, p. 107). À la chute des Rāṇā, elles se sont multipliées,

– en 1951, près d'Ilam, cf. Caplan (1970, p. 183); M.C. Regmi (1965, p. 12)

– en 1955 près de Dobhan, cf M.C. Regmi, (1965, p. 120) : les Yakthumba revendiquent alors l'autonomie et la frappe de leur propre monnaie :

- en 1956, près de Dobhan, celle décrite dans cet article, cf. M.C. Regmi (1965, pp. 125-127).

- en 1963, près de Dobhan.

- en 1965, près de Terhathum, la discussion porta sur le projet de la réforme foncière : 4000 à 5000 personnes étaient présentes.

- en 1967, près de Dobhan : s'y manifesta le refus de la réforme foncière.

Pour l'ensemble, cf. M.C. Regmi (1965, pp. 103-132).

34. Je remercie Kishor Uprety pour l'aide apportée dans la traduction du manuscrit.

roi du Népal, qui fut reçue le 28 du même mois[35]. Pour l'essentiel, le texte de l'assemblée est simple : outre les propositions de réformes mentionnées ci-dessus, il est demandé un retour au décret (*lālmohar*) de juillet 1774, selon lequel Pṛthvī Nārāyaṇ reconnaissait le système politique traditionnel des Yakthumba, c'est-à-dire l'autorité des chefs appelés *hang*. En conséquence, l'Assemblée de 1956 demandait l'abrogation de la législation mise en place depuis le régime Rāṇā et concernant les *subbā*.

L'une des pages de la liasse, en outre, énumère les membres de la délégation auprès du roi, élus par l'assemblée. Elle se présente sous la forme d'un tableau dont chaque ligne concerne un délégué, avec mention de son nom, du nom de son clan, de son village, de son «district» (*thum*) et, enfin, sa signature. Cette liste présente malheureusement un certain nombre de lacunes. Elle est, en outre, authentifiée par un secrétaire de séance, appelé Nanda Kumar et par Man Bahadur lui-même, qui l'a fait recopier et confirme de sa signature que le double est conforme à l'original.

Ce qui m'intéresse dans cette page, ce sont les indices qui permettraient de définir le type d'assemblée qui s'est tenue à Dobhan ce jour-là : il semble, en effet, qu'elle soit tout à fait comparable aux grandes assemblées légendaires de l'ethnie et que les délégués élus pourraient bien être des «rois» (*hang*) en tous points comparables aux dix ancêtres mythiques, fondateurs de la communauté ethnique.

Certes, ces *hang* d'autrefois, il est difficile de les définir. Concernant les «rois» mythiques des origines (ceux qui existaient à l'époque des rois Sen, à celle des rois du Sikkim, ou au moment de la conquête gurkha) les sources sont souvent contradictoires. La plupart, cependant, mettent en avant un petit nombre de donnés identiques : qu'ils soient, selon l'époque historique, au nombre de dix, de treize ou de dix-sept.

Ces données, au nombre de cinq, sont les suivantes :

1) le *hang* est l'élu d'un district (*thum*) avant d'être l'élu de la population toute entière,

2) le *hang* appartient à un clan spécifique propre au territoire de son district,

3) le *hang* serait le représentant élu de la «tribu» (*swang*) propre à son district et issue d'un ancêtre commun,

4) le *hang* serait lui-même, par filiation, le descendant direct de l'ancêtre de la tribu propre au district,

5) l'ensemble des *hang* serait l'instance politique suprême du pays yakthumba.

35. La délégation fut reçue par le roi du Népal le 28 novembre 1956, cf. M.C. Regmi (1965, p. 127).

Dans quelle mesure ces cinq données concernant les *hang* d'autrefois sont celles qui se retrouvent chez les délégués de l'assemblée de 1956, c'est ce que nous allons tenter de définir.

Dans la liste du manuscrit de Man Bahadur, les délégués de l'assemblée sont au nombre vingt-neuf[36] issus de treize districts différents. Mis à part un élu, qui ne mentionne pas le nom de sa communauté, tous sont kirat, en grande majorité yakthumba, à l'exception de trois Rāi. Aucune des autres communautés installées de longue date en pays yakthumba (Magar, Gurung, etc.) ne sont représentées, à commencer par celle des Indo-Népalais : on a l'impression de revenir à un état de fait bien antérieur à la conquête gurkha.

Pour un district donné, le nombre des élus varie. Avec onze délégués, le Panch Thar est fortement représenté, sans doute pour avoir orienté les débats politiques. Et il est vrai que, dans la délégation, on trouve les présences marquantes de Kul Bahadur Angdembe qui deviendra ministre dans le gouvernement népalais de 1957, celle d'Iman Singh Chemjong, l'historien yakthumba, etc. Le Panch Majhiya compte trois délégués, un Yakthumba et deux Rāi, qui tous ont omis leur nom de clan. Quatre autres districts (Athrai, Mewa, Yangrup, Sankhuwā, Sabha) ont deux élus chacun, dont un Rāi pour le dernier cité. Enfin, chacun des sept autres districts (Tamur, Maiwa, Char-Khola, Phedap, Chaubis, Chathar, Mikluk) ne compte qu'un élu.

Ainsi sur ce premier point, l'assemblée de 1956 est conforme à la tradition des grandes assemblées légendaires telles qu'elles sont évoquées dans les sources. Comme les *hang* d'autrefois, chacun des délégués est d'abord l'élu d'un district et non du pays tout entier. Dans quelle mesure les élus de 1956 appartiennent-ils, comme les *hang* d'autrefois, à des clans connus pour être issus de leur district[37] ? À cet égard les noms de clans mentionnés par le manuscrit de Man Bahadur Pangbo apportent quelques indications :

– Pour le district de la Mewa et son élu, Man Bahadur, du clan Pangbohang, et du village de Libang, les données sont claires : Libang, nom d'un village, est aussi celui d'un clan ancien, aujourd'hui disparu et dont le clan Pangbohang est issu par segmentation : tous les deux sont apparus dans la vallée de la Mewa.

La Maiwa est représentée par deux délégués, respectivement des clans Phago et Thangdemba. Phago est un des plus vieux clans de la Maiwa khola qui a donné naissance à une trentaine d'autres clans dont le clan Thangdemba.

36. Ces 29 délégués ne sont pas tous des *hang*. Il n'y a qu'un *hang* par district. Vue la force de la délégation du Panch Thar, on peut considérer que Angdembe fut reconnu comme le *tum tumyang* du pays tout entier.

37. L'étude des clans yakthumba a été entreprise de longue date par les officiers britanniques des régiments gurkha. Vansittart (1915) y a beaucoup contribué. Morris (1933) réunit l'ensemble des matériaux collectés sur le sujet.

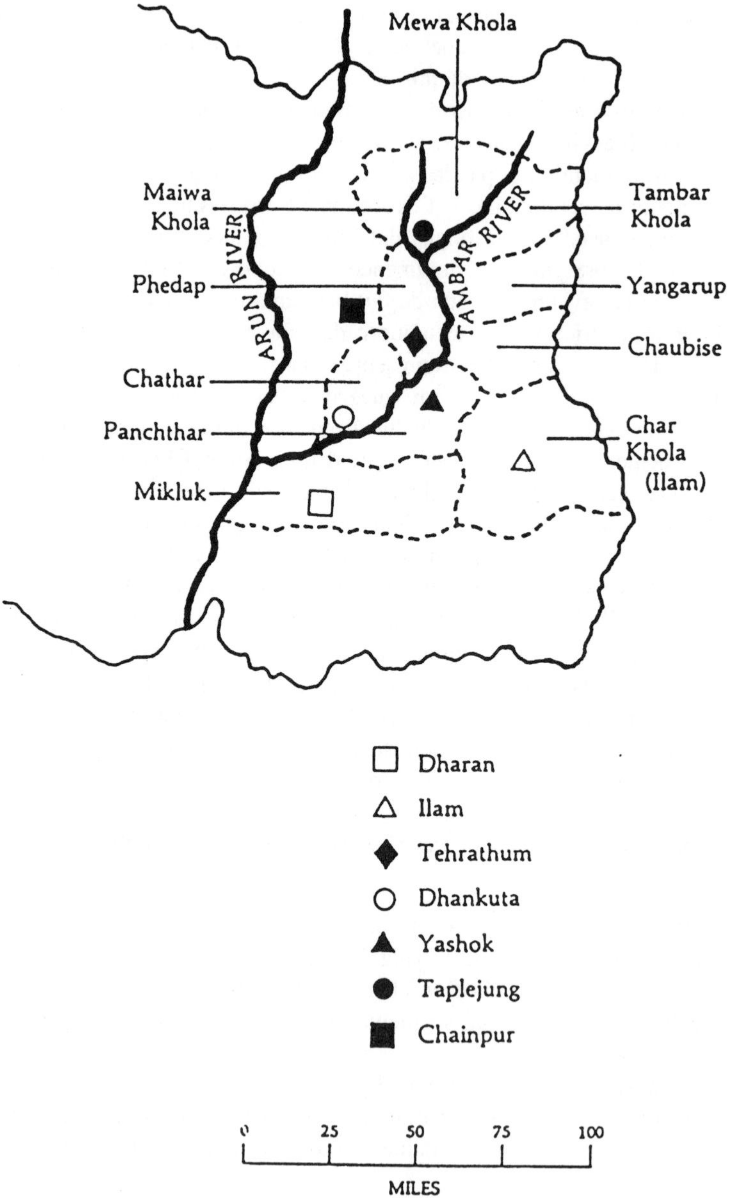

FIG. 1. FRONTIÈRES APPROXIMATIVES DES DIX PROVINCES LIMBU TRADITIONNELLES LE LONG DE LA RIVIÈRE TAMBAR.

Source : R.L. Jones et S. Kurz-Jones, *The Himalayan Woman*, Mayfield Pub. Co., Palo Alto, 1976.

– Le clan Putwa du délégué de «Taplejung», c'est-à-dire du district de la Tamur, m'est inconnu.

– Ilam, nom d'une petite ville, renvoie au district des Char Khola qui a longtemps relevé, pour une part, de l'autorité des rois du Sikkim. Il est représenté, en 1956, par un homme du clan Chemjong. Au XVIIe siècle, pour des raisons politiques, les Yakthumba ont pris leurs distances à l'égard du Sikkim. Et aujourd'hui, le clan Chemjong est attesté dans les districts de Chaubis, de la Tamur, du Panch Thar. Mais il est possible que le berceau du clan Chemjong soit en effet le district de Char Khola.

– Pour le district de Phedap, l'élu appartient au clan Tumbangphe qui signifie le «plus ancien village», le «premier village». Partout dans le pays sont nombreux les clans Tumbangphe, sans aucun lien les uns avec les autres. Toutefois, l'un d'eux est attesté à Phedap particulièrement important, au point d'être considéré comme une «sous-tribu» à laquelle sont associés huit autres clans.

– L'élu du district de Chaubis a omis de préciser son nom de clan.

– le Panch Majhiya est représenté par trois délégués dont un Yakthumba et un Rāi : aucun nom de clan n'est précisé.

– Le Mikluk a pour délégué un homme du clan Mabo Hang, sans doute venu s'installer dans les basses terres du sud depuis les montagnes.

– Le district de Sankhuwa Sabha a deux élus qui sont Rāi, sans autre précision.

– Enfin, la liste des onze délégués du Panch Thar est précieuse. Elle tend à préciser les indices qui apparaissent dans la représentation des districts précédents. Trois élus appartiennent au clan Angdembe; deux sont Chobegu; un, Nembang; un, Tamsuhang; un, Sewa; un, Maden; un, Lauti; un, Chemjong. A l'exception du clan Maden, trop fréquent partout ailleurs dans le pays pour être attaché à un seul district, tous les autres clans sont liés au district du Panch Thar, et le clan Angdembe est souvent présenté comme le nom d'une «sous-tribu».

Ainsi, cette analyse replacée dans le cadre des travaux britanniques et de nos matériaux tend, pour une part, à montrer que les élus politiques de l'assemblée de 1956, comme les *hang* d'autrefois, appartiennent à des clans connus de longue date comme spécifiques du territoire du district qu'ils représentent.

Peut-on aller plus loin et affirmer que le *hang* serait le représentant d'une tribu, liée au territoire du district et dont les clans, surtout, seraient issus d'un ancêtre commun[38] ?

De cet ancêtre, que disent les sources présentes dans la littérature, concernant le seul district de la Mewa qui m'est le mieux connu?

38. Sur la notion de tribu (*swang*), cf. entre autres Risley (1892, p. 89); Vansittart (1915, pp. 103 - 104 et *passim*); Morris (1933, pp. 37-39)

Selon quelques-uns des auteurs, les informations sont les suivantes[39] :

Nom de l'ancêtre	*District (Thum)*	*Forteresse (yok)*	*source*
Sosiane Sering Hang	Mewa	Meringden	Vansittart 1915, p. 104
Sesiane Sering Hang	Mewa	Meringden	Morris 1933, pp. 88, 89
Sisiyen Sering Hang	Mewa et Maiwa	Meringden	D.R. Regmi 1961, pp. 37-39
Sisiyen Sering Hang	Mewa et Maiwa	Meringden	I.S. Chemjong 1966, I, p. 60

Dans quelle mesure les matériaux recueillis sur le terrain confirment-ils ces informations et permettent-ils de les interpréter?

Dans les années 1956-1971, ces cinq indications, à deux minimes variantes près, sont constamment mentionnées par de nombreux informateurs qui habitent la vallée de la Mewa. La raison est simple : elles sont au cœur d'un rituel appelé Mangenna qui s'effectue deux fois par an dans chaque maison, en même temps que le culte de Nahangma. Et ce rituel, pour bon nombre de cas, établit en effet une relation de filiation entre le clan du maître de maison et celui de l'ancêtre mythique.

La première séquence du culte voit l'officiant (le maître de l'épée) retracer les étapes de la migration de l'ancêtre du district. Sont évoqués la vallée de Katmandou, Bénarès, l'Assam. Puis Lhasa, la Chine, le Kham. À Lhasa, longtemps, les ancêtres vivent de la chasse : est évoquée une crête appelée Sering où ils habitent des maisons troglodytes sous la direction d'un «roi» appelé Sering Song Hang, puis diverses localités du Tsang, au Tibet méridional. Enfin les rives d'un lac proche de la bourgade tibétaine de Tashirakha où les Yakthumba de la «Lhasa Gotra» se séparent et gagnent par des chemins différents les basses vallées himalayennes qu'ils habitent aujourd'hui. L'ancêtre de la Mewa s'appelle alors Sandunghe. Il est accompagné de Mundunghe, son frère cadet. Ensemble, ils atteignent les sources de la Mewa, puis le hameau tibétain actuel de Tokpe Gola. Ils se séparent près du hameau de Lamsang après avoir abattu une bête sauvage à cornes qu'ils partagent. Sandunghe s'installe sur la rive droite de la vallée. Pour la première fois, alors, il effectue le rituel à Mangenna, prenant le nom de Sejiri Sering Hang. De la même façon, Mundunghe s'installe sur la rive gauche et prend le nom de Liliri Libang Hang.

Lorsque le chef de maison appartient à un clan issu de l'un ou l'autre des deux ancêtres, la seconde partie du culte consiste, pour le «maître de l'épée», à acheminer par un voyage rituel une offrande sanglante jusqu'à la «forteresse» (*yok*) où s'est installé l'ancêtre en arrivant dans la vallée.

À la lumière de ces données tirées des rites contemporains, reprenons chacune des cinq informations qui concernent les grandes assemblées

39. Outre les travaux britanniques sur l'assemblée d'Ambepo Jokma, cf. Chemjong (1966, I, pp. 58-60, II, p. 56) et aussi D.R. Regmi (1961, pp. 37-39) à l'époque des rois Sen.

d'autrefois et risquons-nous à la confrontation des deux : est-ce que les habitants de la Mewa sont tous issus d'un ancêtre commun?

D'abord, le nom de l'ancêtre : lui aussi est qualifié de *hang*. Mais comparé à celui qui est donné dans les sources des anciennes assemblées, le premier terme de son nom, sur le terrain, fait apparaître une variante : il ne s'appelle ni Sosianne, ni Sisiyen mais Sejiri.

Le second terme, Sering, lui, demeure le même dans toutes les sources, comme dans le rituel. Sur le terrain, toutefois, le sens du mot selon les contextes est différent. C'est donc d'abord une partie du nom de l'ancêtre qui le premier s'installe dans la vallée. Mais c'est aussi la composante du nom de l'ancêtre plus lointain qui dirigeait la communauté lorsqu'elle habitait au Tibet dans les maisons troglodytes de la crête ou de la montagne, nommée elle aussi Sering. C'est encore un nom de clan, attesté à l'époque contemporaine sur la rive droite de la Mewa. En outre, de ce clan Sering, sont issus bon nombre d'autre clans de la vallée, du moins sur la rive droite. Venons-en maintenant au terme de Meringden : dans chacune des sources, il désigne la forteresse (*yok*) où régna Sejiri Sering Hang, l'ancêtre de la vallée de la Mewa.

Pour les informateurs contemporains, le nom est bien connu. Il apparaît dans le rituel. Mot à mot, il signifie le lieu (*den*) des lamentations (*mering*). C'est l'endroit où l'ancêtre serait mort. Aujourd'hui encore c'est le nom d'un lieu-dit du hameau de Masering. Il se trouve sur la crête, au-dessus du village de Thukima, au confluent des torrents Mungwa et Samtingwa. Dans le rituel, il est en effet la forteresse (*Yok*) où, pour la première fois, l'ancêtre a effectué lui-même le rituel à Mangenna. Aujourd'hui, la forteresse a disparu. Demeure toutefois une pierre dressée appelée Tho-su Yok où, en effet, tous les clans de la rive droite issus du clan Sering, ainsi que ce dernier lui-même, font acheminer l'offrande sanglante du rituel : ils reconnaissent ainsi leur origine commune remontant à Sejiri Sering Hang, qui dans les sources est aussi le «roi» (*hang*) élu pour le district de la Mewa, lors de la grande assemblée fondatrice d'Ambepo Jokma.

Sur la rive gauche de la vallée, les données sont un peu différentes. Le clan Sering n'est pas présent. Son équivalent, en tant que proto-clan, est le clan Libang, d'où sont issus bon nombre de clans qui existent aujourd'hui encore : tous, ils acheminent l'offrande sanglante du rituel au lieu-dit Sa Thok Nemba, marqué lui aussi par une pierre dressée, proche du hameau de Chinabung, sur le territoire de l'actuel village de Libang, où l'ancêtre s'est installé autrefois. Cet ancêtre Liliri Libang Hang (appelé aussi Mundunghe) on l'a vu, était le «frère» de Sejiri Sering Hang (appelé aussi Sandunghe). Tous les deux, dit le mythe récité lors du rituel de Mangenna, sont arrivés du Tibet lors d'une même migration. Et le clan Libang, disparu aujourd'hui, était lui-même issu du clan Sering qui existait au Tibet. Ainsi, chacun des chefs de maison, sur la rive gauche de la vallée, qui fait acheminer l'offrande sanglante du rituel de Mangenna à la pierre dressée Sa-Thok-Nemba reconnaît son lien de filiation à Liliri Libang Hang, ainsi qu'à l'ancêtre de la crête de Sering, au Tibet.

Est-ce à dire, cependant, que tous les clans présents dans la Mewa descendent du même ancêtre? Ce n'est plus le cas à l'époque contemporaine.

D'abord, à l'arrivée des deux ancêtres issus du clan Sering, d'autres populations étaient installées dans la vallée. Elles avaient leurs propres chefs, dont le souvenir persiste, issus de clans encore présents aujourd'hui (Khokling, Samyangkhamma, etc.). Ces clans, avec le temps, ont été intégrés à ceux de la migration tibétaine de Sering. Et selon qu'ils habitent la rive droite ou gauche de la vallée, eux aussi, acheminent l'offrande sanglante de Mangenna aux pierres dressées Tho-Su Yok ou Sa thok Nemba.

De même, d'autres migrations sont arrivées du sud, de «Bénarès» et non de «Lhasa». Pour des raisons diverses, sanctionnées par des chasses rituelles, ces clans venus du Sud ont obtenu le même statut que ceux venus du nord. Ils ont fait souche dans la vallée. C'est en particulier le cas des douze clans du village de Syamba, reconnus «nobles» (*tumyang*) eux aussi, et qui adressent l'offrande à leur ancêtre commun, Saratapa, à la forteresse appelée Ling Thang Yokma, une pierre dressée, elle aussi, sans relation avec celle des migrants tibétains.

Enfin, à diverses dates de l'histoire de la vallée, sont arrivés – à l'appel des chefs locaux en difficulté - d'autres clans, désormais bien implantés. En récompense de leur appui lors des guerres, ils ont obtenu de la terre. Mais ils continuent néanmoins de reconnaître leur filiation aux ancêtres de leur lieu d'origine dans la vallée voisine de la Tamur : ils acheminent l'offrande du rituel à la pierre dressée d'Akwajongu Yok.

Ainsi, les clans de la vallée de la Mewa sont issus pour une part importante d'un ancêtre commun. Toutefois, ils ne composent plus une tribu (*swang*) au sens très précis où Senior l'entendait. Il n'en demeure pas moins que la Mewa possède son histoire propre. Et si les clans ne sont pas tous apparentés par la filiation, ils le sont devenus par l'alliance.

Somme toute, dans une large mesure, les Britanniques avaient raison : le district de la Mewa, au moins, possède une population assez largement homogène. Le *hang* est bien le représentant de plusieurs groupes de clans spécifiques, dont les plus nombreux reconnaissent un ancêtre commun.

Venons-en au dernier point que suggèrent les sources : celle d'un district qui possède une organisation politique unifiée; celle où Sejiri Sering, l'ancêtre de la Mewa, aurait en son temps exercé le pouvoir sur l'ensemble de la vallée, puisqu'une assemblée, celle d'Ambepo Jokma le reconnaît comme «roi» (*hang*).

Sur ce point toutefois, les sources semblent en complet désaccord avec les matériaux recueillis sur le terrain. Certes, dans la tradition orale des clans, la notion de *hang* remonte à la nuit des temps : elle existe avant l'arrivée des «Dix Yakthumba». Elle se perpétue sous les rois Sen, sous les rois du Sikkim. Et les *hang* sont présents face aux forces gurkha. Mais ce qu'affirme cette tradition, c'est la pluralité des *hang* et leur affrontement permanent dans le cadre de chaque vallée. La tradition orale de prime abord nie l'unité politique du district.

Pour ne prendre qu'un exemple concernant la Mewa, on rapporte qu'avant la conquête gurkha, il existait plusieurs petits «royaumes» dans la vallée, presque dans chaque village, à Santakra, à Libang, à Lingtep, à Syamba. Les *hang* qui existaient à leur tête luttaient constamment les uns contre les autres. Et chacun de ces minuscules potentats ressemble fort à ceux qu'évoque Campbell en 1840 : il possédait sa «forteresse», en effet, nid d'aigle d'un accès difficile, dans lequel il vivait avec les siens. En cas de querelle avec un voisin ou de différend avec un supérieur, des compagnons d'armes venaient l'y rejoindre : on se retranchait pour assurer la défense. Ces données posent problème : comment à l'Assemblée des Dix Yakthumba, l'un de ces *hang* pouvait se retrouver l'élu d'une vallée toute entière, lorsque la tradition orale les montre, au mieux, à la tête de quelques villages et s'entre-déchirant les uns les autres? Et ces assemblées, en quelles occasions se réunissaient-elles?

De même se pose l'autre question, déjà évoquée, où à nouveau les sources sont en contradiction avec les matériaux de terrain : à quelle époque les *hang* ont-ils disparu? Depuis cinq siècles, répond Hodgson en 1840[40], évoquant sans doute la tutelle des rois Sen sur le pays yakthumba. À la suite de la conquête gurka, affirme Risley[41] et bien d'autres avec lui, quand ils cèdent la place aux *subbā* (non plus élus des dieux et reconnus par les hommes, mais recevant délégation héréditaire des pouvoirs du roi du Népal et légitimité grâce au rituel de Dasaĩ).

En fait, les *hang* ont survécu à la conquête gurkha : c'est ce que nous apprend le terrain. Certes leur survie s'est faite dans l'illégalité aux yeux de la loi népalaise, mais elle demeurait légitime selon la tradition et la faveur de Nahangma. Et ces données nous ramènent à l'assemblée de 1956 et à l'élection de Man Bahadur Pangbohang pour le district de la Mewa.

Jusqu'aux années cinquante, date à laquelle, avec la chute des Rāṇā, vont réapparaître les grandes assemblées yakthumba, Damar Doj Pangbohang, le père de Man Bahadur, dominait la vie politique de la Mewa. On dit que son autorité, à laquelle son fils était associé, s'exerçait en partie sur les districts

40. Pour Hodgson (1858), les *hang* avaient disparu quand les Yakthumba ont reconnu la tutelle des rois Sen.

41. Pour Risley (1892) dont les idées furent le plus souvent reprises, les *hang* ont disparu avec la conquête gurkha en 1774, remplacés peu à peu par les *subbā* et les *rāi*.

voisins de la Tamur et de la Mewa. Il y eut même une époque où il défia le chef tibétain de Walungchung, très soutenu par le royaume du Népal[42] et qu'il chercha à lui ravir le contrôle du grand commerce himalayen qui transitait par la vallée de la Tamur.

Face à lui, nombreux furent les chefs yakthumba, tous *subbā*, qui pâtirent de son autorité. Sous la direction de l'un d'eux, et avec l'appui des immigrés indo-népalais, plainte fut déposée contre lui au service népalais de l'impôt de la petite ville de Terhathum. Quoique *subbā* lui-même, (il possédait quatre charges), Damar Doj fut dénoncé comme le *hang* de la Mewa, porté à la tête d'une coalition hors la loi qui redonnait vie à une institution interdite. Sans doute la plainte était-elle fondée, car depuis Terhathum, l'armée népalaise se mit en route vers le village de Libang avec mission de se saisir de lui.

Parvenu à ce point de l'exposé, il nous faut en revenir aux grandes assemblées qui se sont tenues dans les années cinquante partout dans le pays yakthumba, pour les comparer aux assemblées légendaires évoquées par les sources. Et en particulier revenir à celle de 1956 au cours de laquelle Man Bahadur Pangbohang fut élu membre de la délégation reçue par le roi du Népal, le 20 novembre, cette année-là.

L'assemblée de Dobhan en 1956 réunit des populations venues de chacun des districts du pays yakthumba tout entier. Elle est, selon les termes historiques, l'assemblée des assemblées (*thum-thum*)[43] identique à celle fondatrice de l'ethnie ou à celles qui se tenaient à l'époque des rois Sen.

Dans le cadre de cette assemblée, comme les *hang* d'autrefois, Man Bahadur Pangbohang, avant d'être l'un des délégués du pays tout entier, est celui du seul district de la Mewa, l'une des vallées historiques du pays yakthumba.

Comme les *hang* d'autrefois, Man Bahadur appartient à un clan dont l'émergence s'est effectuée sur le territoire même du district qu'il représente. En atteste l'une des pierres dressées de la vallée liée à l'apparition du clan Pangbohang auquel Man Bahadur appartient : elle est évoquée chaque année, dans sa propre maison, lors du rituel à Mangenna. Comme le *hang* d'autrefois, Man Bahadur représente l'ensemble des clans installés dans le district de la Mewa : s'il ne compose plus une tribu (*swang*) au sens donné par Senior, il demeure néanmoins une population spécifique de l'histoire de la vallée.

Comme le *hang* d'autrefois Man Bahadur est en effet apparenté en ligne directe à Sering Song Hang, l'ancêtre tibétain. Et chaque année, cette filiation est rappelée à l'occasion du rite à Mangenna.

42. Sur le chef de Walung et le grand commerce tibétain par la vallée de la Tamur, cf. Steinmann (1988).

43. Sur les *thum-thum*, assemblées de toute la communauté ethnique, cf., entre autres, Risley (1892, p. 89); Vansittart (1894, p. 116).

Enfin, en élisant Man Bahadur, en 1956, comme le *hang* d'autrefois, la population de la Mewa a reconnu en lui «le plus grand des chefs de maisons» (*tum tumyang*) du moment, celui qui, plus que tout autre, présentait tous les signes d'une faveur particulière de la divinité Nahangma. C'est ainsi en effet que, dans les assemblées d'autrefois, les *hang* étaient élus[44].

Ainsi, ce fut à titre de *hang* que Damar Doj, le père de Man Bahadur, fut poursuivi par les soldats népalais. Et de la même façon, ce fut à titre de *hang* que Man Bahadur, son fils, fut reconnu par l'assemblée yakthumba de 1956.

Les *hang* n'ont donc pas disparu au profit des *subbā* après la conquête gurkha : ils coexistent jusqu'à la mise en place des conseils de village. Quoique illégaux pour la loi népalaise, ils demeurent légitimes selon la tradition yakthumba.

Et sans doute ce double pouvoir des hommes renvoie-t-il au double pouvoir des dieux, faisant ainsi la preuve que Nahangma, la déité yakthumba, ne s'est pas inclinée face à Durgā la déesse hindoue.

CONCLUSION
LE DOUBLE POUVOIR DES DIEUX

Ainsi, à propos de Dasaĩ, quelques données ont été présentées sur l'histoire des institutions yakthumba. Ce qui frappe, dans cette évocation, c'est la coexistence de deux faits contradictoires. D'abord la continuité de pensée qui se manifeste dans chacun des trois rituels : la chasse, le culte à Nahangma et Dasaĩ. Et ensuite, des ruptures dont les effets sur l'organisation politique sont identiques, mais s'accentuent avec le temps.

Revenons à Dasaĩ. Au petit matin qui suit la nuit du huitième au neuvième jour, le vacarme des tambours et des coups de fusils est une «institution» qui relève d'une loi qu'on pourrait appeler du «silence et du bruit», présente partout en Asie et au-delà. Ce vacarme survient en des occasions imprévisibles : lorsqu'un animal sauvage pénètre à l'intérieur d'un village; que l'éclipse menace; que la montage s'effondre; que montent les eaux primordiales. Mais en d'autres occasions, ce vacarme revient régulièrement, à des dates prévues par le calendrier, comme ici, à Dasaĩ, au culte de Nahangma et lors de la chasse rituelle.

Le monde n'est en ordre, disait Granet autrefois, que clos comme une demeure : alors les dieux protègent. À l'inverse, ce vacarme donne l'alarme d'un monde ouvert qui n'est plus protégé. Ces données relèvent des conceptions de l'espace, mais aussi de celles du temps : «l'âge des calamités» s'est abattu sur la petite communauté. C'est vrai pour Dasaĩ, et aussi pour

44. Sur la même confusion entre la force de Nahangma et celle de Durgā, cf. ce qui concerne Kangso Rai dans Chemjong (1966, II, p. 150).

Nahangma et la chasse rituelle. Et dans chaque cas l'homme est comme un banni, abandonné des dieux; le territoire est livré au «déferlement des confins sauvages». Le cosmos s'en retourne au chaos.

Plus tard, en ce neuvième jour de Dasaĩ, le *subbā* chez lui, et en présence de tous ses frères de clan, mène le rituel *mār kāṭnu*. Le bouc est abattu et, avec lui, l'effigie du buffle évoquant la victoire de Durgā sur les démons. À l'issue du rituel, la tête tranchée de l'animal est appelée *śir ṭuk* : ce terme est aussi le nom d'une prestation que la loi népalaise reconnaissait au *subbā* sur toutes les bêtes sauvages à cornes abattues par les chasseurs dans les limites de son territoire. La bête décapitée en ce neuvième jour de Dasaĩ est donc assimilée à un animal sauvage. Et le *subbā* qui en obtient la tête est comme son ancêtre le banni qui sort de la forêt à l'issue de la chasse rituelle. De même, le partage des entrailles rôties renvoie au «démembrement créateur» de la chasse, de la même façon que le fait le «jet de pierres» propre au culte de Nahangma. Et l'on sait que ces institutions sont liées à la victoire sur le chaos primordial, le retour à un monde clos où la société est en ordre, à l'âge d'or des origines où les hommes ne sont pas séparés des dieux, où leur puissance vitale est au sommet.

Enfin, à l'issue de ce neuvième jour de Dasaĩ, le turban (*pāgā*), la bannière (*khaḍga nisān*), le tambour (*nagārā*), comme la plume du poulet sacrifié à Nahangma, ou la tête de l'animal sauvage abattu à la chasse, sont les signes (*niśān*) que les dieux sont à nouveau présents en l'homme, qu'ils lui donnent cette force sauvage qui anime ses armes.

Ainsi, il existe une façon de penser commune aux trois rituels : la continuité repose, avant tout, sur une relation complète de trois données essentielles : l'espace, le temps et la force vitale.

La rupture, elle, concerne la seule «force vitale» dans sa relation avec l'organisation politique. Avec Nahangma, c'est chaque chef de maison qui marche la «tête haute», animé par la divinité présente en lui : elle assure la légitimité de son pouvoir politique, elle fait de lui un homme qui, en puissance, peut un jour être reconnu comme le premier des chefs de maison, le *hang* du pays tout entier.

Avec Durgā, les données changent. Désormais, la force est devenue le monopole du *subbā*, et qui plus est, héréditaire. Et dans ce système, chacun des chefs de maison d'une circonscription dépend de la «prospérité», de la «chance», de la «force» du *subbā*. Par ce seul monopole, le pouvoir du *subbā* est légitime. A la condition que Durgā, toutefois, soit plus forte que Nahangma, ce qui n'est pas le cas, on l'a vu, du fait de la permanence des *hang* jusqu'aux années 1960. Ce sont bien les dieux qui s'affrontent au travers des hommes : nous sommes dans le cadre des faits de double pouvoir et à deux niveaux.

En d'autres termes, ce passage de Nahangma à Dasaĩ montre comment s'effectue la centralisation politique : par l'acquisition du monopole exclusif et de surcroît héréditaire, de la force vitale : c'est elle qui est l'enjeu des rituels. C'est elle seule qui, contrôlée, permet la centralisation politique.

Dans quelle mesure les faits yakthumba sont-ils exceptionnels? Ils ne le sont nullement. Sous des formes diverses, les mêmes données sont à l'oeuvre en 1904 chez les Tromowa[45] de la vallée tibétaine de la Chumbi; chez les Sherpa du Népal; à Nyishang, au pied de l'Annapurna; chez les anciens Kafirs de l'Hindou Koush ou les Sharwa de l'Amdo tibétain. Ils sont aussi partout où les grandes religions s'implantent, comme à Yarlung au Tibet du VIIe au IXe siècle : les religieux deviennent chapelains du roi et désormais ce dernier acquiert le monopole du «casque puissant» et de la «force» (*mṅa thang*) qui, autrefois, étaient les choses du monde les mieux partagées.

Ces données, en outre, notons-le, sous-tendent des faits très divers : la lutte, au XIXe siècle des sectes chinoises adeptes de Si Wang Mou, la taoïste, contre l'empereur confucéen[46] ; le contrôle, au Cambodge, dans chaque petit pays, du culte des dieux du sol (*neakta*) par le sanctuaire bouddhique; le millénarisme contemporain de certaines pagodes birmanes; la recherche du «Pays Caché» tibétaine. Et même la légitimité mafieuse des «hommes d'honneur».

Enfin, ces données, toujours présentes, sont aussi très anciennes. Déjà, au Ve siècle avant notre ère, les Princes de Salva, en Inde, avaient su acquérir le monopole des chasses rituelles qui rendait leur pouvoir légitime[47]. Et déjà, à Sumer, au troisième millénaire avant notre ère, Gilgamesh en avait fait de même avec Enkidu, l'«homme sauvage».

45. Sur les Tromo wa, cf. Walsh (1906).
Sur les Sherpa, cf. Fürer-Haimendorf (1980).
Sur Nyishang, cf. Sagant (1990).
Sur les Kafir, cf. Morgenstierne (1973).
Sur les Sharwa, cf. Karmay et Sagant (1987).
Sur les rois de Yarlung, cf. Tucci (1955).

46. Sur les sectes chinoises du XIXe, cf. Chesneaux (1965).
Sur le culte des neak-ta au Cambodge, cf. Forest (1992).
Sur le millénarisme birman, cf. Mendelson (1961).
Sur le pays caché tibétain, cf. Bacot (1912).

47. Sur les Salva, cf. Przyluski (1929).

BIBLIOGRAPHIE

ARIS, M.,
1980, *Bhutan, the Early History of a Himalayan Kingdom*, Ghaziabad, Vikas H.

BACOT, J.,
1988 (1re édition 1912), *Le Tibet révolté, vers Népémakö, la Terre Promise des Tibétains*, Paris, Peuples du Monde, Chabaud éd.

CAMBPELL, A.,
1840, «Note on the Limboos and other hill Tribes hitherto undescribed» *Journal of the Asiatic Society of Bengal*, N.S., vol. IX, part I, pp. 595-615.

CAPLAN, L.,
1970, *Land and Social Change in East Nepal, a Study of Hindu-Tribal Relations*, London, Routledge and Kegan Paul.

CHEMJONG, I.S.,
1966, *History and Culture of the Kirat People*, Phidim, Tumeng Hang.

CHESNEAUX, J.,
1965, *Les Sociétés secrètes en Chine* (XIXe, XXe siècle), Paris, Julliard.

DALTON, E.T.,
1872, *Descriptive Ethnology of Bengal*, Calcutta, gvt. Printing.

DAS, S.C.,
1904, *A Journey to Lhasa and Central Tibet*, London, Murray.

FOREST, A.,
1992, *Le Culte des Génies protecteurs au Cambodge*, Paris, L'Harmattan.

FÛRER-HAIMENDORF, C.von,
1980 (1re édition 1964), *Les Sherpas du Népal*, Paris, Hachette.

HAMILTON BUCHANAN, F.,
1971 (1re édition 1819), *An Account of the Kingdom of Nepal*, New Delhi, Marjusri Pub. House.

HARDMAN, C.,
1981, «The Psychology of Conformity and self-expression among the Lohorung Rai of East Nepal», in Heelas A., *Indigenous Psychologies*, London, Academic Press, pp. 161-180.

HEISSIG, W., TUCCI, G.,
1973, *Les Religions du Tibet et de la Mongolie*, Paris, Payot.

HERMANNS, M.,
1954, *The Indo-Tibetans*, Bombay, Fernandez.

HODGSON, B.H.,
1858, «On the Kiranti Tribe of the Central Himalaya», *Journal of the Asiatic Society of Bengal*, XXVII, pp. 446-456.

HÖFER, A.,
1981, *Tamang Ritual Texts, Preliminary Studies in the Folk Religion of an Ethnic Minority of Nepal*, Wiesbaden, F. Steiner Verlag.

HOOKER, J.D.,
1854, *Himalayan Journals*, London, John Murray.

JONES, R.L. and HITCHCOCK, J.T.(eds.),
1976a, *Spirit possession in the Nepal Himalayas*, Warminster, Aris and Phillips.

JONES, R.L. and JONES, S.K.,
1976b, *The Himalayan Woman*, Palo Alto, Mayfield Pub. Co.

KARMAY, S. et SAGANT, P.,
1987, «La Place du Rang dans la Maison Sharwa», in D. Blamont et G. Toffin, *Etudes Himalayennes*, Meudon, CNRS, n°1, pp. 229-260.

LÉVI, S.,
1905, *Le Népal, Etude Historique d'un Royaume Hindou*, Paris, E. Leroux.

MACDONALD, A.,
1971, «Une lecture des Pelliot tibétains (1286, 1287, 1038, 1047 et 1290). Essai sur la formation et l'emploi des mythes politiques dans la religion royale de Sron-Bcan Sgam-Po », in *Etudes Tibetaines dédiées à la mémoire de M. Lalou*, Paris, Maisonneuve, pp. 190-391.

MACDONALD, A.W.,
1955, «Quelques remarques sur les Chasses rituelles de l'Inde du Nord-Est et du Centre», in *Journal Asiatique*, Paris, Imprimerie Nationale, pp. 101-115.
1987, «Creative Dismemberment among the Tamangs and Sherpas of Nepal», in *Essays on the Ethnology of Nepal and South Asia*, Kathmandu, Ratna Pustak Bhandar, pp. 75-86.

MENDELSON, M.E.,
1961, «A Messianic Buddhist Association in Upper Burma», *Bulletin of the School of Oriental and African Studies*, XXIV, pp. 560-580.

MORGENSTIERNE, G.,
1973, *The Kalasha Language - Indo Iranian Frontier language*, vol. IV, Oslo.

MORRIS, C.J.,
1985 (1re ed. 1933), *The Gurkhas, an Ethnology*, Delhi, B.R. Publishing House.

NEBESKY WOJKOWITZ, R.D.,
1957, *Les Montagnes où naissent les Dieux*, Paris, Julliard.

NORTHEY, W.B. and MORRIS, C.J.,
1987 (1re ed. 1927), *The Gurkhas, their Manners, Customs and Country*, New Delhi, Cosmo Publication.

PAUL, R.,
1982, *The Tibetan symbolic world*, Chicago, The University of Chicago Press.

PETECH, L.,
1973, *Aristocracy and Government in Tibet (1728-1959)*, Rome, Instituto Italiano, Vol XLV.

PRZYLUSKI, J.,
1929, «Un Ancien Peuple du Penjab : les Salva», *Journal Asiatique*, CCXIV, pp. 311-354.

REGMI, D.R.,
1961, *Modern Nepal, Rise and Growth in the Eighteenth Century*, Calcutta, Mukhopadhyay.

REGMI, M.C.,
1965, *Land Tenure and Taxation in Nepal*, Vol III, *The Jagir, Raikar and Kipat Tenure Systems*, Berkeley, Univ. of California.
1971, *A Study in Nepali Economic Society (1768-1846)*, New Delhi, Manjusri Pub. house.

RISLEY H.H.,

1892, *Tribes and Castes of Bengal*, Calcutta, Bengal Secretariat Press, pp. 89-92.

SAGANT, P.,

1973a, «Prêtres Limbu et Catégories domestiques» in, *Kailash* I, pp. 247-272.

1973b, «Les Travaux et les Jours dans un village du Népal oriental », in *Objets et Mondes*, XIII, 4, pp. 247-272.

1976, «Becoming a Limbu Priest», in J.T. Hitchcock and R.L. Jones, *Spirit Possession in the Nepal Himalayas*, London, Aris and Philipps, pp. 56-99.

1978, «Les Pouvoirs des Chefs Limbu au Népal Oriental», *L'Homme* XVIII, 1-2, pp. 68-107.

1981, «La tête haute, maison, rituel et politique au Népal oriental», in G. Toffin (éd.), *l'Homme et la Maison dans l'Himalaya*, Paris, CNRS, pp. 149-179.

1990, «Les tambours de Nyishang : rituel et centralisation politique», in F. Meyer (éd.), *Tibet : Civilisation et Société*, Paris, éd. Singer Polignac, pp. 151-170.

STEIN, R.A.,

1959, *Recherches sur l'Epopée et le Barde au Tibet*, Paris, PUF.

1987, *Le Monde en petit*, Paris, Flammarion.

STEINMANN, B.,

1988, *Les Marches tibétaines du Népal*, Paris, L'Harmattan.

TUCCI, G.,

1955, «The Secret Characters of the Kings of Ancient Tibet», *East and West*, Roma, VI, n°3, pp. 197-205.

VANSITTART, E.,

1915, *Gurkhas, Handbook for the indian Army*, Calcuta, Gvt Printing.

WALSH, E.H.,

1906, «An old Form of Elective Government in the Chumbi Valley», *Journal and Proceedings of the Asiatic Society of Bengal* NS, n°2, pp. 303-308.

Glossaires et Dictionnaires

CHEMJONG, I.S.,

1961, *Limbu - Nepali, English Dictionary*, Kathmandu, Nepal Akademia.

DAS, S.C.,

1979, *Tibetan English Dictionary*, Kyoto, Rinsen Book Cie.

SENIOR, H.W.R.,

1977 (1re éd. 1908), *A vocabulary of the Limbu language of Eastern Nepal*, Kathmandu, Ratna Pustak Bhandar.

TURNER R.L.,

1931, *A Comparative and Etymological Dictionary of the Nepali Language*, London, Routledge and Kegan Paul.

CHAPITRE VIII

LE NOUVEL AN DU RADIS CHEZ LES NÉWAR DU TIBET

Corneille JEST et Kesar Lall SHRESTHA*

Depuis 1988, nous poursuivons avec Kesar Lall Shrestha une recherche sur les relations entre les habitants de la vallée de Katmandou et le Tibet central et le rôle qu'ont joué les marchands néwar dans les échanges entre ces deux régions au XIXe et XXe siècles[1].

Ces relations, qui sont très anciennes, se sont fortement développées à la fin du XVIIIe siècle.

Au cours de l'enquête menée sur ce thème à Lhasa, des Tibétains interrogés ont évoqué l'importance du rôle économique joué par les Néwar et aussi de leurs fêtes, parlant du *la-phug lo-sar*, littéralement « le nouvel an du radis », expression qui ne pouvait qu'éveiller notre curiosité.

Cette fête correspondait, en réalité, dans le calendrier népalais au Dasaĩ, rituel proprement hindouiste célébré au Népal par les castes indo-népalaises et par les Néwar de religion hindoue qui symbolise la victoire de la déesse Devī/Durgā sur les forces du mal incarnées par le démon buffle Mahiṣāsura[2].

Il apparaissait à première vue singulier qu'un tel rituel puisse être pratiqué avec faste au Tibet et dans un milieu néwar bouddhiste.

* Kesar Lall Shrestha poursuit depuis plus de trente ans des recherches sur la tradition orale au Nepal. Membre de la « Nepal Folklore Society », il est l'auteur de plusieurs ouvrages sur les contes et légendes du Népal. Il poursuit actuellement des recherches sur les échanges entre le Népal et le Tibet au XIXe et XXe siècles, les traditions et les modes de vie des commerçants néwar établis au Tibet.

1. En vertu du traité de 1856 entre le Népal et le Tibet, les sujets népalais, Néwar et Musulmans de Katmandou, se rendant au Tibet ou y résidant, jouissent d'un certain nombre de privilèges : par exemple, tenir des commerces à Lhasa (de pierres précieuses, bijoux, étoffes, nourriture...), droits d'extra-territorialité, droit pour le Consul du Népal de rendre justice (Bell 1924, pp. 278-280 texte complet du traité de 1856). En ce qui concerne les échanges avec le Tibet, voir Boulnois (1983, pp. 137-138).

2. *mavḥni* ou *mohini* « this long festival is celebrated by both Hindu and Buddhist Newars in essentially the same form... *mohini* begins on the first day of *sukla* Kartik and runs until the eleventh day... » Lewis (1984, pp. 380-386).

Nous avons donc essayé de réunir des témoignages venant de différentes sources, tibétaines et néwar, éléments de la tradition orale, histoires de vie, documents publiés, pour décrire les différentes phases de cette fête et les interprétations qu'en ont faites les témoins encore vivants. En effet, cette fête n'est plus célébrée aujourd'hui.

Kesar Lall Shrestha a recueilli une partie des données présentées ici au cours d'entretiens réalisés en 1990 et 1991 auprès de marchands néwar et de Khacara descendants d'un Néwar et d'une Tibétaine ayant vécu à Lhasa jusqu'à une période récente[3].

LE TERME DE MVAḤNI

Le terme de *mvaḥni* employé par les Néwar du Tibet (comme par ceux de Katmandou), désigne une succession de rituels qui se déroulent dans la quinzaine claire du mois néwar de *kaulā*, période qui correspond au Dasaĩ dans le calendrier religieux hindou[4].

Mvaḥni ou *mohini* dont le sens premier est «enchantement», désigne aussi la suie recueillie au moment du rituel et posée sur le front comme marque de bénédiction. Pour obtenir cette suie, on brûle une mèche trempée dans de l'huile de moutarde, placée dans une petite lampe en terre cuite qui a la forme d'un singe étendu sur le dos : la mèche est recouverte d'une coupelle enduite elle aussi d'huile sur laquelle la suie se dépose (Phot. 1). La lampe est allumée le huitième jour de Mvaḥni. La suie est appliquée sur le front des membres de la famille le neuvième jour, par l'homme le plus âgé de la maisonnée. La lampe est à nouveau allumée le dixième jour, *daśamī*, et la suie est posée sur le front des parents qui viennent alors rendre visite [5].

Dans nos entretiens, les Néwar de Lhasa faisaient référence au Mvaḥni tel qu'il était pratiqué à Katmandou dans les castes bouddhistes, Tāmrakār, Kānsakār, Tulādhār et Mānandhar. Les membres de ces castes le célèbrent dans une succession de rituels qui comprennent des bains de purification

3. À propos des Khacara, voir Jest (1993).

4. Pour le calendrier des fêtes néwar cf. Lewis (1984, p. 337 *sq.*), Toffin (1984, p. 501 *sq.*)

5. Le terme de *mohini* désigne tout d'abord la marque que l'on place sur le front. Elle est appliquée en prononçant une formule *mantra* et permet ainsi d'attirer l'amitié des personnes que l'on rencontre. « Avant de commencer la représentation, le maître de danse met un peu de suie noire (néw. *mavḥni sihnaḥ*) sur le front de tous les membres de la troupe... » Toffin (1984, p. 488).

A Banepa, les Bade Shrestha ne préparent pas le *Mohini* t mais vont le demander au prêtre du temple de Bhagavatī à Caṇḍesvarī, les 8e et 10e jours du Mavḥni. En outre, les fidèles se rendent au temple tout au long de l'année. Il existe aussi un temple de Bhagavatī à Bhaktapur; l'officiant met un signe noir, sur le front des fidèles à leur demande.

Définition du terme *mavḥni* d'après S.M. Joshi, (1987 (2044 B.S.), p. 505 a) : *mavḥni* : une marque *aja sinhaḥ* donnée au moment d'une *pūjā*... enchantement; *mavḥni nakhaḥ* : fête du *mavḥni*; *mavḥni taya* : utiliser un *mantra* pour posséder quelqu'un que l'on aime ou détruire un ennemi.

pendant les dix jours que dure le Mvaḥni, une offrande à la divinité Bhindyaḥ (dont nous parlerons plus loin) et la procession du sabre *pāyāḥ*, le dixième jour. En outre, les Kānsakār d'Asan *ṭol* organisent une danse rituelle *kumho pyākã*, «la danse du prince», au cours de laquelle un garçon impubère danse dans l'une des cours du palais royal de Hanuman Dhoka, puis revient à Asan *ṭol* danse qui a lieu trois jours de suite[6].

LA COMMUNAUTÉ NÉWAR DE LHASA

Avant de décrire le Mvaḥni tel qu'il était pratiqué à Lhasa jusqu'en 1975, il nous paraît nécessaire de présenter brièvement la communauté néwar qui vivait en permanence à Lhasa (voir aussi Waddell 1905, Bell 1924, Bista 1979, Jest 1993), en nous aidant du témoignage de Dan Kaji Kānsakār. Né en 1034 Nepal Sambat (1914 de notre calendrier) à Talabi, Masangalli, Kel ṭol, Katmandou, Dan Kaji est issu d'une famille de la caste des fabriquants de récipients en cuivre et en laiton. Son oncle, connu sous le nom de Lama-Sahu ou Lamaju, partit à Lhasa pour travailler avec un oncle maternel[7]. Après une longue période d'adaptation, Lamaju fit du commerce à son compte en achetant des étoffes de laine *nambu*, tissées dans la région de Lhasa[8]. Lamaju ouvrit un magasin dans l'immeuble du groupe néwar *chusinsya pālā* dans la vieille ville. Les frères de Lamaju, Hera Kaji (le père de Dan Kaji) et Ratnaman Singh se rendaient à tour de rôle à Lhasa pour surveiller les transactions et convoyer les marchandises.

Dan Kaji se rendit à Lhasa via Kalimpong en 1937 et y séjourna un an. Il y retourna en 1958, via Gangtok (au Sikkim), chargé des échanges par le groupe *kasa pālā* (le *pālā* de la caste des Kānsakār).

Voici comment Dan Kaji nous a décrit le mode de vie de la communauté néwar à Lhasa :

> «En 1937, plus d'un millier de Néwar vivaient à Lhasa. Les Néwar habitaient au centre de la ville dans les rues encadrant le grand temple du Jokhang, site religieux le plus vénéré du Tibet[9]. Ces rues constituent

6. Au cours de cette procession un garçon danse dans la cour de son *ṭol*, puis dans le palais de Hanuman Dhoka (Lewis 1984, pp. 389-391). À Katmandou, il y a dix processions du sabre *pāyāḥ* (communication de K.L. Shrestha).

7. Chaque commerçant néwar a un surnom *kunã* qui peut être le nom de sa maison d'origine, le nom d'un ancêtre ou une particularité de son comportement. Le terme de *sāhū* (nép.) est souvent employé pour désigner un marchand néwar fortuné.

8. *Nambu*, (tib. clas. *snam-bu*) désigne une toile de laine à tissage très serré utilisée pour confectionner des vêtements chauds, un des articles les plus exportés au Népal.

9. Le temple du Jokhang, appelé aussi Tsuglhakhang, dont la construction commença au 7e siècle, est un lieu sacré autour duquel s'est développé la ville de Lhasa. L'ensemble des bâtiments qui entoure le Jokhang est limité par des rues et les Néwar se sont établis au nord et à l'est de

le Parkhor, itinéraire de circumambulation fréquenté chaque jour par des milliers de pèlerins venus de toutes les régions du Tibet et de Mongolie.

Dès que l'un d'entre nous arrivait à Lhasa, il se présentait à son «patron» et était intégré aussitôt dans un *pālā*, association regroupant une vingtaine de personnes[10]. Les aides, appelés *bhānjā*, avaient un salaire modeste et recevaient en outre un pourcentage du profit, mais ils étaient totalement sous la coupe du marchand qui les exploitait en fournissant tout ce dont le *bhānjā* avait besoin, lui trouvant une femme tibétaine... avançant de l'argent, qu'il était bien difficile de rembourser, sauf si l'on était parent du marchand.

Les membres d'un *pālā* étaient originaires d'un même quartier de Katmandou, de Patan ou de Sankhu, ou membres d'une même caste ou lignée. Le *pālā* était, pour le nouvel arrivant, à la fois une famille et un cadre de vie. Il avait à sa tête un ancien, le *thakāli*, dont l'autorité était reconnue de tous, parlant bien le tibétain et connaissant la coutume et les règles du protocole et des échanges[11]. Il était l'intermédiaire obligé entre les membres du *pālā* et le *wakil*, représentant du roi du Népal au Tibet[12]. Le *thakāli* était en outre responsable des biens du *pālā*, objets de culte et instruments de musique rituelle; il donnait aussi sa caution pour les prêts[13]. Il était assisté par un adjoint *nvakū*, un trésorier *chyanjoye*, et un secrétaire *thunila*.

Les membres du *pālā* étaient à tour de rôle cuisiniers pour les fêtes rituelles et faisaient les achats pour les repas pris en commun. Chaque *pālā* possédait une maison, *kothā*, qui servait de lieu de réunion et dans laquelle se trouvait une pièce consacrée à *pālā-aju* «grand-père du *pālā*,» l'ancêtre divinisé, représenté par une statue avec des yeux, mais qui n'avait pas d'autre nom. Une fois l'an, au cours d'une *pūjā*, on offrait à *pālā-aju* une tiare en forme de plume, *kikinpa*[14]. Le jour de la pleine lune du mois de *baiśākh* tous les objets appartenant au *pālā* étaient inventoriés et leur état vérifié.

Autrefois, d'après la tradition, il y avait 13 *pālā* à Lhasa[15]. On les citait dans l'ordre suivant :

l'itinéraire de circumambulation, le Parkhor, voisinant avec des commerçants musulmans. Voir Meyer (1987, pp. 394-407).

10. *Pālā* : association qui regroupe des Néwar d'une même caste ou d'une même ville. Les membres sont tenus d'organiser les festivités au moment du Mavḥni et de la pleine lune de *munsir*. Ce terme est synonyme de *guṭhi*, association ayant des fonctions à la fois sociales et religieuses, assurant le culte d'une divinité; les membres sont de sexe masculin et chaque groupe est doté d'une structure hiérarchique très développée (Toffin 1984, p. 191 *sq*).

11. *thakāli* : «...anciens nommés pour un an, incarnant l'autorité traditionnelle du *guṭhi*» (Toffin 1984, p. 191).

12. *wakil* , terme d'origine ourdou, désigne le Consul du Népal à Lhasa. Selon le traité de 1856 signé entre le Népal et le Tibet, le représentant du Népal était obligatoirement un non-Néwar, (Bell 1924).

13. Le groupe de musulmans d'origine indienne (Cachemire) établi à Lhasa depuis le XVIe siècle avait une organisation similaire. La justice était rendue par le chef de la communauté selon la loi coranique.

14. *Kikimpā* (néw.) / *kikampa* : diadème, parure de tête d'une divinité (Toffin 1984, p. 389).

15. Cette liste des *pālā* avait été établie à la fin du XIXe siècle (d'après Kesar Lall Shrestha).

Chusinsya pālā, dont les membres étaient originaires de Neta-Naradevi à Katmandou,
Ghorasya pālā, ceux d'Asan ṭol,
Jhwala pālā, d'Asan ṭol et Lagan ṭol,
Tarunsya (tadhumsya) pālā, de Nhayakan ṭol,
Lagan pālā, membres de la caste Sakya de Lagan ṭol,
Bajrasattva pālā, membres de la caste Bajracharya uniquement,
Gandesya pālā, membres de la caste Shrestha uniquement,
Khacara pālā, Khacara uniquement,
Yelaya pālā, membres originaires de Patan uniquement,
Khoaya pālā, membres originaires de Bhaktapur uniquement,
Kun pālā, membres originaires de Neta, Katmandou,
Chyatangya pālā, membres originaires de Sankhu,
Sanshya pālā.

Le *pālā* le plus ancien était le *Chyatangya pālā* et c'est dans son *kothā* que les anciens se réunissaient pour régler les disputes importantes et prendre les décisions de nature politique. Les Néwar de Sankhu étaient les plus nombreux dans ce *pālā*. En 1937 il ne restait que sept *pālā* : *Chusinsya pālā*, *Ghorasya pālā*, *Jhwala pālā*, *Tarunsya pālā*, *Lagan pālā*, *Kun pālā* et *Chyatangya pālā*.

Nous vivions entre nous; les soirées se passaient à évoquer le Népal; l'un d'entre nous passait la nuit dans l'échoppe pour prévenir tout vol. Il arrivait que des disputes éclatent avec les Tibétains, en particulier avec les pèlerins du Kham [16]. Le *wakil* défendait alors nos intérêts auprès des autorités tibétaines.

Lorsqu'un Néwar mourait à Lhasa, tous les membres de son *pālā* se réunissaient et portaient le cadavre dans un lieu situé au nord de la ville, près du temple de Pabungka où il était dépecé et abandonné aux oiseaux (il n'était jamais brûlé) [17]. Le deuil ne durait qu'un jour; on ne mettait pas de coiffure ce jour-là, mais on gardait nos chaussures à cause du froid. Les rites de purification *ghaḥsū* étaient accomplis le lendemain des funérailles et non le dixième jour comme c'est la coutume à Katmandou [18]. Les Néwar résidant à Lhasa étaient très pieux et entretenaient avec les religieux des différents monastères et temples des relations étroites; comme fidèles, ils faisaient appel à eux pour lire des textes sacrés, faire des rituels de protection pour leur commerce. Ils comptaient parmi les bienfaiteurs les plus généreux des temples et des sanctuaires de Lhasa. Le Mvaḥni donnait cependant l'occasion de se retrouver entre Néwar et de rendre hommage aux divinités propres de notre groupe. »

16. Les rapports entre Néwar et Tibétains étaient complexes. Les Néwar disaient qu'ils portaient chance aux Tibétains. Si les Néwar quittaient tous Lhasa, les géants reprendraient possession de la vallée du Kyi-chu où était construite Lhasa. Les conflits étaient d'ailleurs fréquents et Bell fait mention d'un conflit grave qui a eu lieu en 1874 et qui a failli déclancher une guerre entre le Tibet et le Népal (Bell 1924, p. 198).

17. Dans le Tibet central, les cadavres étaient dépecés et donnés aux oiseaux. Les personnes accomplissant le travail de dépeçage constituaient un groupe méprisé, vivant à l'écart, à l'est de la ville de Lhasa.

18. *ghaḥsū* (néw.), cérémonie de purification du 13e jour marquant la fin de la période d'impureté (Toffin, 1984, p. 148).

LE NOUVEL AN DU RADIS

Le Mvaḥni à Lhasa en 1938 (1994 V.S.)

Dan Kaji décrit ainsi le Mvaḥni auquel il a participé :

« Le Mvaḥni était pour les Néwar de Lhasa, comme d'ailleurs pour ceux des autres centres commerciaux du Tibet où résidaient des Néwar, le moment festif le plus important de l'année, impliquant tous les membres présents et dont le cérémonial était précisé par la coutume.

Huit jours avant le début de la période du Mvaḥni, date fixée par l'astrologue, le gouvernement du Tibet annonçait la date de la fête en demandant aux habitants de la ville de ne pas troubler le déroulement de la procession des *bal-po* (Néwar) ou de prendre à parti les Néwar ivres qui chercheraient querelle... De son côté le *wakil* conseillait à ses administrés, quatre jours avant le début de la fête, de se comporter de façon correcte, d'éviter de se battre avec les Tibétains...

Le premier jour de la fête, *naḥlā svanegu*, les sept *pālā* constituant la communauté néwar et khacara, avec à leur tête le *thakāli*, se réunissaient chez le *wakil* pour organiser les cérémonies[19]. À tour de rôle, un des sept *thakāli* était responsable de l'organisation et du bon déroulement des rituels (et de toutes les autres cérémonies de l'année).

Le jour du *naḥlā svanegu* le *thakāli* désigné plantait des graines d'orge, *naḥlā svaṁ*, dans un pot déposé dans le sanctuaire de la déesse Taleju[20], situé au premier étage d'un des bâtiments du consulat, *lāykū*. Le soir venu, les membres du *pālā* jouaient de la musique rituelle dans le *lāykū* puis le *wakil* leur offrait une collation rituelle composée de *samay* (riz, graines de soja noir, gingembre et morceaux de viande).

Le dixième jour appelé *Mvaḥni* ou encore *pāyāḥ*, la procession du sabre clôturait la fête[21]. Le matin, la garde militaire du *wakil* allait chercher à leur domicile les *thakāli* des différents *pālā*. Ceux-ci étaient habillés à l'ancienne avec une coiffe rouge, une écharpe et une robe tibétaine *chuba*, retenue par une ceinture[22]. Tout le monde se rendait au *lāykū*, suivi par les membres du *pālā* (Phot. 2).

Le gouverment du Tibet désignait le porteur du « radis », *la-phug*, qui devait être sacrifié à Taleju. L'homme était de « basse caste », celle des dépeceurs de cadavres, *ro rgyags-pa*.

La procession se formait alors, le Tibétain portant le radis, le *wakil* tenant le sabre *pāyāḥ* (habituellement conservé dans le sanctuaire de Taleju),

19. *naḥlā svanegu* (néw.), en népali *ghatasthāpanā*, rituel du semis de grains d'orge.

20. Taleju, divinité tutélaire des anciens rois Néwar (Toffin 1984, pp. 471-474).

21. Le Mavḥni se termine par la procession du sabre *pāyāḥ*. Dans la vallée de Katmandou, les Néwar font des processions; l'aîné de chaque lignée doit y participer, tenant un sabre sanctifié; la procession parcourt un itinéraire précis et se termine devant le *dyaḥ chẽ*, avec le sacrifice d'une courge *bhui-phasi*.

22. Les marchands néwar étaient tenus de porter une coiffe de couleur rouge lorsqu'ils se rendaient au Tibet. On dit que les Néwar portant cette coiffe n'entraînaient pas à leur suite les ogresses-géantes *lashin*. C'est, semble-t-il, une allusion à Sinha Saratha Bahu (Shrestha 1961, pp. 28-30). Les *thakāli* ces différents *pālā* portent cette coiffe pour le Mavḥni.

précédé d'hommes qui agitaient des queues de yak de couleur blanche et suivi par les sept *thakāli* puis, par tous les Néwar membres des *pālā*. Certains d'entre eux jouaient des instruments de musique, cymbales petites et grandes, tambours, suivis par les soldats de la garde (Phot. 3-4).

La procession se dirigeait alors lentement vers le Parkhor, faisant le tour du Jokhang en un peu plus de deux heures, s'arrêtant de temps à autre devant le magasin d'un Néwar. Puis on revenait vers le *lāykū* (Phot. 5). Devant la porte, le *la-phug* était posé à terre et le *wakil* le coupait en deux d'un coup de sabre. À tour de rôle, chaque *thakāli* coupait le radis.

Le *wakil* appliquait le *mvaḥni* sur le front de chaque *thakāli* et la cérémonie se terminait par un repas. Le *wakil* donnait alors une noix d'arec, *gvay*, signal autorisant les jeux de dés pendant quatre jours[23]. Les *thakāli* s'en retournaient dans leur *pālā* emportant le *naḥlā-svāṁ* qu'ils distribuaient aux membres de leur *pālā*.

Le radis, *la-phug*, était un substitut d'une courge *bhui-phasi* que l'on sacrifiait à Taleju. En effet il n'était pas question de sacrifier un animal, de faire couler du sang en terre tibétaine[24] .»

Nous avons établi avec Dan Kaji la chronologie des différents rituels de ce Mvaḥni, présentée ici sous forme de tableau.

«Dans le cadre du Mvaḥni, on rendait un culte à la divinité Bhindyaḥ, particulièrement vénérée par les commerçants néwar. C'est la raison pour laquelle il existait un lien très particulier entre le sanctuaire de Bhindyaḥ à Katmandou et la communauté Néwar de Lhasa et de Kuti au Tibet[25].

Tous les douze ans, un officiant du temple de Bhindyaḥ de Katmandou se rendait à Lhasa, c'était le Bhindyaḥ Lhasa *yenkigu*. Un Jyapu partait pour Lhasa où il était reçu dans un *pālā*, préalablement tiré au sort. Ce représentant de Bhindyaḥ emportait un plat rituel *thāyabhū* contenant du *sukulā*, viande séchée et du *samay* des fleurs «bénédictions», pour

23. *gvay* (néw.) : noix d'arec *Areca catechu*. La noix d'arec a une signification toute particulière dans la culture néwar. Elle a une fonction symbolique dans toutes les phases de la cérémonie du mariage. Ainsi, la mariée donne une noix d'arec aux membres de sa famille. C'est aussi une invitation à la cérémonie. Avant le mariage, la famille de la mariée demande un *pudu gvay* aux membres de la famille de la mariée, les présentant sur un plat, c'est le signe de l'accord formel du mariage. Au moment du départ de la mariée elle donne un *gvay* aux membres de sa famille, signe qu'elle ne fait plus partie de la maison. Les membres de la famille du marié doivent accepter un *gvay* de la mariée.

24. *la-phug* (tib. clas.) radis, substitut d'une courge, appelée en newari *bhui-phasi* : *Benincasa cerifera*. Cette plante ne pousse pas au Tibet. C'est le substitut du démon-buffle.

25. Bhindyaḥ (néw.), Bhīmsen, héros du *Mahābhārata* déifié. Les Néwar lui accordent une grande place dans la vie religieuse, en particulier, les marchands qui le vénèrent pour s'assurer la bonne fortune. Dans chaque famille, la maîtresse de maison fait une offrande quotidienne à Bhindyaḥ devant une image qui le représente. Il est fêté pendant la saison des pluies par les marchands néwar.

À Katmandou, le 9e jour du Mavḥni, on sacrifie un coq dans l'*āga* de la maison, puis on mange du *samay*. Après ce *pūjā* tout travail cesse et c'est le lendemain, 10e jour, que l'on fait le sacrifice d'un canard et que l'on vénère tous les outils avant de s'en servir à nouveau (communication de Ananda Maharjan de Panga).

Le Bhindyaḥ Lhasa *yenkigu* a eu lieu pour la dernière fois de *kārtik* 2021 (1964) à *jaith* 2022 (1965). Voir aussi description du Bhīmsen jātrā à Panauti dans Toffin (1984, pp. 524-525).

Calendrier mois de *Kaulā*[26]	Lieu de cérémonie	Actions
1er jour *naḥlā svanegu*	*lāykū*/ temple de Taleju	orge semée, *naḥlā svaṁ*
2e jour	"	musique rituelle par les musiciens du *pālā* dans le temple de Taleju
3ejour	"	"
4ejour	"	"
5ejour	"	"
6ejour	"	"
7e jour (*phūlpāti*)	"	"
8e jour *kūchi bhvay*[27]	dans le *pālā* chargé de la fête	préparatifs de la fête
9e jour *syāku tyaku*[28]	dans chaque *kothā*	offrande à la divinité Bhindyaḥ et repas dans le *pālā*
10e jour Mvaḥni ou procession du sabre *pāyāḥ*	dans chaque *kothā* *Lāykū - parkhor-lāykū* cour du *lāykū*	offrande à *pālā aju* Procession du *la-phug* « sacrifice » à Taleju *ṭikā* donnée par le *wakil*
11e jour[29]	dans les *pālā*	début des jeux d'argent
12e jour	dans les *pālā* au *lāykū*	jeux et repas réunion des *thakāli* et du *wakil* pour désigner un nouveau *pālā* Amis tibétains invités pour un repas de fête

TABL. 1. CALENDRIER DE LA FÊTE.

26. Les fêtes religieuses sont fixées selon le comput lunaire. Le mois lunaire commence le premier jour de la quinzaine claire et se termine le quinzième jour de la quinzaine sombre.

Le nouvel an néwar est le premier jour de la quinzaine claire de *kārtik* (mois de novembre de notre calendrier). En ce qui concerne l'ère, les Néwar utilisent le *nepāl sambat*, qui commence en 878 après J.-C.

Outre le Mavḥni, deux autres rituels importants ont lieu à Lhasa : le *swanti nakhaḥ* et le *śrīpañcamī*. Le *swanti nakhaḥ* (*tihār* en nepali) commence le 13e jour de la quinzaine sombre de *kārtik*; cinq jours sont consacrés à Yama le dieu des morts. Les Tibétains lui donnent le nom de *chöme* « la fête des lumières ». Le premier jour, *kvaḥ pūjā*, « *pūjā* aux corbeaux », les *thakāli* des sept *pālā* se rendent au *lāykū* et jouent aux dés avec le *wakil*. Ce dernier donne ensuite une noix d'arec à chaque *thakāli*. De retour dans le *pālā* la noix est coupée en morceaux et donnée à chaque membre du *pālā*; on joue aux dés pendant cinq jours et les Tibétains participent aux jeux. Jouer et

tous ceux qui vénéraient l'officiant; en échange de dons en argent, l'officiant donnait une fleur et un peu de vermillon. Son séjour n'était pas seulement un honneur, mais sa présence dans le *pālā* était une bénédiction. On lui donnait aussi une robe tibétaine *namulan*, une écharpe de soie rouge, des boucles et un anneau en or.

Il séjournait trois mois à Lhasa et les membres du *pālā* finissaient par se réjouir de son départ tant il devenait exigeant!».

Le Mvaḥni dans la littérature néwar

Il existe un certain nombre de descriptions du Mvaḥni dans la littérature publiée par des écrivains de langue newari. En voici un exemple, tiré de la nouvelle *Minmanah pau* «la lettre qui n'a pas brûlé» de l'écrivain Chittadhar Hridaya. C'est sous la forme d'une lettre qu'un marchand néwar décrit la vie à Lhasa et parle du Mvaḥni dans les termes suivants :

«... (à Lhasa) bien qu'il n'y ait pas de raison de faire pousser des grains d'orge, *naḥlā svam*, dans chaque maison, comme cela se fait au "Népal", tous les *thakāli* des différents *pālā* doivent se rendre chez le *wakil* pour planter des grains d'orge et jouer de la musique rituelle, *dāphā*, à tour de rôle[30]. J'y allais aussi. Le *pālā* était en pleine activité. On y confectionnait toutes sortes de friandises. En effet après la fête, les amis Tibétains s'attendaient à recevoir des cadeaux et le *pālā* responsable de la fête pour

gagner pendant cette période est bon signe pour les gains dans l'année à venir. Le quatrième jour, 1er jour de la quinzaine claire, marque le début de l'année néwar. Le dernier jour de *swanti nakhaḥ*, jour de *kijā pūjā*, la «fête des frères», les *thakāli* rendent la noix d'arec au *wakil* et veillent à ce que les jeux s'arrêtent pour de bon, ce qui dans certains cas est très difficile. Cette fête n'a rien à voir avec les croyances bouddhiques ajoute Dan Kaji.Voir aussi Toffin (1984, pp. 538-542).

Śrī pañcamī est la fête de Sarasvatī, considérée par les Néwar de Lhasa comme l'épouse de Manjuśri. Dans la mythologie hindoue, ce jour marque la naissance de Sarasvatī, divinité protectrice des arts (Lewis 1984, pp. 414-415).

Le cinquième jour de la quinzaine claire de *magh* (Janvier-février), on se rendait au temple de Kamakuśa, situé dans un jardin à l'est de la vieille ville de Lhasa, sur le lieu où d'après la tradition, Manjuśri se serait reposé alors que venant de Chine il se rendait au Népal. On y sacrifiait un chevreau et la journée se terminait par un repas et des jeux de dés. Ce temple en forme de pagode a été réparé en 1974 par le consul D.B. Bista (communication de D.B. Bista). A ces deux fêtes régulières, s'ajoutaient en de rares occasions un *samyak* offert par un riche marchand de Lhasa. Le *samyak* est une des grandes fêtes du Bouddhisme néwar et le bienfaiteur peut être l'ensemble de la communauté ou un individu.

27. *Kūchi bhvay* (néw) : banquet qui réaffirme l'unité de la patrilignée et les prérogatives de son chef (Toffin 1984, p. 534).

28. *syāku tyāuo* (néw) : jour dédié à Durgā (Toffin 1984, p. 534).

29. Les Néwar de Lhasa s'associent par la pensée à leurs parents et amis qui ce jour-là fêtent *l'āsā cālā*. «Les Tuladhar d'Asan ont leur fête du *Khaḍga jātrā*. Des membres de chaque famille de la lignée font une procession autour des temples d'Asan puis reviennent dan sleur cour où ils coupent deux courges peintes de figures de démons.» (lewis 1984, pp. 385-386).

30. *Dāphā* (néw.); *dāphā khalak*, groupe de musiciens / associations musicales *guṭhi* possédant quelques arpents de terre dont les revenus servent à organiser des banquets et réparer les instruments de musique (Toffin 1984, p. 572).

l'année devait aussi en donner au *wakil*... Le jour de *kūchi-bhvay*, on prépara les repas dans le *pālā*, car tous les membres se réunissaient dans un même lieu. Le jour de *syākū-tyākū*, on fit une offrande à Bhindyaḥ dans chaque maison, mais le repas fut pris en commun dans le *pālā*.

Le sacrifice consistait à couper un radis, remplaçant à Lhasa la courge *bhui-phasi* que l'on ne pouvait trouver ici. C'est d'ailleurs la raison pour laquelle les Tibétains appellent cette fête *bhyabuki labu losa*[31].

Le jour de *cālā*, chaque maison faisait une offrande et les membres des *pālā* se rendaient avec leurs *thakāli* au *lāykū*, résidence du *wakil*. Les *thakāli* avaient une marque rouge sur le front et portaient des coiffures de couleur rouge. J'y allais aussi. Tout le monde était habillé avec recherche, vêtements avec parements de brocart, chapeaux en fourrure de loup, avec autour du cou des colliers d'or et de turquoise, avec des bagues à tous les doigts. Des hommes âgés avaient même des anneaux à leurs oreilles attachés avec des chaînettes d'or; nombreux étaient ceux qui portaient des colliers de coraux normalement vendus dans leurs échoppes. Les Tibétains, hommes et femmes, étaient très nombreux à assister à la fête.

Au moment de la procession du *pāyāḥ*, le porteur du radis, un Tibétain de la caste des dépeceurs de cadavres, sortit du *lāykū*, portant le radis, suivi des *thakāli* très bien habillés, des fleurs placées sous leurs calotes. Ils tenaient un sabre *khan* à la main et d'autres hommes les aidaient car les sabres étaient très lourds. Vint ensuite le *wakil* à cheval, revêtu de merveilleux habits de brocart, accompagné par un porte-parasol et suivi par les membres des *pālā*, certains portant des queues de yak blanches. Tous les Néwar étaient très fiers.

Chaque *pālā* était représenté par son *thakāli* et les musiciens jouant du tambour *nāykhiṁ*. Ceux des *pālā* de Jhawla battaient le tambour *dhā*; ils portaient aussi de grands masques sur lesquels étaient inscrits les mots *halumanchuli*, mais nul n'entra en transe.

Les pétards éclataient de partout. Certaines personnes eurent même leurs vêtements brûlés!

La procession fit le tour du *parkhor* pour revenir au *lāykū*. Le *hvakeva* plaça le radis sur un billot et un gradé de la garde du *wakil* coupa le radis en deux. Les Tibétains étaient très excités et criaient : *Ha-labu*! *Ha-Labu*!, «le radis! le radis!», pendant que les Khacara criaient : *phakyu*! *phakyu*! «faites place, faites place», repoussant les Tibétains, estimant que c'était leur fête.» (Hridaya 1968, pp. 34-37).

Le Mvaḥni à Lhasa en 1972

Il est intéressant de comparer les deux récits faits par des membres de la communauté néwar à un témoignage plus «officiel», celui de Dor Bahadur Bista, un Chetri qui a occupé le poste de consul général du Népal au Tibet de 1972 à 1975. Ce Mvaḥni s'est déroulé dans des conditions tout à fait exceptionnelles[32].

31. Mauvaise transcription des termes *bhui-phasi* et *la-phug lo-sar.*

32. Dor Bahadur Bista, ethnologue, a été de 1967 à 1972 secrétaire du Uttar Chetra Bikas Samiti, «Comité pour le développement des régions Nord du Népal», puis Consul Général du Népal au

«En 1972, en pleine révolution culturelle, le Dasaĩ a été célébré de façon très discrète dans l'enceinte du Consulat du Népal. Il n'était pas question de faire une procession autour du *parkhor* comme c'était la coutume et malgré l'insistance des anciens auprès des autorités de la ville qui interdirent toute manifestation de rue.

Le Consulat était situé au sud du *parkhor* dans la vieille ville[33]. Il se composait de deux groupes de bâtiments entourant des cours *baithak* : autour d'une petite cour, des logements de fonctionnaires et des militaires, autour d'une grande cour, des bureaux, et au centre de la cour, un bâtiment de trois étages avec le logement du consul, des administrateurs et des deux maîtres d'école.

Il y avait environ 350 citoyens du Népal à Lhasa à cette époque (500 en tout au Tibet, à Lhasa, Shigatse, Phari et Kuti).

Rappelons que la création de la fonction de *nāyor* (nép. *nāike*) ou représentant du roi de Katmandou date du début de XVIe siècle. C'est le roi de Katmandou Ratna Malla qui a établi des relations avec le Tibet; c'est lui qui invita aussi les premiers marchands musulmans originaires du Cachemire déjà installés à Lhasa à venir commercer au Népal[34].

Dans le Consulat, il y avait un sanctuaire dédié à la déesse Taleju. Cette déesse était représentée par une plaque d'argent portant une empreinte de pieds en relief, sur un socle en forme de pétale de lotus. Des statues de Gaṇeś et de Sarasvatī étaient disposées tout autour ainsi qu'un sabre *khaḍga*, utilisé pour le sacrifice du Dasaĩ.

Le rituel du Dasaĩ se déroula donc dans la cour du Consulat. Le 1re jour du Dasaĩ, le *jamarā* avait été planté par un officiant néwar : j'avais en effet désigné un homme d'origine *khacara* qui avait été lama dans le monastère de Drepung avant la révolution culturelle. C'est lui qui, le 10e jour, décora le radis dans le sanctuaire de Taleju, dessinant trois yeux représentant une figure démoniaque. Dans la matinée, un groupe de musiciens néwar se réunit à la porte du sanctuaire puis accompagna, Bir Doj Khadka, un Chetri employé du consulat portant le sabre royal, le lama portant le radis, et les membres de la communauté Néwar (Phot. 6-7).

Bhir Doj coupa le radis en deux après avoir invoqué Taleju, puis coupa une moitié du radis en petits morceaux qui furent distribués aux assistants. Cette cérémonie fut suivie par un repas pris en commun et une représentation de danses des enfants de l'école népalaise.»

Dans le récit de son séjour au Tibet «Report from Lhasa» (1979, pp. 144-145) Dor Bahadur Bista précise :

«...un certain nombre d'autres traditions ont été supprimées... [par D.B. Bista] le *thakāli*, doyen, ne servait plus à rien; on supprima donc sa fonction après accord de tous les membres et on encouragea les Népalais à s'adresser directement au consulat chaque fois qu'ils avaient un problème

Tibet de 1972 à 1975. Il a fait le récit de son séjour au Tibet dans l'ouvrage intitulé *Report from Lhasa*.

33. Le Consulat du Népal était situé au sud du Jokhang dans le quartier Kunzangtse (Brauen 1983, plan de Lhasa).

34. D.B. Bista fait ici référence à un fait cité par D. Wright «At this periode the Yavanas (Musulmans) first entered Nepal» (Wright 1877, p. 120).

> à régler plutôt que de passer par le *thakāli* [...] De même la coutume obligatoire d'accueillir tout nouveau consul à son arrivée et à son départ de Lhasa avec présentation d'une écharpe de cérémonie fut remplacée par une visite amicale. L'obligation de recevoir la *ṭikā* au Dasaĩ a été abolie. En effet, seule sa Majesté le roi du Népal doit être vénérée et c'est d'elle seule que l'on peut recevoir la *ṭikā*. Aucun officiel népalais n'est investi pour donner la *ṭikā*. C'est la raison qui a été mise en avant pour supprimer cette cérémonie. Quelques personnes insistèrent pour que cette pratique continue selon la coutume et de façon officielle. Pour cette raison un lama fut désigné comme prêtre du temple de Taleju et offrit la *ṭikā* pendant la cérémonie... »

Dans ce texte, Dor Bahadur Bista insiste sur les changements qu'il a lui-même apporté à la pratique du rituel et au sens donné à la cérémonie. Il a délégué la fonction religieuse des officiels à un lama (ou plutôt ex-lama, car nous sommes dans la période de révolution culturelle). Pour Bista, le seul représentant du pouvoir pourvu de sacralité est le roi. Les officiels et les anciens ont vu leurs fonctions supprimées. Les Néwar de Lhasa n'étaient-ils pas assez hindous aux yeux du consul?

Le Mvaḥni chez les Néwar du Sud du Tibet

Le Mvaḥni était aussi célébré dans les communautés néwar des autres centres d'échanges situés dans le sud du Tibet, à Shigatse, Kyirong et Kuti. Tashi Khacara, originaire de Kyirong le décrit ainsi :

> «Le Mvaḥni, que nous appelons *lo-sar*, utilisant l'expression tibétaine qui signifie "nouvel an" (mais qu'il ne faut pas confondre avec le nouvel an néwar qui survient plus tard dans le calendrier), était fêté avec beaucoup de faste. Etant bouddhistes, nous étions considérés par les Tibétains comme des *nang-pa* «ceux de l'intérieur», c'est-à-dire appartenant au Bouddhisme tibétain. En effet, nous faisions appel aux religieux de l'ordre *dge-lugs-pa* pour les cérémonies du cycle de vie et les rituels funéraires. Chaque famille possédait une chapelle dans laquelle étaient vénérées Buddha mais aussi la divinité *skyes-lha* protectrice de la lignée associée à la naissance et *bsam-yas rgyal-po*, «le roi de *bsam-yas*», divinité associée à la vie, encore appelée *jig-rten lha* «divinité des laïcs »[35].
>
> Le sanctuaire principal de *bsam-yas rgyal-po* était situé dans la maison la plus ancienne de la communauté newar, le *mūl kothi*. Plusieurs fois par an, au moment des fêtes les plus importantes, Dasaĩ, Tihār, Indrajātrā, des offrandes étaient faites à cette divinité.

35. *skyes-lha* est une divinité associée à un clan ou lignée, identique à une divinité de lieu *gzhi-bdag*. Pour les Néwar de Lhasa, le *skyes-lha* est *rnal-jor-ma* ou *lha-mo*. *Bsam-yas rgyal-po* «le roi de *bsam-yas*» (monastère construit au VIIe siècle) est identifié à *Pe-har*, une autre divinité protectrice. Ici, il y a assimilation de *bsam-yas, rgyal-po* à Bhindyaḥ. Ces aspects mériteraient une étude approfondie par des tibétologues (Jest 1993).

Le *lo-sar* était donc fixé par l'astrologue et toute la communauté le suivait pour célébrer les rituels.

Le premier jour du *lo-sar*, le prêtre *gubhāju* plantait les grains d'orge dans le *mūl kothi*. Le neuvième jour avait lieu la vénération de la divinité *bsam-yas rgyal-po*. Elle était représentée par un masque avec une très grande bouche, le front ceint d'une tiare d'or et d'argent. Le masque était porté de la chapelle jusqu'au bord de la rivière, au lieu-dit *chu-lu-og*, et placée dans un espace sacré *pīṭh*. Certains chefs de famille sacrifiaient alors un bélier blanc. Un repas était ensuite pris en commun.

Ce culte à *bsam-yas rgyal-po* était pratiqué dans presque toutes les maisons de Kyirong, à l'exception de quelques familles très pieuses suivant la règle du Bouddhisme tibétain. Il y avait cependant un interdit de manger de la viande de bœuf, ce qui pouvait offenser la divinité.

Le masque de *bsam-yas rgyal-po* a été emporté par les Khacara lorsque ces derniers sont venus se réfugier à Katmandou en 1960. Il a été déposé dans le sanctuaire de Bhīmsen, dans un des temples du palais de Hanuman Dhoka.

Tous les ans, le neuvième jour du *lo-sar*, les Khacara et Néwar de Kyirong se rendent à Hanuman Dhoka pour faire une offrande de fleurs, de vermillon et de pièces d'argent à *bsam-yas rgyal-po*.

À Kyirong, une association appelée *tshog* en tibétain, équivalent du *pālā* de Lhasa, était chargée d'organiser le culte de la divinité : elle avait à sa tête un responsable *ditha*, assisté d'un *thakāli* (*ding-dpon* en tibétain). Le dixième jour, *daśamī*, le représentant du gouvernement du Népal, Gorkha *dpon-po* « le chef Gorkha », résidant à Kyirong, donnait la *ṭikā* et recevait en échange des cadeaux, du musc, des pièces d'argent, des étoffes. Le *dpon-po* offrait ensuite un repas à toute la communauté et donnait l'autorisation de jouer aux cartes (les jeux avec des cauries n'étaient autorisés qu'au moment du Tihar)[36].

Les familles pieuses ne sacrifiaient pas d'animaux qui étaient remplacés par des radis que l'on coupait avec un sabre enduit de vermillon... »

LES DIVINITÉS VÉNÉRÉES AU MOMENT DU MVAḤNI

Cette période festive est dédiée à deux divinités, Taleju et Bhindyaḥ. Taleju était la protectrice du pouvoir royal du temps où les Néwar étaient les maîtres incontestés de la vallée de Katmandou (Toffin 1984, pp. 471-474).

Bhindyaḥ est plus proche des marchands Néwar; voici ce qu'en dit Dan Kaji : « Bhindyaḥ (Bhīmsen) est vénéré avec une grande ferveur; en effet pour nous Néwar, c'est lui qui préside au commerce et aux échanges. Il fait partie des divinités implorées à tout moment, le matin au réveil pour l'associer aux actions de la journée, pour le commerce et ce, aussi bien par les hindouistes que par les bouddhistes. Les bouddhistes ont un dicton : « dans la difficulté implore Bhindyaḥ, il te viendra en aide, si tu es devenu riche va faire des

36. Le jeu de cauries est strictement réglementé, autorisé seulement lors de certaines fêtes.

offrandes à Svayambhu». Une légende connue rapporte que Karuṇāmaya, le «Compatissant», voyant autour de lui les divinités oisives, leur donna à chacune une tâche à accomplir; mais que faire de Bhindyaḥ, toujours frondeur et contestataire?

> «Que sais-tu faire à part te mettre en colère?
> – Je peux changer un en deux et deux en quatre, répondit Bhindyaḥ,
> – Eh bien puisque tu as le don d'accumuler, tu seras le dieu des marchands.
> C'est la raison pour laquelle Bhindyaḥ est vénéré par les Néwar.»

Le Mvaḥni ou *la-phug lo-sar* était pour les Néwar et les Khacara du Tibet l'occasion d'affirmer chaque année leur différence dans un milieu considéré comme étranger pour ne pas dire hostile. On reconstituait aussi bien que possible les cérémonies qui se déroulaient dans la lointaine «patrie» avec tout le faste, la musique rituelle, les costumes, les richesses ostensiblement mises en valeur. Des réunions des membres des *pālā* donnaient lieu à des repas et jeux d'argent dont les Néwar étaient grands amateurs.

L'auteur de *Minmanah pau* dit bien : «en fait, le Mvaḥni des Néwar de Lhasa est un événement bien plus important et plus joyeux à Lhasa qu'à Katmandou...» On peut penser que l'hommage à Taleju, organisé par le représentant du roi du Népal (mais sans sacrifice sanglant) était l'expression d'allégeance au pouvoir du pays d'origine et à son roi, le cérémonial guerrier ayant été adapté à un contexte religieux bouddhiste non violent. Et Bhindyaḥ, la divinité qui préside au commerce, n'était pas oubliée dans cette circonstance.

LE TEMPS DU DASAĨ CHEZ LES SHERPA, LES TAMANG ET LES GURUNG NON HINDOUISTES DU NORD DU NÉPAL

Pour compléter ces observations sur le Dasaĩ dans l'aire de culture et de civilisation tibétaine, nous présentons des observations faites chez les Sherpa, les Tamang et les Gurung.

Chez les Sherpa, population de langue et de culture tibétaine du nord est du Népal, la période du Dasaĩ – qui leur est connue puisqu'ils vivent au contact des castes indo-népalaises – est considérée comme particulièrement néfaste. Sachant que durant cette fête de nombreux animaux sont sacrifiés et du sang versé pour «nourrir les divinités», les Sherpa pratiquent un jeûne, *smyung-gnas*, pendant la quinzaine claire du 8e mois lunaire du calendrier tibétain qui correspond au Dasaĩ[37]. Dans l'esprit du laïc, cette mortification

37. *smyung-gnas* (tib.) : période de mortification et de jeûne qui peut durer de deux à six jours, un jour de jeûne étant suivi d'un jour de silence.

peut contribuer à rétablir le cycle des renaissances pour les animaux sacrifiés par les hindous.

Cependant, il est intéressant de rappeler un rituel, disparu aujourd'hui, qui se déroulait encore en 1960 dans le village de Kumtö dans le Khumbu. Pour éloigner le mal incarné par une divinité appelée *nub-gi rgyal-po*, « le roi de l'Ouest », le maître de maison, *drong-pa'i apa*, un turban de couleur rouge sur la tête, habillé d'un *dhoti* blanc se rendait dans l'étable *og-khang* et posait sur trois pierres la *ṭikā* de vermillon. Il demandait ainsi à ces « divinités des vallées » de les épargner. Ce rituel était accompli le jour de *daśamī*.

Chez les Tamang de l'ouest, appelés Nupo-Tamang par les membres de cette ethnie qui résident à l'est de la vallée de Katmandou, on ne célèbre pas le Dasaĩ. Ainsi à Salme, dans la Salankhu Khola, la fête de Durgā est connue, et donne l'occasion de vendre des produits agricoles dans les villages de castes indo-népalaises. Si aucun rituel n'a lieu pendant la période du Dasaĩ, le huitième jour de la quinzaine claire, *aṣṭamī*, on tue un buffle mâle. Il est acheté en commun, la viande est partagée en autant de parts qu'il y a d'acheteurs et c'est l'occasion, comme le dit le villageois Yorung, « d'un bon repas en famille ».

On peut cependant penser qu'il y a une relation entre ce repas et le Dasaĩ. En effet, chez les Tamang qui vivent à l'est, dans les districts de Kavre-Palanchok, Dolakha et Sindhupalchok, les responsables de l'administration royale célébraient le Dasaĩ.

Gokul Sahi (un Thakuri de Timal âgé de 84 ans en 1990) précise :

> « Nos anciens disaient qu'autrefois le Dasaĩ était célébré au mois de *cait* [en avril de notre calendrier]. C'est sans doute le *sarkār* [gouvernement royal] qui a décidé de modifier la date et de le placer après la récolte d'été [...] Les Tamang ne célébraient pas le Dasaĩ. En revanche, aussi bien du temps du régime foncier *kipat*[38] que du *raiti*, les responsables de la collecte de l'impôt, les *tālukdār*, qui étaient des Tamang, étaient obligés d'acheter un buffle. Ce buffle était abattu au matin du 8e jour, après avoir été attaché au poteau sacrificiel *maulo*, à proximité de la maison du *tālukdār*. On disait *maulo mānne* « porter respect au poteau sacrificiel » et chaque village était souvent désigné par le nombre de *maulo*, c'est-à-dire le nombre de *tālukdār* qui y résidaient[39].
>
> La viande était divisée en autant de parts qu'il y avait de maisonnées payant de l'impôt et dépendant d'un même *tālukdār* [...] La tête de l'animal était ensuite déposée dans la maison du *tālukdār*. Le jour de *dasami* à l'heure fixée par l'astrologue, le *tālukdār* donnait la *ṭikā* à chaque chef de maisonnée, En retour, il recevait un cadeau, de l'eau de vie, des fruits... puis

38. *Kipat* (nép.) : statut des terres confiées aux communautés tibéto-birmanes par la couronne. L'allocation des terres et l'exercice de la justice reviennent aux chefs de la communauté.

39. *Raiti* (nép.) : tenancier direct de l'État, exploitant une terre *raikar*. *Tālukdār* (nép.) : représentant le roi, collectant l'impôt sur lequel il prélevait 5%. Il avait en outre un pouvoir judiciaire et jugeait les délits mineurs (Toffin 1984, p. 354).

> la tête du buffle était mangée en commun lors d'un repas appelé « repas de la tête » *ṭāuko bhoj*.
>
> Deux ou trois mois plus tard, les chefs de maisonnées remboursaient leur part du prix d'achat du buffle. Ainsi, les Tamang avaient la possibilité de manger de la viande une fois l'an !
>
> Cette pratique de la *ṭikā* donnée par le *tālukdār*, a été abolie en 2021 V.S. (1965). Il y avait 7 *tālukdār* à Timal Parsel, donc sept *maulo*.
>
> Le paiement de l'impôt était aussi un hommage à la royauté. Si on ne payait pas pour une raison ou une autre l'impôt, on était chassé du lieu par ordre du roi, ordre exécuté par le *dwāre*, représentant l'autorité royale. »

En 1991, à Parsel, quinze maisons tamang se sont entendues pour acheter un buffle d'un coût de 4000 roupies. Il a été abattu au *maulo* avec un grand *khukuri* conservé dans la maison de la famille la plus anciennement établie en ce lieu. La viande et la tête ont été partagées en quinze parties égales.

Pour les Tamang, le Dasaĩ est un moment festif, l'occasion de faire des repas copieux arrosés de bière et d'eau de vie. L'achat du buffle, son choix, puis le dépeçage donnent lieu à de nombreuses discussions et très souvent à des disputes entretenues pendant de long mois. Moment festif aussi pour la jeunesse qui dresse des balançoires *rote piṅg* (ou attache des cordes à des branches de figuier *pipal*). Les hommes jouent aux dés ou aux cartes, les paris sont importants et de grosses sommes passent de main en main.

Chez les Gurung de la région de Lamjung, le Dasaĩ n'est pas pratiqué et, là aussi, seuls les *tālukdār* étaient tenus de célébrer le rituel et les *raiti* devaient venir chez eux pour recevoir la *ṭikā* en signe d'allégeance à la royauté (Gurung 1993).

CONCLUSION

Dans les descriptions du rituel du Mvaḥni et du Dasaĩ chez les populations bouddhistes ou fortement imprégnées de bouddhisme – Néwar, Sherpa, Tamang, Gurung –, on peut discerner trois comportements spécifiques qui devraient donner lieu à des recherches plus approfondies.

Chez les Néwar bouddhistes résidant au Tibet, la communauté, avec à sa tête les anciens, rend hommage à la divinité Taleju en un simulacre de sacrifice et en signe d'allégeance au pouvoir royal (ancien et nouveau). Pour des raisons de calendrier, elle rend aussi hommage à Bhindyaḥ, divinité qui préside au commerce et aux échanges.

Les Sherpa refusent le Dasaĩ et marquent leur « désapprobation » par une attitude de piété et un jeûne – intercession pour tous ceux qui commettent une faute grave en pratiquant des sacrifices sanglants.

Les Tamang et les Gurung, dans leur majorité (mais jusqu'à quand ?), ignorent le sens du rituel du Dasaĩ mais, suivant la coutume, participent à un repas qui marque une soumission que le pouvoir royal leur a imposé : seuls les responsables administratifs directement liés au pouvoir se plient à cette cérémonie d'allégeance.

BIBLIOGRAPHIE

BELL, C.,
1924, *Tibet, past and present,* Oxford, Clarendon Press.

BISTA, D.B.,
1979, *Report from Lhasa,* Kathmandu, Sajha Prakashan.

BISTA, D.B.,
1980, «Nepalis in Tibet», *Contributions to Nepalese Studies*, 8, pp. 1-19.

BOULNOIS, L.,
1983, *Poudre d'or et monnaies d'argent au Tibet*, Paris, Éditions du CNRS.

BRAUEN, M.,
1983, *Peter Aufschnaiter. Sein Leben in Tibet*, Innsbruck, Fr. Verlag Steiner Vg.

DOBREMEZ, J. F. (éd.),
1986, *Les Collines du Népal central. Ecosystèmes, structures sociales et systèmes agraires*, Paris, INRA.

GURUNG, J.,
1993, «Tradition and adaptation : a study in continuity and change in the Gurung culture of Nepal». in *The Anthropology of Nepal. From tradition to modernity. Proceedings of the Franco-Nepalese Seminar, Kathmandu March 1992*. G. Toffin éd., Katmandou, Centre culturel français.

HÖFER, A.,
1986, «Wieso hinduisieren sich die Tamang?», in *Formen kulturellen Wandels und andere Beiträge zur Erforschung des Himalaya*, Colloquium des Schwerpunktes Nepal, B. Kölver ed., Sankt Augustin, VGH Wissenschaftsverlag, 33-52.

HRIDAYA, CHITTADHAR,
1968, (1088 N.S.) *Minmanah pau* (en newari) «la lettre non brûlée», Kathmandu, chez l'auteur.

JEST, C.,
1993, «The Newar merchant community in Tibet : an interface of Newar and Tibetan cultures. A century of transhimalayan trade and recent developments», in *Nepal, Past and Present. Proceedings of the Franco-German conference, Arc et Senans, June 1990*, G. Toffin éd., Paris, CNRS Éditions / Sterling Publishers, pp. 159-168.

JOSHI, S.M.,
1987, *A concise dictionary of the Newar language*, Kathmandu, Lacoul Pub.

LEWIS, T.T.,
1984, *The Tuladhars of Kathmandu : a study of buddhist tradition in a Newar merchant community*, PH. D., University of Columbia, Ann Arbor University microfilms International.

LEWIS, T.T.,
1993, «Himalayan frontier trade : Newar diaspora merchants and Buddhism», in *The Anthropology of Tibet and the Himalaya. Proceedings of the Conference Zurich 1990*, M. Brauen, C. Ramble eds., Zurich.

MEYER, F.,
1987, «Le Tibet à l'époque des Dalai Lama, XV-XXe siècles», in *Demeures des hommes, sanctuaires des Dieux, Sources développements et rayonnement de l'architecture tibétaine.*, P. Mortari Vergara et G. Beguin éds., Roma, Il Bagatto, pp. 394-407.

SHRESTHA, K.L.,
1961, *Lore and Legend of Nepal*, Kathmandu, Jagat Lall Pub.

TOFFIN, G.,
1984, *Société et religion chez les Néwar du Népal*, Paris, Éditions du CNRS.

TOFFIN, G., JEST, C., BLAMONT, D.,
1986, «Les populations de la région Ankhu Khola-Trisuli», in *Les Collines du Népal central*, J.F. Dobremez ed., Paris, INRA.

TULADHAR, K.,
1994 «The Lhasa Newars. The trans-himalayan traders», *Shangri-la*, 5, I. pp. 18-25.

WADDELL, L.,
1905, *Lhasa and its Mysteries,* London (rééd.) 1975, Delhi, Sanskaran Pvakaskah.

WRIGHT, D.,
1877, *History of Nepal.* Transtlated from Parbatiya by Munshi Shew Shunker Singh and Pandit Sri Gunanand, with and introductory sketch of the country and people of Nepal by the editor Daniel Wright, Cambridge, Cambridge University Press.

PHOT. 1. LAMPE À HUILE UTILISÉE AU MOMENT DU MVAḤNI.
La suie se dépose sur une coupelle qui recouvre la lampe, suie utilisée pour faire des marques sur le front. La lampe représente un singe couché sur le dos.

PHOT. 2. LHASA, 1955 : MEMBRES DU JWALA PĀLĀ SE PRÉPARANT POUR LA PROCESSION DU *PĀYĀḤ*.
L'un d'entre eux présente le masque de la divinité tutélaire du *pāla*, Hanuman śrī, dessinée sur un van, les autres portant des sabres et des étendards (photo, collection particulière de Harsha Bir Singh Tuladhar).

PHOT. 3. LHASA 1955.
Au cours de la procession du *pāyāḥ*, les membres du pālā sont accompagnés de deux hommes déguisés en femmes newar « pour bien montrer que ces néwars ont des épouses au Népal » (photo, collection particulière de Harsha Bir Singh Tuladhar)

PHOT. 4. LHASA. MVAḤNI DE 1972. PROCESSION DU SABRE.
L'officiant porte le radis qui doit être « sacrifié » il est suivi des musiciens, du porteur de sabre, du prêtre néwar et des membres de la communauté. Noter que la plupart des hommes portent le costume chinois; quelques musiciens ont le topi traditionnel. (Photo D. Bista).

PHOT. 5. LHASA, 1955 : LES MEMBRES DU JWALA PĀLĀ ENTRENT DANS LA COUR DE LEUR PĀLĀ TENANT LE SABRE ET PORTANT L'EFFIGIE DE LEUR DIVINITÉ TUTÉLAIRE.
Le radis, effigie du démon, sera sacrifié sur une} *svastika* dessinée sur le sol (photo, collection particulière de harsha Bir Singh Tuladhar).

PHOT. 6. LHASA. MVAḤNI 1972.
Le radis est le substitut pour l'animal qui doit être sacrifié. (Photo D.B. Bista).

PHOT. 7. LHASA, 1972 : LE REPRÉSENTANT DU CONSUL COUPE EN DEUX LE RADIS.
Le temple de Taleju occupe le premier étage du bâtiment au fond de la cour. (Photo D.B. Bista)}.

CHAPITRE IX

LA DÉESSE CHEZ LES RENONÇANTS : DASAĨ DANS LES MONASTÈRES SANNYĀSĪ (VALLÉE DE KATMANDOU)

Véronique BOUILLIER

Tueuse du démon-buffle, condensant en elle toute l'énergie mortifère des dieux, Durgā apparaît dans toute son apothéose lors de la fête de Dasaĩ. Cette exaltation, cette propitiation sanglante de la déesse, pensée, figurée sous sa forme la plus violente, offre *a priori* peu de points communs avec l'univers religieux et rituel de renonçants comme les Sannyāsī.

Fondé au IXe siècle par Śankara, l'ordre ascétique des Dasnāmī Sannyāsī suit la voie d'un renoncement orthodoxe, tel qu'il est défini dans les *Dharmaśāstra*. Détourné du monde, l'ascète abandonne les formes extérieures du rituel pour se concentrer sur la méditation de l'absolu, conçu ici sous la forme de Śiva. Ce dépouillement philosophique va de pair avec un brahmanisme affiché : accès de certains des sous-ordres réservé aux Brahmanes, usage de *mantra* védiques. Cependant cette austérité ultra-mondaine n'a pas empêché l'ordre d'évoluer vers des formes moins rigides; les monastères fondés par Śankara sont devenus des puissances économiques et financières, les Gosaĩ[1], de riches marchands et prêteurs sur gage, et les Nāgā Sannyāsī, de redoutables guerriers! Les célibataires se sont mariés et nombre de monastères sont devenus propriété privée, transmise de père en fils.

Le Népal a connu et connaît encore ces différentes façons d'être Sannyāsī. Curieusement, avant même la conquête gorkha, dès le XVII siècle, les Néwar de la vallée de Katmandou ont favorisé l'installation de Dasnāmī, de langue et de culture parbatiyā. Cette implantation répondait-elle à certains besoins, certaines fonctions que l'absence de tradition ascétique néwar ne permettait pas de remplir? S'est-elle faite à la suite de l'arrivée de marchands Gosaĩ ou de guerriers Nāgā? Toujours est-il que dans les trois capitales de la vallée, les Dasnāmī fondent des monastères, des *maṭh*; situés au cœur même de la

1. Un des noms sous lequel étaient connus les Sannyāsī, notamment dans les documents britanniques du XVIIIe et du XIXe siècle.

ville, souvent riches, ces *maṭh* jouent un rôle dans la cité et dans le royaume[2]. S'ils ont pu au début de leur histoire rassembler des ascètes célibataires, ce sont maintenant des «monastères domestiques», résidences familiales, qui groupent sous l'autorité d'un *mahant*, d'un chef intronisé, devenu maître de maison, l'ensemble d'une famille ou d'un lignage Sannyāsī (Bouillier 1979a). Les caractéristiques de ces monastères peuvent s'analyser comme une combinatoire de trois systèmes de référence :

– Le modèle renonçant des Dasnāmī Sannyāsī qui gouverne certains rites spécifiques tels que l'initiation, l'inhumation, l'intronisation du *mahant*, ainsi que les services rituels et la gestion du *maṭh* .

– La tradition des hautes castes indo-népalaises[3] adoptée pour certains rites du cycle de vie (autres qu'initiation et funérailles), certaines fêtes calendaires, le culte des divinités lignagères (*kuldevatā*)

– La composante néwar qui, dans sa dimension urbaine, englobe les monastères et amène leurs habitants à participer aux fêtes communautaires. Plus profondément, cette influence se marque aussi dans l'adoption de formes de culte tantricisées.

C'est en fonction de cette triple appartenance que l'on peut se demander comment se célèbre Dasaĩ dans les monastères Sannyāsī de Bhaktapur et de Patan.

C'est une fête importante, toujours mentionnée parmi les célébrations requises des monastères, dont les dépenses sont codifiées dans les *lagāt* (accords écrits entre l'État et le monastère concernant leurs obligations réciproques).

Les cérémonies se déroulent à l'intérieur même des monastères. Ceux-ci, construits dans le style néwar, présentent une structure en *cok*, groupant bâtiments d'habitation, éventuellement étable et pièces réservées aux cultes, autour d'une ou de plusieurs cours carrées. Mais contrairement à nombre de cours néwar souvent à l'abandon, dans le cas des monastères, la cour est le centre symbolique autour duquel s'ordonnent les activités du *maṭh*; c'est en effet là que se trouve le temple à Śiva dont le culte donne sa spécificité à un monastère Sannyāsī, même si d'autres autels et templions sont aménagés

2. Les conditions sont différentes dans les trois villes. À Bhaktapur, la plupart des onze monastères Dasnāmī bénéficient de donations royales; groupés à proximité du temple de Dattatreya, ils auraient été établis et dotés en terres par la reine Ganga Rani. À Patan, les six monastères qui dateraient de la fin du XVIIe siècle sont le fruit de fondations privées de la part de Sannyāsī qui acquièrent des terres et les font inscrire comme *duniya guṭhi, guṭhi* personnel. Katmandou en revanche n'abrite qu'un seul monastère, un *akhaḍa* de Nāgā Sannyāsī.

3. L'abandon du célibat et le retour à la vie dans le monde des ascètes Sannyāsī ont entraîné la formation de castes renonçantes pour lesquelles les caractères hérités des traditions ultramondaines ne sont plus vécus que comme des facteurs discréminants dans la hiérarchie des castes. L'insertion dans la société implique l'adoption des comportements dominants quant aux règles de pureté et aux traditions cérémonielles (Bouillier 1979b).

dans les galeries adjacentes. C'est dans ces galeries que se trouve la pièce obscure, la «chambre de Dasaĩ», qui sera le sanctuaire de la déesse, appelée assez généralement Bhagavatī, pour les dix jours de la fête.

Commençons par suivre les célébrations dans le monastère de Chayabahal, un des mieux conservés de Patan. La *pūjākoṭhā*, sans fenêtre, est nichée au fond de la galerie sud du monastère, et ouvre face à la porte du temple central dédié à Śiva. Quelques jours avant le début de Dasaĩ, les murs de la galerie et de la pièce ont été réenduits de chaux et d'ocre.

Le matin du premier jour, pour le *ghaṭasthāpanā* ou installation du pot-support de la déesse, les serviteurs du *maṭh* vont à la rivière chercher du sable et le remettent au prêtre qui en façonne une couche dans laquelle il plantera, au moment auspicieux déterminé par l'astrologue royal, les graines d'orge destinées à germer pendant les dix jours du rite. À côté, il prépare un autel pour recevoir les deux pots, les *kalaś*, dans lesquels il «installera» la déesse, ainsi que deux flambeaux qui devront rester constamment allumés. Au-dessus il accroche un sabre, symbole de la déesse sous son aspect guerrier. Les deux axes des cérémonies, les deux polarités du culte de Dasaĩ, la prospérité de la végétation et la violence, la fécondité et le pouvoir, sont ici réunis et dans cette double célébration, les monastères sannyāsi ne se distinguent pas de leurs voisins parbatiyā ou néwar. Ce qui leur est particulier, cependant, c'est que les chefs de famille n'officient pas eux-mêmes, et, contrairement aux autres maisons, ne pénètrent même pas dans la pièce réservée au culte. L'officiant est un brahmane spécialisé, un *tāntrika*, c'est-à-dire le plus souvent un brahmane néwar rājopādhyāya, initié aux rites tantriques (Toffin 1989, 1992)[4] . Il semble donc bien que les monastères abritent des formes de culte proprement néwar pour lesquelles les Sannyāsī, qui n'ont, par définition, pas d'initiation tantrique, ne sont pas habilités.

D'autres éléments, cependant, interviennent, qui requièrent davantage la participation des Sannyāsī et surtout du *mahant*.

Le jour de *phūlpāti*, le lien du monastère avec ses terres est réaffirmé par l'arrivée d'un bouquet de feuillages[5], apporté par les tenanciers venant des terres du *maṭh*, dans ce cas de Godavari. À Calkhu maṭh, on apporte en plus un mât de bambou qui sera dressé par le *pūjārī* de la déesse à côté du temple de Śiva.

4. Lorsque l'officiant n'est pas *tāntrika*, comme par exemple au Tuilako maṭh à Patan, on dit que beaucoup de rites, notamment la nuit de *kālarātri*, ont dû être abandonnés comme trop dangereux.

5. Mentionnée sans y insister par Kane (V, 1, p. 161 : «On the 7th tithi [...] the performer approaches a bilva tree [...] He should cut off a branch [...] with a couple of fruits [...] Then he should take the branch, come to the place of worship and place it on a pīṭha»), c'est au Népal, l'occasion d'un rite d'allégeance reliant toutes les célébrations communales au Dasaĩ royal par l'envoi à Katmandou de fragments de chaque *phūlpāti*. Ce modèle de subordination est répété dans la relation du monastère avec ses tenanciers.

La nuit du huitième au neuvième jour, *kālarātri*, est marquée par le sacrifice de boucs ou de chevreaux noirs. Les Sannyāsī maîtres de maison ne se distinguent pas ici des célébrants d'autres castes et ne souscrivent pas au vœu de non-violence (*ahiṃsā*) que profèrent, lors de leur entrée en renoncement, les Sannyāsī par vocation. Dans les monastères de Patan et Bhaktapur, les sacrifices sont effectués et même en grand nombre lorsque s'y trouvent des temples à Bhairav; il arrive même aux Sannyāsī de procéder eux-mêmes aux décapitations. Lors de *kālarātri*, l'offrande essentielle est celle d'un ou de deux boucs parfaitement noirs, à la déesse. Les bêtes sont décapitées dans la galerie et les têtes déposées sur l'autel de Dasaĩ, devant les pots de la déesse. On peut sacrifier en outre d'autres bêtes, ainsi à Tuilako maṭh , on ajoute un canard à l'autel de Gaṇeś, un bouc à Bhīmsen, un canard à Bhairav, un canard à Bal Kumārī et un dernier au temple de Gaṇeś du quartier.

Au matin du neuvième jour, on célèbre dans les monastères un rite dont les éléments varient de façon énigmatique; il s'agit de la *kumārī pūjā*. Un groupe de jeunes enfants, filles et garçons en nombre variable et qui ne doivent pas avoir encore perdu de dents de lait, vient de bonne heure dans le monastère. Ils sont installés dans une galerie extérieure, sont fêtés et honorés par le *mahant* et sa famille. Celui-ci leur appose une *ṭikā*, leur met des colliers de fleurs, leur donne des vêtements neufs, des fruits, quelques pièces de monnaie et leur fait servir un repas.

Tous les monastères suivent cette coutume mais chacun à sa façon :

– Le Calkhu maṭh de Patan fait venir neuf petites filles et deux petits garçons de caste pure[6].

– Le Dattu maṭh rend un culte à sept petites filles et deux petits garçons (Gaṇeś et Bhairav), de caste pure. La référence est ici aux Sapta Mātrikā.

– A Chayabahal, viennent trois enfants, deux Kumārī et un Kumār, de caste Rājopādhyāya.

– A Tuilako, on ne célèbre que les petites filles de la maison et comme il n'y a pas en ce moment de fillette de l'âge requis, la coutume est abandonnée[7].

6. L'assimilation avec le groupe des Nava Durgā, des « neuf déesses mandaliques » (Levy 1990, p. 540) est tout à fait claire et évoque le groupe des Gaṇa Kumārī de caste Bare célébrées en même temps que Gaṇeś et Bhairav.

7. Quoique ce rituel ne fasse pas partie des célébrations de Dasaĩ chez les Brahmanes-Chetri décrits par L. Bennett (1983, pp. 263-272), et que Dasaĩ soit selon elle une fête purement « patrifocale », on peut voir dans cet hommage aux petites filles de la famille paternelles un élément « filiafocal ». Il y a aussi, dans le retour des jeunes femmes mariées dans leur famille paternelle, un rapprochement à opérer avec les conceptions bengalies où Durgā est célébrée « as a tender daughter who has returned home on her annual visit for family succor, sympathy and the most elaborate hospitality » (Kinsley 1987, p. 114).

Le culte rendu à des petites filles, images vivantes de la Déesse, est considéré par le *Skanda Purāṇa* ou le *Devī Bhagavata Purāṇa* comme impératif lors des Navarātri : «The performer may honour a maiden or maidens from the first to the 9th tithi, but he must do so at least on 8th... He is to honour virgins with bodice, clothes, sandalwood paste, flowers and *akṣatas*, with different kinds of edibles and dishes and feed them with *pāyasa* (rice boiled in milk and sugar – en nepali *khir* –)» (Kane V, 1 pp. 170-171). Ces mêmes textes mentionnent comme nombre idéal, une enfant le premier jour, deux le second, etc., et spécifient leur *varṇa* en fonction du but recherché : «A man should honour a brahmana maiden in all acts, a ksatriya maiden for victory, one belonging to untouchable castes in acts of terrible nature» (Kane, *ibid.*). Ce type de *kumārī pūjā*, associé aux cultes Śākta en général, est attesté lors de Navarātri au Rajasthan et dans les anciens royaumes du Népal. Il joue également un grand rôle chez les Néwar où, non seulement nombre de rites palatiaux voient intervenir la *kumārī* royale, mais aussi où «most families, [...] in the house, worship the young, premenstrual girl in the family. They may worship one girl alone as Kumārī, and, sometimes, if there is more than one girl, as some set of goddesses [...] It is said that the motive of these *pūjās* on this day is not to honor the girls, but to use them as vehicles to bring the Goddess into the home» (Levy 1990, p. 540).

La présence, dans le groupe des Kumārī, de petits garçons incarnant Gaṇeś et Kumār ou Bhairav, évoque les groupes constitués tels les Gaṇa Kumārī, cependant ce trait est attesté également au Rajasthan; ainsi Madeleine Biardeau écrit que, au palais royal de Jaipur, «le huitième jour... la pūjā est faite dans la salle de l'agnihotra à neuf petites filles entre trois et huit ans que l'on nourrit ensuite, et à deux garçons en dessous de treize ans. Les neuf fillettes sont les neuf formes de la Déesse, les deux garçons sont Kālabhairava et Gaurabhairava, ses gardiens» (1989, p. 307).

Le dixième jour voit également une certaine initiative revenir aux habitants du *maṭh* mais le prêtre brahmane a toujours le rôle essentiel. C'est lui qui effectue la dernière *pūjā*, la *bisarjana pūjā*, dans le sanctuaire clos de la déesse, et coupe les brins d'orge qui ont germé pendant les dix jours du culte. Il sort ensuite de la pièce en tenant un plat de laiton ou une feuille de bananier sur lequel sont posés les brins d'orge et les ingrédients, lait caillé et riz vermillonné, nécessaires à la *ṭikā*. Et il va apposer la première *ṭikā* sur la statue ou le *liṅga* du principal temple à Śiva du monastère. Mahādev est donc le premier à être honoré, dans ce rite très hiérarchisé que constitue l'apposition des *ṭikā* de Dasaĩ; c'est lui le véritable chef, la «personne morale» à la tête du *maṭh*. Le *mahant* est présent et rend hommage au brahmane en s'inclinant devant lui et en lui présentant une *dakṣiṇā* (honoraires sacrificiels). Il pénètre ensuite pour la première fois depuis le début du culte dans le sanctuaire de la déesse et là reçoit du brahmane la *ṭikā* de riz vermillonné et les brins d'orge de Dasaĩ. Après lui, viennent tous les membres de la famille selon l'ordre hiérarchique[8]. Par la suite les dépendants du monastère et ceux qui peuvent avoir une relation personnelle avec lui, s'y rendent au cours de la journée pour y recevoir une *ṭikā* du *mahant*.

Un épisode particulier se déroule ce matin-là au Kwatando maṭh de Bhaktapur; le *mahant* y acquiert une dimension à la fois martiale et souveraine. Juste après la *bisarjana pūjā* célébrée par le brahmane, le *mahant* pénètre dans la pièce et en sort en tenant à bout de bras deux sabres, la pointe dirigée vers le bas, sur lesquels sont fichées les deux têtes de boucs noirs sacrifiés le huitième jour. Il fait sept pas dans la cour où il est attendu par le chef des tenanciers du monastère, le «*mohiko nāike*». Par un geste qui marque une délégation de souveraineté, il lui remet les deux sabres que le *nāike* secoue alors pour faire tomber les deux têtes par terre. Les sabres sont ensuite rangés avec les objets de culte et les têtes données aux tenanciers.

Un grand festin clôt ces célébrations de *dasamī*, au cours duquel sont mangés les animaux sacrifiés, les Sannyāsī n'étant manifestement pas végétariens au Népal.

Un seul monastère est strictement végétarien à Bhaktapur. C'est le Jangam maṭh, d'obédience Lingayat, à Taumadhi. Il lui a donc fallu composer avec les impératifs du culte à la Déesse. Pris eux aussi dans un environnement néwar qui les a fortement influençés, les Jangam ont trouvé un biais; ils célèbrent Dasaĩ dans tous ses rituels mais ont conclu un arrangement avec Bhagavatī pour qu'elle se contente d'un «sacrifice» de courge, décapitée dans un simulacre parfait, et de noix de coco jetée par le *mahant* depuis la galerie qui précède le sanctuaire de la déesse sur le toit du temple de Śiva.

On ne peut qu'être frappé, en étudiant la façon dont les monastères Dasnāmī Sannyāsī de la vallée célèbrent Dasaĩ, par le faible degré de participation, d'implication des résidents de ces monastères et en particulier des *mahant* : l'essentiel de leur activité se borne à apposer la *ṭikā* du dixième jour à ceux qui viennent leur rendre hommage. Tous les autres rites sont sous la responsabilité du prêtre tantrique. Il est vrai que, dans ces monastères, en règle générale, les *pūjā* quotidiennes sont faites par un brahmane, souvent rājopādhyāya, les *mahant* se contentant de la gestion des biens et de la surveillance des activités. Mais il est remarquable de les voir faire encore appel à un autre prêtre pour Dasaĩ et, alors que les chefs de famille d'autres castes officient eux-mêmes dans le sanctuaire de la déesse, de réserver ce soin à un spécialiste et de ne pénétrer, eux, dans cette pièce que le dernier jour, une fois la *pūjā* achevée et la victoire de la Déesse définitivement établie.

Un autre élément qui est particulier à ces monastères Sannyāsī et opère, au cœur même des célébrations de Dasaĩ, un rappel de la tradition ascétique,

8. Ordre de séniorité présenté et analysé en détail par Bennett (1983, pp. 150-164).

c'est la visite que font, le cinquième jour, un groupe de Nāgā Sannyāsī, c'est-à-dire de la branche militaire des ascètes nus, venus du Dasnāmī Sannyāsī Akhaṛā de Katmandou. Ils apportent dans chaque *maṭh* des balles de cendre sacrée, dont ils sont les fabricants exclusifs, à partir de cendres de bouse de vache plusieurs fois filtrées dans l'eau. C'est avec ces cendres que les Sannyāsī, lors de leur *pūjā* du matin, tracent sur diverses parties de leur corps, notamment le front, les trois lignes horizontales, le *tripuṇḍrā*, qui les marquent comme dévots de Śiva. Les Nāgā, en échange des cendres, lors de ce qui est appelé «gola pūjā» («boule pūjā»), reçoivent une offrande des *mahant*.

Que représente la Déesse vénérée à Dasaĩ? Avant tout, elle est Śakti – Pouvoir. Ce pouvoir est, en premier lieu, celui de la nature, de la création et des forces fécondantes; Dasaĩ est aussi une fête de l'abondance, de la végétation, des récoltes, ce que manifeste l'association de la Déesse avec les pousses d'orge et les plantes porteuses de fruits. Cet aspect domine dans les rites villageois et n'est pas étranger aux Dasnāmī de ces monastères puisque leur vie domestique et leurs richesses foncières les rendent soucieux de prospérité matérielle[9].

Présidant à la prospérité et, à ce titre, Śrī, épouse du roi, la Déesse célébrée durant Dasaĩ est encore associée au roi à un autre titre. Car elle est Durgā, la victorieuse, Mahiṣāsuramardinī, celle qui a vaincu Mahiṣā, le plus puissant des *asura*, et a ainsi rétabli le roi des dieux, Indra, dans sa souveraineté. Déesse protectrice du roi, elle est devenue – grâce à la diffusion générale à partir du XIIe siècle des conceptions tantriques du pouvoir (Gupta et Gombrich 1986, p. 131) – la *śakti* du roi, la source et la personnification de son pouvoir. La célébration de la Déesse devient celle de la puissance conquérante et divinement légitimée, du roi, et prend un relief particulier dans les royaumes (Vijayanagar, les principautés Rajputes, celles du Népal). La théâtralisation des rituels englobe alors tous les éléments du royaume dans une commune exaltation de la puissance du souverain, conçu comme l'équivalent humain d'Indra. Tous les sujets, le corps du roi selon Burghart (1987), se trouvent associés à cette gloire. Les monastères sannyāsī, même lorsque le don de terre qu'a pu leur faire le roi implique une autonomie de tenure qui les rend indépendants de l'administration royale, font néanmoins partie de l'ensemble symbolique et rituel du royaume. Les nombreux édits entérinant les successions à la tête des monastères ou les transactions foncières concrétisent cette appartenance, qu'exprime la formule obligée qui ponctue les pétitions des *mahant* : «que nous puissions faire les *pūjā* et chanter les

9. Le souci de faire prospérer leurs terres et d'en manger les fruits revient souvent dans les plaintes qu'adressent les divers monastères au gouvernement, ainsi un résident du Kwatando maṭh proteste : «j'ai été spolié de mes terres, je n'ai plus rien à manger et j'en suis réduit à mendier» (lettre de Baikuntha Giri en 1980 V.S. National Archives), oubliant aisément la vocation première des renonçants!

louanges du gouvernement», et celui-ci répond : «Célébrez notre gloire!» (*hāmro jaya manāu*!).

Mais les Sannyāsī n'étant pas tantriques, et encore moins *śākta*, ils ne se joignent à la célébration de la Déesse – et du roi victorieux – qu'avec une certaine distance, que tempère cependant l'influence néwar.

Le cas est différent avec les Kānphaṭā Yogī. Chercheurs de pouvoirs, ils ont avec la *śakti* une relation paradoxale : dévalorisée comme principe féminin qui retient dans les liens du monde, la *śakti* est néanmoins la maîtresse de ces pouvoirs supra-normaux que les Yogī veulent acquérir. La Déesse est à la fois centrale et périphérique : au centre du *maṇḍala* dessiné pour les cérémonies d'initiation Kānphaṭā, elle joue pourtant un rôle secondaire dans l'ensemble des rituels focalisés sur Śiva-Bhairav. Cependant, contrairement aux Sannyāsī, les Kānphaṭā «savent» comment honorer la Déesse et pratiquent des formes de culte avec offrande carnée et alcoolisée qui lui conviennent.

Cette orientation des Yogī vers la quête des pouvoirs les a mythiquement et historiquement rapprochés de la royauté. Et les exemples abondent des associations entre rois et Yogī qui se formulent souvent en couple roi-*rājguru*. Ce fut le cas à Dang et Salyan et dans nombre de principautés du Rajasthan (voir le cas extrême de Jodhpur sous Man Singh, cf. Sharma 1972). C'est dans ce contexte que la participation des Yogī à Dasaĩ prend tout son sens. Elle n'est pas systématique et s'exerce dans le cadre de leur fonction. Ainsi il se pourrait qu'il y ait un lien entre Yogī *rājguru* et la *kuldevī* du roi que le *guru* fêterait à Dasaĩ.

Le cas complexe d'Udaipur illustre un mode de relations des Yogī au roi qui peut être double : direct ou médiatisé par la Déesse. Le fondateur mythique du royaume de Méwar, Rājā Bappa, fut doublement béni, par l'ascète Harita qui «l'admet sous les bannières de Bhavani» et lui accorde l'invulnérabilité, et par Gorakhnāth «who presented to him the double-edged sword, which, with the proper incantation, could 'sever rocks'» (Tod 1983, I, p. 185). Depuis la fondation du royaume, le sabre joue un rôle central dans les célébrations de Dasaĩ. Il est confié, le premier jour de la fête, «à un sadhu Nath et, pendant la fête, ce sont les membres du monastère Nath qui vont veiller sur lui, donc sur le royaume, signe d'un lien particulier du Rana d'Udaipur avec la secte» (Biardeau 1989, p. 305). Or ce sabre est gardé par les Nāth Yogī dans le temple de la Déesse[10]. Selon Fuller, le roi prêterait alors son arme à la Déesse pour lui permettre la victoire : «In

10. La description de Tod est ambiguë. S'il écrit (vol. 1, p. 61, n.7) : « In the grand military festival at Oodipur to the god of war, the scymitar, symbolic of Mars, worshipped by the Gehlotes, is entrusted to them (the Kanfurra jogis or goséns)», dans la description détaillée, et souvent citée, qu'il donne des fêtes de Navarātri, il précise que «the double-edge khanda is [...] carried in procession to the Kishenpol (gate of Kishen) where it is delivered to the Raj jogi, the Mehunts and a band of Jogis assembled in front of the temple of Devi» (vol 1, p. 465). Et c'est ce Raj Jogi qui préside aux rites du sabre durant les neuf jours de la fête et restitue ensuite l'arme au roi. Or, dit Tod (p. 465, n.2), «Raj Jogi is the chief of the ascetic warriors», faisant donc probablement allusion aux troupes de

Mewar, the king puts his sword into divine custody during the festival, so that it could be kept or given to the goddess for use in her battle with the demons» (1992, p. 119). Et ce sont les Yogī les intermédiaires dans cette relation. La conjonction éminemment mondaine et royale, entre fertilité et pouvoir, concerne peu ceux qui cherchent la délivrance. Mais lorsque les ascètes sont pris dans le siècle, lorsque les monastères sont fondés par des rois, insérés dans les villes, il serait surprenant qu'ils échappent aux grandes célébrations qui légitiment et unifient le royaume en un tout à la fois rituel et fonctionnel. Cependant, la participation des renonçants à la fête de Dasaī varie en fonction des appartenances et de la relation à la Déesse. Honorée dans toute sa plénitude par les ascètes *tāntrika*, Bhagavatī n'est qu'hébergée par les Dasnāmī Sannyāsī qui la célèbrent par prêtre interposé.

BIBLIOGRAPHIE

ALLEN, M.,
1975, *The Cult of Kumari*, Kathmandu, Tribhuvan University.

ANDERSON, M.M.,
1971, *The Festivals of Nepal*, London, Allen and Unwin.

BENNETT, L.,
1983, *Dangerous Wives and Sacred Sisters*, New York, Columbia University Press.

BIARDEAU, M.,
1989, *Histoires de Pôteaux : Variations Védiques autour de la Déesse hindoue*. Paris, École française d'Extrême-Orient.

BOUILLIER, V.,
1979a, «Les Renonçants du Népal», *L'Ethnographie*, n°79, I, pp.105-127.
1979b, *Naître Renonçant*, Nanterre, Société d'ethnologie.
1989, «Des Prêtres du Pouvoir : les Yogī et la fonction royale», in V. Bouillier et G. Toffin éds., *Prêtrise, Pouvoirs et Autorité en Himalaya*, coll. «*Puruṣārtha.*» 12, Paris, Éd. de l'EHESS, pp. 193-214.

Nāgā, branches d'ascètes combattants issus des rangs des Dasnāmī (ou des Bairāgī visnouites dans d'autres contextes) qui jouaient un rôle primordial dans les armées des différentes principautés rajputes. Il y a donc une incertitude sur l'appartenance sectaire de cet ascète gardien du sabre royal. Disons qu'il s'agissait d'un ascète sivaïte proche du roi, puissant, guerrier Nāgā ou Yogī lié au roi. De nos jours, confirme M. Biardeau, ce sont des Nāth, c'est à dire des Kānphaṭā, qui jouent ce rôle (1989, p. 305).

1994, «La violence des non-violents ou les ascètes au combat», in G. Tarabout et D. Vidal éds., *Violences et non-violences en Inde* coll. «*Puruṣārtha.*» 16, Paris, Éd de l'EHESS, pp. 213-244.

BURGHART, R.,
1987, «Gifts to the Gods, Property and Ceremonial in Nepal», in S. Price et D. Cannadine eds, *Rituals of Royalty : Power and Ceremonial in Traditional Societies*, Cambridge, Cambridge University Press, pp. 237-270.

FULLER, C.J.,
1992, *The Camphor Flame. Popular Hinduism and Society in India*, Princeton, Princeton University Press.

GUPTA, S. and GOMBRICH, R.,
1986, «Kings, Power and the Goddess», *South Asia Research*, vol. 6, n°2, pp. 123-138.

KANE, P.V.,
1930-1962, *History of Dharmasāstra*, 5 vol., Poona, Bhandarkar Oriental Research Institute.

KINSLEY, D.,
1987, *Hindu Goddesses*, Delhi, Motilal Banarsidass.

LEVY, R. I.,
1990, *Mesocosm*, Berkeley, University of California Press.

SHARMA, P.,
1972, *Maharaja Man Singh of Jodhpur and His Times (1803-1843)*, Agra, Shiva Lal Agarwala and Co.

SLUSSER, M.S.,
1982, *Nepal Mandala*, Princeton, Princeton University Press.

TOD, J.,
1983, *Annals and Antiquities of Rajasthan*, Delhi, Oriental Book Reprint Corporation (1re éd. 1829).

TOFFIN, G.,
1981, «Culte des déesses et fête du Dasaĩ chez les Néwar (Népal) in M. Biardeau éd., *Autour de la Déesse Hindoue*, coll. «*Puruṣārtha*» 5, Paris, Éd de l'EHESS, pp. 55-82.

1989, «La voie des «héros», tantrisme et héritage védique chez les Brahmanes Rājopādhyāya du Népal », in *Prêtrises, Pouvoirs et autorité en Himalaya*, V. Bouillier et G. Toffin éds., coll. «*Puruṣārtha*» 12, Paris, Éd. de l'EHESS pp. 19-40.

CHAPITRE X

LE GRAND DILEMME DES MUSULMANS : COMMENT PARTICIPER AU POUVOIR SANS LE SACRALISER ?

Marc GABORIEAU

Au cours de mes enquêtes chez les musulmans fabricants de bracelets de verre du Népal central, entre 1963 et 1975, j'ai pu mesurer sur le terrain les problèmes spécifiques que le Dasaĩ leur posait en tant qu'adeptes de l'islam. J'en ai traité en passant dans plusieurs publications (citées dans la bibliographie ci-dessous) sans jamais en faire l'objet d'un travail distinct : ce bref essai vise à combler cette lacune en rassemblant et en complétant ces données éparses.

Les analyses qui suivent supposent connus les grands traits de la célébration traditionnelle du Dasaĩ au Népal central. Il y a d'abord deux Dasaĩ. Le Petit, en *caitra* (mars-avril), limité à un jour, concerne surtout les intouchables hindous qui renouvellent alors les contrats qui les lient à leurs patrons. Le grand, en *aśvīn* (septembre-octobre) concerne toute la population (Gaborieau 1978a, pp. 41-43). Il est étalé sur dix jours : les premiers servent à mettre en place le culte des trois grandes déesses, Mahālakṣmī, Mahākālī et Mahāsarasvatī (Stevenson 1920, p. 329) en l'honneur de qui on met de l'orge à germer. À partir du septième jour apparaît la dimension politique avec la collecte et l'envoi d'un ensemble d'offrandes de bon augure appelées *phūlpāti* vers une série de centres de pouvoir de plus en plus élevés, des foyers villageois jusqu'à la capitale. Des sacrifices sanglants marquent le huitième jour. Le dixième jour révèle pleinement la dimension politique de la fête, puisque chacun, depuis le plus humble serviteur villageois, renouvelle son allégeance à son supérieur le plus proche qui lui impose sur le front une marque, *ṭikā*, faite de germes d'orge, de grains de riz et de poudre colorée... et ainsi de suite de la maison villageoise jusqu'au palais royal.

Les allégeances vont ainsi du bas vers le haut dans une série d'unités de plus en plus grandes, qui sont emboîtées les unes dans les autres. Ces unités se réfèrent aux subdivisions politiques antérieures à la création des districts sous les Rāṇā et à l'instauration de ces sortes de municipalités que sont les

Panchayats en 1962 (Gaborieau 1978a, pp. 40-48; Gaborieau 1993, pp. 67-81, 301-312). Ce sont : le feu, unité économique et religieuse dernière, qui rassemble toutes les personnes vivant sous le même toit; le lignage qui réunit, dans les limites de cinq à sept générations, toutes les personnes descendues en ligne patrilinéaire d'un ancêtre commun et résidant dans la même localité; le *tālūk*, administré par un *mukhiyā*, qui était l'unité fiscale dernière organisée autour d'un lignage défricheur dominant; le *thum*, sorte de canton englobant plusieurs *tālūk* et administré par un *mahāmukhiyā*, qui était la véritable unité administrative et religieuse de base dès avant l'unification du Népal et qui l'est restée jusqu'en 1962 ; puis, surclassant les districts, restés des divisions administratives sans contenu religieux, les anciens royaumes comme Kaski et Gorkha; et enfin la présente capitale, Katmandou.

Sorte de vacances de nouvel an, le Dasaĩ est aussi l'occasion de la réfection des maisons et des routes après la mousson, de distribution d'étrennes aux serviteurs et de réjouissances de toutes sortes : jeux de balançoires, danses, banquets, jeux d'argent (Gaborieau 1978b, pp. 229-230).

Le présent essai considère aussi comme acquise une interprétation du Dasaĩ que j'ai établie ailleurs (Gaborieau 1982, pp. 15-18, 23-24) : cette fête a lieu pendant ce qu'on appelle les «Quatre mois» (*caturmāsa* ou *caumās*) qui, de la mi-juillet à la mi-octobre, correspondent à la mousson. Du point de vue religieux, ces Quatre mois se situent hors du temps profane ordinaire; ils constituent une période cruciale qui assure la jonction entre le désordre de l'année finissante et le début d'un nouveau cycle annuel; c'est l'occasion d'une réorganisation du cosmos grâce à la communication privilégiée qui s'établit à ce moment entre les dieux et les hommes. Dans cette période, le Dasaĩ représente plus particulièrement la phase de réorganisation du pouvoir politique. Il illustre deux caractères de la conception hindoue du pouvoir : il doit premièrement être sacralisé par la bénédiction des dieux; en second lieu il est limité par un contrat qui doit être renouvelé chaque année. Sylvain Lévi avait souligné ce second caractère depuis longtemps en notant que c'est à l'occasion du Dasaĩ que toutes les charges du royaume sont confirmées :

> «Le Dasaĩ [*sic*] est, de plus, le commencement de l'année administrative et domestique; la répartition annuelle des emplois est définitivement arrêtée le premier jour de Dasain. C'est aussi le jour de la louée des serviteurs, le jour de leurs étrennes» (Lévi 1905, vol. 2, p. 55).

C'est en effet au Dasaĩ que se fait le mouvement annuel, appelé *pajani*, des employés du roi (Gaborieau 1977b, p. 45).

Maintenant pourquoi cette fête fait-elle problème pour les musulmans? Pourquoi leur pose-t-elle un dilemme? Il faut rappeler ici encore un fait établi par ailleurs : la participation sélective des musulmans aux fêtes des hindous (Gaborieau 1993, pp. 243-247). En théorie, pourrait-on imaginer, les musulmans ne devraient en rien participer aux fêtes des hindous : une telle vue puriste ne correspond pas à la réalité historique et sociologique : malgré les campagnes plusieurs fois séculaires des fondamentalistes, les fidèles musulmans participent aux fêtes des hindous. Mais pas à toutes également : il y a une sélectivité. Holī, le carnaval de printemps, comme le Diwālī, la fête familiale d'automne, ne les rebutent guère et ils les célèbrent quasi intégralement. Ils affectent au contraire de ne participer en aucune manière au Dasaĩ (*ibid.*, pp. 244-245) : mais pourtant, vu la dimension politique de la fête, ils ne peuvent éviter d'être impliqués dans certaines de ses célébrations puisqu'ils sont sujets d'un royaume hindou : c'est là le dilemme que nous allons analyser.

Nous allons d'abord cerner les faits : à quels aspects de la fête s'associent-ils? Auxquels refusent-ils de participer? Quels sont les critères qui guident leur choix? Puis nous essaierons de dégager la logique interne de leur attitude : pourquoi ont-ils une répugnance particulière à célébrer le Dasaĩ? Qu'est-ce que cela implique pour l'interprétation de l'islam et de l'hindouisme?

PARTICIPATION AUX ASPECTS PROFANES

Pendant trois années consécutives (1964, 1965 et 1966), j'ai passé le Dasaĩ chez les fabricants de bracelets à Indres (district de Syanja) et à Samjur (district de Tanahun). Ils participaient pleinement à certains types d'activités qui ne soulevaient pas de problèmes. On peut les ranger en trois catégories.

D'abord celles qu'ils considèrent comme purement utilitaires. La plus visible est la réfection des maisons à l'issue de la mousson qui s'achève (Gaborieau 1981, p. 51). Les hommes, dont c'est la prérogative, colmatent les dégâts subis par le gros œuvre et bouchent les gouttières de la toiture. Les femmes dont c'est la spécialité restaurent le crépi et rénovent entièrement l'intérieur et l'extérieur de la maison : elles peignent le bois des ouvertures en noir avec des décoctions d'écorces; et le crépi avec du lait de chaux ou des solutions de terres de diverses couleurs; une dernière touche est donnée sous la véranda par des dessins de couleur qui selon les ethnies sont non figuratifs (comme chez les musulmans) ou figuratifs (comme chez les Néwar et certains Brahmanes). Tous les villages apparaissent flambant neufs pour le Dasaĩ. Cette fête est aussi l'occasion de la réfection des chemins que les *mukhiyā*, chefs de *tālūk*, faisaient autrefois faire par corvées.

Les musulmans participent aussi pleinement à toutes les activités ludiques qui marquent les fêtes du Dasaĩ. La principale est celle des «balançoires» (escarpolettes suspendues par des cordes, ou plus souvent manèges constitués par une roue verticale actionnée à la main où sont accrochées des balançoires); elles sont érigées dans chaque hameau à frais communs au début de la fête : les jeunes gens, sexes et castes confondus, viennent s'y balancer, chanter et flirter jour et nuit pendant tout le mois qui s'écoule depuis le début du Dasaĩ jusqu'à la fin de la fête suivante du Tihār (ou Diwālī). Cette période, et surtout le Tihār, est aussi associée aux jeux d'argent, gage de chance et de prospérité, auxquels les musulmans participent allègrement, bien qu'en principe leur religion le leur interdise.

Les musulmans prennent part à ces activités utilitaires ou ludiques parce qu'ils les considèrent comme purement profanes. Pour nous, dans notre interprétation d'ensemble du calendrier, elles ne sauraient être religieusement neutres; à la jonction de deux cycles annuels, elles représentent une sorte d'interrègne où alternent licence et remise en ordre (Gaborieau 1982, p. 22-24). Mais la réflexion explicite des musulmans ne va pas si loin : ils ne commencent à suspecter une dimension religieuse que dans les festivités familiales.

Car les réjouissances familiales sont aussi à l'ordre du jour. Les maîtres de maison profitent en particulier de cette fête pour inviter leurs fils et brus résidant alentour et leurs filles mariées à l'extérieur et leurs gendres; s'ils le peuvent ils sacrifieront (à Allah et non aux déesses!) des buffles, des chèvres ou à défaut des poulets pour faire des banquets. Mais, même dans ces aspects considérés comme profanes, des considérations religieuses entrent en scène négativement : pour éviter de paraître suivre les rites hindous, les musulmans veillent à ne pas faire les sacrifices et les initiations les jours où ils sont obligatoires pour les hindous.

REFUS DES RITES

Car les musulmans sont intransigeants : il est hors de question de les voir exécuter lors du Dasaĩ quelque rite que ce soit au niveau domestique comme à celui des circonscriptions administratives.

Les maisons hindoues (celles des maîtres de maison individuels, ou celles des chefs de lignage – qui sont souvent aussi chefs de *tālūk* – quand la célébration est collective) bruissent d'activités rituelles tout au long des ces dix jours. Chez les musulmans il ne se passe rien : pas de culte aux déesses, pas de sacrifices le huitième jour, pas de culte des armes et des outils, pas de réception monstre au dixième jour pour imposer ou recevoir le *ṭikā*.

Pour les hindous, avant l'instauration des Panchayats, les célébrations communautaires se faisaient au niveau de cette sorte de canton qu'est le *thum* : les mêmes rites se déroulaient au long des dix jours, à une échelle naturellement plus grande. Toute la population, quelle que que fût sa caste, son ethnie ou sa religion, était en principe concernée, devant assister aux rites et participer à leur financement. C'est ici que les musulmans trouvaient l'occasion de se démarquer publiquement du reste de la population quand ils le pouvaient. Là où, comme la majorité des fabricants de bracelets de Samjur, ils bénéficiaient de tenures privilégiées qui les soustrayaient à l'autorité du chef de *thum*, le *mahāmukhiyā*, ils ne faisaient aucun rite dans les circonscriptions administratives dont ils étaient maîtres (Gaborieau 1978a, pp. 46-47). Le Dasaĩ ne pouvait pas cependant les laisser indifférents puisqu'ils payaient leurs impôts en nature sous forme de bracelets de verre et qu'une des échéances était précisément, selon les documents d'archives, cette fête (Gaborieau 1977a, pp. 94-96 et 140-143). Ces circonstances permettaient donc aux musulmans de mettre leur comportement en accord avec leurs principes affichés. Mais elles étaient exceptionnelles : dans la plupart des cas, les Fabricants de bracelets devaient bon gré mal gré être impliqués dans les célébrations du Dasaĩ.

IMPLICATIONS FORCÉES DANS LES RITUELS

Cette participation peut s'analyser sous trois rubriques.

Offrandes pour le culte

La première est la contribution d'offrandes au culte des déesses. Le cas le plus courant est celui où les terres des musulmans sont intégrées à un *thum* et placées sous l'autorité du *mahāmukhiyā*. Là, comme le reste de la population, ils doivent fournir leur quote-part au culte collectif célébré au niveau de cette circonscription, voire même au niveau de l'ancien royaume auquel elle était rattachée. Généralement le montant de cette contribution n'était pas fixé par écrit et était négocié avec le *mahāmukhiyā* : c'était le cas à Samjur par exemple pour le hameau de Mohoriya qui était rattaché au canton de Mirlung. Il s'agissait le plus souvent d'offrandes en nature : ainsi à Indres (district de Syangja), les Fabricants de bracelets devaient apporter un pot d'huile de moutarde, à Rampur (Palpa), un buffle.

Dans d'autres cas plus rares, les musulmans cultivent des terres qui sont affectées à des fondations pieuses pour le financement précisément du Dasaĩ et plus généralement du culte des déesses. Leur offrande va non seulement au *thum*, mais aussi à la capitale de l'ancien royaume. Le cas le plus prestigieux est celui des musulmans de Kohke (Gorkha) qui depuis l'origine, dès avant l'unification du Népal, ont reçu des terres appartenant à la fondation pieuse (*guṭhi*) finançant le culte à la déesse Kālīkā à Gorkha et qui au moment de l'enquête (1964) fournissaient encore en guise d'impôt des bracelets de verre à la déesse pour chaque huitième jour de quinzaine lunaire, et pour le Petit et le Grand Dasaĩ (Gaborieau 1977a, p. 134) : malgré toutes mes investigations je n'ai pas réussi à mettre la main sur les documents officiels qui réglaient cette contribution. J'ai été plus heureux dans d'autres cas. À Mulabari (Tanahun) la terre cultivée par les musulmans est depuis 1807 affectée elle aussi comme *guṭhi* au temple de Kālīkā à Gorkha; ils doivent en échange fournir – au moins jusqu'au moment de l'enquête en 1968 – un ensemble complet d'objets de parure au temple de Gorkha et au temple de la déesse du *thum* de Purkot auquel ils sont rattachés (Gaborieau 1977a, pp. 148-150). À Kundahar (Kaski) la terre des musulmans relève aussi d'une tenure dite *māmuli* spécialement réservée au financement des cérémonies : ils devaient fournir 24 huitaines de bracelets de verre pour le Dasaĩ au temple historique de Kaski (Gaborieau 1977a, pp. 150-152). Ainsi, bien que ne célébrant pas eux-mêmes les rites, les musulmans doivent fournir des objets indispensables à cet effet. Et de toutes façons, il sont dans une situation paradoxale, car les bracelets et autres objets de parure qui étaient obligatoirement donnés à la déesse, même payés par les hindous, ne pouvaient venir que d'eux car ils possédaient le monopole de leur fabrication et de leur vente.

Renouvellements d'allégeance

Après les rites des neuf premiers jours, les cérémonies de renouvellement d'allégeance du dixième jour posent aussi problème. Tous les inférieurs doivent renouveler les allégeances à leurs supérieurs. Les musulmans sérient les questions en distinguant deux cas de figures.

Si seuls des musulmans sont impliqués, en tant que membres d'une même famille, ou en relation d'administré à administrateur, rien ne se passe.

Si au contraire musulmans et hindous sont impliqués, le renouvellement d'allégeance a bien lieu, quel que soit le sens de la relation : à Samjur et à Indres, les chefs de tālūk, les *mukhiyā* musulmans comptaient aussi quelques administrés hindous qui venaient le dixième jour apporter leur cadeau coutumier. Le *mukhiyā* musulman se distinguait de ses collèges hindous en ce qu'il n'imposait pas de *ṭikā*. Inversement, lorqu'un administré musulman se présente ce jour-là devant un supérieur hindou, il marque sa distance en refusant de recevoir la *ṭikā*; ceci est particulièrement visible au palais royal de Katmandou : dans la file de centaines de notables qui viennent faire allégeance au roi, les musulmans après l'avoir salué se retirent ostensiblement en disant *dasaĩ mubārak* (que le Dasaĩ soit pour vous source de bénédictions) pour ne pas recevoir la *ṭikā*. Ils se sentent donc liés par la cérémonie qui renoue les contrats; mais ils en refusent la dimension qu'ils perçoivent comme un rite : l'imposition de la *ṭikā*.

Renouvellement des contrats de service

Le Dasaĩ est aussi au Népal central l'occasion du renouvellement des contrats qui relient les castes de service à leurs patrons. Celui des Brahmanes est renouvelé le dixième jour du grand Dasaĩ (Gaborieau 1977b, p. 16); ceux des artisans intouchables, comme les Forgerons et Tailleurs-musiciens, est renouvelé au cours du mois de *caitra* qui est celui de Petit Dasaĩ (*ibid*, p. 28). Ces contrats rentrent à l'évidence dans l'ensemble des renouvellements d'allégeance qui a lieu au Dasaĩ et en ce sens ils ont une dimension religieuse. Mais les musulmans, qui manifestement ne les considèrent pas comme religieusement marqués, n'y attachent pas d'importance : ils n'ont par définition pas besoin des Brahmanes; ils renouvellent les contrats avec les intouchables en *caitra* comme les hindous.

Ce qui les choque donc ce n'est pas le renouvellement des relations de subordination, mais les rites qui les accompagnent. Leur participation à ces rites est limitée aux offrandes forcées pour les cérémonies.

Ces participations forcées, surtout les renouvellements d'allégeance et de contrat, trahissent donc une implication des musulmans dans les rites. Mais elle est passive; ils ne célèbrent eux-mêmes aucun rite. Pour passive qu'elle soit, elle prouve néanmoins deux points : les musulmans sont contraints de vivre au même rythme annuel que les hindous, d'avoir le même calendrier; deuxièmement ils doivent ainsi souscrire – mais cela ne contredit pas les vues de l'islam – à la conception hindoue, rappelée en commençant : que tout pouvoir, même celui du roi, est de nature contractuelle; il doit être renouvelé tous les ans. Reste à savoir si les musulmans comme les hindous acceptent que le pouvoir soit sacralisé par des rites.

CASUISTIQUE À PROPOS DES RITES

Les musulmans refusent-ils bien effectivement tous les rites comme ils le proclament hautement? Ce n'est pas aussi simple.

Il faut d'abord établir que du point de vue des musulmans, l'imposition de la marque *ṭikā* est bien un rite. J'avais d'abord eu l'impression, en me fondant sur deux articles du code de 1853, que le refus de cette marque émanait des hindous pour des raisons de pureté : les musulmans étant impurs, l'imposition de cette marque mouillée pourrait transmette une souillure aux hindous qui la leur tracent sur le front (Code de 1853, p. 91, paragraphe 42-43; Gaborieau 1966, p. 90). La poursuite de l'enquête sur le terrain, puis des lectures historiques postérieures, m'ont montré que les réticences venaient d'abord des musulmans.

Depuis le XIVe siècle en Inde du Nord, c'était une question d'école chez les musulmans que de savoir si l'imposition de la *ṭikā* est ou non un rite, et si elle est licite pour les musulmans. Le saint soufi Sharafu'd-Dīn Manerī (1290-1381) du Bihar la déclarait licite (Jackson 1987, p. 31), comme le font encore aujourd'hui les Bangladeshi. Les musulmans du Népal ont traditionnellement opté pour l'opinion inverse : pour eux la *ṭikā* est un rite, et pour cette raison son imposition doit être impérativement et ostensiblement proscrite.

Mais cette proposition, qui m'a été mille fois répétée, traduit-elle toute la réalité si nous considérons le comportement des musulmans dans d'autres contextes ? L'examen du cyle complet des fêtes (Gaborieau 1993, pp. 243-247) nous en fait douter. Car il est d'autres fêtes où les musulmans célèbrent bien des rites hindous : le cas le plus clair est le Tihār qui commence un mois après le début du Dasaĩ à la jonction de la quinzaine sombre et de la quinzaine claire du mois de *kārtik* (Gaborieau et Helffer 1968-1969). Les musulmans célèbrent alors au moins deux rites : le culte du bétail, le quatrième jour; et la vénération des frères par leurs sœurs, le cinquième jour (Gaborieau, 1993, pp. 245-246). Dans les rites de ce dernier jour, les musulmans incluent bien comme les hindous l'imposition d'une *ṭikā* par les sœurs sur le front de chacun de leurs frères : mais pour se démarquer des rites hindous les femmes musulmanes la font, non avec des poudres colorées, mais avec de l'huile translucide. Les musulmans considèrent donc la *ṭikā* comme un rite nécessaire pour assurer longue vie aux frères, mais ils refusent de la colorer car elle serait visible de tous, et annulerait la différence entre hindous et musulmans.

La *ṭikā* est donc surdéterminée, c'est un rite qui a son efficacité et que les musulmans se sentent obligés de célébrer au moins pour la fête de Tihār; mais c'est aussi une marque distinctive qui en contexte népalais permet de différencier les musulmans des hindous. Tout en s'appropriant le bénéfice du rite, les musulmans se refusent à altérer les marques d'identité.

Il est donc inexact de dire que les musulmans refusent tout rite en toute circonstance. Ils acceptent des rites pour certaines fêtes dont la plus importante est le Tihār. La question est donc reportée plus loin : pourquoi refusent-ils les rites pour le Dasaĩ et le Dasaĩ seulement ?

LA DÉSACRALISATION DU POUVOIR

Dans une étude d'ensemble des rites des musulmans concernant non seulement les fêtes calendaires mais aussi le cycle de vie, il est apparu que les musulmans refusaient sélectivement les rites hindous qui se rapportaient au lignage, alors qu'ils avaient beaucoup moins de scrupules pour ceux qui concernaient l'alliance (Gaborieau 1993, pp. 312-324).

Or, le lignage est précisément le premier lieu de l'exercice de l'autorité et du pouvoir; c'est là que l'on passe de la structure familiale à l'autorité étatique puisque la base du recrutement des *mukhiyā* est le lignage : le *mukhiyā* en effet est en principe l'aîné de la branche aînée du lignage fondateur du *tālūk* (Gaborieau 1978a, pp. 48-49). La transition est particulièrement visible le dixième jour du Dasaĩ : dans la maison du *mukhiyā* viennent lui rendre allégeance, et les administrés extérieurs à son lignage, et les membres de son lignage qui apparaissent en leur double qualité de parents et d'administrés.

Tous ces rites hindous évités par les musulmans peuvent donc être subsumés sous une catégorie unique, celle des rites de sacralisation du pouvoir. La logique qui préside à leur choix est alors claire : les musulmans admettent, dans certaines limites, la célébration de rites qui concernent l'alliance, et plus généralement les femmes et la prospérité; ils refusent totalement tous les rites qui, du lignage à la royauté, sacralisent le pouvoir. Il y a pour eux une séparation nette du sacré et du pouvoir qui au contraire, restent mêlés dans l'hindouisme. Chez les musulmans, la sacralisation du pouvoir ne peut venir de rites du lignage ou du royaume; elle réapparaît seulement, de façon détournée, à travers le soufisme et le culte des saints (Gaborieau 1992).

BIBLIOGRAPHIE

Code de 1853,

1965, *Śrī Surendra Bikram Śāha deva-kā Śāsan Kāl ma baneko mulukī ain*, Katmandou, ministère de la Loi et de la Justice.

GABORIEAU, M.,

1966, «Les Curauṭe du Moyen Népal : place d'un groupe de musulmans dans une société de castes», *L'Homme*, VI, 3, pp. 81-91.

1977a, *Minorités musulmanes dans le royaume hindou du Népal*, Nanterre, Laboratoire d'Ethnologie.

1977b, «Systèmes traditionnels des échanges de services spécialisés contre rémunération dans une localité du Népal central», coll. *Puruṣārtha*, 3, Paris, Éd de l'EHESS pp. 3-70.

1978a, «Le partage du pouvoir entre les lignages dans une localité du Népal central», *L'Homme*, XVIII, 1-2 pp. 37-67.

1978b, *Le Népal et ses populations*, Bruxelles, Éditions Complexe (2e éd. revue et augmentée sous le titre *Népal. Une introduction à la connaissance du monde népalais*, Paris/Pondichéry, Kailash, 1994).

1979, «On traditional Patterns of Dominance among South Asian Muslims», in M. Gaborieau et Alice Thorner, éds., *Asie du Sud. Traditions et Changements*, Paris, CNRS, pp. 189-195.

1981, «La maison indo-népalaise au Népal central : construction; symbolique sociale et religieuse», in G. Toffin, éd., *L'homme et la maison en Himalaya. Ecologie du Népal*, Paris, CNRS, pp. 35-59 (trad. anglaise *Man and his House in the Himalayas*, Delhi, Sterling Publishers, 1991, pp. 33-53).

1982, «Les fêtes, le temps et l'espace : structure du calendrier hindou dans sa version indo-népalaise», *L'Homme*, XXII, 3, pp. 11-29.

1992, «Sainteté et sacralisation du pouvoir chez les musulmans indiens», *Cahiers du Centre de Recherches Historiques*, Paris, EHESS, 9, pp. 43-52.

1993, *Ni brahmanes, ni ancêtres : colporteurs musulmans du Népal*, Nanterre, Société d'ethnologie.

GABORIEAU, M. et HELFFER, M.,

1968-1969, «Problèmes posés par un chant de Tihār», *L'Ethnographie* n°62-63, pp. 69-89.

JACKSON, P.,

1987, *The way of a Sufi : Sharafuddin Maneri*, Delhi, Idarah-i Adabiyat-i Delli.

LÉVI, S.,

1905, *Le Népal. Etude historique d'un royaume hindou*, Paris, Ernest Leroux, 3 vol. (2e éd. des vol. 1-2 avec une préface de M.Gaborieau et G. Toffin, Paris, Kailash, 1985).

STEVENSON SINCLAIR, M.,

1920, *The rites of the Twice-born*, Londres, Oxford University Press (réimpression, Delhi, Oriental Books Reprints Corporation, 1971).

RÉSUMÉS FRANCAIS ET ANGLAIS

GÉRARD TOFFIN : Histoire et anthropologie d'un culte royal népalais. Le Mvaḥni (Durgā Pūjā) dans l'ancien palais royal de Patan.

Bien que les rois néwar aient été détrônés à la fin du XVIIIe siècle, les anciens palais royaux de l'époque Malla continuent d'être le lieu de grands rituels collectifs, perpétuant des structures politiques disparues il y a deux cents ans. Ces rituels palatiaux sont célébrés sensiblement de la même manière que par le passé. Ils pérennisent une idéologie de la fonction royale vieille de plusieurs siècles ainsi qu'un système hiérarchique encore très vivant malgré son érosion récente.

La présente étude est centrée sur l'une de ces célébrations, le Mvaḥni (ou Durgā Pūjā), fête majeure de la population néwar. L'analyse combine histoire et anthropologie : elle retrace l'évolution de l'ensemble rituel, du XIXe au début du XXe siècle, et considère les changements de la période récente. Une fois de plus se trouve mise en évidence l'importance du culte des déesses dans la conception hindoue de la souveraineté.

History and Antropology of a Nepalese royal cult. The Mvaḥni (Durgā Pūjā) in the old royal palace of Patan.

Although the Newar kings had been dismissed at the end of the 18th century, great collective rituals still take place in the old royal palaces of the Malla period, restoring political structures which had disappeared for two centuries. Those palatial rituals are celebrated almost as in the past. They perpetuate a very old ideology of the royal function, as well as a hierarchical social system still prevalent today despite its recent weakening.

This study is based on one of those celebrations, the Mvaḥni (or Durgā Pūjā), a major festival among the Newars. This analysis uses both historical and anthropological data. Once again, the importance of the cult of the Goddess to the Hindu conception of kingship is shown.

GÜNTER UNBESCHEID : Dépendance mythologique et liberté rituelle : la célébration de Dasaĩ au temple de Kālikā à Gorkha.

«Dépendance mythologique et liberté rituelle» se concentre sur la fête de Dasaĩ (Durgā Pūjā) telle qu'elle est célébrée au temple de Kālikā, dans l'ancien palais des rois Śāh à Gorkha. Cet article donne une description détaillée des quatorze jours de la fête – du déroulement des événements et des personnes et des lieux attachés aux rituels. L'auteur considère le rituel comme un système actif soumis aux changements dans le temps et l'espace. Les mythes, l'histoire ainsi que la sphère d'interférence de ces deux facteurs, créent des variantes locales qui témoignent de l'aspect dynamique du rituel.

Between mythological dependence and ritual freedom : the celebration of the festival of Dasaĩ at the Kālikā Temple in Gorkha.

'Between mythological dependence and ritual freedom' focuses on the festival of Dasaĩ (Durgā Pūjā) as it is celebrated at the Kālikā Temple in the old palace of the Śāh rulers in Gorkha. This article gives a detailed description of the 14-day festival, i.e., the flow of events as well as the people and the sites involved in the rituals. The author considers the ritual as an active system, subject to change in time and space. 'Myths', 'history' and the sphere of interference of these two factors create local variants which are evidence of the dynamic aspect of the ritual.

M. LECOMTE-TILOUINE et B. K. SHESTHA : Les rituels royaux de Dasaĩ à Katmandou. Notes préliminaires.

Le Dasaĩ reconfirme chaque année le roi du Népal dans sa position et réordonne l'ensemble de la société. Or, il n'existe pas de description complète des complexes rituels d'État dans la capitale car ils sont difficiles à observer. La présente contribution est une compilation d'articles parus à ce sujet dans le quotidien népalais *The Rising Nepal*, enrichie d'entretiens avec un prêtre royal. On y apprend notamment le détail de la parade militaire qui accompagne la venue de la Déesse Phūlpāti à la capitale et les modalités de la remise des marques de bon augure du dixième jour.

The Kathmandu royal rituals of Dasaĩ. Preliminary notes.

Each year the Dasaĩ rituals reconfirm the status of the King of Nepal and the organization of the entire Nepalese society. However, no complete description of these State rituals is available today, because they are difficult to observe. This contribution is a compilation of articles published in the *Rising Nepal* newspaper and includes interviews with a royal priest. Details of the military parade and the *ṭikā* ceremony, among others, are given.

GISÈLE KRAUSKOPFF : Rencontre des déesses et des dieux du lieu : Dasaĩ et les changements de pouvoir à Phalabang (Salyan).

Qu'est-il advenu du pouvoir guerrier du souverain de Phalabang? Phalabang fut la dernière forteresse du royaume Baisi de Dang avant sa chute devant les armées de Gorkha et son inclusion dans le royaume de Salyan, allié des Śāh. Le rituel de Dasaĩ évoque cette rupture, autour de la thématique de la Victoire qu'il active, organisant une rencontre entre les divinités du lieu (Ratannāth et les Bhairav) attachées à l'ancien royaume de Dang et la déesse conquérante guerrière. L'auteur s'attache au «scénario» de prise de pouvoir que cette fête déroule et tente de montrer comment l'emprise d'une déesse venue du dehors s'ancre dans l'histoire locale. Pour ce faire, la première partie est consacrée à éclairer le passé de Phalabang : son histoire politique mais aussi l'histoire du sanctuaire Kānphaṭā Yogī qu'elle abrite et les hauts faits légendaires du roi-Yogī, Ratannāth, son fondateur. Cette approche ethno-historique, où rituel et histoire s'éclairent mutuellement, sert de cadre à l'étude de la configuration locale particulière de Dasaĩ (qui fait écho à la tradition des cours rajpoutes). L'analyse s'appuie sur le décodage des moments clés du rituel : la sortie des sabres guerriers gardés dans le sanctuaire nāth, leur transfert du Yogī aux Brahmanes, leur rencontre avec la Déesse et enfin, le simulacre de sacrifice par le brahmane.

The encounter of local gods with the Goddess : Dasaĩ and political changes in Phalabang (Salyan).

What happened to the power of the king of Phalabang? Phalabang was the last fort of the Baisi kingdom of Dang before being seized by the Gorkha armies and annexed to the kingdom of Salyan, Śāh's political ally. The Dasaĩ festival recalls this historic event through the Goddess' victory over the demons and the ritual encounter between the local gods (Ratannāth and Bhairav) linked to the kingdom of Dang, and the Goddess of victory in battle. The author deals with the "scenario" of the capture of power underlying the festival, to show how the conquest by an alien Goddess is tied to local history. Therefore, the first part deals with Phalabang's history : political history, history of the Nāth Yogī shrine as well as legendary facts about the King-Yogī Ratannāth, founder of the kingdom. This ethno-historical approach serves as a framework for the study of particular local rituals (which evoke the Rajput tradition). The analysis revolves around signifiant ritual acts : the transfer of the sword from the Nāth to the Brahmans, their encounter with the Goddess and, finally, the Brahman's enactment of the buffalo's sacrifice.

PHILIPPE RAMIREZ : Luttes d'influence dans l'empire de la Déesse.

L'observation du Dasaĩ d'Argha permet un accès privilégié aux mutations de l'organisation politique dans cette ancienne principauté. Chaque année, une complexe mise en scène rituelle, qui a priori donne à voir la propitiation de la Déesse par la dynastie locale, entérine avant tout l'ascension de ses anciens précepteurs religieux, devenus représentants de l'État après l'Unification népalaise. Si le culte a aujourd'hui perdu beaucoup de sa capacité à asseoir les positions d'autorité, il continue à en traduire fidèlement l'état : le déclin de la capitale d'Argha comme centre politique a marqué son déclin comme centre rituel, avec une multiplication de petits sanctuaires autonomes.

Conflicts in the Goddess' Empire.

The performance of Dasaĩ in the capital town of the former Argha principality reflects the numerous political mutations which affected the local society during the last two centuries. The ritual, consisting in the propitiation of the Goddess by the local dynasty, reveals the political rise of the ancient royal perceptors who, following Unification, became representatives of the Nepalese state. Although the cult has lost much of its ability to sustain positions of authority, recent developments in political geography still have obvious parallels in the ritual sphere, with a multiplication of peripheral sanctuaries claiming their autonomy.

MARIE LECOMTE-TILOUINE : Les dieux-sabres. Étude du Dasaĩ dans une capitale sans roi (Isma).

Cette contribution traite du culte à la Déesse et au sabre royal dans une des anciennes capitales de Gulmi où la famille royale a été exterminée au XVIIIe siècle. Elle montre les perturbations du rituel qu'entraîne l'acéphalité du pouvoir local et notamment la mainmise sur les cultes par les Brahmanes. Enfin, l'auteur s'interroge sur la symbolique du sabre, alter ego du roi, détenteur d'une puissance guerrière intrinsèque et protecteur du territoire domestique.

The sword gods. A study of Dasaĩ in a capital without a king (Isma).

This contribution deals with the cult to the Goddess and to the royal sword in a former royal capital of the Gulmi district, where the royal family had been exterminated during the XVIIIth century. Perturbations of the ritual induced by the acephality of local power and notably the extended role of the Brahmans are discussed. Finally, it is an examination of the symbol of the sword, the King's alter ego, which is both the repository of warlike power and protector of the territory.

PHILIPPE SAGANT : Dasaĩ et le double pouvoir chez les Yakthumba.

Dasaĩ chez les Yakthumba est une fête populaire. Le culte de Durgā rend légitime l'autorité de chefs politiques appelés *subbā* qui sont apparus après la conquête gurkha : ayant reçu délégation des pouvoirs du roi du Népal, ils auraient pris la succession d'anciens «rois» appelés *hang*. Ces *hang* étaient en fait des chefs de maison (*tumyang*) comme les autres. Mais par la faveur de Nahangma, divinité de la montagne yakthumba, ils étaient reconnus les premiers parmi leurs pairs (*tum tumyang*) et portés au pouvoir. Nahangma n'est pas présente à Dasaĩ, remplacée par une autre déité appelée Yuma (la Grand-Mère) avec laquelle elle fut toujours en guerre. Mais elle n'en continue pas moins d'être célébrée dans chaque maison, à des dates qui lui sont propres. Et de la même façon que Durgā et Yuma rendent légitime ce même pouvoir, Nahangma légitime ce même pouvoir pour chaque chef de maison qui dépend du *subbā* : il y a contradiction.

On se trouve donc chez les Yakthumba dans une situation de double pouvoir antagoniste des dieux (Durgā et Nahangma) qui fonde le double pouvoir antagoniste des hommes (*subbā* et *tumyang*). Si cette hypothèse est fondée, alors le *hang* d'autrefois, chef de maison lui aussi, n'a pas disparu. C'est ce que montre l'auteur.

The Yakthumbas, Dasaĩ and Twolfold power.

Dasaĩ is a Yakthumba popular festival. The cult of Durgā legitimates the authority of the political headmen, the *subbā*, who appeared after the Gurkha conquest (having been delegated by the "kings", called *hang*). The *hang* was in fact an ordinary head of house (*tumyang*) like any other.The *subbās* seem to have taken over from the former kings. But because he enjoyed the favor of Nahangma, the yakthumba goddess of the mountain, he was recognized as *primus inter pares* (*tumtumyang*) and was brought to power. Nahangma is not present at Dasaĩ but is replaced by another goddess called Yuma (the grandmother) with whom she has always been fighting. But this does not mean she is not still worshipped in each house on her own dates. And just as Durgā and Yuma legitimate the *subbā's* monopoly of power over arms, Nahangma legitimates this same power for each household head under the *subbā*; thus a a contradiction arises. And so we find the Yakthumba living under the twofold antagonistic power of the gods (Durgā ans Nahangma), which is the foundation of the twofold antagonistic power of men (*subbā* and *tumyang*). If this hypothesis is correct, then the *hang* of the past, also a head of house, has not disappeared, which is what the author has shown.

CORNEILLE JEST et KESAR LALL SHRESTHA : Le nouvel an du radis chez les Néwar du Tibet.

Les commerçants Néwar, bouddhistes, établis au Tibet depuis plus de quatre siècles, ont participé activement aux échanges entre le Tibet et le sous-continent indien. Ils ont conservé des coutumes propres à leur ethnie. Outre les fêtes religieuses proprement bouddhistes, ils ont célébré avec faste la fête du Mvaḥni/ Dasaĩ (en tibetain *la-phug lo-sar*), sur le modèle de celle de la vallée de Katmandou avec vénération de la déesse Taleju, de Bhīmsen et procession du sabre, *pāyāḥ*. On peut penser que cette célébration est une marque d'allégeance à la royauté. Cette recherche nous a amené aussi à nous intéresser au comportement vis-à-vis du Dasaĩ des populations bouddhistes de langue tibétaine vivant au nord du Népal, ainsi qu'aux membres non hindouistes des ethnies de langue tibeto-birmane (Gurung, Tamang).

The New Year of the Radish among the Newars of Tibet.

The Newar merchants, established in Tibet for more than four centuries, have been major actors in trade relations between Tibet and the South Asian sub-continent. Until recently they kept their own traditions intact. In addition to Buddhist rituals, the Mvaḥni/ Dasaĩ (in Tibetan *la-phug lo-sar*) is celebrated each year with great pride, patterned after the rituals performed in the valley of Kathmandu with the worship of Taleju, Bhimsen and the procession of the sword, *pāyāḥ*. This contribution was made possible with the help of elder merchants now retired in Nepal.

The enquiry led us to find out how Tibetan speaking populations, living in Nepal, react to Dasaĩ rituals and how members of non- Hinduized Tibeto-Burman groups (Gurung, Tamang) participate in it.

VÉRONIQUE BOUILLIER : La Déesse chez les renonçants : Dasaĩ dans les monastères sannyāsī (vallée de Katmandou).

Cet article s'interroge sur la façon dont les Dasnāmī Sannyāsī, fondateurs de monastères dans la vallée de Katmandou, intègrent les cultes de Dasaĩ. Quels rapports ces renonçants instaurent-ils avec la Déesse et par conséquent avec le pouvoir, eux qui, en dépit de leur état de Sannyāsī, sont néanmoins mariés, et, vivant en milieu néwar, sont de culture parbatiya? Une brève comparaison sera faite avec les Nāth Yogī.

The Goddess among the renouncers : Dasaĩ in the sannyāsī monasteries of the Kathmandu Valley.

This article deals with the manner in which the Dasnāmī Sannyāsī, founders of monasteries in the Kathmandu valley, integrate Dasaĩ cults. What relationships do these renouncers establish with the Goddess, and thus with power–these renouncers who, despite their Sannyāsī status are married, and who live in Newar society, albeit being of Parbatiya culture. A short comparison will be made with the Nāth Yogīs.

MARC GABORIEAU : Le grand dilemme des musulmans. Comment participer au pouvoir sans le sacraliser?

Les musulmans affectent de ne pas célébrer les fêtes hindoues : une enquête menée chez les fabricants de bracelets de verre musulmans du Népal central a montré qu'en fait ils participaient bien à des fêtes hindoues, mais pas à toutes. En particulier, ils évitaient très ostensiblement tous les rites liés au Dasaĩ, même si les règles administratives les obligeaient à en financer certains et à y assister en personne, et même s'ils ne boudent pas les réjouissances qui les accompagnent. Quelles sont les raisons de cette sélectivité et de ces évitements? Elles résident dans une conception différente des rapports du pouvoir et du sacré chez les hindous et les musulmans : chez les premiers le pouvoir est sacralisé; chez les seconds il est désacralisé : les musulmans se doivent donc d'éviter soigneusement et sélectivement tous les rites hindous qui, comme ceux du Dasaĩ, sacralisent le pouvoir.

Muslim's great dilemna. How to participate in power without making it sacred?

Muslims claim not to celebrate Hindu festivals : fieldwork among Muslim bangle-makers in Central Nepal showed that they did participate in Hindu festivals, but not in all of them. Particularly, they ostensibly avoided all rituals linked with Dasaĩ, even if administrative rules compelled them to finance some of these rites and to attend them, and even if they took part in the rejoicings which went with them. What are the reasons for this selectivity and avoidance? They lay in the opposing views of the relationship between power and sacredness entertained by Hindus and Muslims. For Hindus, power is sacred; for Muslims, it is desacralize : Muslims must therefore carefully and selectively avoid all Hindu rites which, as those of Dasaĩ, make power sacred.

TABLE DES PHOTOGRAPHIES

Les photographies ont été réalisées par les auteurs des chapitres, sauf mention particulière.

Ch. VI. M. Lecomte-Tilouine.

Ch. VIII. C. Jest et K.L. Shrestha.

TABLE DES TABLEAUX

Ch. I. G. Toffin.

Ch. II. G. Unbescheid.

Ch. VIII. C. Jest et K.L. Shrestha.

TABLE DES FIGURES

Introduction.

Ch. I. G. Toffin.

Ch. II. G. Unbescheid.

Table des figures

LOUIS-JEAN
avenue d'Embrun, 05003 GAP cedex
Tél. : 92.53.17.00
Dépôt légal : 550 — Juillet 1996
Imprimé en France